KB190762

교회행정과 목회

교회행정과 목회

초판 1쇄 2008년 10월 15일
　　6쇄 2024년 9월 3일

권오서 지음

발 행 인 이 철
편 집 인 김정수
펴 낸 곳 도서출판kmc
등록번호 제2-1607호
등록일자 1993년 9월 4일

서울특별시 종로구 세종대로 149 감리회관 16층
(재)기독교대한감리회 도서출판kmc
전화 02-399-2008 팩스 02-399-2085
www.kmcpress.co.kr

인　　쇄 리더스커뮤니케이션

ISBN 978-89-8430-400-0 03230
값 15,000원

건강한 목회를 위한
목회 행정 매뉴얼

교회 행정과 목회

권오서 지음

kmc

　21세기는 우리가 이미 경험했던 과거와는 전혀 다른 예측불허의 시대이다. 절대적인 몇 가지 가치관에 의해 좌우되던 사람들과 사건들이 이제는 다변화되고 상대적인 가치관에 의해 세분화되며 재편성되고 있다. 과거 이념에 의한 동서의 양분, 경제 수준에 의한 남반구·북반구의 갈등, 사상과 행동 양식에 따른 좌우의 분열 등으로 점철되던 시대는 지나가고, 자기의 이익 여하에 따라 국가 간 결속을 맺거나, 우방이니 맹방이니 하며 서로 추켜세우던 나라들도 철저한 계산에 따라 자기에게 득이 되는 일에만 서로 손을 잡는 일이 비일비재해지고 있다.

　제3의 물결인 정보화 시대 역시 그 절정을 이루게 될 것이다. 우리나라에서도 이미 위성을 쏘아 올려 매스미디어의 다양화를 꾀하고 있으며, 과거 몇 개의 채널로 제한되어 있던 텔레비전에서도 건강, 종교, 문화 등 어느 한 주제만을 전달하는 다양한 내용의 케이블 텔레비전 시대가 도래하였다. 또한 컴퓨터를 통한 정보의 습득과 정보의 창출에 능숙하지 않으면 사회에서 도태될 수밖에 없는 시대가 펼쳐지고 있다. 더군다나 안방에서도 세계 곳곳의 정보를 한눈에 볼 수 있는 세계적 정보 통신망인 인터넷도 거의 대중화 수준에 이르고 있다.

　그러므로 21세기에 적응하기 위한 몸부림은 세계화와 국가경쟁력을 부르짖는 정부나 기업에서만 필요한 것이 아니라, 이러한 조류 속에서 함께 살고 있는 교회와 목회자들도 이를 실감하고 연구하는 자세를 견지해야 하는 일이다.

　필자는 이러한 상황에 처한 교회와 목회자에게 조금이나마 도움이 되고자 이 책을 집필하게 되었다. 이 책은 보다 전문화된 목회를 위해 준비하고 갖추어야 할 내용들을 이론과 실제, 양면에서 다루고 있다.

　일반적으로 사람들은 '교회행정'이라는 말을 들으면 좀 의아해 하거나, 못

마땅해 한다. 이는 아마도 "교회에도 행정이라는 것이 필요한가?"라는 의문과 함께, '행정'이라는 단어를 '교회'와 결합시키는 것을 부정적으로 생각하기 때문일 것이다. 즉, 흔히 말하는 '세상'과는 구별된 거룩하고 성스러운 하나님의 '교회'에, 이윤을 남기기 위해 끊임없이 노력하는 '경영'이라는 개념과 밀접한 단어인 '행정'을 결합시킨다는 것은 곧 교회의 세속화와 타락을 부추길 수 있다는 애정 어린 우려의 시각이라고도 볼 수 있다.

그러나 교회행정은 예수님의 정신과 가르침을 실현시키기 위한 수단일 뿐이지, 결코 그 자체가 목적은 아니다. 교회행정이란 예수 그리스도의 사역을 담당해 온 교회에서 오랫동안 실천되어 온 계획-실제-평가를 체계적으로 정리하면서 보다 발전적인 대안을 제시하는 분야이다. 따라서 교회행정은 사회 일각에서 농담반 진담반 운운하는 '교회 마케팅'과는 완전히 다른 개념인 것이다.

현대 목회에서 교회행정은 절대적으로 필요한 학문이다. 왜냐하면 목회를 뒷받침하는 모든 행정적인 일이 바로 교회행정의 몫이기 때문이다.

실천신학 분야에서 교회행정이 하나의 전문적인 분야로 연구되어 온 역사는 그리 길지 않다. 그러나 복잡하고 다양한 현대 목회에서 교회행정이 차지하는 비중은 갈수록 커지고 있다. 따라서 교회행정은 단순한 '문서 행정'이 아니요, 교회행정이 바로 목회라고 말해도 지나친 말이 아니다.

이 책의 구성을 살펴보면 제1부에서는 교회행정과 목회에 대한 전반적인 이론과 그 요소에 관해서 다루었다. 먼저 교회행정의 전제인 '교회'와 '목회'에 관한 정의와 이해를 다룬 뒤 '교회행정'에 대한 정의와 원리에 관해서 설명하였다. 그 다음에 '교회행정과 조직이론'을 소개했는데, 여기에서는 지금까지 제기되어 온 다양한 이론들을 소개하고, 그중에서도 요즘 주목받고 있는 '체계이론'에 관해서 보다 상세히 설명하였다. 마지막으로 절실하게 요청되는 목회자의 지도력에 대해서 설명하였다.

제2부에서는 교회행정의 실제를 다루었다. 특별히 이 부분에서는 목회자들이 목회를 하면서 수행하게 되는 여러 가지 계획이나 활동에 요긴하게 참고할

수 있도록 점검표, 도표, 그림 등을 추가하였다. 이는 제1부에서 논의한 내용들을 구체적으로 보여주되 한국적 상황에 적합한 것으로 만든 것이다. 또한 목회자로 살아가면서 겪게 되는 위치와 갈등의 관계도 함께 설명하였다. 현대 목회에서는 목회자의 역할을 교회행정가의 입장에서 조명하는 경향이 강하다. 이는 목회에서 교회행정이 차지하는 비중이 그만큼 크기 때문인데, 그래서 이 부분에서는 현장에서 목회할 때 직접 필요한 사항들을 수시로 참고할 수 있도록 핸드북(Handbook) 형식으로 구성하였다.

이 책을 집필하면서 너무 이론적인 면에만 매달리면 현장에서 적용하기 힘들거나 피상적이고 이상적인 것이 되지 않을까 염려하였고, 또 지나치게 현장 중심으로 하면 신앙과 정신이 담겨 있지 않은 하나의 기술에 머물지 않을까 고민하여, 어느 한 쪽으로 치우치지 않도록 노력하였다.

지금까지 여러 학자나 목회자들이 교회행정에 대한 많은 책들을 펴냈다. 그러나 감리교회에서는 이러한 학문 분야에 대한 관심이나 인지도가 낮은 것 같아 매우 안타까웠던 게 사실이다.

그동안 대학에서 강의를 하고 현장에서 목회를 하면서 느낀 점과 경험을 살려 교회행정에 관해 집필했던 이 책을 감리교단에서 목회를 준비하는 후배들에게 도움을 주기 위해 개정판으로 다시 내놓는다. 아무쪼록 목회를 꿈꾸고 있거나, 현재 목회를 하고 있는 후배 목회자와 동역자들에게 이 책이 좋은 길잡이가 되기를 희망한다.

2008년 10월
주일 저녁 봄내에서

권은서

1부 교회와 교회행정

2부 교회행정의 실제

1부

교회와 교회행정

1장 교회행정에 대한 일반적 이해

앨빈 린그렌(Alvin J. Lindgren)은 목회자를 정원사에 비유하면서 다음과 같은 예화를 들려주었다.

옛날에 한 노인이 오랫동안 내버려두었던 땅을 샀다. 그 땅은 거칠고 보기 흉했으며, 잡초와 가시덩굴로 뒤덮여 있었다. 그곳에는 자그마한 돌집 하나가 있었는데 사방이 부서지고 가라앉았으며 삐걱삐걱 소리에 비까지 새고 있었다. 그 노인은 5년 동안 줄기차게 그 땅을 갈고, 집을 수리했다. 정성을 다해 보살핀 끝에 그곳은 명승지가 되었다. 그 집의 정원은 매우 아름답게 변해 있었다. 그 자그마한 집은 마음을 유쾌하게 해주었고, 지나가는 사람들의 마음을 끌었다. 사람들은 이곳을 방문하여 자유롭게 정원 안에서 쉬기도 하고, 햇볕이 반짝이는 연못을 즐기거나, 아름다운 화단을 둘러보며 편안히 쉬었다.

그러던 어느 날 수년 동안 그 노인을 만난 적이 없던 한 친구가 그곳을 방문하였다. 그 친구는 그곳을 두루 살펴보면서 경탄을 금치 못하였다. "이거 정말 아름다운데! 대단히 훌륭해. 하나님의 솜씨를 보니 정말 신기하지 않은가!"라고 말했다. 이때 그 노인은 "흥!" 하면서 "자네는 하나님이 주셨던 처음의 자연 그대로의 모습을 보았어야 했어."라고 말했다.[1]

정원사는 정원에 있는 모든 나무와 돌을 다듬고 가꾸어서 아름답게 꾸미는 일을 하는 사람이다. 오랫동안 내버려두었던 정원도 나무 심을 곳에 나무를 심고, 돌을 놓을 곳에 돌을 놓고, 풀을 심을 곳에 풀을 심으니 몇 년 후에는 "정말 하나님의 창조가 이렇게 아름다울 수 있을까!" 하는 감탄이 절로 나올 정도로 아름답게 꾸며졌다. 이렇게 정원을 잘 가꾸고 아름답게 만드는 것이 바로 정원사의 전문성이며 힘이다.

이와 같은 맥락에서 목회자는 정원사라고 할 수 있다. 목회자는 하나님의 일을 이 땅 위에 이루기 위해서 훈련되지 않은 교인들을 잘 양육하고, 조직화되지 않은 교회를 효율적으로 조직하고 관리하여 하나님의 일을 성취하도록 대표적으로 일하는 사람이다. 다시 말해서 정원사에게는 화목(花木)을 잘 가꾸어서 아름다운 정원을 유지해 나가는 기술이 필요하듯, 목회자에게는 하나님의 솜씨를 보다 더 발전시키기 위하여 효과적인 조직들을 세우고 관리하는 기술이 필요하다.

누가복음 13장 6~9절을 보면, 무화과나무와 과원지기에 대한 비유가 나온다. 무화과나무는 심은 지 3년이 되면 열매를 따먹을 수 있는 과실수이다. 그런데 본문에 있는 무화과나무는 심은 지 3년이 지났는데도 열매를 맺지 못했다. 더군다나 포도원 한 귀퉁이에 햇볕이 잘 들고 나무가 잘 자랄 수 있는 곳에 무화과나무를 심었는데도 열매가 없었다. 주인은 화가 나서 과원지기에게 말했다 "이제 그 나무를 뽑아버려라. 땅만 버린다." 그때 과원지기는 말하기를 "주인이여, 금년에도 그대로 두소서! 제가 한 번 더 수고하겠나이다."라고 부탁한다. 주인은 이 나무가 별 볼일 없고 생리적으로 열매를 맺을 수 없는 나무라고 포기했지만, 과원지기는 그렇게 생각하지 않았다. 뭔가 이 나무에 부족한 것을 채워주고 질병을 치유해주기만 하면, 분명 열매를 거둘 수 있다고 생각했다. 즉 나무 주변을 두루 파고, 거름을 주고, 잘 가꾸어서 한 번 더 열매를 맺게 해보겠다는 생각으로 과원지기는 그렇게 대답한 것이다.

여기에서 "두루 파고 거름을 주고 가꾼다."는 말은 무슨 뜻인가? 그것은 영양을 공급하고, 소독을 하고, 나무를 다듬는다는 뜻이다. 만일 나무를 심은 채

그대로 내버려두면 좋은 열매를 맺지 못할 것이다.

목회라는 것은 바로 이와 같이 환경을 최상의 것으로 만드는 것이다. 이것은 주님께서 우리에게 '무엇'을 해야 한다는 것을 말씀하신 것이다. 그러나 '어떻게' 그것을 수행하느냐는 우리에게 달려 있다.

앨빈 린그렌은 모든 목회자는 책임감을 가지고 모든 교인을 위해 다음과 같은 여러 가지 기회를 마련해야 한다고 말한다.[2] 첫째, 영적인 성장과 갱신, 둘째, 하나님 앞에서 자신이 가진 자원을 통하여 봉사하며 청지기의 직분을 완수하는 것, 셋째, 지역 공동체와 전 세계에 있는 사람들의 영적 · 사회적 · 육체적 요구에 응답하는 것.

이런 기회들을 마련하려는 모든 노력이 효과적이기 위해서는 조직적인 구조와 행사 설정 그리고 그것을 시행하는 방법이 필요하다. 어떤 교회에서든 교인들의 이러한 개인적인 목표와 관심이 성취되는 정도는 각 교인의 영적인 성장에 도움이 되는 일종의 조직 구조, 정책, 그리고 풍토를 마련하는 목회자의 능력에 의해 좌우된다. 그러므로 목회자는 교인들을 위한 균형 잡힌 목회를 하기 위해서 효과적인 조직을 기획하고 관리하는 일뿐 아니라 설교하는 일과 신학화(神學化)하는 일, 그리고 상담에 관해서도 전문적인 기술을 소유하지 않으면 안 된다.

우리는 칼빈이 제시한 목회자의 세 가지 역할을 인지해야 한다. 현대 교회에서 균형 잡힌 목회를 하기 위해서는 적어도 이 세 가지 역할을 균형 있게 수행해야 하는데, 이를 간단히 설명하면 다음과 같다.[3]

첫 번째는 예언자적 역할(prophetic function)이다. 예언자적인 역할이란 설교를 뜻하는데, 하나님의 사랑과 정의를 위하여 경각심을 일으키며 경고하도록 요청하는 일이 바로 목회자의 예언자적인 역할이다.

두 번째는 사제적인 역할(priestly function)이다. 이것은 위안, 위로, 용납, 용서 등을 요청하는 것으로, 성도들과 상담을 통해서 우리 교회에 있는 공동체 일원들을 위로해 주고 용서해 주는 것이다. 목회 활동, 성례전 등이 여기에 해당된다.

세 번째는 왕과 같은 역할(kingly function)이다. 이것은 독재적인 왕과 같이 군림하며 권력을 휘두르는 것이 아니라, 하나님께서 교회에 부여한 여러 자원을 현명하고도 효과적으로 관장하는 일을 말한다. 즉 관리, 조직, 활동, 훈련 등으로서 오늘날의 상황에서 본다면 행정에 대한 기능이다.

문제는 현대 교회에서 목회자들이 조직과 훈련, 계획, 관리 등과 같은 행정에 관계된 일에 많은 시간을 보내면서도 실제적으로는 그런 것에 대한 전문적인 훈련을 받거나 경험을 쌓아본 적이 별로 없다는 것이다. 그래서 사실 어깨 너머로 배운 것에 의존하는 실정이다. 또한 오늘날 신학교 교육이 너무 이론적인 틀에만 의존하고 실제적인 일에 대해서는 커리큘럼 개발이나 시간 배당이 너무 부족한 것도 큰 원인 중 하나이다.

과학의 발달로 현대 사회는 개별화, 정보화를 특징으로 대단히 빠른 속도로 변화하고 있다. 그렇다면 우리 교회의 모습은 어떠한가? 혹시 현대 사회를 이끌고 있는 것이 아니라, 퇴보하다 못해 끌려가고 있는 것은 아닌가? 이제 조직적이고 체계적인 현대 사회 속에서 교회가 맡은바 사명을 완수하기 위해서는 합리적이며 정확한 행정조직을 마련해야만 한다.

제1절 교회행정의 전제

이론적인 정립을 할 때와 마찬가지로, 실제 현장에서 고민하며 갈등하며 몸부림치며 반드시 해야 할 일은 교회, 목회, 상황에 대한 이해와 구조 관계들을 정립하는 일이다. 그렇다면 오늘날 목회를 어떻게 정의할 것인가? 목회는 구체적인 역사의 상황 하에서 교회의 본질, 그리고 교회의 차원과 관련하여 정의할 수 있다.

니버는 "교회에 대한 정의 없이 목회의 기능을 정확하게 정의할 수 없다"[4] 라고 말한다. 교회의 본질과 차원 그리고 구체적인 역사적 상황이 먼저 묘사된 뒤에라야 목회의 의미와 모습을 묘사할 수 있다.

다음 도표는 교회, 목회 그리고 그것들(교회, 목회)이 놓여 있는 상황의 상호 관계성을 보여준다.

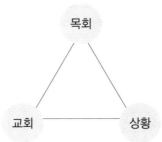

그렇다면 목회란 무엇이고, 교회란 무엇인가? 또 오늘의 상황을 어떻게 묘사할 것인가? 목회자는 이러한 질문에 대하여 스스로 진지하게 정의할 수 있어야 한다.

일반적으로 볼 때 목회라는 것은 이 상황 속에서 교회가 교회 되게 한 모든 것을 통틀어 일컫는 말이다. 교회에 대한 정의를 내림에 있어 분명히 해둘 것이 있다. 목회자들 중에는 흔히 자기 나름의 교회론이 불분명하고, 단순히 어깨너머로 배운 것을 가지고 적당히 흉내 내려는 경우가 있다. 교회에 대한 분명한 정의와 이해가 없이 아무 교회에나 가서 목회하려는 목회자가 있다면 그것은 참으로 심각한 문제가 아닐 수 없다. 교회론에 대한 분명한 자기 정의가 있어야 한다.

다음은 상황에 대한 이해가 있어야 한다. 사람도 체질에 따라서 투약하는 약의 내용이 다르듯이 우리가 처한 목회 상황이 어떤 것이냐에 따라서 프로그램, 조직 등이 탄력 있게 달라져야 한다. 농촌교회와 도시교회, 대교회와 소교회 등에 따라서 조직과 프로그램은 달라지게 마련이다. 예를 들어 농촌과 도시를 비교하더라도 어떤 가시적인 그들 나름의 의식세계와 생활구조에 따라서 프로그램과 조직이 얼마든지 달라질 수 있다.

그러므로 오늘 우리가 처한 상황이 어떠한가를 꼭 인식해야 한다. 환경이나 갈등 등의 상황 속에서 어떤 처방을 내려야 하고, 복음 가운데 어떤 것을 투입해야 되는가 하는 상황에 대한 분석과 인식이 꼭 필요하다.

1. 교회

1) 교회의 본질

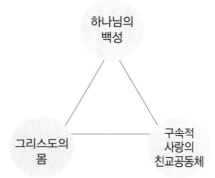

여기에서는 앨빈 린그렌이 주장하는 내용을 중심으로 다루어 보고자 한다.[5] 편의상 교회의 본질에 관계된 가장 중요한 성서적인 개념을 다음과 같이 세 가지로 요약해서 생각하려고 한다. 물론 이 문제를 다룸에 있어 처음부터 우리가 알고 넘어가야 할 것은 다음의 세 가지가 결코 완전한 것도 아니고 배타적인 것도 아니라는 점이다. 사실 교회를 정의한다는 것이 아주 어려운 문제일 뿐 아니라, 참으로 주제 넘는 일이다. 그렇다고 하나님께서 세우신 교회가 어떤 것이며 참 교회의 모습이 어떠해야 하는지를 알아내는 우리의 책임이 줄어드는 것은 아니다.

(1) 하나님의 부르심에 응답한 하나님의 백성

이것은 다분히 구약적인 개념이다. 하나님과 이스라엘 사이의 관계에서 지배적인 개념은 하나님께서 이스라엘 백성을 택하셔서 부르셨고, 그들은 하나님의 부르심에 응답함으로써 택함 받은 공동체가 되었다는 사실이다. 구약에 나타난 이 개념에 대해서는 여러 가지로 해석되고 있으나, 이스라엘이 하나님께서 택한 백성이라는 개념은 거의 일관된 사상이다.

헬라어에서는 교회를 ἐκκλεσία(에클레시아)라고 부른다. 여기에서 "ἐκ"(에크)는 영어로 "out"이라는 뜻이고, "καλείν"(카알레인)은 'to call' 즉 "불러냈다"는 말로 교회란 "세상에서 밖으로 불러낸다"는 의미가 있다.

창세기 12장 1~4절에 보면 "여호와께서 아브람에게 이르시되 너는 너의 본토 친척 아비의 집을 떠나 내가 네게 지시할 땅으로 가라."는 말씀이 있다. 하나님께서는 아브라함을 부르셨다. 왜 많은 사람들 가운데 유독 아브라함을 부르셨을까? 아브람이 의로워서가 아니라 세상 모든 족속에게 복을 나누어주는 (구원) 사명을 그에게 주기 위해 부르신 것이다. "본토 친척과 아비의 집을 떠나 내가 네게 지시할 땅으로 가라."는 하나님의 부르심을 듣고 아브라함은 여호와의 말씀에 순종하여 지시하신 땅으로 갔다. 이 말은 바로 부름(calling)에 응답(responding)했다는 말이다. 하나님께서 아브라함을 부르셨고 아브라함은 그 부르심에 응답한 것, 이것이 바로 교회의 모습이다.

창세기 17장에 보면 하나님께서 아브라함과 맺은 최초의 계약이 나온다. 하나님께서 아브라함에게 하신 약속 가운데, "너는 열국의 아비가 될 것이다."라는 말씀이 있다. 이 말씀은 하나님께서 아브라함의 자손을 모든 민족보다 뛰어난 민족으로 만들어주겠다는 뜻이다. 그 대신 하나님께서는 아브라함에게 중요한 의무를 다할 것을 요구하신다. 죽으나 사나 오로지 여호와 하나님만 섬기라고 하신다. 즉 오직 하나님께만 순종하라는 뜻이다. 이스라엘 민족의 역사를 보면 결국 하나님 명령에 대한 이스라엘 민족들의 순종 여부가 민족의 존폐를 좌우하는 것을 볼 수 있다. 이스라엘 민족이 망한 이유는 바로 불순종 때문이었다. 불순종의 대표적인 모습이 바로 우상숭배이다.

하나님께서 아브라함을 부르시고 아브라함이 이에 응답했다는 사실은 이스라엘 민족이 선택받은 민족이요, 선택받은 공동체라는 뜻이다. 하나님의 부르심에 응답한 하나님의 백성이라는 말속에는 적어도 세 가지의 기본 사상이 내포되어 있다.

첫째, 교회의 기원으로서 교회는 하나님의 것이다. 교회는 하나님께서 주도권을 가지고 부르신 공동체이다. 즉 교회는 인간의 결단에 의해 생겨난 것이 아니고 하나님께서 존재케 하신 것이다. 그렇기 때문에 교회의 기원이 하나님이시라는 말은 적어도 교회는 이 세상 끝 날까지 보존될 것이라는 의미를 내포하고 있다.

둘째, 교회의 목적으로서 교회는 하나님의 사랑을 알리기 위하여 부름을 받았다. 교회가 하나님의 것이라는 사실이 교회의 기원이라면, 교회가 하나님의 사랑을 알리기 위하여 부름을 받았다는 것은 교회의 목적이 무엇인가를 가르쳐 준다. 교회의 목적은 바로 하나님의 사랑을 알리는 것이다. 하나님께서는 왜 많고 많은 민족 중에 이스라엘과 아브라함을 택하셨는가? 이스라엘이 선택받은 유일한 이유는 하나님의 사랑 때문이었고 그 밖의 다른 이유는 없다.

이스라엘이 부름을 받은 이유는 그들의 예언자들이 늘 환기시켰듯이 결코 특권을 부여받아서가 아니었다. 오히려 특별한 책임을 위해서 부름 받았다. 출애굽기 19장 5~6절에 이 점이 가장 잘 나타나 있다. "너희가 내 말을 잘 듣고 내 언약을 지키면 너희는 열국 중에서 내 소유가 될 것이다. 왜냐하면 온 땅이 다 내게 속하였고, 너희가 내게 대하여 제사장 나라가 되며 거룩한 백성이 되기 때문이다." 하나님께서 이스라엘을 선택하심은 무엇보다도 계약을 지킴으로써 하나님께 복종할 것을 요구하신다.

더 나아가서 하나님의 선택에는 또 하나의 목적이 있는데, 이스라엘 백성으로 하여금 온 땅에 하나님의 사랑을 알게 할 제사장 나라가 되게 하는 것이었다. 마치 레위 지파가 이스라엘 민족 중에서도 제사장으로 성별되었던 것처럼, 이스라엘 민족 전체는 온 세상의 제사장으로 성별되었던 것이다. 이스라엘 민족은 하나님의 사랑을 위한 도구로 택함을 받은 것이다.

이것을 설교조로 말하자면, 하나님께서 많고 많은 사람 가운데 아브라함을 택한 것은 아브라함이 잘나서가 아니라 단순히 하나님께서 은혜로 이스라엘 민족을, 아브라함을 사랑하셨기 때문이다. 그러므로 부름 받은 아브라함은, 부름 받은 이스라엘 민족은, 부름 받은 하나님의 백성은 하나님의 사랑을 세상에 전해야만 하는 사명이 있다. 여기에 하나님께서 우리를 부르신 목적이 있다.

셋째, 교회의 성격으로서 교회는 하나님의 백성이 된 사람들의 공동체이다. 교회는 개인이 아니라 공동체이다. 베드로전서 2장 9~10절을 보면 "오직 너희는 택하신 족속이요 왕 같은 제사장들이요 거룩한 나라요 그의 소유 된 백성이니 이는 너희를 어두운데서 불러내어 그의 기이한 빛에 들어가게 하신 자의 아름다운 덕을 선전하게 하려 하심이라."는 말씀이 있다. 이 구절이 강조하는 바는 기독교 공동체가 옛 이스라엘이 실패한 모든 나라의 빛으로서의 역할을 감당하기 위해서 부름을 받았고 또한 권한을 부여받았다는 사실이다. 마찬가지로 예수 그리스도의 교회는 이 세상 모든 나라 사람에게 하나님을 대변하고, 하나님께는 온 세상의 사정을 대변하는 왕 같은 제사장이요 성별된 백성이었다. 하나님께서 이스라엘을 부르셔서 이루려던 선교적인 사명이 이젠 교회의 증언을 통해서 실현될 것이다.

그렇다면 신약에서 참 이스라엘 사람은 누구인가? 신약의 이스라엘 사람은 바로 기독교인이다. 기독교인은 선택된 사람들이고 선택된 공동체이다. 하나님의 관심은 공동체요, 국가였다는 사실이 구약성서 이상으로 분명하게 나타난 곳은 없다. 그 증거로 하나님께서 아브라함만을 부르신 것이 아니라, 그 자손을 불러서 "큰 민족"(창 12:2)을 이루려 하셨다는 사실을 먼저 들 수 있다. 처음부터 하나님의 관심은 개인만을 위한 것이 아니었다. 물론 하나님께서는 개인에게도 관심을 가지셨지만 민족 공동체에 더욱 관심을 가지셨다.

이스라엘의 전체를 위한 하나님의 관심은 이스라엘을 종살이에서 인도해내고, 그들에게 율법을 준 사건 속에서도 분명히 드러나고, 광야생활을 통해서 이스라엘을 약속의 땅으로 인도하시고, 공동 예배를 제정하고 또 국가 공동체를 형성하는 과정 속에서도 여실히 드러나고 있다. 많은 이스라엘 사람들이 하나님을 무시하거나 거역했을 때에도 전체 공동체를 위한 하나님의 관심은 예언자들의 증언과 "남은 자"를 통해서 하신 일 속에서도 계속적으로 표현되었다. 교회의 공동적인 면은 공동체 안에서 인간 상호간의 관계를 내용으로 한 율법에서도 드러나고, 여호와에 관해서 공동체나 민족으로서 증거해야 할 책임을 인정한 데서도 분명하게 발견된다.

공동체로서 교회의 중요성은 구약성서에 못지않게 신약성서의 교회 개념으로서도 기본적인 것이다. 처음부터 그리스도교 교회는 부활하신 그리스도의 임재를 경험한 사람들의 공동체였다. 애당초부터 기독교인이 된다는 것은 한 공동체에 속한다는 것을 의미한다. 간단히 말해서, 교회가 "하나님의 택한 백성"이라고 할 때 그것은 하나님에 의해서 세워졌다는 것을 의미한다. 즉 교회는 하나님의 사랑을 선포할 목적을 위해서 부름을 받았다.

(2) 그리스도의 몸으로서의 교회

그리스도의 몸으로서의 교회는 신약적인 개념이다. 신약성서에서는 교회를 묘사하기 위해 많은 상징이 사용되고 있다. 그중에서도 제일 중요한 것은 "그리스도의 몸"(고전 12장, 엡 4장)의 개념이다. 여기에는 네 가지 의미가 내포되어 있다.

첫째, 교회는 그리스도의 몸이고, 그리스도는 교회의 머리이다. 이 의미는 그리스도께서 교회를 설립하셨고, 그 교회의 머리가 되시며, 그리고 부활하신 그리스도의 영이 지금도 교회를 계속 인도하신다는 확신에 근거한 설명이다. 이 사상은 그리스도의 몸으로서의 교회, 즉 교회는 그리스도의 몸이라는 사실을 나타낸다. 다른 모든 부분도 그 머리의 보조적인 것들이기 때문에 여러 지체를 가진 그리스도의 몸으로서의 교회의 기능은 통일성과 의미를 가지게 된다. 다시 말하면 구약적인 개념에서 교회가 하나님의 것이라면, 신약적인 개념에서 그리스도를 통하여 교회를 부르신 목적, 즉 하나님의 사랑을 실현하는 도구인 것이다. 이것이 바로 교회가 그리스도의 몸이라는 개념이다.

그 밖의 많은 신약성서의 구절들도 다른 표현을 사용하면서 동일한 의미를 말해주고 있다. 교회를 그리스도의 신부라고 한 바울의 표현도 남편을 그 집안의 머리로 생각했던 고대 세계관의 사고방식에서 나온 것이다(엡 5:22~24). 에베소서 저자는 교회를 그리스도께서 모퉁이돌이 된 성전 건물로 비유하고 있다(엡 2:19~22). 그리스도를 '모퉁이돌'이라고 한 구절은 교회의 머리로서의 그리스도의 개념을 분명하게 뒷받침한다. 왜냐하면 모퉁이돌은 두 벽이 서로 잇대어 기댄 접합점에 놓여 있기 때문이다. 모퉁이돌이 없으면 벽은 무너질 수밖에 없다. 마찬가지로 그리스도께 대한 교회의 관계에서도 그리스도 없는 교회는 무너질 수밖에 없다.

교회에 관계된 또 하나의 표현은 포도나무로서의 그리스도이다. 이는 요한복음에 많이 나오는 개념으로 예수님을 따르는 사람들이 예수께 전적으로 의존해야 함을 가르치는 말이다. 이 표현은 또한 그리스도의 몸으로서의 교회 개념과 재미있는 유사성을 지니고 있다(요 15:4~5a). 여기서 분명한 것은 가지가 살아 있는 것은 포도나무에 붙어 있기 때문이라는 사실이다. 그 가지가 포도나무에서 끊어지면 죽을 수밖에 없다. 다시 말하면 그리스도께서는 그를 따르는 제자들을 위한 생명의 원천이 된다는 것이다. 기독교인은 그리스도를 의지하고 그가 주님이 되신다는 사실을 인정함으로써만 살 수 있다.

둘째, 교회의 공동적인 일치이다(The corporate unity of the Church). 고린도전서 12장에 보면 한 몸에 있는 많은 지체에 대해 설명하고 있다. 한 몸이 많은 지체로 이루어졌다는 것은 지체가 여럿이라는 다양성보다는 여럿인 지체가 유기적인 일치를 가지고 있다는 사실을 더 강조한 것이다. 다시 말해서, 교인은 다 같은 교인이지만 주님을 섬기는 방법에서는 제각기 다른 다양한 역할이 있다는 것이다. 교회의 공동적 일치는 무엇을 의미하는가? 한 몸에 많은 지체가 있는데 지체와 지체 사이에는 상호 연관성이 있어서 한 지체가 고통을 받으면 지체들이 다 고통을 받고, 한 지체가 영광을 받으면 다른 지체들도 다 영광을 받는다는 말이다. 예를 들면, 우리 몸에서 제일 못생기고, 제일 푸대접을 받는 새끼발가락이 없으면 몸의 균형을 못 잡고, 새끼발가락이 아프면 새끼발가락과 함께 온몸이 아파 병원을 가야 하는 것과 마찬가지다.

오늘날 교회에 대한 이해 가운데 이 부분이 취약하기 때문에 많은 문제가 발생한다. 교회가 건강한가 병들었는가 하는 것은 교회의 크기와는 별개의 문제이다. 그것은 교회를 이루고 있는 모든 지체가 건강한 신앙을 가지고 신앙생활을 하느냐 못하느냐에 달려 있다. 아무리 큰 교회라도 지체들이 건강한 신앙생활을 하지 못한다면 병든 교회가 된다. 이런 의미에서 교회의 공동체에 대한 인식은 대단히 중요하다. 몸이 제 기능을 발휘하려면 우리 각 지체가 다 필요한 것처럼, 우리는 그리스도의 몸인 교회의 지체로서 맡겨진 기능을 충실히 발휘해야 한다. 그러므로 교회 속의 모든 공동체 일원이 다 자기의 기능을 제대로 발휘할 때에야 비로소 교회는 제 구실을 할 수 있고 건전한 교회가 될 수 있다. 그러므로 다음의 세 가지 권면은 매우 중요하다.[6]

　　모든 은사와 재능은 하나님께로부터 온 성령의 은사이다.
　　모든 은사는 그리스도를 섬기는 일에 사용되어야 한다.
　　모든 은사는 모든 사람을 유익하게 하는 데 사용되어야 한다.

　　신약성서에서 사도 바울은 '그리스도 안에'(in Christ)라는 말을 164번이나 사용했다. 사도 바울이 '그리스도 안에'라는 표현을 그토록 많이 사용한 이유는 모든 성도들은 지체요, 유기적인 공동체 관계라는 사실을 인식시켜 주기 위함이다. 그리스도 안에서 모든 형제자매가 서로 관계를 맺는다.

　　셋째, 그리스도의 사역의 연장으로서의 교회이다(The Church as a continuation of Christ's ministry). 교회를 그리스도의 몸이라고 하는 것은 살아 계신 그리스도의 영이 교회를 통해서 계속 일하시는 도구라는 의미이다. 복음을 선포하기 위해서 교회가 필요하고, 그런 의미에서 교회는 그리스도의 사역을 지속시키기 위해서 존재하는 기관이다.

　　여기에서 우리는 두 가지 문제를 제기할 수 있다. 하나는 조직된 기구이며 구조로서의 교회가 필요하다는 것과, 다른 하나는 기구적인 구조, 그것 자체가 목적이 아니라는 것이다. 좀 더 구체적으로 설명하면, 그리스도의 복음을 효과적으로 전하기 위해서 조직이 필요한 것이다. 그러나 조직을 자꾸 강조하다 보면 결국은 목적이 약화되고 조직만 살아남는 경우가 있다. 결코 조직 자체가 목적은 아닌 것이다. 구약에 보면, 율법을 만든 이유는 인간의 생명을 잘 보존시키기 위해서였다. 그런데 시간이 흐를수록 율법의 근본 목적은 사라지고 법

조항만 살아남았다. 결국 신약 시대에 유대인들에게서 법정신은 다 사라지고 법률 조항만 살아남게 된 것이다.

오늘날 교회에도 법률 조항과 규칙이 필요한 것은 복음을 전하고 사랑을 전하기 위한 것인데, 조직이 강하게 살아 있다 보니 복음을 전해야 하는 기본적인 의도가 점점 더 약화되어 버렸다. 이것이 현대 교회가 안고 있는 조직의 취약점이다. 교회의 기구 조직과 교회 구조는 합법적이며 필수불가결한 것이지만, 그것은 하나님의 사랑을 선포하는 방편 이상의 것이 되어선 안 된다.

넷째, 살아 있는 유기체로서의 교회이다(The Church as a living organism). 교회는 살아 있는 유기체이지 규격화된 조직체가 아니다. 교회는 그 자체 안에 변화를 통해 성장하고 발전하는 능력을 지닌 살아 있는 유기체이다. 그래서 교회는 정체된 상태에 있지 않으며, 역동적인 모습으로 변천한다. 교회가 늘 역동적으로 변혁하는 것이 교회성장의 근거가 된다. 변화와 성장과 역동성이 없는 교회는 정체된 교회이다. 교회성장 자체가 우리 목적이 될 수는 없지만, 그러나 교회가 성장해야 하는 이유가 바로 여기에 있는 것이다.

"예수 그리스도는 나의 구주이시요 하나님의 아들이시다."라는 표현을 초대 기독교인들은 물고기로 표현했다.[7] 신앙의 백성과 교회를 물고기로 표현한 근저에는 물고기는 늙어 죽을 때까지 세포 성장을 멈추지 않기 때문일 것이다. 세포 성장이 멈추면 죽은 것이다. 마찬가지로 교회도 세상 끝 날까지 계속해서 변화하고 성장하여 역동적인 힘을 가져야 한다. 그렇지 않으면 교회는 죽은 것이다. 부활하신 그리스도께서 계속해서 말씀하고 행동하신다면 교회 역시 성령을 체험하고 변화되어야 한다는 것은 지극히 당연하다.

(3) 구속적 사랑의 교제로서의 교회

교회는 구속적 사랑의 친교 공동체이다. 교회가 근본적으로 문제 삼고 있는 것은 무엇인가? 하나님과 인간의 관계, 인간과 하나님의 관계, 인간과 인간의 관계, 이것이 교회가 근본적으로 문제 삼고 있는 것이다. 다시 말해서 인격적인 관계성을 문제 삼는다. 하나님과 인간의 관계, 인간과 인간의 관계, 인간과 하나님의 관계는 사랑을 서로 주고받을 수 있는 인격적인 관계이다. 사랑을 주고받으며 사랑에 응답하는 것을 그 내용으로 한다. 교회의 근본적인 관심사는 사람들이다. 그리스도께서 가르치고 몸소 실천하신 삶을 볼 때에, 기독교에서 교회생활은 하나님의 희생적인 사랑이 온전히 드러나는 곳이다.

그러므로 교회의 선교적인 사명은 친교를 통해서 사람들로 하여금 하나님의 사랑을 경험케 하고, 그들을 통해서 하나님의 사랑을 세상에 전달하기 위한 기회와 환경을 제공하는 것이다. 이러한 의미에서 "교회의 목적에 대한 정의가 사람들 가운데 하나님의 사랑과 이웃사랑을 증가시키는 것이 아니라면 그 밖에 아무것도 있을 수 없다."[8]라고 니버는 지적한다.

우리가 왜 주일을 성수하고, 교회에 꼭 나와야 하는가? 그것은 '하나님과 인간의 관계' 때문이다. 이 관계의 끈이 끊어지면 인간은 걷잡을 수 없는 타락의 상태에 빠진다. 하나님과의 관계인 신앙은 언덕을 올라가는 바퀴 달린 마차와 같다. 왜냐하면 신앙에는 제자리걸음이란 없기 때문이다. 올라가거나 아니면 올라가지 않는 순간에는 밑으로 떨어진다. 그럴 경우 교회 다니는 사람과 안 다니는 사람 사이에는 별 차이가 없다. 교회는 하나님과 인간의 관계, 인간과 인간의 관계, 인간과 하나님의 상호관계이다. 여기서 '관계성' 이라는 것은 주고 응답하는 관계성이기에 중요한 것이다. 그런데 소극적인 의미에서 한걸음 더 나아가서 하나님과 인간의 관계는 무엇을 의미하는가? 하나님은 인간을 부르셨고, 인간은 하나님의 부르심에 응답했다. 하나님이 인간을 구원하셨고, 인간은 하나님께서 구원하시려는 사랑에 응답하여 받은 사랑을 남에게 나누어야 될 책임이 있다는 것을 뜻한다.

하나님께서 그리스도 안에서 육신을 입어 인간이 되시기로 작정한 것은 인간이 하나님 자신의 넘치는 사랑을 의미 있게 전달해 줄 수 있는 가장 효과적인 도구였기 때문이다. 사람들은 그리스도 안에서, 그리스도와 사람들과의 관계에서, 그리고 그리스도 자신이 십자가에 달려 돌아가심에서 하나님의 사랑을 보았다. 이러한 사랑의 체험이 사람들에게 하나님의 사랑의 본질에 대해서 더욱 분명하게 말해주었다. 그래서 자신이 경험한 하나님의 구속적 사랑을 이웃과 더불어 나누는 것, 그런 친교 공동체가 바로 교회이다.

기독교의 사랑은 다른 사람에게 하나님의 사랑을 증거하지 않고는 도저히 견딜 수 없는 것이다. 이러한 의미에서 "전도는 한 걸인이 다른 걸인에게 어디 가면 먹을 것을 구할 수 있다고 말해 주는 것과 같다." 기독교인의 친교는 교회가 세상을 섬기는 증인 공동체임을 가르쳐준다. 교회는 교인을 세상에 보내어 그들의 매일매일의 삶 속에서 만나는 다른 사람들에게 기독교 사랑의 의미를 전달해 주어야 한다. 그러므로 교회가 실제로 구속적인 사랑의 친교 공동체가 될 때 삼중의 사역을 하는 것이다.

삼중의 사역이란 무엇일까? 첫째, 교인들은 서로의 믿음을 굳게 한다. 다시 말해서 나누어주어야 한다. 인간은 나누어 줄 때 점점 강해진다. 둘째, 교인들 간의 친교는 교회로 하여금 세상을 섬기는 공동체가 되게 하려는 것이다. 셋째, 각자는 자기의 생업과 매일의 과제를 수행하고, 매일매일 자기에게 맡겨진 일을 감당함으로써 그리스도의 증인으로서 성장한다. 하나님과 이웃에 대한 사랑이 증진될 때 교인이 베푸는 친절은 구속적 증거가 되고, 친교는 구속적인 친교가 된다. 기독교 사랑의 친교는 그 공동체 개개인의 구원을 확증해 줌과 동시에 그들도 각자 매일매일의 세속적인 생활이나 교회의 공동 사역 속에서 세상을 구원하시는 하나님의 도구로서 부름을 받았다는 사실을 깨닫게 해준다. 구원은 이미 완성된 사실이 아니라, 아직도 계속되고 있는 경험이다. 그래서 그것은 시발점은 있으나 종착점은 없다.

그러므로 교회는 구원받은 사람들만의 공동체라고 단정할 수 없다. 교회는 구원을 이루어가는 사람들의 공동체이다. 이 공동체는 자신들의 구원을 이루어갈 뿐 아니라 하나님의 구속적인 사랑을 드러내어 다른 사람들도 구원을 얻게 하는 친교 공동체이다. "경건치 못한 죄인의 무리가 어떻게 그리스도의 몸인 교회를 형성할 수 있느냐?"는 문제는 마치 어떻게 한 죄인이 동시에 하나님의 자녀로서 용납받을 수 있느냐는 문제와 같다. 구원을 받은 사람은 자신들의 구원에 필요한 조건으로서 다른 사람에게 그리스도를 증거함으로써 그들을 구원하는 일을 하지 않으면 안 된다. 그렇기 때문에 교회가 교회 되려면 구속적인 사랑의 공동체가 되어야만 한다.

　여기에서 말하고자 하는 것은 무엇보다도 교회행정을 맡은 사람이라면 교회의 본질과 목적에 대한 분명한 이해가 있어야 한다는 점이다. 이를 위해 하나님의 선택된 공동체, 그리스도의 몸, 그리고 구속적인 사랑의 친교로서의 교회의 본질을 이해하는 데 필요한 주요 개념들을 알아보았다. 이러한 결론이야말로 교회가 그 본질을 성취하고 선교적인 사명을 완수할 수 있게 하는 방편으로서의 교회행정을 이해하고 발전시키는 데 중요한 기초가 될 것이다.

2) 교회의 세 차원

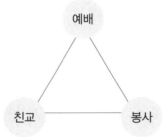

　교회란 무엇인가? 교회는 예수의 사역을 지속시키며 회중의 삶을 사는 것이다. 회중의 삶은 예배와 친교, 봉사 세 가지를 말한다.[9] 이러한 회중의 삶을 발전시키고 활성화시켜서 예수의 사역을 계속하는 것이 바로 교회이다.

(1) 예배(Worship)

　예배의 핵심은 예수 그리스도를 통해 나타난 하나님의 계시에 대한 인간의 응답이다. 예배는 교회에서 가장 의미 있는 행위이다. 모든 기독교인은 창조주와 구속주로서의 하나님께 예배해야 한다.

　기독교 예배의 본질은 "예수 그리스도"를 중보로 한 하나님과 사람(예배자)의 교제, 혹은 만남이다. 즉 예수 그리스도의 십자가를 중심으로 한 하나님과 그 백성의 교제가 바로 예배이다. 하나님과 인간의 교제는 자연적인 관계가 아니고, 하나님의 자유의지에 기초한 인격적 계약관계이다. 인간이 범죄했기 때문에 하나님 앞에 나아가 거룩하신 하나님을 부르며 경배할 수 없게 되었으나, 중보자이신 예수 그리스도를 통한 구속의 성취로 하나님과의 교제가 가능하게 되었다. 하나님은 예수 그리스도를 통하여 그의 피로 구속함을 받은 하나님의 백성 가운데 특별계시로 현존하시고, 그로 인해 하나님의 복 주심을 받을 수 있게 해주셨다. 그러므로 하나님의 백성이 현존, 임재와 복 주심에 대하여 전인적인 참여를 통해서 믿음으로 응답하고 봉사하는 것이 기독교 예배의 본질이다. 따라서 예배는 하나님의 구속에 대한 찬양과 감사와 희망의 표현이고, 하나님과 인간의 대화이며, 하나님을 섬기는 구체적인 행동인 것이다.[10]

존 데쉬너(John Deschner)는 "예배란 우리의 삶을 하나님을 향해 여는 것"[11]이라고 말하였다. 예배는 단순히 우리가 하나님을 향해서 노래 부르고 기도하는 행동이 아니라, 우리의 삶을 하나님을 향해 여는 것이다. 이것은 "내 삶 가운데 개입해 주시길 바랍니다."라는 마음으로 자신의 삶을 하나님을 향해 여는 것이다. 그러므로 예배자는 예배를 통해서 하나님과 사람의 생동적인 관계에 참여한다. 또 예배를 통해서 창조주이며 구속주가 되시는 하나님께 대한 인식과, 우리 힘만으로는 세상을 살기에 부족하다는 자기의식을 통해서 하나님과 새롭게 만날 수가 있다.

헬라어에서는 예배를 "ἀνάμνησις"(아남네시스)라고 한다. 문자적으로 번역하면 '회상' 또는 '기억'이라는 뜻이다.[12] 거기에는 적어도 세 가지 의미가 내포되어 있는데, 첫째는 과거에 대한 회상이다. 예를 들어 예배를 드릴 때 이사야서를 읽고 에스겔서를 읽는다면 과거 이사야와 에스겔을 통해서 역사하셨던 하나님의 역사하심을 회상하게 된다. 둘째, 현재 우리가 예배를 드리고 있다는 것 자체가 하나님의 사랑에 대한 응답이다. 셋째는 우리를 구원하시는 미래에 대한 소망이다. 과거에 대한 회상, 현재에 대한 응답, 미래에 대한 소망, 즉 과거와 현재와 미래가 한자리에서 어우러져 만나는 것이 예배의 본질적 의미이다.

이스라엘 민족은 남자아이가 열세 살 되는 유월절에 예루살렘으로 올라간다. 왜냐하면 과거에 조상들을 장자의 죽음으로부터 구원해주신 하나님, 그 하나님께서 오늘 우리를 구원해주시고 미래의 우리 후손들까지 구원하시리라는 확신을 가지고 있기 때문이다. 그래서 매년 유월절만 되면 예루살렘에 올라가서 제사를 드리고 축제를 즐겼다.

오늘날 우리가 드리는 예배도 마찬가지다. 과거와 현재와 미래가 바로 한 시간, 한 장소 안에서 어우러져 만나는 의미가 생생하게 살아 있을 때 바로 생명 있는 예배가 된다. 이러한 예배가 그저 옛날 얘기로 그쳐버린다면 우리에게는 별 의미가 없다. 그 옛날 얘기가 오늘을 살아가는 우리에게 중요한 의미가 되기 위해서는, 나아가 미래에 대해서 하나님께 대한 소망까지 갖게 하려면 이 세 가지가 조화롭게 잘 어우러져야 한다.

(2) 친교(Fellowship)

친교는 구속적 사랑의 공동체인 교회의 본질과 연관되어 있다. 교회는 친교와 사랑의 공동체로서 세례와 대화를 통해 하나님과 다른 성도들과 친교를 갖는다. 초대교회는 친교를 매우 중요하게 여겼다. "그러므로 이제부터 여러분은 외국 사람이나 나그네가 아니요 성도와 같은 시민이요 하나님의 가족입니다." (엡 2:19)

그리스도의 지체인 모든 성도는 하나님께서 부르신 하나님의 백성이다. 그러므로 성도의 교제는 "그리스도의 십자가를 통하여 한 피를 받아 한 몸을 이룬 형제요 자매인 천국의 백성으로서 나누는 사랑의 입맞춤이요 감격의 악수"이다. 초대교회에서는 "사도의 가르침을 받아 서로 교제"하였는데(행 2:42상), 그 교제는 "모든 교인끼리의 교제일 뿐 아니라, 사도와의 교제"를 말한다. 따라서 목회자는 교회의 성도들을 진리로 가르칠 뿐만 아니라, 그들과 '교제'(코이노니아)하는 일에도 하나가 되어야 한다. 이처럼 성도의 교제는 그리스도의 사랑을 돈독하게 하면서 피차가 하나 되어 그리스도의 몸을 세워나가는 것이다. 하나님의 나라는 "먹는 것과 마시는 것이 아니요 오직 성령 안에서 의와 평강과 희락"을 이루는 것(롬 14:17)에 있기 때문에 성도의 친교 속에는 '의와 평강과 희락'이 있어야 한다. 목회자는 화평의 복음을 전하는 '그리스도의 사신'으로서 모든 교인들이 "하나님과 화목"하고 신자 상호간의 관계에서도 화목하는 사랑과 친교의 공동체가 되게 하는 사명이 있다.

또한 친교의 중요한 기능 가운데 하나는 서로 간에 신앙을 강하게 하는 것이다. 로마서 1장 11~12절을 보면 "내가 너희 보기를 심히 원하는 것은 무슨 신령한 은사를 나누어 주어 너희를 견고케 하기 위함이니 이는 곧 내가 너희 가운데서 너희와 나의 믿음을 인하여 피차 안위함을 얻게 하려 함이니라."고 기록되어 있다. "신령한 은혜"란 바로 믿음이고, 주요 내용은 친교를 통해서 하나님의 사랑을 세상에 전할 수 있다는 것이다. 이렇게 볼 때 우리는 친교를 나눔으로써 우리의 믿음과 사랑을 키워나갈 수가 있다.

오늘날 현대 교회에서 이루어지는 친교에는 목회상담, 교회 교육, 교회 훈련, 교회 정치들의 교육, 훈련, 행정이 포함되어야 한다.[13)

(3) 봉사(Service)

헬라어의 "διακονία"(디아코니아)는 일반적으로 봉사라고 번역하는데, 원래 의미는 "시중드는 일, 섬기는 일"이다. 영어의 "Service"는 라틴어에서 노예를 뜻하는 "Servus"에서 유래하였다. "봉사"란 예수 그리스도와 교회를 위해 자신을 내어주는 것이요, 희생하는 것이며, 자기 자신을 포기하는 것이다. 진정한 봉사자는 언제나 자발적이며 능동적으로 순종한다. 그러므로 진정한 봉사의 본질은 "행동"이라기보다는 "태도"라고 해야 옳다.

따라서 목회자와 성도는 섬기는 자로 오셔서 일생을 헌신적인 봉사로 사역하신 그리스도의 터 위에 세워진 교회에서, 제자들의 발을 씻겨주기까지 하면서 섬김의 본을 보여주신(요 13:14) 예수님을 본받아 서로 봉사해야 한다. 참된 봉사는 반드시 희생이 따르지만 그 희생은 하늘의 영광스런 상급을 예비하는 것이다. 그러므로 목회자와 성도들은 그리스도를 본받아 이름 없이 빛도 없이 십자가의 사랑과 희생의 정신으로 묵묵히 맡은 바 봉사의 소임을 다하여야 한다. 그리고 목회자는 "우리는 무익한 종이라 우리의 하여야 할 일을 한 것뿐이라.”는 태도를 가지고 이 직무를 수행해야 하는 것이다.

요한복음 20장 19~23절 보면 “부활하신 예수께서 제자들에게 다시 나타나셔서 너에게 평강이 있을지어다. 아버지께서 나를 보내신 것 같이 나도 너희를 보내노라 성령을 받으라.”는 말씀이 있다. 이 말씀은 예수께서 제자들을 훈련시켜서 둘씩 짝지어 세상으로 파송하실 때 제자들에게 가는 곳마다 무엇이든 평안을 빌어주라고 말씀하신 내용이다. 평안을 받을 만한 자격이 있으면 그에게 임할 것이요, 그 사람들이 받아들일 자격이 없으면 제자들이 빌어준 평안이 제자들 자신에게 돌아올 것이라고 강조하고 있다. 그리고 예수께서 부활하신 다음에 제자들에게 와서 제일 먼저 “너희에게 평안이 있을지어다.”라고 말씀하신다. 예수께서 부활하셨다는 사실을 들었으면서도 믿지 못하여 문을 잠그고 들어앉아 있던 제자들에게 잠긴 문을 열고 하신 말씀이 아버지께서 나를 보내신 것 같이 나도 너희를 보낸다는 위임의 말씀이었다. 장애물과 방해물을 다 헐어버리고 평화와 사랑을 전하는 것, 그것이 바로 선교이고, 선교는 하나님의 사랑, 예수 그리스도의 평강을 전하는 것이다.[14] 복음 전파, 선교, 사회 참여 등이 여기에 해당된다.

다음의 비유에서 교회가 해야 할 역할의 중요성을 찾아볼 수 있다.[15]

파선 사고가 자주 일어나는 어느 위험한 해안에 한때 볼품없는 작은 인명구조대가 있었다. 건물이라곤 오두막 한 채뿐이었고 보트도 작은 것이 하나 있었을 뿐이다. 그러나 헌신적인 몇 명의 회원들이 끊임없이 바다를 지켰고, 그들은 자신에 대한 생각은 전혀 하지 않은 채 밤낮으로 바다에 나가 실종된 사람들을 찾아다녔다. 많은 생명이 이 훌륭한 작은 구조대에 의하여 구조되었으며, 그래서 이 본부는 유명해졌다. 구조된 자들 중 몇 사람과 또한 인근 지역에 사는 여러 사람들은 이 구조대와 연관을 맺고 이 사업을 뒷받침하기 위해 그들의 시간과 돈을 제공하기를 원했다. 그래서 새로운 보트를 더 구입했고 새로운 구조대원들을 더 훈련시켰다. 작은 구조대가 점점 더 커지게 되었다.

인명구조대에 가입한 새 회원들 중 어떤 사람들은 건물이 너무 볼품없고 시설이 빈약하다며 불만을 토로하였다. 그들은 바다에서 구조된 사람들의 피난처가 되기 위해서라도 좀 더 편안한 장소가 마련되어야 한다고 생각하였다. 그래서 그들은 비상용 간이침대를 훌륭한 침대로 갈아치우고, 확장된 건물 안에 좀 더 훌륭한 가구들을 갖다놓았다. 이제 그 구조대는 그 회원들을 위한 대중적인 회합 장소가 되어버렸다. 그리고 그들은 그곳을 일종의 클럽처럼 사용했기 때문에 그곳을 아름답게 다시 치장하고 멋지게 꾸며놓았다. 이제 회원들은 인명을 구조하는 임무를 위해 바다에 나가는 일에는 점점 더 관심을 잃게 되었고, 그들은 이런 일을 할 수 있는 인명 구조원들을 새로 채용하였다. 그러나 인명 구조의 목적은 여전히 클럽 장식들 가운데서 돋보이고 있었다. 그리고 클럽 가입식이 거행되는 방에는 여전히 예식을 위한 구조선이 있었다.

그 다음 회합 때, 클럽 회원들 가운데서 불화가 생겼다. 대부분의 회원은 클럽의 인명 구조 활동이 별로 즐거운 일이 아닌데다 클럽의 정상적인 생활에 방해가 된다고 생각하여 구조 활동을 그만두기를 원했다. 어떤 회원들은 인명 구조야말로 그들의 가장 중요한 목적이라고 하면서 계속 인명 구조대라고 불려야 한다고 주장하였다. 그러나 그들은 투표 결과 결국 패배했으며, 만일 그들이 그 지역에서 조난당한 사람들의 생명을 구조하기 원한다면 아래편 해안에서 그들 나름의 인명구조대를 새로 세울 수 있다고 통보받았다. 그들은 그렇게 하였다.

여러 해가 지나면서, 새로 생긴 이 인명구조대는 옛날 구조대가 겪었던 똑같은 변화를 경험하게 되었다. 그 구조대는 일종의 클럽으로 발전해 버렸고, 그래서 또 다른 인명구조대가 새로 생기게 되었다. 역사는 계속 반복되었으며, 만약 우리가 오늘날 그 해안을 방문한다면, 우리는 서로 배타적인 수많은 클럽을 발견하게 될 것이다. 그 바다에서는 여전히 파선 사고가 자주 일어나고 있으나, 대부분의 사람들이 그대로 죽어가고 있다.

이 비유는 무엇을 말해주고 있는가? 많은 교회가 교회 자체 유지와 교인들 상호간의 친목을 유지하는 것으로 만족하고 있다. 그렇게 함으로써 스스로 진정한 교회가 되기를 거부하고 있다. 봉사와 선교는 한마디로 교회가 이웃을 위해 혹은 세상을 위해 진지한 관심을 갖고 자기를 내어주는 행동이다. 이러한 삶이 없다면 진정한 교회라고 할 수 없다. 예배와 친교, 그리고 봉사와 선교! 이 두 가지는 마치 새의 두 날개와도 같다. 그렇기 때문에 둘 중 어느 하나만 없어도, 아니 어느 하나만 약해도 교회는 이 세상을 제대로 날지 못하고 결국 땅 한 구석으로 떨어지고 말 것이다. 그러므로 다음과 같이 목회자는 자문해보아야 한다. "오늘날 우리의 교회들도 두 날개가 다 똑같이 튼튼한가? 그리고 제대로 이 세상을 잘 날고 있는가?"

3) 교회의 기능(전통적 네 가지 기능)

교회의 기능은 전통적으로 네 가지로서 하나님의 말씀의 선포적 기능인 케리그마, 교육적 기능인 디다케, 교회의 봉사적 기능인 디아코니아, 그리고 성도의 교제에 해당하는 코이노니아의 기능이 있다.

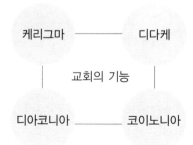

(1) 케리그마(선포적 기능)

케리그마는 "선포하다"를 의미하는 헬라어 동사에서 유래된 명사이며 현대의 개신교 신학에서는 거의 전문용어가 되었다. 그러나 다소 애매한 점이 있기 때문에 분명히 해야 할 것이 있다. 신약성서에서 많이 사용한 세 단어인 'καταγγέλλειν'(카탕겔레인), 'κηρύσσειν'(케루세인), 'εὐαγγελίσασθαι'(유앙겔리사스타이)는 초대 기독교 공동체가 예수의 생애와 죽으심에 대해 특별한 반응을 보였음을 나타낸다. 이 선포의 내용은 예언자들에게 약속한 성취의 때가 도래했고, 그것은 그리스도의 생애, 죽으심, 부활로 절정에 달했다는 것이다. 이 선포는 회개를 촉구했고 회개하는 자에게 성령을 약속했다. 그 후에 "케리그마"라는 말은 이중적인 의미, 즉 선포의 내용과 선포하는 행위를 의미하게 되었다. "케리그마"라는 용어는 현대의 개신교에서 여러 가지 이유 때문에 중심적 위치를 차지하고 있다.

첫째로 성서 비평, 특히 양식 비평은 신약성서의 많은 부분이 케리그마로 형성되어 있음을 보여 주었다. 복음서 기자들은 객관적인 역사를 기록한 것이 아니고 예수 그리스도께서 하나님이심과 그의 백성을 구원하신 사실을 선포한 것이다. 그러므로 기독교를 사실적인 모습에 기반을 두려는 시도는 신약성서의 진정한 메시지를 왜곡할 수도 있다.

둘째로 케리그마가 청취자들에게 이전에 자기 이해를 포기하고 의인화된 죄인이 되라고 호소한 사실은 실존주의에 영향을 받은 신학자들에게 깊은 감명을 줄 것이다. 왜냐하면 케리그마는 근본적으로 지성인들에게 제시하는 가르침이나 교리가 아니고 새 생활을 하라는 부르심이기 때문이다. 이것은 사실에 찬성하라고 강요하는 것이 아니라 신앙의 결단을 내리라는 것이다. 이러한 사실과 관련하여 루돌프 불트만은 케리그마는 계속해서 재해석되어야 하고, 그것을 교리로 고착하여 사람들이 지성으로 만족하며 믿게 해서는 안 된다고 주장했다. 이 두 이유는 일련의 문제에 봉착하게 되었다. 만일 케리그마를 예수의 죽음과 부활에 관한 내용일 뿐이라고 정의한다면 예수께서 케리그마를 전하신 것은 역사적으로 옳은 것인가? 불트만은 옳지 않다고 한다.

예수께서는 자기 자신의 죽음과 부활에 관하여 설교하지 않은 것이 분명하다고 믿기 때문이다. 그렇다면 이것은 예수께서 전하신 것과 그리고 바울과 초대교회가 전한 것이 서로 다르다는 의미인가? 만일 그렇다면 예수의 메시지와 교회의 케리그마 사이에는 어떤 연속성이 있는가? 근본적인 불연속성은 심각한 문제를 일으키기 때문에 불트만의 어떤 후계자들은 하나님의 은혜에 관한 예수의 메시지의 진정한 내용은 초대교회의 것과 같았으나 그 형식은 상이했다고 제안했다. 그러나 이것을 주장하기 위해서는 교회의 케리그마의 배후를 조사하여 예수의 확실한 역사적 모습을 형성해야만 한다.

그리고 예수께서 선포하신 메시지(하나님의 은혜)의 의미를 파악하기 위하여, 케리그마의 개념을 예수의 죽음과 부활에 관하여 확실하게 전파하기 위하여 이것을 제한하지 말아야 한다. 그러나 만일 케리그마가 예수 자신의 교훈과 전도를 의미했다면, 예수께서는 왜 그리고 어떻게 선포했을까? 이런 것들이 케리그마라는 용어의 주변에 있는 현대의 문제점들이다.

(2) 디다케(교육적 기능)

교회는 선교를 위해 부르심을 받은 공동체이다. 그러나 교육이 없었다면 이 공동체는 계속 이어지지 못했을 것이다. 교육은 교회의 본질에 속한 것이며, 따라서 교육적 기능과 책임을 소홀히 하는 교회는 올바르게 성장할 수 없고, 회중의 신앙도 균형 있게 자랄 수 없다. 선교적 사명이나 성례전이 올바로 균형 잡히지 못한 교회가 불완전한 교회인 것처럼, 교육적인 책임과 기능을 다하지 못하는 교회도 불완전하고 결함이 있는 교회이다. 교회 교육은 교회의 본질적 사명이다. 성서에서는 계속적으로 교육에 대해서 강조하고 있고, 예수님의 선교 중에 가르침이 중요한 위치를 차지하고 있었으며, 초대교회에서는 성전에 있든지 집에 모여 있든지 날마다 예수 그리스도를 가르치고 전도하기를 쉬지 않았다(행 5:42)고 기록되어 있다.[16]

특히 신약에 나타난 교육적 기능은 예수 그리스도가 지상에서 행하신 사역에서 분명히 나타난다. 예수 그리스도의 지상에서의 사역은 가르침과 복음 전파와 병을 고치는 것이었다(마 4:23). 그중에서도 가르치는 일은 예수님의 생애에서 가장 강조된 사역이었다.

교육은 예수님의 최대의 사업이며 최대의 관심사였기에 먼저 제자들을 선택하셨고 주위에 계속 몰려든 군중을 가르치셨다. 복음서는 예수님을 랍비로, 선생으로 표현하고(요 3:2, 막 4:38, 마 22:16), 예수님 자신도 그 표현이 옳다고 하셨다(요 13:13). 자신의 메시아적 사명을 가르치는 기능을 통해 성취하려 했던 것이다. 예수님은 제자들에게 마지막 명령을 할 때에도 "그러므로 너희는 가서 모든 족속으로 제자를 삼아 아버지와 아들과 성령의 이름으로 세례를 주고 내가 너희에게 분부한 모든 것을 가르쳐 지키게 하라."(마 28:19~20)고 말씀하심으로써 오늘날 교회의 교육적 사명을 밝히셨다. 때문에 초대교회에서도 가르침의 일을 교회의 중심 사역으로 행했다(행 2:42).

가르치고 가르침을 받는 교회, 즉 교육 기능이 살아 있는 교회는 살아 움직이고 자라는 교회이며, 교육의 기능이 마비된 교회는 결국 퇴보하는 교회이다. 교회 교육은 교회의 시작과 함께 시작되었고, 교회는 교회 교육을 통해서 보존되어 온 것이다.

(3) 코이노니아(성도의 교제)

사도행전 2장에 등장하는 초대교회의 모습은 교회가 성도의 교제로 시작되었음을 알 수 있다. 그들은 모이기를 힘쓰며 떡을 떼기를 좋아했으며 힘써 기도하기를 쉬지 않았다. 특히 그들은 '내 것'이라는 소유 개념을 초월하고 있었다. 성도의 교제는 성령으로 이루어진 사귐이었다. 사도행전 2장의 교회는 성령을 경험한 다음 떡을 떼어 찬송하며 교제하였다. 그렇기 때문에 초대교회를 "성령의 공동체"라고도 한다. 여러 지방에 흩어져 살던 것으로 보아 그들은 서로 다른 씨족 출신이요, 사회적 배경이 각기 다른 사람들이었음이 틀림없다. 그러나 그들은 서로 신분을 따지거나 자기 소유를 밝히지 않고 교제하였다. 그들이야말로 복음 안에서 인간적인 조건들을 넘어선 세계 시민이었다.

진정한 교회는 씨족이나 민족을 초월할 때 그 참된 모습을 나타낸다. 참된 교회는 인종이나 사회적 신분을 초월하여 한 형제자매가 될 때 그 위대함을 발휘한다. 그렇기 때문에 루터는 교회를 일컬어 "은총의 나라"라고 말했다.[17]

성도의 교제는 현대인에게 새로운 삶의 스타일을 보여준다. 저마다 자신의 이익과 성공만을 위해 살아가는 사람들에게 삶의 참된 모습은 자기를 위하는 것이 아니라 "남을 위한 삶"이라는 모델을 제시하기 때문이다. 종교개혁 시대에는 사람들의 관심이 "어떻게 은총의 하나님을 만날까?" 하는 것이었다. 그러나 현대에 와서는 사람들의 관심이 "어떻게 은총이 내 이웃이 될 수 있을까?"

라는 데 있다. 내 자신이 좋은 이웃을 만나는 일도 행운에 속하지만 내 자신이 좋은 이웃이 된다는 데 기독교인의 삶의 의의가 있다. "너희가 짐을 서로 지라 그리하여 그리스도의 법을 성취하라."(갈 6:2)

우리가 성례전, 특히 성찬식에 참여하는 것은 그리스도의 고난과 아울러 그의 부활의 은혜에 동참하는 것을 의미한다. 흔히 성찬식을 일컬어 '거룩한 사귐'이라고 말한다. 이는 하나님과의 사귐이요 동시에 같은 십자가의 보혈로 형제 된 성도들과의 사귐이다.

우리는 은혜로운 교회를 구성하는 성례전의 의미를 되새기면서 그리스도 안에서 의인과 죄인이 함께, 이방인과 유대인이 함께, 그리고 교회 안의 성도들과 교회 밖의 사람들이 모두 함께 "즐거워하는 자들로 함께 즐거워하고 우는 자들로 함께 울며 서로 마음을 같이하며 높은 데 마음을 두지 말고 도리어 낮은 데 처하며 스스로 지혜 있는 체 하지 말라 아무에게도 악으로 악을 갚지 말고 모든 사람 앞에서 선한 일을 도모하며 할 수 있거든 모든 사람으로 더불어 평화를 나누며"(롬 12:15~18) 살아야 한다.

현대 신학자들은 교회를 일컬어 "종말론적 공동체"라고 말한다. 이 말은 옛 시대는 지나가고 이미 새 시대가 시작되었다는 뜻이다. 그리스도의 몸 된 교회는 옛 시대의 유물이 아니라 새로 시작된 시대의 인간 공동체이기 때문에 옛 사람의 옷을 벗어버리고 새 사람을 입어야 한다는 뜻이다. 그런 뜻에서 교회는 인간 역사 안에 존재하는 하나님의 전위대이다. 전위대이기 때문에 옛 시대는 무너뜨리고 새 시대를 건설하는 일을 해야 한다.[18]

이것은 성도들의 교제를 통해 성도들간의 유대를 긴밀히 하고 친근감을 돈독히 하며 무너지지 않는 요새를 구축하게 한다. "진리가 예수 안에 있는 것 같이 너희가 과연 그에게서 듣고 또한 그 안에서 가르침을 받았을진대 유혹의 욕심을 따라 썩어져 가는 구습을 좇는 옛 사람을 벗어버리고 오직 심령으로 새롭게 되어 하나님을 따라 의와 진리의 거룩함으로 지으심을 받는 새 사람을 입으라."(엡 4:21~24)

(4) 디아코니아(교회의 봉사적 기능)

교회는 하나님의 말씀을 선포하고 성도의 교제에 힘씀으로써 다양하고 견고한 신앙의 경험을 나눌 수 있다. 동시에 교회는 이 세상을 위해 존재하는 것이지 결코 교회 자체를 유지하기 위해 존재하지 않는다. 그래서 교회의 기능 가운데에는 세상을 섬긴다는 뜻이 함축되어 있다.

예수께서도 "나는 섬김을 받으러 온 것이 아니라 섬기러 왔다."고 하셨다. 성서에서 섬김을 "διακονία"(디아코니아)라고 하는데, 본래의 뜻은 병을 고치거나 화목하는 일, 그리고 상처를 싸매주는 일 등으로 쓰였다.[19]

교회는 여리고 도상에서 강도를 만나 죽게 된 자의 상처를 닦아주고 싸매주며 돌보아주는 사마리아인과 같은 존재이다. 불의에 의해 시달림을 받는 의로운 사람들과, 무지와 가난 때문에 죄를 범한 사람들과, 심지어 서로의 이해관계 때문에 갈등하고 증오에 가득 찬 사람들을 찾아서 서로 화해시키고 구원해주며 사회에서 어둠을 몰아내는 데 헌신하는 존재이다.

신학자 콜린 윌리엄스는 그의 「교회론」에서 교회의 봉사적 기능에 대해 다음과 같이 제시하였다.[20]

첫째, 교회는 "산 위에 있는 도시요 어두움을 비치는 빛이요 등경 위에 있는 등불이어야" 한다(마 5:14~16). 예수께서 제자들을 부르심은 그들을 세상의 빛으로 만들기 위함이었다. 세상의 빛이 된다는 말은 세상 속에서 자신의 존재를 분명히 밝히고 자신의 사명을 수행해야 한다는 것을 뜻한다. "너의 빛을 사람 앞에 비추어 사람들이 너의 착한 행실을 보고 하늘에 계신 너희 아버지께 영광을 돌리게 하라."(마 5:16)는 말씀은 예수께서 제자들을 부르신 목적을 잘 설명해준다.

교회는 산 위에 세운 도시이다. 결코 세상을 떠난 존재가 될 수 없다. 교회에서 행하는 모든 일은 세상에 알려져야 하고, 또 세상을 위한 것이어야 한다. 이 세상의 모든 인간 사회는 교회를 그 표본으로 하여 가장 아름답고 선한 공동체가 되어야 한다. 그러나 오늘의 교회는 세상을 위한 존재도 되지 못하고 세상에 본이 될 만한 진리와 은혜의 존재도 되지 못하고 있다.

둘째, 교회는 누룩과 같아야 한다(마 13:13). 누룩은 반죽한 가루를 변화시킨다. 교회는 세상을 변화시키는 존재이다. 변화시키되 세상으로 생명을 얻고 더 풍성히 얻게 변화시켜야 한다. 이 일을 위해 교회는 누룩처럼 날마다 자기를 죽이고 반죽을 새로운 생명의 떡으로 만들어야 한다.

그러나 현대 교회는 날이 갈수록 자기의 존재를 견고히 하여 화석화되고 있다. 따라서 거의 생명이 정지된 회 칠한 무덤과 같이 종교적 형식만이 남게 되었다. 이제 교회를 향해 새로 만들어진 영혼의 만나를 찾아오는 사람은 찾아볼 수 없게 되었다. 만약 이대로 더 나아간다면 교회에는 오직 자신의 영달과 현세적 안전만을 추구하는 이기주의자들만이 넘쳐날지도 모른다.

셋째, 교회는 소금과 같아야 한다(마 5:13). 교회는 세상의 빛이다. 어둠을 물리치는 존재이다. 교회는 누룩이다. 정의롭지 못한 사회 구조도 바로잡아야 한다. 동시에 교회는 세상의 소금이다. 소금은 식품의 신선도를 유지하고 맛을 창조하는 존재이다. 소금이 녹아 물질의 부패를 막고 입맛을 돋우듯이, 교회는 자신을 소모하여 세상의 부패를 막고 감칠맛을 만들어내야 한다.

교회는 사람들이 살기에 필요한 평화 · 자유 · 정의를 위한 모든 구조를 보존하는 데 힘써야 한다. 동시에 그 일을 위해 스스로 세상 죄를 지고 가는 하나님의 어린양이 되어야 한다. 인간의 평화를 위협하며 자유를 구속하며 정의를 유린하는 온갖 폭력과 무지와 독재의 죄를 대속하기 위해 자기 자신을 희생시킬 줄 알아야 한다.

2. 목회

1) 목회의 일반적인 이해

(1) 목회란 무엇인가

칼 바르트는 목회의 본질에 대해서 다음과 같이 기술하고 있다. "목회의 본질은 복음의 선언, 즉 복음을 설명 또는 해설하는 것이다. 그리고 '복음적 설교' 즉 듣는 사람들이 살고 있는 시간과 공간, 그리고 상황에 복음을 적용하는 것이다."[21] 이러한 정의는 매우 명료하고 뚜렷하다. 목회의 본질은 세상 안에 있는 교회의 역할을 수행하는 것이다. 물론 이것은 교회의 본질을 모르고는 이해할 수 없다.

또한 칼 바르트는 목회의 형태에 대해 다음과 같이 언급하고 있다.[22] ①하나님을 찬양하는 것, ②회중에게 복음을 선포하는 것, ③공동체(밖으로는 세상)를 교육하는 것, ④공동체의 주위를 복음화하는 것, ⑤비기독교 지역에 선교하는 것, ⑥신학의 임무, ⑦기도, ⑧영혼의 치료, ⑨기독교적 삶의 모범 제시, ⑩공동체 안과 공동체 밖에 있는 궁핍한 자를 구제하는 의미를 가진 집사의 직분, ⑪예언자적 행동(바르트에게 이것은 공동체와 세상의 평상적 상황이 의미하는 것에 대한 인식과 하나님의 말씀이 이 상황에서 말씀하는 것에 대한 이해에 근거를 둔 행동을 의미한다), ⑫국가, 인종, 문화, 경제적 계급 사이의 친교를 확립시키는 것이다.

그러나 목회의 본질과 목회의 형태는 똑같은 차원이다. 어쨌든 목회의 영역을 다음과 같이 명료화시키는 것이 필요하다.

첫째, 예배, 교육, 기도를 통한 신앙의 개발.

둘째, 가치관이나 지식의 훈련, 교회와 기독교적 삶의 실습, 우리의 삶의 상황인 세상에 대한 태도, 그리고 선교를 통한 예수의 제자화 훈련, 즉 삶 속에서 생기는 갈등과 불안들에서 탈피하도록 성도들을 격려하고 영적인 삶으로 안내하는 목회적 돌봄.

셋째, 선교와 복음 전도, 즉 선교를 통하여 세상에 복음을 선포하고, 나라와 민족, 문화 이념, 계급을 초월하여 화합할 수 있는 친교를 확립하는 것.

(2) 목회의 집행자인 목회자

• 안수의 의미

쉴레벡스(Edward Schillebeeckx)의 책 「목회」(*Ministry*)에 따르면, 신약성서 공동체는 바울, 마태, 그리고 요한 공동체에서 기술하고 있듯이, 다양한 성직들을 지적하고 있는데 열두 제자, 예언자, 사도, 교사, 감독, 장로, 설교자, 복음 전달자 등이다.[23] 그 당시에 감독, 장로 그리고 집사는 구분이 모호했다. 이 직제들은 사역의 특성을 나타내는 성직의 형태일 뿐이었지 특수한 지위는 아니었다. 쉴레벡스의 설명에 따르면, 목회의 성직 취임은 콘스탄틴 이후에 시작되었다. 다시 말해서 교회 안수나 공무 수행직의 임명은 분명히 성직자가 평신도들에 비해 높은 계급으로 보였기 때문에 보다 매력적인 것이 되었다는 것이다.[24]

안수는 인가된 기관에서 수행되었고, 받은 이는 특수한 공동체로 보내졌다.[25] 제4차 라테란(Lateran) 회의(1215년)는 "성만찬은 타당하고 합법적인 안수를 받은 사제에 의해서만 거행될 수 있다.[26]"고 하였다. 이는 목회와 지방 공동체 사이에 연결점이 깨지고 목회의 의미가 협소해졌음을 의미한다. 다시 말해서 목회는 초기에 모든 공동체의 사역으로서 이해되었지만, 후기에는 단지 목회자의 사역으로만 이해되었다.

오스본(R. E. Osborn)은 그의 책 「그리스도가 있는 곳에」(*In Christ's Place*)에서 안수에 대해 다음과 같이 결론짓고 있다. "안수는 교회의 공동 행위로서 공적인 복음의 신실성을 위해 어떤 사람을 사역이나 공적인 목회를 하도록 임명하는 것이라고 정의할 수 있다.[27]" 그는 안수를 공적인 목회를 하도록 임명하는 것으로 이해하였다.

한스 큉에 따르면, 제사장이란 말은 신약성서 어디를 보든 교회 안에서 공직을 집행하는 사람을 가리킬 때 쓰였다.[28] 그는 보편 사제주의 교리는 가톨릭 교회학[29]의 근본적인 진리라고 주장하였다. 그리고 그는 가톨릭 신학이 성직자를 계급화시킨 것을 유감스럽게 생각하였다. 한마디로 말하면 사도성의 계승은 개인에 의해서가 아니라, 교회의 전 공동체에 의해서 지속되었다.

성직자는 성직의 대리자로 이해되었다. 안수는 성직 사역에 관계된 것이지, 성직 사역을 할 때 소속되는 계급적 지위에 관계된 것이 아니다. 이미 초대교회에 대한 쉴레벡스(Schillebeeckx)와 오스본(Osborn)의 고찰에서 보았듯이, 교회와 세상에 대한 봉사를 위해 협력적인 목회를 공유하고 성직 사역을 위하여 교회가 사람들을 임명하는 것을 볼 수 있다.

세월이 지나면서 교회는 보다 조직적인 체계가 되었고 공동체로부터 분리되었으며 안수의 개념은 계급적 지위로 변화했다. 물론 목회의 형태는 시대에 따라서 상당히 변화되었다. 성직자는 여전히 사제와 예언자 역할을 한다. 그러나 행정가로서, 조직가로서, 그리고 관리자로서의 성직자의 역할은 최근에 이르러서야 강조되었다. 그러므로 목회는 초창기에 그랬던 것처럼 전 공동체와 교회의 모든 사역을 포함해야 한다. 그리고 목회의 이러한 기능들이 단지 목회자에 의해서만 전적으로 성취될 수 있는 것이 아니기 때문에 교회의 평신도도 목회에 참여해야 한다.

안수받은 성직자와 안수받지 못한 평신도의 차이는 그 전문성에 있다. 목회자는 안수 받으면서 성만찬, 세례, 축복기도를 위임받는다. 한국에서는 이들 세 가지를 제외한 성직의 모든 사역이 평신도들에게 허용된다. 그리고 안수받은 성직자는 세속적인 직업을 수행하는 것이라고 생각하지 않으며 자신의 목회에만 헌신한다. 다른 거룩한 의식처럼 이 세 가지는 목회의 다른 사역들과 구별되는 것으로 생각되었다. 안수는 공적인 목회의 사역을 위한 임명일 뿐 아니라 성직자의 권위를 대표하는 이들 세 가지를 수행하는 특별한 직임을 허가하는 것이다. 이 세 가지를 제외하고 평신도는 목회를 개발하고 활력 있게 하기 위해서 안수받지 않은 성직자로서의 임무를 수행할 수 있다.

• 왜 안수를 받아야 하는가?

안수에 필수적인 것은 목회의 은사(Charisma)를 받는 일과 이 은사를 받게 되는 의식(儀式)이다. 이 의식에는 두 가지 주요한 계기가 있는데 하나는 손을 얹어 안수하는 것이고, 다른 하나는 교회의 중재기도이다. 안수는 내적 은혜와 외적인 행위가 결합하는 것으로 내적 실체는 하나님의 은총을 영접하는 일이고, 외적인 사건은 기도와 함께 손을 얹어 안수하는 일이다.

목사 안수는 오직 한 번뿐이며(처음 받은 안수가 무효화되는 특별한 경우를 제외하고는), 마치 세례를 반복해서 받지 않는 것처럼 목사안수도 반복하지 않는다.

왜냐하면 안수는 평생에 걸친 언약의 관계를 지칭하기 때문이다. 안수는 가볍게 들어설 수 없는 하나의 엄숙한 계약행위이다. 안수는 전 세계와 세대를 넘어서서 사도적 전통을 계승하여 안수 후보자를 '구별하여' 성직에 취임시키는 공식적인 의식이다.[30]

누구에게 안수할 수 있는 권한이 위임되어 있는가? 이 점에서는 다음과 같은 일치된 견해가 있다.[31] 첫째, 안수식은 전체 교회를 대신하여 거행된다. 비록 개교회 중심의 안수식을 거행하는 자유파 교회의 회중 전통을 따를지라도, 안수는 개교회를 대신하여 행하는 것이 아니라 전통적인 교회, 하나의 통일된 교회를 대신하여 거행한다. 즉 후보자는 단지 교회회의나, 교단, 교구나 지방회에 의하여 안수받는 것이 아니라 교회에 의하여 구별되고 또한 교회를 위하여 구별된 사도적 전통에 의하여 성직에 취임하게 되는 것이다. 둘째, 안수식은 적절한 심사 과정을 마친 후에 거행될 수 있으며, 누구든지 성급하게 안수하여서는 안 된다. 셋째, 성직에 취임하는 사람은 누구나 다 사도적 전통에 합당하고 책임적이어야 하며, 또한 이 전통을 수호하여야 할 사명이 부과되었다. 넷째, 목사안수는 후보자에게 말씀과 성례전의 목회, 그리고 그리스도교 의식을 수행할 수 있는 권한을 공개적으로 위임하고 동시에 그러한 사명을 부여하는 것이며, 또한 목회에 그 능력이 함께하도록 기도하는 것이다.

• 공적인 안수의식의 의미

공적인 안수의식은 무엇을 부여하는가? 이 물음에 대해 토마스 오덴(Thomas C. Oden)은 켐니츠가 말하는 개신교의 표준적인 5중적인 의미로 그 답을 대신한다.[32] 첫째, 안수식은 하나님의 부르심이 공개적으로 선언되어 교회의 인정을 받는 공적 증언이다. 둘째, 안수식을 통하여 목회가 안수받는 사람에게 공식적으로 위임된다. 셋째, 안수받는 사람의 거룩한 서약을 통하여 부름 받은 사람은 "주님께서 부과하신 목회를 수행함에 있어 하나님이 보시는 가운데 교회에 충성을 다할 의무를 가지게 된다." 넷째, 안수식을 통하여 "교회는 이 목회자가 가르칠 수 있는 신적 권한을 가지고 있다는 사실을 인정하도록 환기시킨다."

다섯째, 안수식에서 전체 교회는 부름 받은 자의 목회가 "하나님께 헌신하도록" 간절히 기도하며, 하나님께서 그의 목회에 동행하여 주시기를 기대한다.

• 목회자의 역할

칼빈에 의하면 성직자의 전통적 역할은 세 가지 기능-예언자직, 제사장직, 왕직-을 포함하고 있다. 바람직한 목회는 이들 세 가지 기능이 균형을 이루어야 한다. 예언자적 역할은 설교하는 것을 의미하고, 제사장적 역할은 상담과 성례전을 포함하며, 왕적 역할은 관리, 계획, 훈련 등과 같이 조직화하는 활동을 의미한다.[33] 니버는 목회의 개념을 목회적 지시자로 기술하였다. 사역에서 목회자는 목회에 대한 모든 전통적인 기능, 즉 설교, 공동체 예배 인도, 성례전 집행, 영혼의 치유, 그리고 교회의 치리 등을 수행한다.[34]

실제적으로 이 모든 것은 비록 그 표현이 그들의 관점에 따라 변경된 것이긴 해도 성직자에게 필요한 역할들이다. 이들 각각에 대한 내용과 의미는 서로 유사하다. 이러한 성직자의 역할들을 몇 가지 기능으로 분류하면 다음과 같다.

첫째, 예언자적 그리고 제사장적 기능 - 설교와 성례전.

둘째, 목회적 그리고 영적 지도자 - 목회상담, 영혼 돌봄(치유), 갈등 극복을 위한 영적 삶으로의 인도, 그리고 다른 사람들과의 친교 수립, 기독교인의 삶(가치관, 선교, 그리고 사회적 관심)의 교육, 그리고 영적 훈련.

셋째, 관리자 - 교회 활동의 촉진자로서 교회의 활동(특히 전망 있는 선교를 위해)을 위한 관리, 계획 및 훈련.

(3) 목회의 임무 - 어떻게 행해지는가

우르반 홈즈 3세(Urban T. Holmes Ⅲ)는 성직의 지위를 '위기의 목회'(crisis ministry)라고 표현하면서 다음 4가지 요소로 설명한다. 첫째, 단지 교육받은 간사에 의해 수행되는 목회의 협소성. 둘째, 본질적인 공동체의 상실. 셋째, 성직역할의 해체. 넷째, 문화에 대한 환멸이다.[35] 그가 지적한 문제는 목회의 목적을 심화시켰다. 우리는 공동체와 문화, 교회의 역할, 그리고 우리의 목회에서 성직자의 역할을 고려해야만 한다.

첫째, 목회의 상황과 관련된 목회의 임무이다. 목회의 임무는 교회의 차원, 즉 예배, 친교, 봉사와 관련이 있다. 목회는 이 세 가지에 의하여 회중의 삶을 생동력 있게 한다. 그러나 구체적인 세계의 상황 특히 한국적 상황에서 교회의 기능은 어떻게 수행되어야 하는가? 교회의 기능을 수행하는 데는 무엇이 요구되는가? 오늘 같은 상황에서 목회를 수행하는 데 무엇이 요구되는가? 이러한 질문들은 목회의 실제적인 초점과 관련이 있다.

화해를 통한 해방은 부분적인 답이 될 수 있다. 다시 말해서 목회에서 화해가 강조되어야 한다. 화해자로서 예수는 하나님과 인간, 그리고 인간과 다른 계층, 문화, 나라, 국민과의 화해이다. 이는 성경에 잘 나타나 있다. "모든 것이 하나님께로 났나니 저가 그리스도로 말미암아 우리를 자기와 화목하게 하시고 또 우리에게 화목하게 하는 직책을 주셨으니 이는 하나님께서 그리스도 안에 계시사 세상을 자기와 함께 화목하게 하시며 저희의 죄를 저희에게 돌리지 아니하시고 화목하게 하는 말씀을 우리에게 부탁하셨느니라."(고후 5:18~19)

이러한 상황에서 근본적인 문제는 위에서 언급한 인간의 상황이다. 만일 사람들이 다른 사람들과의 마찰을 야기하지 않도록 욕구와 기분을 자제하는 것을 배울 수 있다면 이 세상은 평화로운 곳이 될 것이다. 그렇다면 어떻게 스스로 자제할 수 있을까? 예배와 교제와 봉사하는 가운데 교육과 훈련을 통하여 화해자로서의 예수를 따라 살아야 한다. 이는 사람들의 도전과 경험을 통하여, 그리고 성령의 힘과 영향에 의해서 가능하게 된다.

또한 화해를 통하여 정치적, 경제적, 물질적, 이념적, 인종적인 것들의 억압하는 조건들로부터 벗어나야 한다. 우리의 희망과 발전적인 상황을 성취하려면 해결 방법을 발견하는 것이 필요하다. 그것은 화해, 즉 가난한 사람들과 부자들, 지배하는 자들과 지배받는 자들, 고용인과 피고용인들 사이의 화해이다. 물론 쉬운 일이 아니다. 그러나 그것은 소명이다. 그렇기에 우리는 기독교 신앙을 통하여 이 일을 시도해야만 한다. 영적인 훈련은 이것을 성취하는 데 지속성을 줄 것이다. 그것은 회중의 삶에 영적인 훈련이 왜 그토록 중요한지를 말하고 있다. 우리는 역사적인 사건들과 개인적인 어려운 점들을 포함한 우리의 골칫거리들을 극복할 힘과 통찰력을 얻어야 한다.

목회의 또 다른 초점은 희망이다. 우리의 상황은 실로 삶의 희망을 필요로 한다. 많은 사람들이 절망과 불안에 사로잡혀 있는데 그들이 우리의 노력을 통하여 희망을 갖도록 인도해야 한다. 그러면 이 세상에서 우리에게 희망은 무엇인가? 우리의 희망은 하나님과 좋은 관계를 갖는 것이며, 그렇게 함으로써 화해가 성취될 수 있고 적대감과 갈등을 제거할 수 있다. 희망은 이 세상에서 모든 억압받는 조건들에서 자유를 찾기 위한 것이다. 이것은 이 세상을 위한 우리의 안과 밖의 희망이다. 이 희망은 예수께서 우리에게 보여주고 가르쳐 주신 대로 영적인 훈련에 의해서 성취될 수 있다.

둘째, 성서와 관련된 목회의 임무이다. 위에서 언급한 것처럼, 현대 목회자들은 풍부한 경험을 통한 목회가 아니라, 단지 신학적인 자료만을 요구하고 있다. 이것은 신학교육에 의해서 야기된 것이다. 이론만 가지고는 어떠한 대화와 성숙한 해결도 가져올 수 없다. 우리나라에서의 대부분 목회자들은 신학교를 졸업한 후에 목회의 현장에서 신학적인 이론을 적용하려고 노력한다. 급속한 교회성장을 신학적인 이론의 틀 위에 세우기를 원한다.

셋째, 성숙한 교회를 위한 목회자의 임무이다. 최근 25년 동안 한국교회는 엄청나게 성장했다. 성도의 수에서뿐만 아니라 예산의 규모에서도 급속도로 성장하였다. 이러한 급성장이 우연한 것은 아니다. 거기에는 많은 원인이 있다. 그러나 이러한 급성장은 긍정적인 면과 함께 부정적인 결과도 가져왔다. 분명히 엄청난 성장을 이룬 한국교회가 선교적 사명에 대한 체계적인 이론과 교회 관리에 필요한 구체적인 것을 제시해야 한다.

결국, 목회란 구체적인 역사적 세계 상황에서 교회의 본질과 차원을 수행하는 것으로 정의할 수 있다. 목회는 과거를 포함하고 화해와 영적 훈련의 수단으로 갈등을 해결하여 미래를 준비하는 것이며, 우리의 현재적 상황에서 예배와 교제, 그리고 봉사를 수행하는 것이다. 전문성으로 구별되는 안수받은 목회자는 온 교회와 공동체의 사역에 협력함으로써 능률적이고 효과적인 목회를 수행해야 한다. 목회자의 역할은 예언적·제사장적 역할, 목회적 지시자로서의 역할, 교사의 역할, 그리고 관리자로서의 역할을 포함하는 예수의 목회를 성취하는 것이며, 그것을 지속하는 것이다.

2) 여러 신학자들의 목회에 대한 이해

최근 서구 신학의 경향을 보면 선교에 관련된 과목이 점점 증가하고 있음을 볼 수 있다. 신학은 교회에 대한 신학이 되어야 하고, 교회를 이끌 수 있는 선구자적인 의식과 감각을 가지고 있어야 한다. 현장이 없는 신앙이란 죽은 신앙이다. 신앙이 없는 신학은 얼마든지 할 수 있다. 그러나 신앙이 죽은 신학은 신학이 아니다. 그런 의미에서 목회의 의미를 조금 폭넓게 생각할 필요가 있다. 여기서는 보수적인 사람들, 전통적인 사람들의 목회에 대한 자료를 종합적으로 정리해 보고자 한다.

(1) 레이(Ronald W. Leigh)의 이해
레이는 기독교 목회의 토대에 대해서 다음 네 가지로 설명하고 있다.[36]
첫째, 기독교의 참 목회는 항상 성령의 활동성과 성서의 가르침을 포함해야 한다. 성서에 근거하지 않는 목회는 기독교가 아니다. 기독교 목회는 구원과 영적 성장이 목표이다.

	구원	영적 성장
성서	성서의 가르침은 구원을 포함한다. "성경은…구원에 이르는 지혜를 그대에게 줄 수 있습니다."(딤후 2:15) "믿음은 들음에서 생기고, 들음은 그리스도를 전하는 말씀에서 비롯됩니다."(롬 10:17)	성서의 가르침은 영적 성장을 포함한다. "모든 성경은…교훈과 책망과 바르게 함과 의로 교육하기에 유익합니다. 그것은 하나님의 사람으로 하여금…온갖 선한 일을 할 준비를 갖추게 하려는 것입니다."(딤후 3:16~17) "우리는 하나님께서 여러분에게 모든 신령한 지혜와 총명으로 하나님의 뜻을 아는 지식을 채워주시기를 빕니다. 여러분이 주님께 합당하게 살아감으로써…하나님을 점점 더 알고."(골 1:9~10)
성령	성령은 구원 안에서 활동한다. "그(성령)가 오시면, 죄와 의와 심판에 관한 세상의 그릇된 생각을 꾸짖어 바로잡아 주실 것입니다."(요 16:8) "누구든지 물과 성령으로 나지 아니하면 하나님 나라에 들어 갈 수 없습니다."(요 3:5)	성령은 영적 성장 안에서 활동한다. "우리는 주님과 같은 모습으로 변화하여 점점 더 큰 영광에 이르게 됩니다. 이것은 영이신 주께서 하시는 일입니다."(고후 3:18)

둘째, 성령의 가르침과 성령의 역사를 통하여 추구하는 기본 목표는 영혼 구원과 기독교인의 완전한 성숙이다. 좀더 구체적으로 온전한 기독교인의 성숙을 설명하자면, 하나님 아버지처럼 거룩해지며(벧전 1:15), 예수처럼 온전하고 성숙해야 하며(엡 4:13, 골 1:28, 약 1:4), 성령을 좇아 행하며(갈 5:16), 하나님의 말씀에 순종하며(약 1:25), 자기보다 남을 낮게 여기는 겸손이다(빌 2:3~4). 한마디로 온전한 기독교인의 성숙은 그리스도를 닮는 것이다.

셋째, 그리스도를 닮는 영적 성장이다. 그리스도를 닮는 영적 성장은 점진적으로 여러 면에서 이루어진다. 그리스도를 닮는 것은 성서적 지식이 자라야 되고, 그 다음에 묵상, 겸손, 정직, 증거, 기도, 청지기직, 인내 등에서 예수께서 온전하신 것처럼 닮아가는 것이다.

넷째, 기독교인 사역자의 자세이다. 여기에는 다음과 같은 것이 필요하다. 공감하는 자세이다(히 13:3, 약 1:19). 다시 말해서 감정이입의 자세가 되어 있어야 한다. 교인들은 아파하고, 교인들은 슬퍼하는데, 목회자가 웃으면 안 된다. 목회자가 힘든 까닭은 감정이입이 하루에도 서너 번씩 바뀌어야 하기 때문이다. 예를 들어 새벽기도가 끝나면 누구네 아버지 회갑이라 가야 하고, 아홉시 반쯤 되면 그 다음은 장례식이 있으니까 까만 넥타이에 핀을 바꿔 매야 하고, 오후 3시쯤엔 또 개업 예배가 있다. 그러면 또 넥타이를 바꿔 매고 간다. 감정이입을 할 때마다 얼마나 사람이 힘든지 모른다. 심방할 때도 가정마다 이 집에 필요한 것이 무엇인가를 깊이 생각해야만 한다. 바로 이렇게 감정이입의 자세가 되어 있어야 교인과 목회자가 하나가 된다.

다음은, 종으로서의 자세이다(빌 2:5~8). 종의 자세가 진정으로 목회자의 자세이다. 섬기는 목회자보다 존경받는 목회자는 없다. 그래서 사도 바울은 "내가 그리스도를 본받은 것 같이 너희도 나를 본받으라."고 말한 것이다. 이것은 지도자가 먼저 예수를 따르는 삶을 보여주어야 함을 가르쳐 주고 있다.

마지막으로, 친절한 안내자의 자세이다(딤전 3:3). 이러한 자세는 하나님이 우리에게 보여주셨던 사랑의 말씀으로 요약할 수 있다 "하나님이 세상을 이처럼 사랑하사 독생자를 주셨으니"(요 3:16). 다른 사람을 대하는 우리의 동기와 자세는 이와 같은 것이어야 한다.

(2) 앤더슨(Ray S. Anderson)의 이해

앤더슨은 목회의 본질을 하나님의 사역이라고 했다. 하나님의 뜻을 행하는 것이 바로 하나님의 목회이다. 예수는 자신의 목회를 소개하러 온 것이 아니다. 그의 목회는 아버지의 뜻을 행하는 것이고, 사람들로 하여금 하나님의 말씀대로 살도록 하기 위함이다. 이처럼 목회는 하나님의 뜻을 따르는 사역이 되어야 한다. 이것이 앤더슨의 기본적인 사상이다. 즉 목회는 하나님의 목회에 우리가 동참하는 것이다. 우리가 목회를 하는 것이 아니고 하나님이 이 땅에 대해서 목적하신 사역에 우리가 동참하는 것이기에 목회란 목회자 개인의 일이 아니다. 결국 선교의 근원은 예수이고, 예수의 선교는 바로 하나님이시다. 이런 구조가 될 때 예수의 선교는 바로 우리의 선교가 된다.[37]

예수는 화해의 작업자로서 목회의 표본이 되셨다. 다시 말해서 계시와 화해를 통해서 하나님과 우리의 목회가 이루어진다. 계시는 말씀을 통해 하나님이 우리에게 주시는 것이고, 인간이 하나님께 대하여 응답하는 것은 화해이다. 좀더 구체적으로 말하면, 설교, 성례전, 교육을 통해서 하나님께서는 인간에게 계시한다. 이에 반하여 인간은 기도와 봉사와 친교로, 또는 겸손, 증거, 청지기직의 것들을 통해서 하나님께 응답하는 것이다.[38]

(3) 힐트너(Seward Hiltner)의 이해

힐트너는 목회를 목회상담, 목회적인 돌봄, 목양이라는 개념으로 정리하였다. 그래서 힐트너에게서 목회는 적어도 세 가지로 표현된다.[39]

• 치유(Healing)[40]

치유란 파괴된 사람들을 온전한 상태로 돌아가 회복하도록 돕는 것이다.[41] 회복이라는 것은 단순히 옛날 상태로 복귀하는 것뿐 아니라, 이전 상태보다 차원이 높은 영적 통찰력과 복지를 성취하는 것이다. 그렇다면 무엇을 치유한다는 것인가?[42] 첫 번째는 결함을 치료하는 것이다. 즉 육체적인, 정신적인 결함을 치료하는 것이다. 두 번째는 육체적인 침해와 정신적인 침해, 혹은 한 사람이 다른 사람을 침해해서 느끼는 불안, 이런 것들을 치료하는 것이다. 세 번째는 왜곡이다. 왜곡이란 서로 조화되지 않는 것을 말한다. 즉 두 발을 잡아매는 것으로 두 발은 자유롭게 돌아다닐 수 있어야 하는데 이를 잡아맨다는 것을 뜻한다. 혹은 똑같은 키인데, 한쪽은 높은 구두를 신고 한쪽은 낮은 구두를 신었을 때 이것이 왜곡이다. 이 왜곡된 것을 치료하는 것이다. 네 번째는 계시이다. 잘못된 환경에서 본 잘못된 계시가 가정 문제, 사회 문제를 일으키는 것을 치유해 주는 것이다.

역사적 관점에서 치유의 법칙을 보면 다음과 같다.[43]

첫째는 기름 바름(Anointing)이다. 초창기 교회생활에서 치유의 가장 보편적인 방법이 바로 기름 바름이었다. 목회자나 평신도 또는 환자 자신이 환부에 십자가를 대기도 하고, 때로는 기름과 함께 축복된 물을 마시기도 했다. 9세기 이후에 가톨릭에서는 죽은 사람을 위해서 기름을 바르면서 기도하는 종부성사가 있었다.

둘째는 성자와 그 유물들(Saints and Relics)이다. 유명한 성자들의 유물들이나 마리아나 예수와 밀접한 관계를 맺고 있다고 믿어지는 물건과 접촉함으로 치유하는 것이다. 그래서 초대교회 순교자인 성 아가타(Saint Agatha)는 순교 시에 유방이 잘려서 여성의 유방을 보호하는 신으로 추앙받고, 성 아폴로니아(Saint Appolonia)는 치통, 성 요한(Saint John)은 홍역을 예방해준다고 그 성지를 열람시켜서 치료에 활용하고 있다.

셋째는 치유의 능력을 받은 카리스마적인 치유자들(Charismatic Healers)이다. 1161년 교회에서 공인 받은 연주창 치유자로 아시시의 성 프란체스코, 유명한 영성 신학의 대가였던 조지 폭스(George Fox) 같은 사람들도 정신적인·육체적인 질병들을 잘 치료했다.

넷째는 악령 추방(Exorcism)이다. 악령 추방은 거룩한 말씀과 의식으로 악한 영들을 쫓아내는 것인데, 목회 치유의 가장 드라마틱한 것이다. 테르툴리아누스와 오리게네스, 그리고 배움이 없는 신자들도 기도와 탐구로 귀신을 쫓아냈다.

다섯째는 마술의 약(Magic Medicine)이다. 이것은 정신적·육체적 질병을 귀신들의 장난이라고 생각하여 기도, 탄원, 의식과 함께 민족의 토속적 신앙의 치유 처방을 혼합하여 치유한 데서 기원한다. 이 방법이 중세기에는 성례전으로 바뀌었다. 문예부흥과 계몽시대에는 의약, 제약 등 치료과학으로 발달되어 그 방법을 썼다. 오늘날도 안수, 도유식(기름 뿌리는 것), 악령추방, 성만찬, 기도 등은 개선된 방법으로 치유 목회에 사용되고 있다.

• 유지(Sustaining)

유지는 "생기를 계속 준다, 지탱하다."의 뜻이다.[44] 목회에서 유지의 기능은 회복이 가능하지 않은 상태에서 현 상태를 유지하도록 지지해주고 격려해주는 것을 말한다. 회복이 가능하지 않은 두 가지 상황이 있다. 하나는 충격(Shock)과 상실(Loss)이고, 다른 하나는 돌이킬 수 없는 상황이 생겼을 때이다.

유지 기능을 위해서는 자애로운 연민의 방법을 사용해야 한다. 즉 용기를 북돋워주는 것이다. 위기에 대처하는 인내를 통해서 영적 성장을 성취해야 하기 때문에 죽음과 위기, 상실과 슬픔에 대처할 수 있는 용기가 필요하다. 목회사에서 나타난 유지 기능의 전제는 다음과 같다.[45]

첫째, 보존(Preservation)의 단계이다. 보존은 불필요한 위협이나 더 큰 상실을 막기 위한 것이다. 예를 들어, 가족이 죽어서 적절한 대책이 없을 때에 가족의 죽음이 병이 될 수가 있다. 그래서 이 보존의 단계는 유지기능에서 응급처치와 같은 것이다. 충격과 상실을 최소화하고, 어떤 상태에서 동결시키는 그런 기능이 바로 보존의 기능이다.

둘째, 위로(Consolation)의 단계이다. 위로의 단계는 응급처치 바로 뒤에 따라오는 것이다. 이 위로의 기능을 잘 발휘하려면 시기를 잘 선택해야 한다. 목회적 위로의 기능은 자신이 희망찬 삶의 공동체 안에 속해 있다는 사실을 인식시켜 주는 것이다. 그리고 고난받는 사람들이 자기 비하의 감정에 빠지지 않도록 도와주어야 한다.

셋째, 강화(Consolidation)의 단계이다. 상실과 파손 뒤에 남아 있는 인간의 잔여 능력을 재구성하는 것이다. 목회자들은 삶의 재구성을 위해 남아 있는 자원을 스스로 선별하도록 도와주어야 한다. 상실한 현실을 수용하게 하고 위기와 새로운 가능성과의 연관성을 일깨워주어야 한다.

목회자는, 똑같은 문제에 부딪혀도 땅을 바라보면 실망이 되고 십자가를 바라보고 하나님을 바라보면 힘이 된다는 것을 가르쳐주어야 한다. 그래서 유대인의 교훈 가운데 이런 것이 있다. "네 앞 뒤 좌우가 막혔느냐? 그러면 하늘을 보라. 하늘은 언제나 너를 향해 열려 있다." 이것은 목회에서 힘든 부분이면서 중요한 부분이기도 하다.

넷째, 구속(Redemption)의 단계이다. 파손된 인간이 상실을 수용하고 잔여 자원을 활용하여 재구성한 단계를 거쳐서 새로운 문명과 삶의 성취를 향해 나아가는 것을 돕는 유지기능의 마지막 단계이다. 당장은 회복할 수 없더라도 현상유지 속에서 회복을 내다보는 것이 중요하다.

• 안내(Guiding)[46]

목회의 의미 가운데 안내라는 뜻은 영혼을 치유하는 기능으로서 여러 가지 가능성 중에서 가장 적절한 행동과 결단을 선택하도록 돕는 것이다. 여러 가지 가능성 가운데 어느 것이 본인에게 합당하고 적절한가를 선택하도록 돕는 기능이 안내의 기능이다. 근본적으로 안내의 목회는 삶의 의미와 방향을 교정시켜 주는 지혜를 전제로 해서 진행된다. 바로 이 안내의 기능이 현대적 목회 상황에서 목회적인 상담 기능으로 발전하게 되었다. 이 기능은 일반적인 상황이나 윤리적인 원리를 문제삼지 않고 본인만이 처한 특수한 상황에서 결단과 안내의 지혜를 끌어낸다.

그러면 목회의 역사 가운데 안내와 관련된 기능 몇 가지를 보자.[47]

첫째는 우리가 흔히 아는 충고(Advice)이다. 그런데 일반적으로 이 충고를 잘 들으려고 하지 않는다. 사실 복음이라는 것은 선언이지 일종의 정보(information)가 아니다. 다시 말해서 복음은 선포하는 것이지 적당히 상대방의 비위를 맞춰가면서 타협적으로 전하는 그런 내용이 아니다.

둘째는 제마술(Devil-craft)이다. 루터는 "어느 개인이든지 간에 사탄과 홀로 대결하게 내버려두지 말고 하나님의 교회와 말씀을 통해서 사탄의 능력을 약화시키도록 서로 도와야 한다.”고 말했다.[48] 요즘 우리의 심성과 잘 맞는 말이다. 한국의 심성에는 샤머니즘적인 영향이 많이 있다. 그래서 예수 그리스도가 악의 세력이라든지 마귀의 세력과 대적해 싸웠던 것들을 한국적인 심성에 접목을 시키면 호소력이 있고 상당한 힘이 있는 것만은 사실이다. 제마술이라는 것은 바로 이런 것을 도와주는 것이다. 루터 당시에 마귀를 제압할 수 있는 것도 일종의 기술이라고 생각했다. 일반적으로 생각하기를 사탄과 그의 군대는 죄인을 격리시켜서 예수의 도움을 받지 못하게 한다고 생각했다. 제마술은 14세기에서 17세기까지 가톨릭과 프로테스탄트의 역사 가운데서 굉장히 중요한 기능 가운데 하나였다.

셋째는 경청(Listening)이다. 경청이라는 것은 충고와 반응을 연결시키는 중간적 안내 기능이다. 경청에는 세 가지 방법이 있는데, 하나는, 카운슬러가 내담자의 뜻을 명확하게 파악하기 위하여 수동적인 자세를 취한다. 또 하나는, 내담자가 축적된 갈등을 해소할 수 있도록 순환 작용을 시켜준다. 나머지 하나는, 카운슬러를 통해서 반영된 의미를 내담자에게 돌려줌으로써 자신의 생각과 숨은 동기와 혼란을 이해시켜 준다.

넷째는 결단(Decision)이다. 결단은 인도의 최종적인 기능이다. 가톨릭 전통에서 결단은 사신숭배(demonism)의 언어 속에 나타난 문제를 토의하는 것과 원죄를 이해하고 이를 활용하는 것에 의해 이루어졌다. 프로테스탄트에서 원죄의 체계는 기계론적이고 시대착오적이라고 여겨지면서 안내는 인간의 결단을 높이 평가하게 되었다.[49] 종교개혁 이후에도 구원에 대한 궁극적 관심보다는 분별력에 대한 관심의 증대로 윤리적인 결단이 촉구되어 왔다.

• 화해(Reconciliation)

화해의 기능은 힐트너가 주장한 것은 아니다. 이 기능은 재클과 클레쉬(Jaeckle & Clebsch)라는 사람이 주장한 것으로 위의 세 가지에 덧붙여 네 번째 기능으로 설명한다.[50] 목회는 결국 화해시키는 것이다. 소외된 인간으로 하여금 하나님과 이웃과 더불어 적절하고 새로운 관계를 맺게 하는 기능이다. 화해의 기능은 치유 및 유지, 안내와 연관되어 있긴 하지만, 역사적으로 또는 분석적으로 볼 때 이것들과는 구별되는 기능이다.

여기에는 두 가지 기능이 있는데, 첫째는 용서(Forgiveness)이다. 인간의 심성이 왜 문제인가? 왜 인간이 갈등을 일으키고, 왜 인간의 마음이 분열되고 상처를 입는가? 그것은 하나님의 용서를 받지 못했기 때문이다. 고백과 회개가 없는 용서는 참다운 용서가 아니다. 잘못했다라는 고백, 그리고 잘못된 것을 뉘우치고 다시 죄를 짓지 않겠다는 결심을 하는 회개가 용서의 전제조건이다.

둘째는 훈련(Discipline)이다. 훈련은 고백과 회개와 삶의 갱신을 향한 조정의 말씀이요, 사제적 권고를 말한다. 오리게네스나 테르툴리아누스는 목회적인 화해를 세 가지 요소로 분류했다. 그것은 영적 상담을 통한 준비, 공개적인 고백, 그리고 공중 앞에서의 참회와 하나님과 교회의 화해이다.

초대 교부시대에 하나님과 인간의 화해의 기능은 교회에 그대로 살아 있었다. 그래서 영적으로 준비하고 회개하고 교회의 많은 회중 앞에서 그것을 고백하게 했다. 이것은 굉장히 중요한 교회의 기능이다. 그런데 종교개혁 이후에 신앙이 공개적인 신앙에서 개인적인 신앙으로 바뀌어가면서 용서와 화해라는 개념도 공개적으로 죄를 고백하고 용서함을 받는 그런 확증적인 단계를 무시하고, 하나님과의 개인적인 문제로 변화되어 교회의 화해 기능도 상당히 약화되었다.

화해 기능이 약화되었다는 사실, 어떤 고백이나 회개를 개인적인 차원에 머물게 하고 그 고백이나 회개가 타당한지의 여부를 공적으로 확인시켜 주지 못하는 점은 현대 개신교의 취약점이다. 또 개인이 하는 고백, 개인이 하는 예배가 정말 맞는지 틀리는지에 대해서 누구도 그것을 감독하고 있지 못하기 때문에 결국은 자기중심적인 고백과 회개의 범주를 벗어나지 못하고 있는 것이다. 치유, 유지, 안내, 그리고 화해 중에서 화해의 기능은 개인주의적인 고백 때문에 적극적으로 활용되지 못하고 있다. 화해의 기능은 갈등이 보편화된 현대 상황에서 다시 활성화되어야 할 요소이다.

목회의 기능에 따라 역사와 기능의 관계를 분석해보면,[51] 180년까지의 초대

교회에서는 유지 기능이 강했다. 종말에 대한 관심이 높았기 때문에 이 세상의 삶을 일시적인 것으로 생각하여 유지 기능이 강조되었던 것이다. 180년부터 360년까지 기독교가 공인되기 직전 심한 박해가 있을 때는 화해의 기능이 강했다. 그리고 기독교가 공인된 이후에는 새로운 문화에 대한 안내의 기능이 강화되었고, 문예부흥과 종교개혁 시대에는 개인주의가 발달하면서 개인주의에서 오는 화해의 기능이 강조되었다. 18세기 후기부터 19세기까지는 다원주의로 인해 가치 규범이 혼란스러워졌으므로 다시 안내의 기능이 강조되었다. 그리고 1960년대 이전에는 세계대전의 전쟁과 혁명이라는 소용돌이 속에서 유지와 안내의 기능이 강해졌다. 1960년대 이후 우리나라 같은 경우에도 산업화, 도시화, 급격한 변화와 갈등 속에서 화해의 기능이 강조되었다. 또한 경제발전과 양적 성장 속에서 소외된 어떤 개인에 대한 치유의 기능도 상당히 강조되었다.

(4) 니버(H. Richard Niebuhr)의 이해

니버는 하나님에 대한 사랑과 이웃에 대한 사랑을 증가시키는 것이 교회의 목적이라고 주장한다. 다시 말해서 인류를 위한, 세상을 위한 하나님의 사랑 속에 나타난 복음적인 신앙을 통해서 인간의 삶을 개혁시키고, 쇄신시키는 것이 바로 교회의 목적이라는 것이다.

하나님에 대한 사랑과 이웃에 대한 사랑이라는 표현 속에는 율법과 복음이 있다. 이 말은 율법과 복음을 떼어놓을 수 없는 것처럼, 하나님 사랑과 이웃 사랑은 분리될 수 없음을 말하는 것이다. 그리고 하나님과 이웃에 대한 사랑은 성육신, 말씀, 사건, 죽음과 부활의 증거를 보여주신 바로 예수님을 통해서 주어진 선물이다. 인간에 대한 하나님의 사랑 속에 나타난 신앙은 하나님과 이웃을 위한 인간의 사랑 속에서 완성될 수 있다. 진정한 신앙은 예수로부터 받은 선물인 하나님과 이웃 사랑을 실천하는 것이다. 그러한 면에서 목회의 목적은 인간을 위한 하나님의 사랑 가운데서 복음적 신앙을 통하여 삶을 거듭나게 하는 것 곧 구원인 것이다. 따라서 하나님과 이웃에 대한 사랑을 증가시키는 것은 모든 것의 목적이 되어야 한다. 즉 하나님과 이웃 사랑은 복음적 설교의 핵심이어야 하고, 교회의 모든 훈련의 기초가 되고, 기독교인의 삶의 최종 목적이 되어야 한다는 것이다.[52]

제2절 목회의 기능과 내용

세 명의 신학자가 미국에서 5,000명의 목회자와 평신도를 대상으로 천주교와 개신교의 교파를 초월하여 목회의 기능을 조사하고, 그것을 「미국에서의 목회」(*Ministry in America*)라는 책에서 현대적 상황에서의 목회의 기능과 내용을 순위별로 소개하였다.[53]

첫 번째는 공개적인 목회(Open, Affirming Style)로서 적극적이고 공개적이며 폭넓고 책임 있는 목회자의 인품이 바탕이 된 목회이다.

두 번째는 상담목회(Caring for Persons under Stress)로서 스트레스를 경험한 사람들이 목회자의 상담에 참여하는 목회 유형이다.

세 번째는 회중적인 지도력 목회(Congregational Leadership)로서 행정적 형태로서 갈등이 많은 곳에 보다 적합한 유형이다. 사람들을 협조적인 공동체로 만드는 목회 유형이다.

네 번째는 사상과 이념의 목회(Theologian in Life and Thoughts)로서 신학적 사상을 바탕으로 한 목회 유형이다.

다섯 번째는 복음적 목회(Ministry from a Personal Commitment of Faith)로서 성서에 대한 확신과 복음적 선교에 역점을 둔 목회 유형이다.

여섯 번째는 사귐과 예배의 목회(Development of Fellowship and Worship)로서 예배하는 공동체로서의 감각을 정립시켜 설교와 예배를 중심으로 한 목회 유형이다. 이는 설교와 친교, 예배와 친교를 중심으로 한 목회 유형이다.

일곱 번째는 교파적인 전통과 연관된 목회(Denominational Awareness and Collegiality)로서 교파적 정체성을 고려한 목회 유형이다.

여덟 번째는 공동체와 세계를 위한 목회(Ministry to the Community and World)로

서 폭력적인 지도자에 눌린 사람과 사회 정의에 관심을 갖는 목회 유형이다.

아홉 번째는 예전적 목회(Priestly-Sacremental Ministry)로서 성찬과 예배에 중점을 둔 목회 유형이다.

열 번째는 율법주의적 목회(Privatistic, Legalistic Style)로서 윤리적 행위에 초점을 둔 목회 유형이다.

열한 번째는 자급(비전문적) 목회(Disqualifying Personal and Behavioral Characteristics)로서 비전문적이고 개인적인 목회 유형이다.

한국에서는 이 열한 가지 목회 유형 가운데 어느 유형이 가장 많은가? 한국에는 복음적 목회와 율법주의적 목회가 가장 많다. 그러나 중요한 것은 어느 형태에 속하느냐가 아니라, 목회자 자신의 전문적인 자질과 거리가 먼 유형들이 많다는 것이다. 목회자 자신이 목회에 대한 전문적인 자질을 가지고 나름으로 어떤 유형을 개발해야 되는데 그렇지 못하고 어깨너머로 쉽게 흉내 내는 타입의 목회가 너무 많다는 것이다.

제3절 종합적인 이해

1. 목회의 포괄적 의미

목회는 설교, 예배, 교육, 행정, 선교, 봉사 등등 모든 목회의 기능과 분야를 포함한다. 세상에서 교회가 교회다운 역할을 행하는 것이 바로 목회의 포괄적인 의미이다. 목회상담은 목양적 기능에 초점을 맞춘 좁은 의미의 목회적인 기능이다. 그러나 목회와 목회상담은 분리된 별개의 개념이 아니고, 포괄적 의미의 목회에 포함되어 있다.

2. 목회의 삼중 개념

첫째, 목양(Pastorate)이다. 이것은 목회자 자신의 기능으로서 심방, 설교, 예배 인도, 상담, 성만찬, 행정 등의 목회이다.

둘째, 교역(Apostolate)으로서 목회자만이 위임받은 것이 아니라 전체 교인이 참여해야 하는 것이다. 즉 교회 안에서 교인들이 참여하는 목회이다. 여기에는 전도, 교육, 친교 등이 포함된다.

셋째, 선교(Mission)이다. 선교란 교회가 세상을 섬기는 목회이다. 사회봉사, 사회 정의 그리고 역사에 참여하고 복음을 선포하는 것이 선교이다.

이 삼중 개념 속에서 과거에는 보통 목양과 교역만을 포함했다. 그런데 현대의 목회는 목양과 교역뿐 아니라 반드시 선교까지 포함해야 한다. 선교는 단순한 전도만 얘기하는 것이 아니라 사회의 모든 것에 참여하는 것이다.

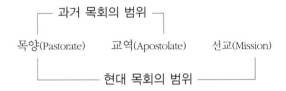

현대 목회의 범위가 위와 같이 확장된 이유는 신학적인 내용의 변화 때문이다. 세상과 역사에 대한 신학의 전통적인 이해는, 세상은 교회의 부속물과 같은 것이었고, 교회는 세상에 대하여 구원의 방주와 같은 곳이었다. 그러나 최근의 새로운 이해에 따르면 세상이 교회를 위해 존재하는 것이 아니라 교회가 세상을 위해 존재한다. 따라서 새로운 구조는 "하나님-세상-교회"로 바뀌었다. 교회는 세상에서 하나님의 구원 역사를 수행하는 도구라는 이해이다. 따라서 현대 목회에서는 '선교'가 목회의 본질적인 개념으로 포함되어야만 한다.[54]

캘라한의 「성숙한 교회의 12가지 열쇠」란 책은 저자가 750개의 교회에서 약 23년 동안 장기 계획의 자문관으로 일하면서 어떤 교회가 성장하고 성숙하는지 자기 임상 실험의 결과를 기록한 것이다. 12가지 열쇠 중에서 제일 우선시되는 것은 어느 교회든 교회가 교회다워지고, 교회가 성장·성숙하기 위해서는 교회마다 그 교회에 적합하고 구체적이고 확실한 선교 목표를 갖고 있어야 한다는 것이다. 뿐만 아니라 린그렌과 쇼처크(Lindgren & Shawchuck)는 「교역관리론」(*Management for your Church*)에서 "사람들은 수많은 작은 일들에 몰두해 있기 때문에 왜 교회가 실제로 존재하며 무엇을 실제로 시행하려는지에 관한 더 큰 전체적인 질문에 초점을 맞출 수 없다."[55]라고 하였다. 교회의 존재 이유는 선교이기 때문에 자체 유지를 위한 프로그램이나 헌금만으로는 부족하다고 주장한다. 교회가 이 땅의 궁극적 목적 자체는 아니다. 교회는 선교적 사명 때문에 이 땅에 존재한다.

과거의 목회는 목회자가 하루하루 어떻게 교회를 잘 꾸려나가는지 그 방법에 중점을 두었지만, 오늘날의 목회는 목회자가 하는 목회와 교회 안에서 이루어지는 목회가 선교를 위하여 어떤 의미가 있느냐에 더 강조를 두고 있다. 요즘 목회자와 교회 지도자들은 '어떻게 성공적인 목회를 할까'에만 관심을 둔다. 그래서 형식적인 방법만 배우려고 한다. 근본적인 정신과 의도는 다 접어두고 방법과 외형만 도입해서 자기 교회에 정립시켜 보려 하지만, 그러나 절대 그것만으로는 성공할 수가 없다. 따라서 문제의 핵심은 '어떻게'가 아니라 '어떤 존재', 즉 "내가 어떻게 목회하느냐?"가 문제가 아니고, "내가 목회자로서 어떤 존재가 되어야 하는가?"가 문제이다. 어떤 존재의 목회자, 어떤 존재의 교회 지도자, 어떤 존재의 교회가 되어야 하는가?

3. 상황

1) 상황에 나타난 요소들

(1) 갈등

• 계층

예수 그리스도께서는 막힌 담을 허시고 대적하는 세력들을 화해케 하시는 분이다. 그러나 사회 곳곳에는 막힌 담이 허물어지리라는 들뜬 기대와는 달리 적대감정과 갈등의 새로운 장벽들이 축조되어 있는 것이 현실이다.

이 시대, 이 땅의 계층간의 갈등하는 모습은 역사적으로 산업화 현상과 깊이 유착되어 있다. 1960년 이후 시작된 정부 주도형 산업 건설이 경제개발 5개년 계획의 과정을 거치면서 경제적으로 크게 성장했다. 수천 년 동안 지속되어 온 농업 사회는 신흥공업국으로 탈바꿈해 갔다. 우리는 산업화 초기부터 값싸고 풍부한 양질의 노동력을 바탕으로 국제사회에서 경쟁력을 길렀다. 그러나 한편으로는 고도성장을 목표로 저임금, 저곡가 정책을 기조로 한 노동집약적 수출산업을 택하게 됨으로 농촌의 낙후와 이농, 도시 빈민의 증가, 노동조건의 열악화에 따른 양극화의 심화, 엄청난 외채의 누적, 해외 의존도의 심화 등의 어려운 문제에 봉착하게 되었다.

성장 위주의 목표 때문에 노동자들은 열심히 일하는 것에 비해 적절한 대우를 받지 못했다. 노동자는 산업 발전의 동반자로서의 대우가 아니라, 마치 기계와도 같이 기업에 철저히 종속당하는 존재로 전락되었다. 한편 산업화는 도시화를 촉진시켰다. 이농 인구의 증가는 산업화에 값싼 노동력을 제공하긴 했지만, 농촌에 피폐를 가지고 왔다. 도시화는 우리가 예측하지 못했던 현상을 폭발적으로 확산시켜 갔다.

농촌을 떠나 적당한 직업을 가지지 못한 도시 빈민들은 달동네를 형성시켰고, 도시의 소비문화에 맛들인 농촌 젊은이들은 향락, 퇴폐 현실에 쉽게 물들었다. 그들은 농촌에서 땀 흘려 노동하던 '멍에'를 벗어던지고 땀 흘리지 않는 소득을 위해 각종 향락 산업에 투신하게 되었다.

한편 도시화는 주택난을 가중시켰고 부동산의 급격한 수요는 토지 투기 등 또 하나의 불로소득을 부채질했다. 부동산 문제는 도시의 무주택 서민에게는 전세 값의 급격한 상승으로 인한 고통을 안겨준 반면에 집과 땅을 가진 자들에게는 급격히 땅값이 올라 불로소득을 안겨주는 등 가진 자와 못 가진 자 사이의 격심한 갈등 요인을 일으켰다.

우리 주위에는 열심히 일해도 일한 만큼의 대가를 받지 못하는 사람들이 많다. 그런데 일을 별로 하지 않으면서도 안락하고 호화스런 생활을 하는 사람들이 생겨났다. 땀 흘리지 않고도 소득원이 있기 때문이다. 그들은 부동산 투기를 비롯해서 상속 증여, 증권 투기, 수회 등 떳떳하지 못한 방법으로 돈을 번 사람들이다. 이 계층간의 갈등은 위화감을 조성하고 사회적 도덕성을 심각하게 위협하면서 불로소득과 한탕주의 등 정당한 경로를 거치지 않고 불의한 수단을 동원시키는 풍토를 만들어내었다.

• 분열(지역감정, 남북 분단)

이데올로기 분쟁이 퇴색되고 동서간의 체제 대립이 종식되어가는 지금 아직도 이 나라에서는 남북간의 체제 대립의 첨예화 현상이 지속되고 있고, 물리적으로 두 동강이 나버린 허리에는 좀처럼 메우기 힘든 깊은 강이 출렁거리고 있다. 또한 이 나라에는 망국적인 지역감정으로 말미암아 특히 영남과 호남 지역 간에 또 하나의 커다란 강이 상존하고 있다. 한국 사회에서의 지역감정은 보는 사람에 따라 그 견해가 다양하지만, 다른 나라와 같이 인종, 종교, 문화, 역사, 전통 그리고 관습적으로 그럴 만한 이유가 없음에도 불구하고 지역적인 대립과 고정관념 그리고 편견이 심화되어 마침내 지역감정으로 악화되어 온 것으로 짐작된다.

지역감정의 원인은 나라에 따라 다르겠으나 우리나라의 경우 우선 개인적 차원의 원인과 집단적 차원의 원인으로 크게 구분해볼 수 있다. 개인적 차원의 지역감정의 원인을 다시 피해자 측과 가해자 측으로 나누어본다면 피해자 측은 만성적인 피해의식, 상대적 열등의식, 차별의식, 소외감, 질투 등을 들 수 있고, 가해자 측은 상대적 우월감, 편견, 권위의식, 이기심, 파렴치한 태도, 상대방 불인정, 윤리적 도덕성의 결여, 그리고 군림하는 자세 등을 들 수 있다.

집단적 차원의 지역감정의 원인으로는 정치적 원인, 사회문화적 원인, 그리고 대외적인 원인으로 볼 수 있다. 먼저 정치적인 요인을 보면 정치인의 무책임한 지역 주민 선동과 오도, 정치인의 옹졸한 고정관념, 부정직성과 불성실성, 극단적인 이기주의와 사리사욕에 사로잡힌 정치인의 생활태도, 그리고 인사행정의 불공정성과 부정부패 등을 지적할 수 있다.

다음에는 지역감정의 사회문화적인 요인으로 혈연, 학연, 지연, 언어의 이질성, 사회적 관습과 전통의 이질성, 국민적 정체성의 퇴색, 폐쇄적인 지방의식, 제도 언론의 지역 차별 보도, 프로야구와 같은 체육의 분파주의적 지연의식 조장 등을 열거할 수 있다. 그리고 종교인, 특히 종교지도자들의 파벌 조성을 짚고 넘어가지 않을 수 없다. 기독교의 경우 해방 이후 심화되어온 교파 싸움이 그것이고 이것이 교파이기주의로 번져 그대로 고착됨으로써 마침내 오늘날에는 '개별 교단 이기주의' 와 '개별 교회 이기주의' 로 심화되고 있다.

한편 대외적인 요인으로서 지역감정을 부추기고 심화시키는 것은 특히 구소련과 미국과 같은 선진 강대국의 대외정책의 일환으로 분열 조장과 분할통치 등을 들 수 있는데, 우리나라의 경우 정치인의 출신 지역별 정당별 분열 조장과 국내 지역 간, 계층 간의 반목 조장, 그리고 남북 간의 분단 정책 등이 우리나라의 지역감정을 더욱 심화시킨 것이 사실이다. 우리나라 정치인들의 사대근성 또한 선진 강대국의 편리한 통치 수단으로 악용되어 온 것도 부인할 수 없다.

남북 분열의 문제를 보면 같은 민족이면서도 외세에 의하여 분단되었고 동족상잔의 피맺힌 한을 가지고 있는 우리 민족은 하나의 역사, 하나의 전통, 하나의 얼을 가지고 있으면서도, 긴장 가운데 대치된 삶을 각기 다르게 살아가고 있는 슬픔과 고통을 가졌기에 통일은 우리의 지상 과제이며 내일을 향한 우리의 사명이기도 하다.

그러나 통일의 가장 큰 장애는 남북한의 사회 체제가 전혀 다른 방향으로 변화되어 왔다는 사실이다. 남북한의 사회 체제의 이질화는 경제적으로는 자본주의 대 공산주의, 정치적으로는 자유민주주의 대 인민민주주의, 문화적으로는 개인주의 대 집단주의의 형태로 정형화되었다. 따라서 한 쪽의 체제가 포기되지 않는 한 통일이 쉬운 일은 아닐 것이다. 우선은 남북이 서로를 적대국이 아닌 우방으로 간주하여 쌍방이 하나의 민족사회로서의 한민족 전체의 번영을 최고 정책 목표로 삼아야 할 것이다.

그 다음 단계는 서로의 정치 체제를 위협하지 않는 범위 내에서 국가적 차원, 사회적 차원, 문화적 차원, 개인적 차원에서 완전한 협조가 이루어지는 단계이다. 그 다음은 쌍방 주민의 거주 이전과 통행의 자유가 보장되는 단계이다. 이 단계를 거치면 점차 경제 통합, 정치 통합의 가능성이 커지게 될 것이다. 아마 이 단계에 오면 체제를 극복할 수 있는 대안이 가능해지리라 본다.

• 성 차별
어느 국가이든 그 사회가 가지고 있는 오랜 문화유산이 있다. 이 문화유산은 그 사회 속에 깊이 뿌리를 박고 그 사회에 사는 사람들의 의식구조를 형성해나간다. 따라서 그 문화유산이 어떤 사상을 주느냐에 따라 사회는 바람직한 인간상을 구현해나갈 수도 있고 경직되고 권위적인 인간상을 만들어 나갈 수도 있다.

한국의 문화적 특성은 철저한 가부장제도를 이상적 모델로 삼아왔다. 다시 말하면 가족들간에 가장을 중심으로 가문을 계승하여 남성 중심의 위계질서의 윤리 사상으로서 가족 내외의 남녀관계는 남존여비 사상을 바탕으로 하고 있다. 이와 같은 상황에서 한 가정 내의 여성의 위치는 당연히 남성에 종속되어 있었고, 동시에 여성의 활동 범위를 집안일에 제한시킴으로써 자연히 사회 일반에서의 여성의 활동을 차단해버렸다. 그러므로 이와 같은 문화적 전통으로 인해 가정에서 평등한 대우를 받지 못한 여성이 사회에 나가서 남성과 동등하게 설 수 있는 자리를 차지한다는 것은 상상도 할 수 없는 일이었다.

시대가 변화한 오늘날에 이르러서도 뿌리 깊은 남녀 차별화 의식은 남녀 모두가 공유하고 있다. 그리고 이런 의식은 사회에서 갖가지 양태로 나타나고 있어서 때로는 여성을 상품화하고 도구화하며 비하하고 열등하게 취급함으로써 성서의 틀에서부터 빗나가고 있다. 남녀의 왜곡은 사회문제로 표출되었는데 먼저는 윤락여성의 경우가 그것이다. 산업화 이후 자본주의 경제 구조 속에 경제활동에 참여하는 대부분의 여성 노동자들은 농촌이나 도시 빈민 여성들로서 이들의 노동 임금은 남자 노동자의 임금에 비해 엄청나게 적고 직업을 선택할 수 있는 폭도 남성에 비해 아주 좁아서, 남성 위주의 경제활동 구조에서 인간의 성(性)이 상품으로 매매되는 윤락의 제도적인 문제를 낳게 되었다. 적당한 노동의 수입으로 생계를 이어가기 어려운 임금과 열악한 근로 여건, 근무 경력이 아무리 오래되어도 승진할 수 없는 남성 중심의 인사 구조, 성(性)을 상품화하는 남성 중심의 사고 구조는 결국 윤락의 수요를 지속적으로 창출하고 있는 것이다.

성의 문제는 인간 존재의 본질에 대한 문제이며, 더 나아가 하나님의 창조 의지와 질서에 관한 문제이다. 그래서 성에 대한 바른 이해는 하나님과 사람 사이의 바른 관계, 인간 사이의 바른 관계, 사회의 바른 질서의 정립을 위해 무엇보다도 먼저 요구되는 것들 가운데 하나이다.

(2) 위기

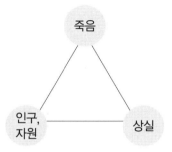

• 죽음

인간은 누구나 죽음을 향하여 가고 있고 또 언젠가는 죽어야만 하는 존재이다. 인간이 살고 있는 현재는 삶과 죽음의 갈림길인 동시에 생(生)과 사(死)가 만나는 곳이다. 구체적으로 지적한다면 인간은 태어나면서부터 어쩌면 죽음을 향하여 첫발을 내딛는 것이라 해도 과언은 아닐 것이다. 우리의 생(生)은 아무리 높이 뛰어올라도 밖을 내다볼 수 없는 높은 성벽처럼 사방이 죽음으로 둘러싸여 있다. 죽음은 인간 자신의 가장 본래적인 것이고 확실한 것이다. 사람은 죽음 가까이 올 수 있고, 자신을 죽음에 넘겨줄 수 있다. 그러나 아무도 죽음에 대한 정보를 줄 수 있을 만큼 죽음 자체에 도달할 수는 없다.

우리는 신문의 부고란에서 사람들의 사망 기사를 읽는다. 부고를 받고, 사랑하는 사람들의 임종을 지켜보고, 교우들의 장례식을 집행하고, 묘지에 장사를 지낸다. 우리는 죽음의 사건에 참여하면서도 죽음이 무엇인지 잘 모른다. 어제까지 우리와 같이 있던 한 '인간'의 존재가 없어진 것이다. 우리에게서 죽음은 전연 생소하다. "경험할 수 없는 것은 확실하지 못하다."라고 하는 실증주의는 '죽음'에 대해서는 맞지 않는다.

죽음의 문제는 인간의 모든 문제 가운데 가장 궁극적인 관심사가 아닐 수 없다. 죽음은 어떻게 이해되고 어떻게 극복되어야 하는가? 기독교는 죽음을 어떻게 이해하고 죽음을 어떻게 극복하는가? 기독교는 예수 그리스도의 죽음과 부활, 그리고 죽은 자의 부활을 말함으로써 인간의 궁극적인 물음에 대답한다.

• 인구, 식량 자원 문제

2006년 12월 13일 유엔과 통계청이 발표한 것에 따르면, 향후 10년 간 한국의 인구증가율은 세계 최하위권에 속하는 것으로 나타났다. 한국의 인구증가율은 아시아의 주요 경쟁국들은 물론 유럽과 북중미의 대다수 국가들에 비해서도 낮았다. 낮은 인구증가율은 저출산 풍조가 주원인으로 향후 국가경쟁력에 부담으로 작용할 전망이다.

또 2015년 세계 인구는 72억1,943만 명으로 지난해의 64억6,475만 명에서

11.7% 증가하는 것으로 예측됐다. 반면 한국 인구는 같은 기간 4,813만 8,000명에서 4,927만 7,000명으로 2.4% 늘어나는 데 그칠 것으로 전망됐다.

국가	증가율
인도	14.2
브라질	12.3
멕시코	11.3
호주	10.4
미국	9.2
중국	5.9
대만	3.2
프랑스	3.0
한국	2.4
쿠바	1.5
일본	- 0.1

(2005년 기준, 단위 : %)

아시아에서는 대만 3.2%, 중국 5.9%, 인도 14.2%, 싱가포르 11.3%, 홍콩 10.3% 등으로 경쟁국 대부분이 한국보다 인구증가율이 높았다. 아시아 51개국 중에서 인구 증가율이 한국보다 낮은 나라는 일본(-0.1%), 아르메니아(-1.5%), 그루지아(-6.5%), 카자흐스탄(0.4%) 4개국뿐이다.

미국은 9.2%로 한국의 3.8배에 이를 정도로 높은 증가율을 보일 것으로 예측됐고, 아일랜드(12.7%), 노르웨이(4.8%), 프랑스(3.0%), 영국(2.9%) 등 유럽의 대다수 국가들도 우리나라보다 증가율이 높았다. 남미는 우리나라보다 증가율이 낮은 국가가 쿠바(1.5%), 바베이도스(2.2%), 마르티니크(2.0%) 3개국뿐이고, 아프리카도 보츠와나(-4.2%), 남아프리카공화국(1.0%) 등 4개국만이 우리나라보다 증가율이 낮았다.

세계는 50억 명에 가까운 인구가 현재도 먹고살 수 있는 양의 식량은 생산이 되지만 고르게 분배가 되지 않아 지구상의 몇 나라에서는 하루에도 수백 명씩 굶어서 죽어간다. 특히 아프리카 인구의 40%에 가까운 사람들이 영양실조와 식량난으로 신음하고 있다. 그들은 활동하는 힘도 없을 뿐 아니라, 죽어가는 가족이나 동료를 매장할 기력이 없이 죽을 날만 기다리고 있다. 있는 곡식은 다 먹어치워 파종할 씨앗도 없어 삶의 의욕을 완전히 상실하고 있는 실정이다. 가장 심하게 기아에 시달린 나라의 인구 증가는 큰 문제를 안고 있다.

우리나라 식량자급도도 해를 더해갈수록 심해지고 있다. 1965년 전 곡물의 자급율은 93.9%이며 이때 쌀의 자급도는 100%였으나 차츰 떨어져 전 곡물 자급율이 1975년에 73%, 1976년에 74.1%, 1977년에 65.1%, 1978년에 72.6%, 1979

년에 59.8%, 1980년에 54.3%, 1981년에 54%, 1982년에 53.3%, 1983년에 50.2%, 1984년에는 48.9%로 해마다 현저하게 떨어졌다. 심지어 2006년에는 식량자급률이 27%에 불과했으며, 쌀을 제외하면 식량자급률이 5%에 불과한 실정으로 경제협력개발기구(OECD) 30개국 중 26위로서 우리나라도 '식량파동'을 비켜가기는 어렵다는 시각이 높다. 우리도 식량만큼은 '안전지대'가 아니라는 것이다. 더욱이 '식량파동'이 기상이변에 한정되지 않고 고유가, 중국 등의 수요 폭증, 곡물투기, 수출국들의 수출중단 등이 복잡하게 얽히면서 돈을 주고도 식량을 사지 못할 수 있다는 불안감도 나오고 있다.

몇 해 전 FAO의 보고에 의하면 "세계는 미리 손을 쓰지 않으면 아프리카, 인도, 동남아시아에 걸쳐 4,000~5,000만 명이 아사 상태에 이를지도 모른다."라고 예고한 바 있다. 또한 미국의 MIT의 스크림쇼(N. S. Scrimshaw) 박사는 "석유 위기는 식량 위기에 비하면 사치스러운 것이며, 에너지를 위한 많은 물건이 없어도 살 수 있지만 식량 없이는 살 수 없다."라고 말한 바 있다.

인간은 공생공영(共生共榮)해야 한다. 식량이 없어서 죽어가는 인간은 인도적으로 구제하는 것이 우리 인간에게 부여된 의무요 책임일 것이다. 그러나 지금 지구촌에 살고 있는 아프리카에서는 2억 이상의 사람이 기아에 신음하며 하루에도 수백 명이 굶어서 죽어가고 또한 수만 명이 죽음을 기다리고 있다. "오늘날 우리에게 일용할 양식을 주옵시고"라며 주기도를 외치는 우리는 식량의 자급을 위해서 최선을 다하며 또한 이웃의 일용할 양식도 구하는 자세로 살아야 할 것이다.

• 상실

현대의 인간은 유사 이래로 처음 가지는 풍요로운 시대를 맞이했다. 과거 어느 때보다도 민주주의를 만끽하고 있다. 단지 한두 나라에서 한두 민족만 그런 생활을 하고 있는 것이 아니라 범세계적으로 가장 많은 사람들이 그러한 생활을 즐기고 있다. 그러나 역설적으로 그러한 삶을 살면 살수록 인간은 자아에 대한 불만과 불안을 느낀다. 그것은 그들이 즐기고 있는 민주주의나 사회 정의나 인권이 부족해서 오는 것이 아니라, 인간이 본유적으로 가지는 자아에 대한 불안 의식에서 오는 것이다.

본래부터 인간은 자아에 대해서나 주변 조건에 대해서 만족을 느끼지 못한다. 고도로 발달된 기술 문명과 지혜인으로서 이룩한 휴머니즘의 과실에 대하여 일시적으로 현혹되었을 뿐이다. 그러나 결국 인간은 자아의 본질에 대해서나 인간이 스스로 형성한 문명에 만족을 느낄 수 없는 존재이다. 인간이 갖게 되는 이러한 불안감은 원래 인간이 본성적으로 가지고 있는 종교적 뿌리에서 온 것이라 할 수 있다. 기독교적으로 말하면 부모를 떠난 자식과 같이 하나님을 떠난 인간이 느끼는 불안감이라고 할 수 있다. 이러한 불안을 해결하는 길은 잃어버린 하나님을 찾는 일인 것이다.

유사 이래로 인류 역사는 인간이 중심이 되어 인간에 의해서 엮어져 왔다고 믿고 있다. 특히 유럽인은 인간의 자유를 확보하기 위하여 자연과 신들과 독재자들과 이데올로기와 싸워왔다고 한다. 프랑스 혁명 당시 유행된 "빵과 자유를 주지 않으면 죽음을 달라."고 한 말이 그러한 흐름을 잘 말해주고 있다. 이토록 인간은 자유를 원했고 자유를 가지는 것이 인간이 가지는 본유적이고도 기본적인 권리라고 생각했다.

그러나 앞으로 미래에서의 인간은 그토록 중요시하던 자유를 마음대로 향유할 수 없을 것이다. 이유는 그때의 사회는 인간이 중심이 된, 인간을 위한, 인간의 자유에 의해서 형성되고 운행될 사회가 아니라, 고도로 발달된 기술이 모든 사람의 사생활과 사회와 정치와 경제를 지배하게 될 그러한 사회가 될 것이며, 그 상황에서 인간은 주인이 아니라 극도로 다원화되고 복합적으로 조직화된 사회의 극히 작은 한 부분을 차지한 위치로 전락되고 말 것이기 때문이다. 그때 인간은 매우 역설적인 상태에 빠지게 될 것이다. 자기가 만든 기계에 지배를 받게 되기 때문이다. 그렇다면 그때가 바로 인간성을 상실한 시대가 될 것이다.

(3) 혼돈(Chaos)

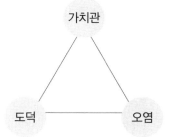

• 가치관

문화는 흔히 인지적 문화, 규범적 문화, 심미적 문화, 기술적 문화 등으로 구분한다. 이중에서 규범 문화란 한 사회의 지배적인 가치관 규범의 양태를 근거로 하는 그 사회의 지배적인 분위기를 말한다. 이것은 사회의 도덕성, 윤리성과도 밀접한 관계를 가지는데 한국 사회의 정치적, 경제적, 사회적인 심각한 많은 문제들이 한국 사회의 지배적인 가치관을 뒤흔들었고 부정직한 가치관을 갖게 했다. 무엇보다도 뚜렷한 것은 물질주의 가치관의 만연이다. 1960년대 이후 경제성장만을 절대적인 지상명령으로 추구하다 보니 금전에 최대의 가치를 부여하게 되어 배금주의, 물질만능주의 가치관이 팽배하게 되었다. 그리하여 모든 인간적인 가치는 상품 가치로 전락되고, 인간관계, 사회관계는 물질에 근거하여 평가되고 유지되게 되었다.

그런데 물질만능주의 풍토에서 주목할 만한 것은 정당한 방법으로는 돈을 벌기 힘들다는 생각으로 부자가 되기 위해서는 부정한 방법을 써야 한다는 생각이 지배적이라는 사실이다. 이러한 생각이 부도덕적이고 부정직한 일들을 유발시키는 것이다. 이 물질주의 가치관은 사치와 낭비, 향락과 소비 지향적 생활을 하도록 유도하는 근원이 되었다. 또한 이것은 향락적 쾌락주의를 유발시켜 자극적인 오락과 퇴폐적인 유흥으로 국민의 정신 건강을 해치고 있다.

그런데 요즈음엔 물질주의, 소비주의, 향락주의에 이어 또 하나의 새로운 우상이 생겨났다. 그것은 '건강에 대한 관심' 이다. 1989년 갤럽 조사에 따르면 한국인은 살아가는 데서 가장 중요한 것으로 건강을, 다음은 돈을 꼽고 있다. 현재 생활에서 중요한 것으로 건강에 관심을 갖는 것이 잘못된 것은 아니나 이것에 최고의 가치를 두는 것은 이제 한국의 규범 문화는 정신적, 영적인 것에서부터 육체적, 물질적인 것으로 옮겨갔다는 것을 의미한다. 정신적, 영적 토대 없는 육체, 물질에의 맹신은 사회적으로 볼 때 문화적 타락의 전형적인 양상이 아닌가 한다.

가치관의 변화에 관한 차재호 교수의 연구는 어떻게 한국의 규범 문화가 실종되어 갔는지를 극명하게 보여주고 있다. 통계에 기초하여 비교한 그의 연구 결과에 의하면 1950년대의 지배적인 가치는 돈, 권력, 지위였고, 1960년대에는 애국, 국가 발전, 자립, 근면이었으나, 1970년대에는 개인주의 사상과 함께 사회 정의, 평등, 인권, 사회복지에 있었다. 1980년대는 부의 가치, 건강 가치, 인생 향락 가치가 지배적이었다. 이렇게 한국의 규범 문화는 혼돈과 몰락의 길을 걸어가고 있는 것이다.

• 도덕성을 잃어버린 시대

우리나라는 종교인구가 많고 의식구조를 보아도 유교적인 가치관을 가진 사람이 많다. 그러나 우리나라의 도덕성은 날로 떨어져 가고 있다. 오히려 옳은 생활을 하고자 하는 사람들이 정신병에 걸린 것 같이 취급받는 사회로 치달아가고 있다. 교통질서만 해도 그렇다. 추석 때 사람들이 고속도로 상에서 행한 비도덕적인 행동, 곧 끼어들기, 불법 차선 바꾸기, 욕설 퍼붓기 등은 운전하는 사람들이라면 매일같이 피부로 느끼는 것들로 이 나라의 도덕성이 이처럼 떨어져 있는가 하고 비탄케 되는 것들 중의 하나이다.

요즘 한국 사회의 총체적인 위기 상황도 결국은 근본적으로 도덕성의 위기라고 해야 할 것이다. 왜냐하면 우리 사회의 구석구석에서 나타나고 있는 모든 종류의 위기 상황은 결국 도덕성의 부재 혹은 상실에서 비롯되고 있기 때문이다. 실제적으로 정치 윤리, 경제 윤리, 사회 윤리의 부재가 우리 사회를 오늘날과 같이 혼탁하고 무질서하며, 무규범과 혼란이 심화되는 상황으로 몰아가고 있다.

한국 사회의 사회적인 도덕성의 위기는 무엇보다 물질주의 가치관이 확산된 데서 비롯되고 있다. 즉 그러한 배금주의 풍토는 나아가서 수단 방법을 가리지 말고 돈을 벌자는 부도덕을 유발시켰다. 그래서 우리 사회 구석구석에 돈 벌고 돈쓰는 일에 윤리적인 분별력을 흐려놓았다. 바르고 옳게 살기보다는 우선 잘살고 보자는 풍토가 조성되었다.

물질만능주의는 편법주의와 함께 생명 경시 풍조를 조장한다. 남들의 생명까지도 물질 획득의 수단이 된다면 해쳐도 괜찮은 것으로 본다. 사람을 사고파는 인신매매, 돈을 요구하며 저지르는 유괴나 살인, 날로 증가하는 폭력행위 등이 생명 경시 풍조를 반영하고 있다.

물질만능주의는 또한 향락주의를 조장한다. 투기나 부정한 방법으로 쉽게 떼돈 버는 것은 사치, 낭비뿐 아니라 퇴폐와 향락에 쓰임으로써 천민적인 오락주의 풍조를 만들었다. 그리하여 퇴폐성 유흥업소는 날이 갈수록 늘어가고 있다.

뒤르깽은 사회의 통합에 결정적으로 필요한 것은 모든 사회 구성원들 사이의 합의된 집단의식인데, 이것은 도덕성에 기초하고 있다고 했다. 도덕성은 공동체를 위해 개인이기주의를 넘어설 수 있는 집단에의 충성심인데, 이것을 마련해주는 가장 중요한 힘은 종교적인 힘이라고 주장했다. 그는 종교가 사회에 도덕성을 마련해줄 수 없게 될 때 사회는 해체의 위기를 맞게 된다고 했다.

우리는 도덕성의 위기를 맞고 있는 상황에서 한국교회가 과연 이 위기를 극복할 수 있는 정신적, 영적 힘을 발휘하고 있는지 겸허하게 반성해야 한다. 우리 사회의 위기가 결국 정신 가치의 몰락, 도덕 가치의 부재에 기인한다고 볼 때 사회의 도덕성의 근거를 마련해주고 이를 실천할 교회의 책임이 그 어느 때보다 절실히 요청되고 있는 것이다.

• 오염

오늘날의 여러 현상을 꿰뚫는 하나의 관점, 그것을 일컬어 생명의 세계관이라 한다면 환경오염이야말로 바로 이제까지의 반생명적인 현상의 종착이며 생명 파괴의 가장 직접적인 종말이다. 인간은 일상생활을 통해 어떤 형태로든 환경을 오염시키는 폐기물을 발생시키게 되어 있다. 그러나 자연 속에 존재하던 시절에는 발생되는 폐기물이 자연의 자정(自淨) 능력에 의해 정화되어 환경에 피해를 주지 않았다. 그러나 인간이 자연으로부터 자신들의 영역을 확보하고 확대시키면서 자연에 변화를 주기 시작하여, 인구증가와 활동 형태가 다양해짐에 따라 발생되는 폐기물의 양은 자연의 자정 능력을 초과하기에 이르렀다.

사람들은 생활수준이 높아지면서 보다 안락한 생활을 하려는 욕구가 증가하고 자연 속에서 자연의 일부로 조화를 이루면서 살고 싶어하게 되었다. 그러나 산업화와 경제 성장에 의해 환경이 파괴되어 다시 자연과 조화를 이루기 위해서는 많은 노력이 필요하게 되었다. 환경오염에 의한 피해는 수돗물 사건과 같이 우리에게 직접적인 영향을 준다. 환경오염의 피해는 낮은 단계에 있는 생물부터 영향을 받게 된다. 인간의 각종 활동에 의해 파괴된 그 심각성은 생태계를 교란 상태에 이르게 하고, 그 피해는 반대로 인간에게 되돌아오게 된다. 그때서야 인간은 그 심각성을 깨닫고 대책 마련을 서두르고 환경 보존의 필요성을 부르짖는다.

수질오염의 주원인은 생활하수와 산업폐수이다. 1991년도의 하수 발생량은 하루에 약 1,300만 톤 이상이고 산업폐수는 약 600만 톤 이상이다. 이 밖에도 전국의 농촌 지역에 산재되어 있는 소규모 축산업으로 인해 발생되는 축산 폐기물과 농업 폐기물 및 농약에 의한 오염 등은 아직 정확한 통계가 잡혀 있지 않다. 이와 같은 오염원의 영향은 이미 전국 주요 하천에 미치고 있어 한강의 예를 보더라도 상류부는 아직 양호한 수질을 유지하지만 각 지천은 그곳으로 유입되는 폐하수에 의해 하류부의 오염도가 심각한 상태여서 상수원으로서는 적합하지 않다.

대기오염도 심각해져 가고 있는데 아직 공기의 경우는 물과 같이 맑은 공기를 직접 사서 마시는 정도까지 되지는 않았으나, 혼탁해진 도심의 공기로부터 벗어나 맑은 공기를 마시고 정신을 깨끗하게 하기 위해서 경비를 들여 여행을 가끔씩 해야 하는 실정에 이르고 있다. 대기를 오염시키고 있는 주요 원인으로는 산업체, 주택 난방과 자동차 매연 등이 있다. 여기에서 막대한 양의 오염 물질이 방출된다. 대도시 및 공업도시에서는 대기오염이 특히 심각하며, 분진 농도는 거의 모든 대도시에서 기준치를 훨씬 초과하고 있다. 대기오염은 주민의 호흡기에 영향을 주어 만성 천식, 기관지염, 폐기종 등 폐쇄성 호흡기 질환을 일으킬 뿐만 아니라 눈과 코 등에도 영향을 미친다.

또 간과할 수 없는 것은 토양 오염이다. 토지이용이 증가하면서 토양의 오염이 증가하고 있으며 가용 토지가 공업화에 의해 점점 잠식되어 가면서 생태계에 적지 않은 문제가 발생되고 있다. 산림의 훼손에 의해 산림 지역이 감소되면서 생태계가 파괴될 뿐 아니라 산소의 공급이 줄어 대기 중에 탄산가스의 농도가 증가되어 지구의 온난화 현상, 즉 온실효과를 유발하게 된다. 또한 매일 발생하는 막대한 양의 쓰레기와 산업 폐기물들은 아직까지 주로 매립에 의존해 처리 및 처분하고 있어 이에 따른 토양 오염과 지하수 오염 등의 2차 오염을 유발하고 있다.

환경오염과 관련하여 그 피해가 가공할 정도이나 우리나라에서는 환경 보전 업무와는 별개로 취급되고 있는 분야가 방사능에 의한 피해이다. 방사선의 안전관리와 오염에 대해서는 잘 알려지지 않았다. 하지만 우리나라의 핵 발전 설비가 세계 10위에 해당하는데 선진국에서는 위험성을 고려하여 핵발전소의 건설 계획을 축소 조정하고 있는 것을 볼 때, 날로 증가하는 에너지 수요의 충족을 위해 차선의 대안이 어려운 우리나라의 실정을 보면 걱정이 된다.

그동안 우리는 하나님께서 우리에게 알맞도록 창조하신 자연을 우리의 무분별한 욕심 때문에 잘 가꾸지 못하고 파괴해왔다. 교회가 앞장서 자연의 모든 것에 감사하고 지키는 자세로 우리 모두가 환경 보전을 위해 노력해야 하겠다.

2) 21세기 사회의 변화 요소들

(1) 21세기의 변화

슈바르츠(Peter Schwartz)는 자신의 책 「격변의 시대에 다가올 7가지 불가피한 요인들」(*Inevitable Surprises*)에서 향후 25년 간에 걸쳐 닥쳐오게 될 불가피한 요인을 다음의 7가지로 언급한 바 있다.[56]

첫째, 사람들의 평균수명이 지금에 비해 크게 연장될 것이다. 향후 30년에 걸쳐 점차 더 많은 노년층이 주류사회에서 활동하게 될 것이다. 이들은 본인 의사와는 무관하게 은퇴를 해야 했던 과거와는 달리 80~90대에 활동적이고 생산적인 삶을 영위할 수 있을 것이다.

노년층의 증가는 사회에 다양한 변화를 가져올 것이다. 노년층은 새로운 사업을 시작하여 자신들의 소득을 늘릴 수 있을 것이다. 소규모로 창업을 하는 것이 유행이 되어 경제성장에 기여를 할 것이다. 노년층은 자신들의 의료보험 관리를 더욱 적극적으로 할 것이다. 이들은 고작 해야 단 몇 주간 생명연장을 하는 데 그치는 병원에 입원을 하는 것보다는, 오히려 호스피스에 들어가는 것을 선호할 것이다. 또한 중환자실 신세를 지는 것보다는 삶의 질을 향상시키는 것에 더 높은 관심을 갖게 될 것이다.

자녀들에게 무려 10조 달러가 넘는 재산을 유산으로 남겨줄 수 있는 70~80대의 노년층 덕분에 자선사업과 기업창업 초기의 '엔젤' 투자의 급속한 확대를 가져올 것이다. 또한 노년층을 대상으로 하는 사업이 활성화될 것이다. 이런 분야의 사업들로는 고급 패키지 여행상품에서 장애자 전용 주택 건설 사업에 이르는 광범위한 종류가 있을 수 있다. 더구나 50대 이상의 사람들을 위한 자동차, 의류, 오락 분야 상품, 서비스 유형의 시장이 급속한 성장을 거듭할 것이다. 노년층의 고용확대는 전 세계에 걸쳐 생산성 향상의 주된 요인이 될 전망이다.

둘째, 인구이동 패턴이 변화함으로써 사회혼란의 요인이 될 것이다. 미래에는 좀더 나은 기회를 찾기 위해 선진국으로 이주하는 사람들의 물결이 지금에 비해 훨씬 더 강력하게 될 전망이다. 북미주, 동아시아, 유럽 등지로의 인구이동이 성장의 동력이 될지 아니면 그 반대로 사회혼란의 요인이 될지는 아직 불투명하다. 인구이동은 그 자체로 문화적 변화를 의미한다. 사람들은 보다 나은 삶의 기회를 찾아 한 나라에서 다른 나라로 이주하게 된다. 이런 변화의 물결을 국경 경비나 이민정책 같은 수단으로 절대 막을 수 없다. 사람들은 마음만 먹으면 언제나 합법적이든 불법적이든 이를 우회하는 방법을 찾아내기 때문이다.

향후 25년에 걸쳐 이민의 물결이 향하게 될 지역은 세 곳이다.

첫째, 중국이다. 현재 중국에서는 이민과 관련된 두 가지 거대한 움직임이 일어나고 있다. 한 자녀 낳기 운동의 결과로 현재 중국에는 여성보다 남성의 수가 훨씬 더 늘어났다. 그 결과 수백만이 넘는 남성들이 결혼적령기가 될 때 파키스탄이나 필리핀, 말레이시아 등지로 가서 신부를 구해 와야 하는 상황이 벌어지게 됐다. 이렇게 만들어진 가족들은 중국으로 돌아와 거대한 이민 인구 층을 형성하게 될 것이다. 그리고 수백 수천만에 달하는 중국 농민들이 일자리를 찾아 도시로 몰려들고 있다. 앞으로 몇 년 내에 12억의 중국 인구 가운데 60%가 농촌을 떠나 도시에 정착하게 될 전망이다.

이런 추세를 종합해볼 때 중국은 싱가포르의 모범을 따르게 될 가능성이 높다. 즉 중국 정부는 계획도시를 건설하여 이농 인구들이 정착할 수 있는 공간을 마련해준다는 것이다. 그러나 이런 구상은 실패할 확률도 상당히 높다. 중국이 이 계획을 제대로 수행할 수 있다면 현재 중국의 경제성장률 7%를 지속하여 대량의 중산층 인구를 만들어낼 수 있을 것이다. 그러나 중국 정부가 그런 이행과정을 제대로 관리하지 못할 경우 그에 따라 발생하게 될 사회적 문제는 상상조차 할 수 없을 정도로 심각할 것이다.

다음은 미국이다. 2025년이 되면 미국의 백인들은 오히려 소수민족이 될 전망이다. 그 대신 전 세대에 이민을 온 라틴계, 아시아계 인구가 좋은 교육을 받고 사회의 요직에서 활동하게 될 것이다. 이들은 대기업과 비영리기관, 정부 부처에서 지도자가 될 수 있다.

미국은 미국적 가치관에 이민자들의 새로운 가치관을 접목시키는 진정한 의미의 다민족사회가 되어가는 과정에서 많은 문제에 부딪칠 것이다. 이런 문제는 다양한 문화적 배경을 갖는 이민자들 사이에서도 마찬가지로 발생할 것이다. 이민자들이 과거의 가치관을 새로운 환경에서 적응시키는 과정에서 미국적 가치관과 다른 문화적 가치관을 조화시키는 데 많은 어려움을 겪게 될 것이다.

그러나 변화하지 않을 한 가지 요인은 영어가 계속 지배적인 언어가 될 것이라는 점이다. 현재 스페인어가 영어에 상당한 영향을 끼치고 있는 것과 마찬가지로 다른 언어의 단어와 표현 등이 영어에 녹아들어갈 것이 분명하다. 그러나 영어는 미국 내에서 여전히 지배적인 언어로 남아 있게 될 것이다.

마지막으로 유럽이다. 1960년대 이래로 수백만의 이슬람국가 인구가 유럽으로 이주하였다. 앞으로도 그런 추세는 합법적인 통로로든 불법적으로든 계속될 것이다. 2025년이 되면 유럽의 대도시 어디에든 대규모 이슬람 거주구역이 들어서게 될 전망이다. 그러나 문제는 이들 이민자들이 그 사회에서 제대로 동화되어서 살 수 있을까 하는 것이다.

유럽은 미국과는 달리 이민자들을 주류사회에 편입시켜 본 경험이 별로 없는 편이다. 그런 대신에 유럽에서는 반이민 분위기가 팽배하고 정치적인 긴장도가 높다. 따라서 미래에 유럽인들은 다민족사회에 찬성하는 그룹과 노골적으로 반이슬람, 반이민적인 태도를 취하는 그룹으로 양극화될 것으로 전망된다.

셋째, 글로벌 경제가 장기적 성장국면으로 돌입한다. 글로벌 경제는 현재 일시적인 불황기에 있지만 그 장기 전망은 매우 밝은 편이다. 특히 전 세계 수십억 인구가 안정적인 중산층 생활을 즐길 것으로 기대되는 '장기호황'이 다가올 전망이다. 향후 25년에 걸쳐 유례없는 번영의 시대를 가져올 기본적 요건은 이미 확보된 상태이다.

글로벌 경제에 대해 낙관적으로 전망하는 이유는 무엇인가? 이는 어쩌면 희망사항에 지나지 않을지도 모른다. 장기호황이 다시 도래할 것이라는 전망의 근거는 다음과 같다. 하나는, 경제생산성이 향상되고 있다는 것이다. 기업의 지도자들은 컴퓨터 활용을 통해 업무 효율화를 가속화시키고 있다. 세계 모든 산업에서는 품질향상과 비용절감을 하고 있다. 한 연구결과에 따르면 생산성은 현재 연간 2.3%씩 증가하고 있어서 향후 25년 뒤면 생활수준은 지금의 두 배로 높아질 것이다. 이런 생산성 증가는 컴퓨터 사용과 각종 통신기술, 신용카드, 투자수단의 발달을 통해서 이루어졌다. 기업의 지도자들과 소매업체들도 갈수록 기술 활용에 적극적으로 나서고 있어 그런 추세는 가속화될 전망이다.

다음은 세계화 추세로서 이는 불가역적으로 계속될 것이다. 점차 더 많은 수의 국가가 무역자유화를 통해 세계체제에 통합됨에 따라 세계화가 가속화될 것이며, 이들은 생활수준에서 미국을 거의 따라잡을 수 있게 될 것이다. 더 많은 나라가 세계화로 인해 혜택을 얻게 됨에 따라 세계화에 대한 신뢰도는 더욱 높아지고 이는 한층 더 많은 경제적 혜택을 가져오게 될 것이다.

마지막으로, 세계의 인프라는 갈수록 향상될 것이다. 이는 기업들이 더욱 많은 나라에서 더욱 높은 생산성을 가질 수 있게 됨을 의미한다. 인프라의 향상으로 인해 사업의 신뢰성이 커지며 이노베이션도 더욱 활발하게 이룰 수 있다. 더 높은 생산성을 거두기 위해서 기업들은 안정적인 전력 공급, 항공여행의 편리성, 잘 정비된 도로망과 운송 시스템, 발달된 금융 서비스, 음성 및 데이터 통신 설비 등의 인프라 조건을 필요로 한다.

오늘날 위의 세 가지 조건은 향후 25년에 걸친 세계경제의 발전을 보장하는 가장 중요한 요인이 되고 있다. 비록 일시적인 불황이 앞에 가로놓여 있더라도 장기적 전망은 극히 낙관적인 편이다. 다수의 국가들이 생산성 향상의 방법을 다른 나라들로부터 배우고 세계화의 이점을 최대한 활용하며 인프라 향상에 나서게 됨에 따라 이들 나라의 경제성장률 또한 급속히 가속화될 것이다. 그럼으로써 오늘의 생산성 향상이 내일의 생산성 향상으로 연결되는 선(善)순환의 고리가 생겨날 것이다.

물론 장기호황기라고 해서 때때로 금융위기가 닥치지 말라는 법은 없다. 이런 위기는 거의 정기적으로 세계경제를 강타할 것이다. 증시 또한 몇 년을 주기로 주가가 등락을 거듭하는 양상을 보일 것이다. 구세대의 산업이 새로운 산업으로 대체되는 과정에서 잘 나가는 기업이 있는가 하면 몰락하는 기업도 나오게 된다. 이런 과정은 자본주의 체제의 구조적 약점의 노정이라기보다는 정상적인 작동방식으로 봐야 할 것이다.

넷째, 개별 국가들이 3개의 블록으로 재편될 것이다. 향후 몇 년 사이에 지구상의 모든 국가는 다음 세 개의 블록으로 재편될 전망이다. 즉 세계 유일의 초강대국인 미국, 일정한 질서를 유지하는 법치국가 그룹, 그리고 테러리즘의 온상이 되는 '실패한' 국가 그룹. 이런 세 개의 블록화는 '새로운 세계질서'를 고착화하게 될 것이다.

미래의 지정학은 이들 세 개의 블록이 상호간에 어떤 관계를 맺어가는가에 따라 결정될 것이다.

미국은 이제 다른 나라에 전쟁을 벌일 수 있을 만큼 충분한 군사력을 가진 세계 유일의 나라가 되었다. 그런 까닭에 미국은 공격을 받을 때까지 기다리는 것이 아니라 장래에 위협이 된다고 판단되는 적국에 대해 전쟁을 선포할 수 있는 권한을 가졌다는 '선제공격 원리'를 내세우고 있다. 이로써 미국은 과거 국내외에서 법질서를 존중하고 절대로 선제공격을 가하지 않는다는 전통적 가치관과는 거리가 멀어지게 되었다. 그런 미국의 태도 변화는 2001년 9월 11일 테러사건이 직접적 원인이 되었다. 미국은 이제 세계 최초의 '초강대국 불량국가'가 된 셈이다. 즉 유엔과 같은 국제적 기구의 결정을 무시할 정도로 부와 군사력을 갖는 국가라는 것이다. 미래의 미국에 대한 인식은 유일한 초강대국으로서 무력과 영향력을 어떻게 활용하여 문제를 극복해갈 것인가에 따라 결정될 전망이다.

두 번째 그룹에 속하는 국가들은 일정한 질서를 유지하는 나라들이다. 이들은 국제적 질서를 지키고 대화와 타협을 통해 전쟁을 피해나가는 방법을 선호한다. 이들 나라는 안정적이고 자급적인 경제를 가졌음에도 세계체제의 일부가 되면 더욱 나은 생활을 유지할 수 있다는 것을 잘 알고 있다. 이 그룹의 나라들은 유럽연합(EU)을 러시아와 인도, 중국에까지 확대시키고 다른 작은 나라들 또한 이 연합에 들어가는 것이 경제적으로 더 나은 결과를 가져올 수 있을 것이라는 판단을 하게 될 것이다. 이 연합의 중심적 인구는 4~5억 정도가 될 것이며, 중국과 인도의 중산층 인구 또한 그 정도 수준으로 늘어날 전망이다. 여러 나라에서는 이 거대한 신흥시장에 제품과 서비스를 수출하는 공급자가 되기를 희망하게 될 것이다.

세 번째 부류의 국가들은 국제법에 의해 통치되기를 거부하는 나라들이다. 이 그룹의 나라들은 부패와 민족 분쟁으로 피폐한 상태에 빠져 있을 뿐더러 질서 있는 나라들의 그룹에 속할 충분한 자격을 갖추지 못했다. 이들 혼란에 빠진 나라들은 분명한 국경도 갖고 있지 못한 상태에서 알 카에다 같은 테러 조직들이 기생하기에 최적의 환경을 제공하고 있다. 이들 나라는 국민들에게 의료보험은 물론 어떠한 복지혜택도 제공하지 않기 때문에 테러리즘이나 화학전, 생물학전, 핵무기 사용에 전혀 주저함이 없다. 알 카에다의 9·11 테러공격의 사례에서 나타난 것과 같이 이들 나라는 미국을 공격하기 위해 미국에서 개발된 기술(인프라나 항공기 등)을 무기로 사용하는 데도 상당한 능력을 보이고 있다.

다섯째, 지정학적 분쟁이 세계정세에서 여전히 중요한 요인이 될 것이다. 향후 25년은 지금보다 더 안전하고 살기 좋은 세상이 되기보다는 오히려 낙후된 국가들에서 테러리즘과 범죄, 질병, 기근이 더욱 기승을 부리는 세계가 될 가능성이 더 높다. 미국과 다른 선진국들이 이런 혼란에 어떻게 대처하는가는 세계경제가 가까운 장래에 어떤 방향으로 갈 것인가를 결정하게 될 것이다.

혼란에 빠진 나라들에게 어떤 결과가 일어날지를 다음과 같이 추측할 수 있다.

우선, 테러리즘이 여러 형태로 지속될 것이다. 이는 가장 예측 불허의 요인으로 작용하며, 사람들의 공포심을 자극해 세계를 거의 마비시킬 것이다. 테러리즘에 대처해야 한다는 주장이 제기되기는 하겠지만 실질적인 행동은 취해질 가능성이 높지 않다. 테러리즘 또는 그와 유사한 형태의 위협은 세계의 불안요인으로 계속 남아 있을 것임에 틀림없다.

다음은, 이슬람교의 극단적 형태가 생겨날 것이다. 특히 통치자가 독재적이고 명백한 부패상을 보이는 사우디아라비아, 이집트, 파키스탄 등지에서 그런 과격주의를 보이는 이슬람이 힘을 얻게 될 가능성이 높다. 이들 나라에서 정부 권력을 장악하고 석유 수입을 독점하기 위해 이슬람에서 쿠데타가 시도되기도 할 것이다. 이들 중 몇 번의 시도는 성공을 하게 되어 다른 나라들이 이 정권을 지지해야 할지 여부를 고민하게 만들 수도 있다.

그리고 아프리카, 라틴아메리카, 아시아 지역의 낙후된 국가들은 기독교의 상당한 영향을 받게 될 것이다. 그럼으로써 이슬람교도들과 기독교도들 사이의 반목과 투쟁이 격화될 전망이다. 이런 갈등은 설전에 그치는 것이 아니라 실제 내전으로 발전하여 장래에 국가가 더 작은 단위로 나누어지는 가능성도 없지 않다. 이런 상황에서 미국과 다른 선진국들은 어떤 분파를 지지해야 할지 고민을 하지 않을 수 없게 될 것이다.

또한 멕시코는 사회적으로 안정된 국가로 발전할 것인지 아니면 마약산업의 종주국이 될지를 결정해야 하는 상황을 맞이하게 될 것이다. 이는 미국에 상당히 중요한 의미를 갖게 될 전망이다. 멕시코가 진보의 방향을 선택한다면 향후 25년에 걸쳐 눈부신 발전을 할 잠재력을 갖고 있다. 그러나 마약밀매와 생산이 이 나라의 주된 경제 생산활동이 될 경우 멕시코는 콜롬비아나 페루의 전철을 밟을 수밖에 없을 것이다.

아제르바이잔, 투르크메니스탄, 카자흐스탄, 타지키스탄, 키르기스스탄 등 카스피 해 연안 국가들은 사회적으로 안정된 국가 그룹에 속할지 아니면 범죄조직들에 국가 경영을 맡길지를 결정해야 할 때가 다가올 것이다. 이들 나라는 아직 미개발 상태의 막대한 석유자원을 보유하고 있다. 석유회사들은 각 나라의 기존 정부와 협상을 해야 할지 아니면 좀더 안정적인 정부가 들어설 때까지 기다려야 할지를 고민하고 있다. 소련의 해체는 이들 나라에 모든 유능한 관료조직까지 해체시켜 버렸기 때문이다.

남아프리카를 제외한 거의 모든 아프리카 국가는 글로벌 경제로부터 완전히 분리되어 나갈 것이다. 그리고 과거의 부족 중심 삶으로 되돌아가게 될 것이다. 이는 방대한 규모의 인도주의적 비극을 초래할 것이 분명하며 또한 유엔의 구호활동과 아프리카에서 식민주의의 영향력을 확대하는 과정을 반복시킬 것이다.

에이즈는 아프리카, 중국, 러시아, 인도 등지에서 심각한 문제로 남을 것이다. 에이즈로 인해 엄청난 수의 고아들이 양산될 것이다. 게다가 시간이 지남에 따라 가장 에이즈 감염 위험이 높은 사람들의 그룹은 안전한 섹스 관행을 무시하고 주사바늘 사용에도 주의를 기울이지 않게 됨에 따라 에이즈 감염의 악순환은 계속될 전망이다. 수억에 달하는 고아들의 존재는 미국과 다른 선진국들에게 부담으로 작용하여 좀더 나은 의료 서비스 제공을 위한 자금 마련에 나서게 만들 것이다.

한 마디로 세계는 좀더 안전하고 살기 좋은 곳이 되기보다는 오히려 점점 더 혼란만 가중되는 양상이 불가피한 듯하다. 몇몇 나라들은 글로벌 경제의 일부가 됐다가 또 이로부터 떨어져 나가는 일을 반복하게 될 것이다. 미국 정부가 이들 나라의 정부들에 대해 어떤 태도를 취할 것인가는 주된 정책 논쟁의 초점이 될 것이다. 미국이 이들 작은 나라들의 요구를 무시할 경우 긴장은 갈수록 커지고 혼란은 더욱 가중될 수밖에 없다. 그런 반면에 미국과 다른 선진국들이 이들 작은 나라들을 글로벌 경제에 통합시키는 데 노력을 기울인다면 글로벌 경제의 규모는 더 커지고 따라서 모든 관련 당사국들에게 이로운 결과를 낳을 수 있다.

여섯째, 과학기술 분야에서 경이적인 신발명이 이루어질 것이다. 향후 25년간은 과학기술 상의 대발명이 이루어지는 시기가 될 전망이다. 지난 25년 간 순수과학이 새로운 영역을 개척해왔던 것과 유사한 패턴으로 향후 25년은 수많은 새로운 이노베이션이 이루어질 것이다.

일곱째, 환경보호가 세계적으로 지배적인 테마가 될 것이다. 의외로 이는 긍정적인 변화일 수 있다. 사람들이 환경문제를 해결해나감에 따라 지구가 해를 거듭할수록 점차 건강을 되찾고 있다는 증거가 많이 나타나고 있다. 그러나 우리가 이 성과에 안주해도 된다는 것을 의미하는 것은 아니며 여전히 환경문제에 관한 수많은 도전과제가 앞에 가로놓여 있음을 깨달아야 할 것이다.

향후 25년에 걸쳐 다음과 같은 환경과 건강상의 위기가 발생할 것으로 예상된다. 지구의 인류 인구는 90억에서 절정을 이룬 다음 감소하기 시작할 것이다. 즉 충분한 양의 식량을 조달할 수 없을 것이라는 비관적 전망이 현실화되는 단계가 올 것이라는 얘기이다. 한 국가가 부유해지면 환경은 더욱 개선된다. 그 이유는 그 나라 국민들이 환경문제를 해결할 것을 정부에 요구할 것이기 때문이다. 또 새로운 청정기술 개발을 위한 자금여력도 더 생길 수 있을 것이다. 그러나 문제는 빈곤 국가들의 환경문제 해결을 위해 어떻게 도움을 줘야 할 것인가로 집약된다.

또한 에너지 가격의 급등이 몇 차례 발생할 것이며 이후 가격 등락이 반복될 것이다. 그러나 재생가능 연료의 사용은 점차 일반화될 전망이다. 풍력, 태양열, 생물 에너지, 수소기반 연료전지는 모두 청정 에너지원으로서 주류시장으로 편입될 것이다. 그리고 소규모 발전소는 점차 그 수가 늘어나게 될 것이다. 상용 건물이나 소규모 지역사회에서는 연료전지나 터보 발전기, 미니 발전소 같은 수단을 통해 자체적인 에너지를 생산할 수 있게 된다. 이와 동시에 메탄올을 사용하는 연료전지도 휴대용 전자기기용 전지로 많이 활용될 것으로 보인다.

핵발전소는 지금의 기술적 한계를 극복하고 광범위하게 활용될 수 있을 것이다. 각국 정부는 환경문제를 1차적 정책 순위로 정하라는 압력을 받게 될 것이다. 제조업체들에 환경 친화적 기술을 사용하도록 장려하는 대신 각종 세금 감면과 저리융자, 세제혜택을 제공하라는 압력도 가해질 것이다.

급격한 기후변화가 발생할 것이다. 온실가스의 누적과 기상 패턴의 장기적 변화로 인해 세계 기후는 크게 바뀔 전망이다. 지구온난화에 대한 모든 논쟁에도 불구하고 장래에 기상이 어떻게 변할 것인지에 대해 다만 간빙기가 끝남에 따라 뭔가 중요한 변화가 일어날 것이라는 것 말고는 정확하게 예측할 수 있는 사람은 아무도 없다. 그러나 그런 기후변화는 운송 시스템 및 인프라 시설, 식량 생산 방식, 바이러스 생성 및 질병의 발생, 해양운송 패턴의 변화와 이에 따른 무역에의 영향, 해수면 상승과 이것이 저지대에 위치한 나라들에 미치는 영향, 각 나라들의 인구이동 패턴, 난방용 에너지 생산의 문제 등 심각한 영향을 미칠 수 있다.

그리고 새로운 전염병이 생겨날 수 있다. 1918년 전 세계 2,000만~5,000만 인구를 사망으로 이끌던 인플루엔자나 에이즈(2003년 현재 1억 명의 인구 사망)와 같은 규모의 전 세계적 전염병을 초래할 수 있다. 이 같은 질병은 사회에 엄청난 영향을 미칠 수 있다. 또 언젠가는 유성이 지구를 강타할 수 있다. 이는 전 세계에 심각한 환경재앙을 가져올 수 있다.

(2) 인간의 행동과 생활양식의 변화

21세기의 삶에 영향을 끼칠 변화의 대부분은 우리가 삶 속에서 기대하는 것과 중요하고 가치 있는 것이라고 생각되던 것의 근본적인 변화로부터 말미암는 것이다. 1960년대에 이러한 분야에서 변화가 생기자 1990년대에 삶의 기본적인 가치와 가정을 재정의하게 되었다. 1980년대에 시작된 변화 중 일부는 이미 1990년대에 이루어지고 있다.

우리의 가치관과 기대는 우리가 내리는 모든 결정에 영향을 끼친다. 이러한 것들은 우리가 사는 세상을 해석하고 상황에 어떻게 반응해야 할지를 결정하는 여과기 역할을 할 것이다. 우리는 우리가 누구인지에 대한 가정과 우리가 원하는 것에 대하여 계속해서 도전을 함으로써 좋고 나쁜 것, 바람직하고 바람직하지 않은 것, 가치 있는 것과 가치 없는 것, 중요한 것과 사소한 것에 대한 이해가 독특하며 지속적으로 변하게 될 것이다.

1990년에 들어서서 우리가 삶을 대하는 방법은 이미 변화하고 있다. 1960년대에 전통과 그에 준하는 것에 도전하는 것이 용인된 이후로 우리의 가치관은 계속해서 변하고 있다. 이 시대의 대변혁으로 인해 기본적인 도덕적 그리고 사회적 규칙들을 재검토하게 되자 우리는 우리의 가치관의 변화를 살펴보지 않을 수 없게 되었다. 우리는 새로운 가치관과 그것이 야기하는 행동들을 시험적으로 실험하며, 어떤 실험적인 시기 이후에 얻어지는 것들을 받아들이거나 아니면 거절해야 한다.

가치관의 변화를 보다 구체적으로 명시하여 설명하자면 다음과 같다.[57]

가치 있게 여기는 것(현재)	가치 있다고 여겨가는 것(미래)
소유의 양	소유의 질
돈	시간
옛 전통	새로운 전통
전적 헌신	융통성
집단의 정체성	개인주의
믿을 만한 사람	입증된 성실성
일을 통한 만족감	여가를 통한 만족감

먼저 소유에 있어서 양에서 질로의 변화에 대해서 생각해 보자. 우리가 가장 가치 있다고 느끼는 것보다 덜한 어떤 것을 점점 더 받아들이지 못하게 되는 반면에, 소유하기에만 급급하던 성향에서 다소 벗어나게 될 것이다. 1970년대와 1980년대는 과소비가 심했던 시기로 간주된다. 그런데 1990년대를 거쳐 21세기에는 소비문화가 극에 달하지만 많은 것에는 별로 관심이 없고 가장 좋은 것을 찾게 될 것이다. 지금은 양을 중요시하던 문화에서 질을 중요시하는 문화로 전환되고 있다. '더 많은 것'을 소유하는 방식으로는 만족을 얻지 못하게 되자 '가장 좋은 것'을 소유함으로 만족을 얻으려는 것이다. 이것은 성숙해 가는 징조가 아니다. 생활 가운데 좋은 것을 소유하며 경험하려는 갈망이 더욱 강해지며, 단지 소유하기 위하여 모든 것을 소유하려는 것은 부지런한 것으로 간주되지 않을 것이다.

아마도 21세기에서의 가장 큰 변화는 우리가 가장 가치 있게 여기는 새로운 화폐가 등장한다는 사실일 것이다. 인류는 돈을 몇 천 년 동안 가치를 측정하는 가장 우선적인 수단으로 사용해왔다. 돈은 계속해서 우리의 결단과 행동에 주요한 역할을 하겠지만, 21세기에는 '시간'이 가치를 측정하는 잠정적인 수단으로 자리를 잡게 될 것이다. 시간은 다시 만들 수가 없다. 이것 때문에 다른 모든 것도 경험할 수 없다. 우리가 부유해지면 부유해질수록 돈이 많아진다. 하지만 우리가 원하는 모든 것을 행할 시간이 부족해서 좌절하게 된다.

21세기에는 점점 더 시간을 내기가 어려워질 것이다. 돈은 더 가치 있는 일상 용품인 시간을 벌기 위하여 사용될 것이다. 따라서 시간을 벌어주고 생활을 편리하게 해주는 사업이 번창할 것이다. 1980년대에 이미 비디오, 전자레인지, 자동응답 전화기, 신용카드, 팩스, 24시간 편의점이 생겨났다. 그리고 시간이 흐를수록 이러한 제품들이 더욱 널리 보급되고 서비스 산업이 발달하며, 이로 인하여 시간을 융통성 있게 사용할 수 있는 직장인들이 늘어나고, 단시간에 대량으로 물품을 생산할 수 있게 될 것이다.

각 기업들은 시간을 융통성 있게 사용하는 정책을 실시할 것이다. 점포와 은행은 영업시간을 연장하며, 제자리에서 더 많은 서비스를 받을 수 있게 될 것이다. 이러한 편의 시설을 사용하는 데 많은 비용이 든다 할지라도 별로 문제를 삼지 않을 것이다. 이와 같이 돈이 경제 체제에서 다른 것으로 대치되지는 않는다 할지라도 우리의 마음과 정신에서 시간보다 더 중요한 것으로 자리 잡지는 않게 될 것이다.

또한 전통은 유동적이어서 옛 전통이 깨지고 삶의 뿌리와 안정을 추구하며 그들 자신의 새로운 전통들을 발전시키기 시작할 것이다. 새로운 전통들은 '제2의 물결' 시대의 사람들이 옳은 것이라고 배워온 대부분의 것들, 즉 시간엄수와 동시화를 중요시하고 순응과 표준화를 요구하던 옛 덕목을 모두 정면으로 공격할 것이다. 또 이전에는 당연한 것으로 여겼던 중앙집권화와 전문 직업인화의 효율성에도 이의를 제기할 것이다. 나아가서 큰 것이 좋은 것이라는 확신과 집중화의 사고방식을 재고하도록 강요하고 있다. 이러한 새로운 전통을 이해한다면, 그리고 그것이 과거의 낡은 것과 얼마나 대조적인가를 이해한다면 우리 주위에서 소용돌이치면서 우리의 에너지를 소모시키고 개인의 능력과 명성이나 수입 등을 위협하는 갖가지 충돌을 즉각 이해할 수 있게 될 것이다.

그래서 사건, 판정, 조직의 실행, 가족 활동 같은 모든 것이 복구되고 21세기의 새로운 전통이 형성될 것이다. 그런데 이러한 전통에는 옛 전통과는 달리

융통성이라는 요소가 포함되어 있게 된다.

삶에 대하여 생각해 보면 전적으로 헌신한다는 것은 사람의 최고의 관심사가 아니라는 것을 알 수 있다. 다양한 집단에서의 충성심과 구성원의 중요성 같은 전통적인 개념들은 개인적 이기주의와 자기보호로 인해 이제는 땅바닥에 내동댕이쳐졌다. 이러한 측면에서 전적인 헌신은 부정적인 것으로 간주되는데 독립과 자유라는 느낌, 새로운 것에 대한 경험, 마음을 바꾸는 것, 그리고 다른 사람을 돕는 것보다는 자기만족에 초점을 맞추는 것을 제한하기 때문이다. 사람들은 자기가 투자한 것 이상의 결과가 나올 때 전적으로 헌신하고 희생할 것이다.

이와 같이 21세기에는 삶에 전적으로 헌신하는 모습이 줄어들 것이라는 징조는 벌써 발견되고 있다. 예를 들어, 이혼율이 증가하고 있다는 것, 어른들은 과거에 비해 친구들과 보다 가까이 지내지 않는다는 것, 원인과는 상관없이 자신이 속해 있는 공동체를 위하여 싸우는 것이 자신의 의무라고 생각하는 사람들의 비율이 줄어들었다는 것, 정식 구성원으로서 조직체에 참여하는 사람들의 비율이 교회, 노동조합, 정당 등에서 현저하게 줄어들고 있다는 것, 어떤 사건에 참여하면서도 자신의 모습을 드러내지 않는 사람들의 비율이 상승일로에 있다는 것 등이 그것이다.

21세기에는 사회를 구성하는 가장 기본적인 공동체인 가족에도 변화가 올 것이다. 핵가족, 즉 남자는 일하고 여자는 집에서 일하며 아이를 보는 구조의 가정은 분열하거나 아니면 그 모습이 근대적인 가정의 모습과 유사하게 변할 것이다. 미국의 경우, 오늘날 맞벌이 부부가 전형적인 가정의 모습을 대표한다. 그러나 이혼했거나 이혼하려고 하는 사람들이 점점 증가함으로써 편부모 가정의 수가 600만 명에 이르고 있다. 또한 800만 명의 노인이 혼자 살고 있으며, 두 번 이상의 결혼으로 생긴 아이들이 재혼의 결과로 결합되는 혼합 가족이 증가일로에 있다. 그리고 미혼모와 동거자들의 수가 증가하고 있으므로 2001년에는 성인의 절반이 혼자 살 것으로 예상된다.

또한 오늘날 미국인들에게서 결혼, 성, 가족에 대한 태도가 변하고 있다. 예를 들어, 50세 이하 성인 가운데 3분의 2가 혼전 성경험을 고백하고 있고, 자녀가 있어도 마음이 맞지 않으면 굳이 아이들을 위해서 계속 살 필요가 없다고 응답하는 사람이 70%나 되고 있다. 가족은 가장 큰 행복과 만족의 근원이지만, 단 가족에 대한 책임이 각자의 다양한 관심사를 추구하는 것을 막지 않아야 한다고 생각하고 있다. 또한 일부일처제의 의미는 인정하지만, 두서너 번 결혼하는 것이 일반적인 통념이 되고 있다.

또 한 가지 생각해 볼 수 있는 것은 공업화 시대를 말하는 '제2의 물결'의 핵가족 제도보다는 매체와 생산의 탈대중화처럼 가족제도도 탈대중화를 이행해갈 것이라는 점이다. 사무기기와 통신기기를 이용하여 가내 근무가 대규모로 보급되면 부부 공동의 체험이 많아져 부부간의 대화가 부활되고 부부 관계가 보다 원활한 관계로 변할 것이다. 그리고 재택근무 체제 아래서 아이들은 자기들의 부모가 일하고 있는 것을 볼 뿐 아니라 일정한 연령이 되면 아이들 자신도 일하게 된다는 생각을 갖게 될 것이다.

또한 개개인이 여가 시간을 활용할 때에도 지난 세기와는 다른 모습이 나타나게 될 것이다. 여기서 주목할 수 있는 것은 극도의 '개인주의화' 경향이다. 예를 들어 단체 경기를 할 때 필요한 8명 또는 그 이상의 사람들의 계획을 세밀하고 꼼꼼하게 누가 조정하는가? 결과적으로 활동에 대한 우리의 선택조차 심각하게 변화되었다는 것이다. 야구나 축구처럼 다양한 사람들에게 관심을 집중시키는 게임은 덜 매력적이다. 대신에 테니스, 조깅, 라켓볼, 그리고 수영과 같은 개인적인 스포츠가 일반화되고 있다.

최근에는 개인이나 단체운동과는 거리가 있는 신체의 균형을 위한 활동들이 붐을 이루어 왔다. 한동안 단순히 일시적으로 유행하던 다이어트와 규칙적인 운동의 조화는 오늘날 높은 수익이 보장된 산업이 되었다. 더 많은 사람들이 건강 유지 활동에 더 적극적이고, 나아가 그러한 노력을 당연한 것으로 간주하는 연령층이 더욱 확산되고 있다. 이전보다 더 많은 노년층의 사람들이 산보, 조깅, 사이클, 에어로빅, 골프, 그리고 수영 같은 운동을 함으로써 자신의 일상생활에 활력을 불어넣고 있다. 건강 유지를 위한 열정 가운데 가장 고무적인

면 중의 하나는 독한 술을 마시는 소비 형태에서 맥주나 포도주를 마시는 상대적인 변화를 들 수 있다. 술의 1인당 개인 소비량은 지난 수년 간 지속적으로 감소되어 왔다. 반면에 맥주는 특이하게도 감소 추세의 변화 속에서도 이익을 남겼다. 또한 대중 매체의 발달은 혼자서 보내는 시간을 무료하지 않게 해줌으로써 개인주의화를 부추기고 있다. 이러한 경향은 21세기가 되면 더욱더 확연하게 드러날 것이다.

(3) 미래사회와 교회

그렇다면 이와 같은 미래사회를 맞이하게 될 교회에게 주어진 과제는 무엇인가? 오늘날 많은 교회와 목회자, 그리고 성도들이 사회로부터 질타를 당하고 있는데, 과연 미래사회를 어떠한 자세로 맞이해야 하는가? 지금의 한국교회는 구습에 젖은 일처리 방식을 비판하고 변화시키는 대변혁, 즉 하나님의 목적에 부합하는 영적 갱신과 부합하는 재교육을 필요로 한다. 많은 교회들이 자유주의적 사고를 가지고 있으며, 세속적인 일에 대해 관심이 많다. 뿐만 아니라 자기도취적인 활동을 하는 일반 사회 기관들과 너무 흡사한 경우도 많다. '올바른 교리'(orthodoxy)에는 강한 집착을 보이지만 '올바른 행동'(orthopraxy)은 꺼려하고, 예배를 중시하는 반면 헌신을 하찮게 여기고, 지상명령(마 28:18~20)은 인정하나 해외 선교에는 움츠리는 교회들이 많다. 또 어떤 교회들은 관계적 친밀성을 자랑하기 위하여 교회가 가져야 할 기독교적인 특성을 은폐하려고 한다. 복음을 매력 있게 포장하고 멤버십을 강화하기 위한 단순한 노력들은 십자가의 수치스러움을 가리고, 제자도의 요구를 약화시키며, 자기도취적인 목적들을 달성하기 위한 수단들로만 가득하게 하는 결과를 초래하였다.

이제 우리에게 남은 것은 "변혁할 것인가, 파멸당할 것인가?"라는 질문에 어떻게 대답할 것인지를 결단하는 것뿐이다. 오늘날 많은 한국교회들이 변혁을 해야 하며, 목사들이 그러한 교회 갱신을 이루는 데 주된 역할을 감당해야 한다.[58]

• 교회 변혁에 대한 정의

교회변혁에 대한 정의를 내리기에 앞서 선행되어야 할 것이 있다. 제임스 민즈(James E. Means)는 교회변혁에 대한 네 가지 잘못된 접근 방식에 대해 말하면서, 이를 거부하는 자세가 필요하다고 지적한다.[59] 그가 말한 것을 정리해 보도록 하겠다.

첫째, 교회변혁을 물량적인 관점에서의 교회성장이나 성공으로 통속적으로 이해해서는 안 된다. 오늘날의 많은 교회들은 그 발전 계획을 적대적인 문화속에서 기독교인의 삶을 선포하고 나타내려는 기독교 사회 변혁에 목표를 두기보다는, 조직의 안정을 과시하기 위한 양적 성장에 중점을 두고 있다. 비록교회의 출석률 증가가 의미 있는 변혁에 자연스럽게 따르는 열매이긴 하나, 진정한 변혁은 수적 증가가 아닌 영향력 있는 목회 사역과 관련이 있다.

둘째, 교회 변혁은 조직을 탁월하게 운영하는 것과 다르며, 필요한 요소이긴하지만 변혁의 측면에서 볼 때는 미미하다고 할 수 있는 수적 증가, 운영상의발전 등과 같은 요소들과는 거리가 멀다. 많은 목회자들이 교인들을 조율(tune-up)하기 위해 힘쓴다. 대부분의 교회에서 최신의 기업 경영 이론들을 무비판적으로 수용하고 있다. 경영 세미나에서는 교회를 효과적으로 운영하고 공동 규율을 제정하는 방법들을 제시한다. 경영을 잘하는 교회는 그렇지 못한 교회보다 확실히 낫다. 변화는 경영수완보다는 재창조와 더욱 밀접하게 관련되어 있다. 변화는 교회의 현존하는 구조를 다시 새롭게 하는 것이 아니라, 교회의 정체성과 방법론의 핵심부에 충격을 가하는 것이다.

셋째, 교회 변혁은 좀더 많은 사람들의 집중된 노력으로 달성되는 것이 아니다. 평신도들을 동원하여 그들에게 동기를 부여하면 교회생활의 많은 부분을향상시킬 수 있다. 그러나 이러한 평신도 개발법은 기독교 문화에 영향을 끼치지 못할 뿐만 아니라, 개인적이고 자유분방한 세대에 영적 갱신을 주지도 못한다. 이러한 활동을 계속한다면, 오히려 진정한 변화에 정반대되는 결과를 초래할지도 모른다.

넷째, 교회 변혁은 교회 프로그램을 첨가하거나 없애는 것과는 무관하다. 일반적으로, 목회자들은 교회 변혁을 단지 새로운 프로그램을 도입하거나 종래의 비효과적인 프로그램을 없애는 것으로 생각한다. 진정한 교회 변혁이란 이러한 프로그램의 변화를 포함하기도 하지만, 또한 교회의 사고(思考), 행동, 기반, 그리고 가치 시스템 방식의 변혁을 의미하는 것이다. 진정한 교회 갱신은 새로운 교회 활동들을 시작하거나 다른 활동들을 없애는 것으로 나타나지 않는다.

그렇다면 진정한 교회 변혁이란 무엇인가? 교회 변혁 기획을 전문으로 하는 연구 기관인 '교회개발센터'(Center for Parish Development)는 교회 변혁의 궁극적 목적을 다음과 같이 정의한다.

"교회 변혁은 계획적인 교회 변화의 과정을 의미한다. 교회 변혁이란 전체 교회 조직을 그 역사적 바탕에서 살펴봄으로써 현재 형편을 명확히 인식하고, 신학적인 유산과 서약을 탐색하고, 역동적이고 창조적인 미래에 대한 비전을 세우며, 그러한 비전을 성취할 수 있도록 계획을 세우고, 그리하여 새롭고 충실하고 효과적인 시스템을 개발하는 것에 의하여 변화되는 것을 의미한다. 그러한 새로운 교회 시스템으로 인하여 교회 조직은 언제나 어디서든지 항상 성경에 기초하고, 도전을 받으며, 충실하고 효과적으로 교회 조직을 운영할 수 있게 된다."

어떠한 경우에도, 진정한 변화를 위해서는 새로운 사고방식과 신중한 신학적인 검토 및 자료의 세심한 취합, 문화에 대한 정확한 인식, 새로운 비전과 전략, 뚜렷한 동기에서 비롯된 노력과 현명한 결정, 그리고 마지막으로 실천을 필요로 한다. 흔히, 변화가 이루어지는 과정에서 몽상가들이 깨지게 되고 성도들의 믿음 여부가 시험받게 된다.

• 교회 갱신에 대한 전망

오늘날 교회 갱신의 주역들에게는 병들어 있는 사회를 고치고 예수 그리스도의 지상명령의 수행을 위해 교회를 격려할 수 있는 미래에 대한 전망이 필요하다. 그러한 전망의 몇 가지 필수적인 특성들이야말로 영적 갱신의 근간이다.

첫째, 신학의 올바른 자리매김이다. 목회자들의 중요한 책무인 신학의 올바른 자리매김이 없다면 영적 갱신과 건설적인 변화에 대한 어떠한 소망도 가질 수 없다. 캘리안(Carnegie Samuel Calian)은 이렇게 말했다. "신학은 회중의 '삶, 일체성, 그리고 순결성'에 도움이 되지 않는, 분열을 일으키는 요소로 여겨진다. …현대 교회와 목회직에 대한 논쟁은 신학적 방향성 없이 분주함, 외형적 활동, 그리고 '너도 좋고 나도 좋고' 식의 풍토에 지나치게 몰입되어 있다. 이런 것이 야말로 교회를 파멸시키는 데 가장 빠른 지름길이 아닐까?"

진정한 변혁은 교회생활의 질서를 바로 세우기 위해 신학을 중심에 놓으려는 확고한 각오에서부터 시작된다. 교회 변화의 주역들은 신학적으로 생각하며 다른 이들로 하여금 의미심장한 성경 연구를 하도록 인도한다. 무엇보다 중요하게 요구되는 신학적 중심점은 단순히 정통적 신학을 재확인하는 것이 아니라, 성경의 지침에 따라 교회 책무와 교회생활의 질서를 세우기 위해 새로이 다짐하는 것이다.

둘째, 문화에 대한 올바른 해석이다. 교회 변혁 설계자들은 신학적 방향성에다 문화에 대한 성실한 해석을 곁들인다. "우리에게는 새로운 정글, 즉 문물의 발달로 인해 예수 백성들의 새로운 참여를 필사적으로 요청하는, 세계화된 사회를 탄생시킨 새로운 미지의 세계에 적응할 용기가 필요하다." 그러한 새로운 정글은 신학적인 순전성을 희생시키지 않는 범위에서 인식되어야 하고, 연구되어야 하며, 그리고 그러한 곳에 복음이 전파되어야 한다. 이러한 임무를 수행하지 못할 때, 목회자들은 국내외적으로 결코 교회 갱신을 이루지 못할 것이다.

다음과 같은 요소들은 우리의 현재 상황을 이해하는 데 중요하다. 우선, 지역사회 인구 현황으로서 이와 관련된 질문들은 다음과 같다. 우리가 어떤 종류의 지역에 살고 있는가? 얼마나 다양한 연령층과 직종과 학력층과 출생지가 이지역사회를 구성하고 있는가? 이 지역사회 안에서 생존과 사회생활을 유지하기 위해 애쓰는 소년소녀 가장, 이혼 가정, 과부들과 자식들과 따로 사는 노인들은 과연 몇 퍼센트를 차지하는가? 부모가 맞벌이하는 가정의 아이들은 얼마나 있는가? 교회 주변 동네에 얼마나 많은 실업자들과 가난한 사람들과, 혹은 집 없는 사람들이 있는가? 얼마나 많은 사람들이 사무직에 종사하고 있는가?

일용직 노동자는 얼마나 되는가? 지방색이 지역사회의 교회들과 학교들과 그 외 기관들에 어떠한 영향을 끼치는가? 지난 10년 동안 어떠한 인구 변화가 일어났으며, 앞으로 20년 안에 어떠한 변화가 추가로 더 일어날 것인가? 이와 같은 질문들은 항상 따라잡기에 바쁜 교회로서는 그다지 큰 변화를 이루기를 기대할 수 없기 때문에 인구 통계상의 변화는 초기에 인식해야 한다. 교회는 그 시대나 사회를 미리 읽고 비전을 제시해 그 지역사회를 교회로 끌어들이는 흡인력을 발휘하는 것이 긴요하다. 그래서 사람들을 따라다니는 것이 아니라 사람들이 따라올 수밖에 없도록 강력한 선교적 영향력을 발휘해야 한다.

다음은 지역사회의 가치관으로서 이와 관련된 질문들은 다음과 같다. 현재 지역사회 내에서 특히 어린이와 청소년층에 유해한 환경에는 어떤 것들이 있는가? 소년소녀 가장, 극빈자, 정신병자, 치매 노인, 기타 불우한 사람들을 위해 어떠한 지역사회의 기관 혹은 정부적 차원의 기관이 있는가? 어떤 학교들이 있으며, 그들은 어떠한 교육적 가치 기준을 지향하고 있는가? 어떠한 오락시설과 프로그램이 있는가? 교회 수는 얼마나 되며, 교회를 다니는 사람들은 얼마나 되는가? 지역의 스포츠 동호회나 취미 교실은 얼마만큼 있는가? 그들은 어떻게 운영되고 있는가? 이와 같은 문제들에 답하기 위해서는 지역사회가 가지고 있는 가치관에 대한 조사가 필요하며, 이러한 문제들에 대한 답을 알면 교회가 선교적 전략을 짜는 데 많은 도움이 될 수 있다.

그 다음은 회중의 정체성 연구로 회중이 어떠한 모습으로 구성되었고, 어떻게 그리고 왜 그렇게 되었는지를 이해하고, 회중의 문제, 필요, 가능성, 그리고 자질들을 밝혀내는 것이다. 문화 분석이란 교파와 지역의 역사, 교리에 대한 입장, 선교에 대한 자세, 목회의 기여, 목회자의 장점과 약점, 권력(정치)의 역학, 의사 결정 과정, 프로그램의 성공과 실패, 예배 형식과 내용에 대한 선호, 교육적 성취감, 그리고 동질성과 이질성의 정도를 연구하는 것이다. 교회 역사와 현재 위상에 대한 신중한 검토와 평가가 없이는 효과적이며 믿을 만한 목회 전략이 나올 수가 없다.

회중을 제대로 이해하지 못하면 목회자들이 비현실적인 목표를 강요하거나 목표를 달성하는 회중의 능력을 잘못 해석하게 된다. 그러면 교인들은 환멸을 느끼고 실망을 느끼게 되며 어떠한 의미 있는 목표를 향해 나아가려는 의지를 잃게 된다.

셋째, 미래를 향한 적극적인 자세이다. "왕년에 좋았던 시절"에 잠기고 오로지 현재 상황에만 충실하는 그러한 환경에서는 결코 교회 갱신이 일어나지 않는다. 미래 지향적인 목회자들은 현재 상태에 깊은 실망과 불안을 느끼게 되고 대안을 찾는 성도들의 열정적인 요구를 인식하게 된다. 그들은 몇몇 중대한 활동을 통해 변화에 이르게 하는 교회 분위기를 창출한다.

일반적으로 미래를 향한 적극적인 자세를 취하는 사람들은 다음과 같은 특징을 가지고 있다. 미래주의자들은 미래 목표를 달성하는 데 필요한 기반을 제공하는 관점에서만 과거 성취를 기념한다. 많은 사람들이 자축과 자기만족을 위해 목표 달성에 기쁨을 느끼지만, 그러나 미래 지향적인 목회자들은 과거를 오로지 위대한 성취를 위한 기반으로 생각한다. 예를 들면, 한 교회가 "과거는 출발의 전주곡이다."라는 슬로건으로 주요 건축 계획의 완성을 지켜볼 수 있다. 이정표는 단지 앞으로의 행동을 위한 발판일 뿐이다.

미래주의자들은 항상 열린 자세를 견지한다. 어떤 목표들은 아무래도 너무 이상주의적이고 실현 불가능하다. 어떤 제안들은 좀더 나은 계획들로 발전하기도 한다. 어떤 목표들은 받아들여지지 않고 자연적으로 폐기되기도 하지만, 그것 때문에 문제가 발생하지는 않는다. 왜냐하면 훌륭한 목회자들은 그들의 아이디어에 결코 집착하지 않으며, 따라서 그들의 제안이 받아들여지지 않아도 화를 내지 않는다. 그들은 단호한 결단력을 보이기도 하지만, 중지(衆智)를 모아 합의를 도출하는 데도 능하다. 훌륭한 목회자들은 항상 기회를 상기시키며 사람들로 하여금 기회를 붙잡도록 격려한다.

미래주의자들은 성실함과 끊임없는 격려와 자신감 확립, 그리고 연대의식을 통해 교인들에게 동기를 부여한다. 재능이나 은사에 상관없이 어떠한 목회자도 교인들 전체의 협조나 참여 없이는 교회 변혁을 이룰 수 없다. 목회자들은 회중을 활기차게 하고 하나님을 위해 큰일을 도모하도록 결연한 의지를 고취시킨다.

미래주의자들은 긍정적이고 낙관적인 자세로 설교한다. 목회자들은 다방면에서 운동 경기의 코치와 흡사하다. 그들은 격려하면서 지도한다. 미식축구 달라스 카우보이 팀의 전 코치였던 톰 랜드리(Tom Landry)는 코치를 "사람들로 하여금 그들이 싫어하는 것을 하도록 하여, 결국에 그들이 염원하는 바를 달성하도록 하는 사람들이다."라고 정의했다. 마치 느헤미야가 "우리는 할 수 있다."와 "우리는 할 것이다."라는 자세로 거대한 과제를 대했던 것처럼, 훌륭한 코치는 원칙을 가지고 승리의 자세를 주입시키는 데 최대의 노력을 한다. 열정적인 설교는 교회에 대한 하나님의 의도를 강조하고 사람들로 하여금 미래에 대해 좀 더 기대를 가지도록 격려를 한다. 미래주의자들은 물량적인 번영만을 추구하는 실용주의의 노예가 아니다.

넷째, 제자훈련에 힘쓴다. 교회의 기본 책무가 제자훈련(마 28:18~20)임에도 불구하고, 현대 교회들은 교인들에게 헌신이나 제자로서의 역할을 요구하는 것이 드물고, 많은 교회들이 제자의 삶의 원리를 가르치는 것을 등한히 여긴다. 교회 갱신을 바라는 이들이 현대 사회의 흐름을 역류해서, 진정한 제자양육과 제자훈련에 집중하기 위해 그들 스스로가 먼저 희생하는 자세를 보여야 한다. 참된 목회자는 교인들에게 보다 많은 것을 요구해야 한다. 교인들의 안일한 자세에 타협해서는 안 된다. 제자훈련에 필수적으로 동반하는 변화의 과정을 두려워하는 목회자들이 아이러니컬하게도 물량적으로는 성공을 거두지만, 그들 자신은 평생 헛된 목회를 하게 되고 교회 변화의 적극적인 주체가 되려는 희망 또한 포기하게 된다.

다섯째, 흩어지는 교회를 강조한다. 목회자는 비기독교적이고 교회에 적대적인 환경에서 매일 살고 있는 전체 교회 가족의 한 구성원이다. 빌 헐(Bill Hull)은 다음과 같이 아주 신랄하게 꼬집었다. "교인들로 하여금 실제로 제자로서 살도록 훈련시키기보다는 교인들에게 일을 시키기만 하는 목회자들은 사랑과 관심이 없이 행동한다. 목회자가 사역을 장악하려고만 하고 사역의 노른자위는 전담 교역자에게만 맡길 때, 교인들은 계속 약해지고 기생충과 같은 존재가 될 것이다."

　교회 변화를 바라는 목회자들은 교회 집중을 버리고 제자들을 통해 교회 분산을 강조한다. 진정한 목회 사역을 위해서는 전문적인 엘리트주의를 버리고 교인들을 위해 존재하는 목자로서의 역할을 강조해야 할 것이다. 또한 이웃, 공장, 사무실, 학교, 병원, 커피숍, 운동장, 시장, 그리고 교회로부터 떨어진 수천 가지의 다른 장소들 안에서 교회가 이루어야 할 선교적 사명을 위해서 권위와 책임감을 가지고 평신도 지도자들을 양성해야 할 것이다.

　교회 '분산' 보다 교회 집중에 역점을 두고 있는 교회와 목회자들은 완고한 자세를 견지하기 때문에 지역사회나 교계에 큰 변화를 일구지 못한다. 확실히, 많은 좋은 것들이 옛 사고방식으로 행해져 왔고 앞으로도 행해질 것이나, 그리스도를 위해 문화를 변혁시키는 것은 결코 옛날 사고방식으로는 이루어지지 못할 것이다. 교회 변화의 주역들은 그들의 임무가 죄악으로 가득 찬 문화 속에서 교인들로 하여금 엄청난 기회들을 대비하게 하고, 더 이상 위협이나 침입으로 여겨지지 않는 교회 연합 사역을 비롯한 선교 단체들의 사역에 교인들을 자유로이 참여케 하는 것이라는 것을 알고 있다. 교회는 성도들을 사역에 대비해 준비시키고 공예배와 제자훈련에 중점적인 노력을 기울여야 한다.

　여섯째, 전방위적 사역이다. 우리가 살아가고 있는 세계가 좁아지고, 서로 의존하며, 급속도로 변해감에 따라 교회들이 가지고 있는 선교 임무에 대한 개념을 다시 정의해야 한다. 콜로라도 주의 덴버 시에 위치한 '우리 주님의 교회'(Our Savior' s Luthern Church)의 목사는 다음과 같이 말했다. "우리는 대접을 받기 위해서나 혹은 우리 교회의 생존을 유지하기 위해 이곳에 있는 것이 아니다. 대신에 우리는 우리 이웃들의 필요와 고통을 인식하여 함께 나누기 위해 이곳에 있는 것이다."

2장 교회행정에 대한 정의와 원리

제1절 행정에 대한 일반적인 이해

1. 행정의 위치

행정이라는 말을 단순히 평범한 사무실에서의 업무와 서류 작업 같은 것으로 생각할 때 그 의미는 매우 협소해진다. 도니슨(D. V. Donnison)과 그의 동료들은 「사회 정책과 행정」(Social Policy & Administration)이라는 책에서 행정을 그처럼 협소한 관점으로 보는 것에 반대한다.

"일반적으로 '행정'이라고 하면 흔히 '정책 수립', '전문적인 일'과는 동떨어진 어떤 특별한 형태의 일을 말한다. 행정의 의미를 이렇게 생각하는 것이 비록 행정적 과정의 다른 국면들과 행정적 위계질서 안에서 달리 요구되는 능력들을 구분하는데 편리하다 할지라도, 그것은 진지한 학생들을 혼란스런 질문에 직면하게 한다. 행정이란 일의 성격과 결과를 결정하는 모든 행위와 영향을 포함한다고 배웠다. 행정은 행정가들이건 고용된 사람들이건 이런 과정에 참여하고 일의 결과에 공헌한 모든 사람에게 관심을 가진다."[1]

사회에서뿐 아니라 교회에서도 행정의 의미는 협소해지고, 그 역할이 분명치 않은 경우가 많이 있다. 요즘도 한국의 대부분의 신학교에서는 목회자들을 신학자, 설교가, 종교교육가, 그리고 상담자로 훈련시키는 데에만 신경을 쓰는 반면에, 미국에서는 1960년 이래로 교회행정에 많은 관심을 갖고 교회행정과 관계된 책들을 많이 출간하고 있다. 그러나 한국의 개신교 목회자들은 교과서, 지도자, 그리고 적절한 훈련도 없이 많은 시간을 교회의 행정적인 일에 할애해야만 한다. 얼마나 모순된 일인가? 효과적인 목회를 위해서는 행정을 일상적인 사무실에서의 일이나 서류 작업으로만 여기는 그릇된 인식을 버려야만 한다.

행정의 기원은 무엇인가? 이 질문은 행정의 성격과 범주를 이해하는 데 매우 중요하다. 아담스(Adams)에 의하면 영어의 "administration"은 "봉사하기 위해"란 뜻을 가진 라틴어 "administrare"에서 왔다고 한다. 성경에서는 그것이 "종" 또는 "심부름꾼"의 뜻으로 쓰인다.[2] 그렇게 볼 때 "목회자"(minister)와 "행정가"(administrator)라는 단어는 서로 관계가 있다. 디트젠(Lowell Russell Ditzen)은 그것을 이렇게 설명한다.

"그 단어는 그 자체로 교회 업무의 관리와 행정, 프로그램의 지도와 감독, 정책과 원리의 실행, 그리고 그들이 비록 물질적인 것을 다룰지라도 교회의 영적인 생명력을 조성할 기회를 제공하는 등의 의미를 갖고 있다. 예언자 혹은 제사장으로서의 이런 역할을 통하여 목회자는 하나님과 사람 모두에게 봉사할 수 있다."[3]

근래에 와서 새로운 교회행정의 정의를 제공해주는 로버트 데일(Robert Dale)은 교회행정을 "어떤 방법이 아니라 목회 그 자체이며, 서류작성(paper work)이 아니라 사람 그 자체이며, 비인격적인 정책이 아니라 인격적인 과정이며, 교묘한 조작(manipulation)이 아니라 관리이다."라고 하였다. 교회행정이란 어떤 조직의 사람을 반전하게 하는 방법(people process)이며 그 조직이 가지고 있는 자원들을 효율적으로 활용할 수 있도록 해주는 것이다. 특별히 교회의 행정은 단순히 어떤 일을 하는 것이 아니라 사람을 육성하는 것(growing people)이라고 그는 강조하였다. 계속해서 그는 교회행정을 다음과 같이 다양하게 설명하였다.

"교회행정이란 하나의 과학이며 예술이며 은사이다. 과학으로서의 교회행정은 연구와 실천에 의하여 습득되는 진행과 기술을 포함하며, 예술로서의 교회행정은 상호 관계 속에서의 감수성, 직감, 그리고 적절한 시간 포착(timing)을 요청한다."[4]

그러므로 위에서 본 것처럼, 행정의 기원은 단순한 서류 작업이나 일상적인 사무실 업무가 아니라, 통전적인 목회와 관계가 있다.

2. 행정의 정의와 범주

행정에 대한 이해를 명확하게 하기 위해 여러 학자들의 행정에 대한 정의와 범주를 살펴보자. 아노트(Robert J. Arnott)는 행정을 다음과 같이 정의한다. "행정이란 어떤 사회가 그들의 희망을 실제화하기 위하여 그들의 자원과 가치들을 할당하는 과정이다."[5] 그는 행정을 개인 혹은 공동체의 목표에 도달하기 위한 과정으로 묘사한다.

허시(Paul Hersey)와 브랜차드(Kenneth H. Blanchard)도 비슷한 정의를 했다. 그들의 책 「조직적 행위의 관리」(Management of Organizational Behavior)에서 행정이란 조직의 목표를 이루기 위해서 개인과 그룹들을 통하여 함께 일하는 것이라고 정의한다.[6] 그러므로 행정은 사업, 교육기관, 병원, 그리고 정치적인 조직 등 여러 종류의 조직체에 적용될 수 있다.

아노트의 정의에 따르면 행정에는 다음과 같은 과정이 요구된다.[7] 첫째, 결정을 내리는 것(개인적으로 혹은 위원회에서), 둘째, 미래를 위해 계획하는 것, 셋째, 결정(혹은 이미 만들어진 계획)을 실행하는 것, 넷째, 그것으로부터 교훈을 얻기 위해 실행된 일을 평가하는 것, 다섯째, 상상할 수 있는 모든 주제를 가지고 사람들과 대화하는 것.

린그렌(Alvin J. Lindgren)에 의하면 행정은 그냥 단순한 행위가 아니라 목적이 있는 행위이다. 그 목적은 사업, 교육, 그리고 교회 같은 특별한 상황에 의해서 결정된다.[8] 이러한 관점에서 그는 행정을 다음과 같이 정의했다.[9] "행정이란 그것이 이루어지고 있는 장(場)의 목표와 목적, 그리고 그것들을 이루기 위한 응집적이고 포괄적인 방법들을 발견하고 명백하게 하는 일이다." 그의 행정에 대한 정의와 그것이 내포하는 것들 속에서 우리는 행정의 몇 가지 요소들을 발견할 수 있다. 가장 먼저 행정의 기능은 개인 또는 조직의 목표와 목적을 명백하게 하는 것이다. 그 다음에 행정을 통하여 우리는 목표에 다다르거나 목적을 성취하는 방법을 찾으려 시도한다. 이 과정 속에서 우리는 유용한 자원, 지도력 등을 얻게 된다.

리(Lee)는 그의 책 「행정 신학」(Theology of Administration)에서 교회 상황 속에서의 행정을 다음과 같이 정의했다.[10] "행정이란 교회로 하여금 질서를 잡도록 도와주고, 선교의 수행을 향해 움직일 수 있도록 해주는 훈련이다."

결론적으로 교회행정은 교회 전체를 동원해서 교회의 본질과 선교적인 사명이 무엇인지를 발견하고, 모든 사람에게 하나님의 사랑을 선포해야 하는 선교적 사명을 완수하기 위하여 주어진 인적·물적 자원을 활용할 수 있도록 조직적이고 포괄적인 방법으로 교회를 이끌어나가는 것을 의미한다. 교회행정은 문서 행정이 아니라 목회인 것이다.

교회행정에 대한 정의는 다음과 같은 세 가지 의미를 포함한다.[11]

첫째, 전반적인 관심사는 교회가 교회 되게 하는 것이다. 먼저 교회 본질에 대한 이해가 문제인데, 이는 목적과 목표, 방편을 결정하게 한다. 교회 본질에 대한 이해가 어떤 것이냐에 따라서 교회의 목적과 목표 그리고 교회 되게 하는 여러 가지 목회의 방법이 결정되기 때문이다.

둘째, 교회행정은 포괄적이다. 인적인 자원과 물적인 자원을 모두 동원하여 포괄적인 방편으로 조직, 프로그램, 문서정리뿐만 아니라 예배, 설교, 심방, 교육까지 계획하고 실행하는 것이다. 그렇다면 교회행정은 결국 목회의 모든 것과 관련된 것이다.

셋째, 교회행정은 목회자나 몇몇 평신도에 의해서가 아니라, 전체 교인과 함께 해나가야 한다.

3. 교회행정의 필요성

왜 교회에 행정이 필요한가? 리(Harris W. Lee)는 다음과 같은 이유를 들고 있다. 교회는 사람들로 이루어진 인간 조직이고 실제적인 문제들을 다루기 때문인데, 교회는 공동적인 그룹으로서 일하는 사람들의 공동체이기 때문에 행정이 필요하다. 그룹으로서의 교회는 목표를 명백하게 하고, 자원을 확인하고, 계획들을 개발해야 한다. 이 모든 것이 행정이 하는 일이다. 세심한 계획, 조직, 그리고 시행이 없이는 교회에서 선교는 절대로 행해질 수 없다.[12] 이런 관점에서 볼 때, 행정은 목회 전반의 문제와 관련하여 필요한 것이다. 일반적으로 교회는 세 가지, 즉 예배, 친교, 봉사의 차원을 가지고 있다.

그리고 목회도 다음과 같은 세 가지 요소를 가지고 있다. 첫째, 예배, 교육, 봉사 등을 통한 믿음의 성장, 둘째, 훈련과 그리스도인으로서의 생활을 통한 예수의 제자로서 일을 조직하고 조정하는 것, 셋째, 새로운 계획을 위해 평가를 통하여 미리 워밍업하는 교향악단에 비유할 수 있다. 그러므로 성숙한 교회의 통전적인 목회를 위해서는 행정적 기능이 매우 중요하다.

행정가로서의 목회자의 역할은 무엇인가? 아담스(Arther Merrihew Adams)는 행정가를 다음과 같이 정의한다. "행정가는 계획하고, 조직하고, 지도자와 일꾼을 찾고, 훈련시키며, 방향을 안내하고, 양육하는 일을 한다."[13] 또 그는 교회와 행정의 관계성을 다음과 같이 설명한다. "성도간의 교제는 교회의 머리이신 그리스도의 행정 아래 있다. 그는 그들의 생활, 계획, 조직, 지도자와 일꾼을 찾고 훈련시키는 것, 방향을 안내하고 양육하는 일을 하신다. …교회는 그의 몸이며 땅 위에서 그의 목적을 수행하도록 해야 한다."[14] 이 말은 교회행정에서 매우 중요하다. 왜냐하면 이 말이 교회행정을 예수 그리스도와 명백하게 관계있는 것으로 해주기 때문이다. 비록 교회행정이 일반적인 행정의 개념과 방법을 사용하더라도 그것은 예수 그리스도의 목적을 수행하는 것이어야만 한다.

린그렌(Alvin J. Lindgren)은 행정가의 몇 가지 기능에 대해서 지적한다. "행정가는 모든 상황이 나름으로 독특함을 인식해야 하고, 유연한 원칙들을 가지고,

그러나 마음속에 명확한 목표를 지키면서 일해야 한다."[15] 그가 지적한 것처럼 행정가는 항상 주어진 목표에 대해 어떻게 도달할 것인지, 어떻게 유용한 자원과 지도자들을 동원할 것인지에 대해서 심사숙고해야 한다. 일반적으로 목회자의 역할은 예언자적·제사장적 기능, 목양적·영적 인도자의 기능, 행정가의 기능이다. 이중에서 행정가의 기능은 다른 기능들을 돕고 더 통전적이고 효과적인 목회를 하도록 해준다. 왜냐하면 모든 기능은 그들의 목표를 성취하기 위해서 행정적인 방법의 사용이 필요하기 때문이다.

4. 교회행정에 대한 정의가 암시하는 내용

행정이라는 정의에는 적어도 세 가지 의미가 포함되어야 하는데, 그것은 다음과 같다.

첫째, 행정하는 사람의 자격이다. 행정하는 사람은 우선 봉사하는 기관의 목적과 목표에 대해서 그 기관에 속한 사람들과 더불어 한결같은 이해를 가져야 한다. 다시 말해서 자기가 일하는 조직체의 조직원들과 이해를 같이 해야 한다. 서로 간에 이해가 다르면 문제가 생기기 때문이다.

그리고 목적 달성을 위해서 어떤 방편이 적당한가를 결정할 수 있을 만큼 자기 분야에 대해서 종합적인 이해를 가져야 한다. 특히 교회 지도자는 많은 방법 가운데 어떤 것이 처한 상황에서 잘 맞는 방편인가를 고를 수 있는, 자기 분야에 대한 전문적이고 종합적인 이해를 가지고 있어야 한다. 예를 들어서 교회에 어떤 문제가 발생하여 훈련시켜야 되는 경우, 다른 교회에서 좋다는 훈련 교재를 무조건 사용해서는 안 된다. 왜냐하면 교회마다 서로 놓여 있는 상황이 다르기 때문이다. 즉 상황에 대한 이해와 더불어 그 분야에 대해서 적절히 선택할 줄 아는 전문성이 있어야 한다.

또한 다른 사람이 도움을 필요로 할 때 같이 일할 수 있어야 한다. 여기서 지금 행정에 대한 이야기를 하고 있는 것은 꼭 교회를 이야기하는 것만은 아니다. 아주 일반적인 이야기이기도 한데, 행정가란 적재적소에 필요한 훈련된 사람들을 잘 배치해서 그 기관이 기능을 잘 발휘할 수 있도록 해줄 때 유능한 행정가이다. 더불어 일한다는 개념이 깨지면 행정이 아니다. 교회에서 카리스마적인 리더십을 가진 목회자가 행정적 감각이 상당히 약한 이유가 여기에 있다. 그것은 카리스마적 목회자에게는 기본적으로 행정에 대한 개념이 잘 맞지 않기 때문이다.

둘째, 행정의 각 분야는 그 분야별로 독특성이 있다. 분야마다 목적과 목표가 다르고, 그에 따른 방편도 달라져야 되기 때문에 행정은 분야별로 특성이 있다. 교회에 대한 행정과 회사에 대한 행정 그리고 병원에 대한 행정이 다르듯이, 분야마다 행정이 달라야 된다. 예를 들어서 어느 기업체의 경리부장이라고 해서 반드시 어느 교회의 재정부장에 적격이라고 말할 수는 없다. 왜냐하면 교회 재정의 목적은 일반 회사처럼 이윤을 남기기 위해서 경상비를 가급적 적게 쓰는 데 있지 않기 때문이다. 교회의 재정은 교인으로서의 청지기 사명을 심화하고, 교회로 하여금 필요에 따라 효과적으로 목회를 할 수 있도록 자금을 마련해주는데 있다. 그러나 이 말은 다른 분야의 행정에 대한 지식이 교회행정에 도움이 안 된다는 말은 아니다. 청지기 노릇을 제대로 하려면 다른 분야에서와 마찬가지로 예산에 입각해서 통제를 받아야 하고, 또 엄격하게 회계 감사를 거쳐야 한다. 교회의 목적에 입각해서 모든 활동을 통제하게 될 때, 다른 분야의 어떤 절차가 교회 안에서도 필요한지를 결정해야 한다는 의미이다.

셋째, 같은 분야에서도 주어진 상황에 따라서 내용이 다를 수 있다. 행정 책임자는 자기 지역사회의 경제, 문화 및 정서적인 환경을 감안할 수 있어야만 훌륭한 행정 책임자가 될 수 있다. 도시 사회에서 필요한 방법이 꼭 농촌의 환경에도 필요한 것은 아니다. 교회의 경우도 마찬가지다. 형편상 두 교회를 함께 목회하는 목회자도 두 교회에서 목회 프로그램이나 교회 재정 운영 계획 등이 같을 수는 없다. 교회마다 그 목적을 향하여 좀 더 가까이 나아가고자 할 때 그 일에 참여하는 교인 한 사람 한 사람의 태도와 감정을 감안해야만 한다.

목적 달성을 위한 행정의 개념은 이런 의미에서 역동적이다. 이 개념은 빈틈없이 고정된 프로그램이나, 목회자는 어떤 일을 이렇게 해야 된다는 식의 판에 박힌 방법론을 배제한다. 건축사가 한 건물을 설계할 때 자기 서랍에 있는 옛날 설계도나 꺼내서 줄 수는 없다. 그가 양심적인 설계사라면 그것을 요구하는 사람들의 요청과 사정 그리고 그들이 원하는 바를 종합해서 스케치에 옮겼다가 그것을 토대로 청사진을 만들어줄 것이다. 목회자도 마찬가지다. 너무나도 많은 목회자들이 이런 식으로 목회하기 때문에 하는 일에 새로움이 없다. 똑같은 프로그램을 가는 곳마다 시도하는 것은 '써 먹은' 설교를 또다시 하는 것처럼 목회자의 독창력을 감퇴시키며 그의 능력도 그대로 동결하는 결과를 가져올 뿐이다. 만일 이런 목회자가 40년 간 목회하다가 은퇴했다면 그는 40년의 경험을 한 것이 아니라 2년의 경험을 20번 되풀이한 것에 불과하다.

교회행정은 교인들의 역동적인 상호작용을 의미한다. 교인 가운데 똑같은 두 사람을 찾아볼 수 없으며, 교인 가운데 한 사람도 변하지 않고 남아 있는 사람도 없다. 그러므로 무슨 프로그램이든지 그 교회의 구체적인 상황을 위한 것이 아니면 안 된다. 같은 것이 다른 사람에게도 적합할 리가 없다. 그리고 그 프로그램이 처음에 효과적이었다고 해서 다시금 되풀이해서도 안 된다.

지금까지 설명한 것을 다시 정리하면, 행정이라고 하는 것은 한 집단이 세운 목적을 달성하기 위한 방편을 제공해주는 것이다. 만일 우리가 이런 전제를 받아들인다면 교회의 본질과 목적을 알아내는 일이야말로 중요하다고 할 수 있다. 교회의 본질과 목적, 그리고 교회행정가가 일하는 목표 사이에는 결정적인 관계가 있다. 그가 목표를 어떻게 달성하느냐를 결정하기 이전에 그가 가려는 곳이 어디며, 왜 그곳을 가야 하는지를 알지 못하면 안 된다. 만일 어떤 목회자가 교회에서 무슨 일을 시작하기 전에 그 일에 대해서 성서적으로나 신학적으로 숙고하지 않는다면, 그것은 복음과는 관계없는 목표나 목적을 무비판적으로 받아들였기 때문이다. 무심코 그들은 자기의 프로그램의 효과를 평가할 때 외형적인 갈채, 참석한 사람의 수, 그리고 증가된 예산과 같은 외적인 것을 기준으로 삼는다. 여기서 말하고 싶은 것은 우리의 물량주의적인 성공 표준이 교회의 참된 본질과 목적에 근거를 둔 표준을 대치해버릴 때 그리스도는 배신을 당하고 복음은 무력한 것이 될 수밖에 없다는 사실이다.

5. 교회행정의 성격

　일반행정과 교회행정에는 어떠한 공통점과 차이점이 있는가? 김정기 박사는 그의 책 「교회행정신론」에서 이 점을 밝혀주고 있다. 다음은 그가 밝힌 내용을 정리한 것이다.[16]

1) 일반행정과의 공통점

　교회행정은 교회에 관한 행정 내지 교회를 위한 행정으로 규정되기 때문에 교회로서의 특수한 성격을 가지고 있다. 그렇기 때문에 교회행정은 다른 분야의 행정이 지니고 있는 공통적 특성과 교회행정만이 가지고 있는 특성을 공유하게 된다.

　첫째, 행정은 다른 사회관계나 제도와 달라서 피할 수 없다는 점이다. 행정외의 다른 분야의 여러 관계나 제도는 필요에 따라서 끊을 수도 있고 없앨 수도 있지만, 행정은 싫든 좋든 피할 수 없다. 집단생활이 존재하는 한 세금을 피할 수 없듯이 행정이 존재하게 마련이다. 공중(公衆)의 의지가 있는 곳에 행정활동이 없을 수 없다. 공중이 요구하고 공중이 필요하다고 할 때 교통정리를 해야 할 행정행위가 없을 수 없기 때문이다.

　둘째, 행정의 특성은 복종성이다. 공행정의 경우에는 국가가 강제적 집행력을 독점하고 있고 사행정(경영)의 경우에는 감봉, 해고 등 제재 또는 상벌을 할 수 있는 권한을 지닌다.

　셋째, 행정활동에는 우선순위가 있다. 한정된 인적·물적·재정적 자원을 효과적으로 활용하기 위해서는 능률성의 제고(提高)뿐만 아니라 이 자원에 대한 우선순위적 배분이 필요하다.

　넷째, 행정의 특성은 규모의 확대와 강화이다. 오늘날 국가기관, 다국적 기업, 교회의 행정은 그 기능이 확대·강화되었으며 행정조직은 거대화되었고 인원의 수도 엄청나게 증가되었다. 뿐만 아니라 재정규모 역시 급격하게 팽창

되었다.

다섯째, 행정의 특성은 성과측정이 어렵다는 점이다. 행정의 목적인 평화, 안전보장, 보건, 교육, 정의, 번영, 자유, 평등, 안정, 신앙, 선행, 전도, 부흥 등은 객관적 측정기준에 따라 평가하기가 어렵다. 이에 대한 평가 방법 또는 평가기준은 평가자에 따라 달라질 수밖에 없기 때문에 객관적으로 논구한다는 것은 쉬운 일이 아니다.

여섯째, 행정에 대한 기대상승이 행정의 특성이다. 국민은 거미줄처럼 처진 행정활동에 한편으로 거부반응을 일으키면서, 다른 한편으로 더 적극적으로 활동해주기를 바라고 있다. 국가나 교회나 어느 집단이든지 오늘날 기대상승의 혁명(revolution of rising expectations)에 직면해 있다. 더 많은 재산, 더 좋은 후생사업, 더 높은 생활수준, 더 높은 교육수준, 더 안정된 생활보장, 정책결정에의 더 많은 참여, 더 양질의 생활, 더 좋은 시설 등을 사람들은 요구하고 있다.

2) 교회행정의 특성

일반행정이 가지지 못한 교회행정만의 특성은 무엇인가?

첫째, 하나님의 사업성이다. 다른 분야의 행정은 궁극적으로 인간의 복지 향상을 위한 인간의 행정인 데 반하여, 교회행정은 성령의 인도를 받아 하나님과 인간이 공동으로 행하는 행정으로서 하나님이 주가 되고 인간은 종이 되는 협력 사업이다. 교회행정은 하나님과 인간의 협력활동에서 인간적 요소를 주로 취급하는 내용이므로 어느 누구도 성령을 거슬러 활동하려고 해서는 안 된다.

둘째, 진리 추구성이다. 교회행정의 경우 교인 전부가 원칙적인 생활을 한다면 민주성이 필요 없고 하나의 진리를 따라가기만 하면 될 것이다. 그러나 신자들이 동일한 하나의 목표를 두고 협동적인 같은 보조로 그 목표를 추구해야 하겠는데, 불행하게도 추구하는 방법이 서로 다를 때 어떻게 해야 할 것인가? 이 경우 부득이 민주적인 절차를 밟아 다수의 의견을 따를 수밖에 없다 하겠다.

그러나 교회행정의 경우 민주성을 확보하려고 하기 전에 먼저 어느 것이 진리이고 참된 것인지를 확인하려는 노력이 침착하게 이루어져야 한다. 이러한 사전노력 없이 무조건 다수결로 모든 문제를 결정하려고 하는 것은 극히 위험한 발상이다.

셋째, 봉사성이다. 사역(ministry)이라는 의미 자체가 이미 언급된 바와 같이 '종으로서 섬김', '봉사함', '배 밑에서 노를 저음'의 뜻을 지니고 있다. 따라서 교회행정은 교회에 관련하여 또는 교회를 위해서 섬기고 봉사하는 것을 그 본질로 하고 있다. 교회를 우리가 그리스도 안에서 택함을 받은 자들의 모임 또는 영교(靈交)라고 규정할 때 교회를 봉사한다는 것은 결국 택함을 받은 자들끼리 서로 봉사함을 의미하며, 이러한 봉사활동을 효과적으로 수행하기 위하여 교회행정이 필요하게 된다. 교회를 형성하고 있는 구성원들은 혹은 사도로, 혹은 선지자로, 혹은 복음 전하는 자로, 혹은 목사와 교사로서 기능하면서(엡 4:11) 성도들을 온전케 하며 봉사의 일을 하게 하며 그리스도의 몸인 교회를 세우게 된다(엡 4:12). 교회행정은 교인들을 온전케 하고 남을 봉사하게 만들어 그리스도의 몸을 세우도록 하는 활동 혹은 과정이다.

넷째, 규범성이다. 교회는 정치단체, 대학교, 자선기관, 이념단체, 일반병원과 같은 규범적 조직(Normative Organization) 중에서 규범성이 가장 강한 단체이다. 규범적 조직이란 도덕을 강조하고 그것을 통제수단화하며 윤리와 도덕의 영향력을 구성원들에게 가중시키는 조직을 말한다. 이러한 조직은 항상 심리적·사회적 체계를 중요시하는 반면에 기술적·구조적 요소들을 무시하는 경향이 있다. 규범적 권력과 도덕적 복종심이 결합되어 있는 조직은 조직원의 통제에 대해서는 원칙적으로 규범적 권력을 행사하고 조직원들은 조직에 대하여 강력한 사명감, 소속감, 충성심을 보인다.

교회는 주님의 피로 세워진 곳으로서 자발적으로 모인 서로 사귐의 단체이다. 초창기의 교인들은 사도의 가르침을 받아 서로 교제하며 떡을 떼며 기도하기를 전적으로 힘썼다. 바울도 신자들이 복음 안에서 서로 교제함을 하나님께 감사하였다. 교회는 이와 같이 택함을 받은 자들이 하나님의 아들로서 서로 교제하고 서로 돌아보아 사랑과 선행을 격려하는 조직이기 때문에 교회행정은 공행정의 경우처럼 천편일률적 강제성을 띤다든지, 사행정의 예처럼 공리적 또는 보상적 성격을 띠어서는 안 되며, 어디까지나 기독교적 규범성을 따라야 한다. 기독교적 규범성이란 하나님의 뜻을 따르되 성령의 인도를 받아 인간성의 욕구를 반영하는 것을 말한다.

제2절 교회행정의 성서적 · 이론적 근거

오늘날 교회들이 선교의 사명을 수행하기 위해서 세속 세계로부터 사회 과학의 자원들을 사용하는 것은 놀랄 일이 아니다. 바울은 가끔 이방인들(그리스인)에게 믿음이란 것을 명확하게 설명하기 위해 철학적인 방법을 사용했다. 최근에는 교회가 좀 더 효과적인 목회를 하기 위해 또 다른 사회과학을 사용하는데 그중 하나가 바로 행정(관리)이다. 그러나 우리가 교회 밖에서 행정의 개념과 방법을 빌려왔더라도, 우리는 교회 안에서 그것에 대한 성서적 · 이론적 근거를 마련해야 한다.[17]

1. 하나님이 주신 은사로서의 교회행정

로마서에 보면 하나님은 하나님의 목회를 위한 은사를 주셨다. "우리에게 주신 은혜대로 받은 은사가 각각 다르니 혹 예언이면 믿음의 분수대로, 혹 섬기는 일이면 섬기는 일로, 혹 가르치는 자면 가르치는 일로, 혹 권위 있는 자면 권위하는 일로, 구제하는 자는 성실함으로, 다스리는 자는 부지런함으로, 긍휼을 베푸는 자는 즐거움으로 할 것이니라."(롬 12:6~8)

바울은 여기서 은사에 대한 구체적인 예를 제시하고 있다. 6절에서 사용한 "은사"(χάρισμα, 카리스마)의 개념은 "영적인 것(πνευμάτικα)으로서의 종교적 황홀경과 기적 행함"이 아니라, "영적인 능력에서 비롯된 봉사의 직책(χαρίσματα)"을 의미한다. "은사"의 개념은 바울신학의 중요한 요소이다. 그리스도와 함께 죽고 사는 세례를 통해 그리스도인들은 그의 인격적인 부르심(κλῆσις)을 받고 성령을 받는다. 이로써 그리스도인들은 영에 속한 사람이 된다. 바울은 "은사"와 같은 의미로 "영적인 것"(πνευμάτικα)을 분명히 인정했으나 항상 성령-열광주의자와의 논쟁적 차원에서 사용했다. 그에 의하면 종교적 황홀경이나 기적을 행하는 것은 성령의 역사일 수도 있으나 그러한 경험과 현상들은 양면성을 갖고 있음을 주지시켰다. 왜냐하면 그러한 종교적 현상들은 때로는 악마들도 행할 수 있는 것이기 때문이다(예, 고전 12:1~3). 따라서 그는 성령의 체험과 은사를 그리스도론적으로 제한시켜 "교회를 섬기는 데 사용함으로써만" 하나님의 은혜와 능력으로 그 유효성이 보증된다고 주장했던 것이다.

이 은사는 하나님께서 각 사람에게 주신 특별한 은혜의 선물(9:4~5)이며, 부르심은 모든 은사와 함께 일어나는 하나님의 권고와 능력이다. 또한 "부르심"은 은사와 바꾸어 사용할 수도 있다(예, 고전 7:15, 롬 11:29). 그러므로 하나님은 부르심 없이 은사를 주시지 않고 은사 없이 부르시지도 않는 것이다. 은사는 이처럼 그리스도를 믿음으로써 받는 하나님의 은혜의 구체화요 개별화이다. 다른 한편, 각 개인이 갖고 있는 소양과 재능도 종교적 개인주의를 초월하여 "그리스도와 교회를 섬기는 일"에 사용된다면 은사로 여겨질 수 있다.

그러므로 바울은 성령-열광주의자들이 강조하는 초자연적·종교적 요소들을 배제하지 않았고, 그러한 은사를 그리스도인의 신앙생활과 신앙 공동체의 일반적인 봉사와 분리시키려 하지도 않은 것이다.

은사로 제시된 것은 "예언"(προφητεία)인데, 이것은 우리가 흔히 생각하듯이 미래의 일을 미리 알려주고 해석해주는 일이 아니라 "하나님의 말씀을 맡아 그 말씀을 적절하게 선포하는 일"로서 설교를 뜻한다. 바울이 고린도전서에서 방언보다는 예언하기를 더욱 힘쓰라고 권고한 것도 같은 의미였다. 바울은 하나님의 말씀을 이성에 의해 바르게 이해하고 이것을 다른 사람들도 이해할 수 있도록 언어의 수단을 통해 표현하는 것도 영적인 직분의 은사로 연결시킨 것이다. 따라서 그는 "예언"과 "영의 분별"을 동의어처럼 바꾸어 사용하기도 하였

다.(예, 고후 14:29 이하)

"믿음의 분수대로(κατὰ τὴν ἀναλογίαν πίστεως)"는 예언자, 곧 설교자 자신의 믿음에 의해서 판단받는다거나, 혹은 3절의 "믿음의 분량"과 동일시할 수 없다. 이 말은 예언자가 이해하고 설명하여 전파하는 복음의 진실성은 다른 사람들에게 시험을 받아야 하며, 그가 전하는 메시지의 적합성도 인정받아야 한다는 의미이다. 왜냐하면 성령-열광주의자들의 정열적이며 특권적인 설교 때문에 교회(공동체) 내의 질서가 파괴되는 경우도 많기 때문이다. 그러므로 "믿음의 분수대로"라는 표현은 주관적인 자신의 믿음에 따라서가 아니라 교회가 인정하는 믿음의 진리 한계 안에서 하나님의 말씀을 해석하고 선포하는 것을 의미한다.

7절 이하에서는 처음 교회 안에서 성령의 인도에 따라서 자유롭게 봉사하던 여러 가지 일들이 점차 어떤 특정한 개인이나 구성원들에 의해 행해지게 되었음을 볼 수 있다.

여기서 "섬기다"는 헬라어 "διακονία"의 번역으로서 본래의 의미는 "봉사"의 뜻이다. 이 단어는 15장 31절에서도 사용되고 있다. 본래는 추상적인 성격을 가진 단어이지만, 현재의 절에서는 "실제적인 섬김의 행위"를 뜻하고 있다.

누구를 섬기는가의 문제에 대해서 두 가지로 설명해 볼 수 있다. 첫째로는 하나님과 그리스도와 교회를 섬기는 것이고(예를 들어, 11:13에서 말하는 사도의 직무와 같이), 둘째로는 현재 어려움을 당하고 있는 사람들에게 봉사하는 것이다(참조, 마 25:44, 행 6:1, 2, 롬 15:25). 그러나 현재의 절에서 사용되고 있는 "섬기다"를 보다 명확하게 정의하자면 그것은 7b절과 8a절과 연관하여 후에 교회의 직제가 되는 "집사"(deacon)의 역할을 말하고 있다고 볼 수 있다.

"가르치는 자"와 "예언하는 자"의 구분은 매우 자명하다. 초기 그리스도교 교회의 예언자들은 영감을 받아 직접적이고도 "특별한 계시"를 선포한 반면에, 가르치는 교사는 구약성서와 예수의 전승과 초기 기독교 공동체에서 사용되던 예전적 교리를 가르치는 일을 담당했던 것이다.[18] 가르침의 직접적인 목적이 교훈하고 설명해주고 알려주는 것이라면, "권면하는 일"은 그리스도인들이 하나님의 복음에 순종하여 살아갈 수 있도록 도와주는 것을 의미한다. 그것은 목회적인 입장에서 어떤 특별한 공동체에게 "복음"을 삶에 적용할 수 있게 하는 일인데, 그 대상은 전체 교회가 될 수도 있고, 또는 몇몇 구성원을 지칭할 수도 있다. 즉 8절에 언급된 "권면하는 일"은 사람들에게 하나님의 자녀로서 새로운 삶을 살아가도록 하는 올바른 자리매김인 것이다.

"구제하는 사람"(ὁ μεταδιδούς)은 헬라어 동사 'μεταδιδόναι'에서 파생된 명사이다. 동사 'δίδομι'는 "주다"라는 의미를 가지고 있고, 'μεταδιδόναι'는 "나누어주다"라는 의미를 가지고 있다. 구제하는 사람, 즉 나누어주는 사람, 분배해주는 사람은 두 가지의 의미로 생각해 볼 수 있다. 하나는, 교회의 의연금(義捐金) 분배의 책임을 맡은 사람을 칭할 수도 있고, 다른 하나는 자신의 사유 재산을 구제의 목적으로 나누어주는 사람을 의미할 수도 있다. 그러나 12장 1~2절과 지금까지의 논의로 볼 때, 교회적인 상황이 전제되고 있는 처음의 의미가 더 가능성이 있는 것으로 보인다.

또한 "긍휼을 베푸는 일"은 공동체에 수집된 구제금품을 나누어주는 일이다. 이 말은 때로는 관대하게 구제하라는 의미이기도 하다(참조, 고후 8:2, 9:11, 13).

마지막으로 "다스리는 자(=치리하는 자)"는 공동체의 집회와 논쟁의 조정 역할을 포함한 여러 다양한 조직적 책무를 갖는데(예, 살전 5:12) 이들은 사람에게서 어떤 보답을 받는 것이 아니기 때문에 "열심"(σπουδή), 즉 전적으로 헌신하도록 부르심을 받았다는 것이다.

바울이 교회 안에서의 섬김의 은사들을 제시하는 가운데 주목할 만한 사실은 많은 과부들과 고아들, 병인들, 그리고 방문자와 이주민들을 돌보는 일을 담당할 사람들이 중요하게 언급되고 있는 것이다. 이 사실은 초기의 교회 공동체 안에서 중요한 섬김의 직책, 곧 은사는 다른 사람들을 섬기고, 구제하고, 긍휼을 베풀면서 돌보는 일이었음을 시사하는 것이다.

결론적으로 이것은 하나님이 우리에게 개인적으로 다양한 은사들을 주셨다는 것을 말한다. 그러나 그러한 은사들은 이 땅에서 하나님의 목적을 이루는 데 사용되어야만 한다. 에베소서에 보면 다음과 같이 나온다. "그분이 어떤 사람은 사도로 어떤 사람은 예언자로 어떤 사람은 복음 전도자로 또 어떤 사람은 목회자와 교사로 삼으셨습니다. 그것은 성도들을 준비시켜 봉사의 일을 하게 하고 그리스도의 몸을 세우게 하시려는 것입니다."(엡 4:11~12)

모든 은사는 그리스도의 몸(교회)을 세우는 목회를 위해 필요한 것이다. 특별히 "봉사의 일"에서 봉사(διακονία)는 직책상의 직무를 뜻하지 않고, 모든 그리스도인이 교회 안에서 맡아야 할 섬김의 활동을 나타내는 것이다. 즉 비록 우리의 몸이 많은 지체로 되어 있고, 각 지체가 서로 다른 다양한 기능을 가지고 있다 하더라도 우리는 단지 하나의 몸이다(롬 12:4). 로마서 12장 6~8절과 에베소서 4장 11~12절에서 본 것처럼 하나님께서는 목회의 일을 하게 하기 위해서 은사를 주셨다.

고린도전서에서 바울은 목회를 위한 하나님의 은사를 다음과 같이 묘사한다. "하나님께서 교회에 세우신 이들은, 첫째는 사도요, 둘째는 예언자요, 셋째는 교사요, 다음은 기적을 행하는 사람이요, 다음은 병을 고치는 은사를 받은 사람이요, 남을 도와주는 사람이요, 관리하는 사람이요, 여러 가지 방언으로 말하는 사람입니다."(고전 12:28)

영적인 은사의 목록은 목회를 위한 은사일 뿐 아니라 교회를 위한 은사로 생각하는 것이 합당하다. 이런 모든 은사는 목회를 위해 하나님으로부터 주어졌다. 비록 은사의 성격과 기능이 서로 다르더라도 중요한 것은 각각의 기능이 그리스도 안에서 연합된다는 것이다. 왜냐하면 "은사는 여러 가지가 있지만 성령님은 한 분이시며, 섬기는 일은 여러 가지가 있지만 주님도 한 분이십니다. 그리고 해야 할 일은 여러 가지 있지만 모든 사람 안에서 일하시는 하나님은 한 분"(고전 12:4~6)이시기 때문이다. 특별히 "다스리는 자(Oikonomos)"는 행정가, 인도자, "집을 다스리는 사람," "청지기"를 의미한다. 드루 대학의 신학교수인 오덴(Thomas C. Oden)은 모든 그리스도인은 고린도전서 4장 1절에서 "그렇다면 사람들은 마땅히 우리를 그리스도의 일꾼이며 하나님의 비밀을 맡은 사람으로 여겨야 한다."고 한 것처럼 일반적인 의미에서 청지기라고 말한다.[19]

청지기직에 대한 또 다른 말씀은 다음과 같다. "여러분이 각자 받은 은혜의 선물이 무엇이든 간에 하나님의 여러 가지 은혜를 맡은 선한 청지기답게 서로를 섬기는 데 그것을 사용하십시오. 말씀을 전하는 사람은 하나님의 말씀을 전하는 것처럼 하고 봉사하는 사람은 하나님이 주시는 힘으로 하는 것처럼 하십시오. 그러면 모든 일에 예수 그리스도를 통해 하나님이 영광 받으실 것입니다. 그분에게 영광과 능력이 길이길이 함께하기를 바랍니다. 아멘."(벧전 4:10~11)

위에서 본 것처럼 청지기(직)의 기능은 "하나님의 비밀을 맡은 청지기"와 "하나님의 여러 가지 은혜를 받은 청지기"로 표현되어 있다. 그러나 청지기직은 "신실함"(고전 4:2)과 "하나님이 공급하시는 힘으로 일하는 것"과 같은 자세가 필요하다.

리(Harris W. Lee)에 의하면 행정가라는 뜻의 그리스어는 "Kubernesis"인데 이것은 "배의 키잡이"라는 뜻으로 사용되었다. 그는 다음과 같이 '신약 신학 사전'에서 예를 들어 그의 주장의 기초로 삼는데, 이 말은 그리스도인에게 어떤 모임에서 키잡이의 자격을 부여한다는 것이다. 그 공동체의 질서와 생활의 진정한 지시자의 자격을 부여하는 것이다. 바울 시대에 이 지시 행위의 범위가 어디까지인지는 우리는 모른다. 키잡이의 중요성은 폭풍이 불 때 더 커진다. 대중을 지시하는 직무는 아마도 특별히 내외적인 비상사태 때에 잘 개발되어 왔을 것이다.

말씀의 선포는 원래부터 이런 것이 아니다. 어떤 사회도 명령과 지시 없이는 존재할 수 없다. 그것은 다스리기 위해서 하나님이 주신 은혜인 것이다. 우리가 주목할 것은 고린도전서 12장 29절에서 바울이 "다 사도겠느냐, 다 선지자겠느냐, 다 치유의 은사를 가진 자겠느냐?"라고 묻는데, 여기에는 행정가를 중요하게 여기는 상응한 질문이 없다는 것이다. 거기에는 근본적인 이유가 있다. 필요하다면 모임의 어떤 사람이라도 집사 혹은 지도자로 봉사할 수 있다. 그러므로 이러한 직무들은 고린도전서 12장 29절에서 언급되는 것과는 달리, 아마도 선택적인 것일 것이다. 그렇다고 이것은 하나님의 권위가 반드시 필요하다는 사실을 변화시키는 것은 아니다.[20]

이 인용문은 사회나 공동체나 혹은 조직들이 존재하기 위해서는 명령과 지시가 필요하다는 것을 보여준다. 행정의 역할은 사회, 공동체, 조직들이 존재하도록 돕는 것이다. 교회에서 "행정은 보다 궁극적인 목회의 정당한 모습이며, 하나님으로부터 은사로 주어진 교회생활 고유의 것이다."[21] 그러므로 행정가는, 키잡이가 바다에 있는 배를 인도하는 것처럼, 그리스도인 생활의 진정한 지시자이다. 게다가 청지기직으로 번역되는 행정은 하나님의 영을 통하여 목회의 직을 위해 은사로 주어진 것이다. 이 사실은 행정의 성서적인 기초 중 하나이다.

2. 보다 효과적인 목회를 위한 실제로서의 교회행정

하나님의 백성에 의한 실제적인 행정에는 또 다른 기원이 있다.[22] 여기에서는 모세, 예수, 초대교회, 바울의 경우를 예로 들 것이다.

1) 모세

약속의 땅으로 행진하던 어느 날 모세의 장인인 이드로가 보니 사소한 일을 가지고 모세를 만나려는 사람들이 줄을 섰고 모세는 더 이상 그 일을 할 기력도 시간도 없었다. 이드로는 모세에게 조직을 갖추도록 충고했다.[23]

"자네는 하나님 앞에서 백성의 대변자가 되어 그들의 문제를 하나님께 말씀드리고 백성에게 하나님의 법과 명령을 가르치며 그들이 어떻게 살아야 하고 무엇을 해야 할 것인가를 보여주게. 그리고 자네는 백성들 가운데 하나님을 두려워하며 진실하고 청렴결백한 유능한 인재들을 뽑아 천 명, 백 명, 오십 명, 열 명씩 각각 담당하게 하여 언제나 그들이 백성들을 재판할 수 있도록 하게. 만일 자네가 이렇게 하고 또 하나님도 이것을 승낙하신다면 자네는 이 일을 감당할 수 있을 것이며 백성들도 만족스러운 표정으로 돌아갈 걸세."(출 18:19~23)

모세는 너무나 많은 일을 했다. 그러나 보다 효과적인 일을 위해서 모세는 이드로의 충고를 따라 행정적 기술을 사용했다. 민수기에 보면 모세가 광야에서 도움이 필요했을 때 하나님은 모세에게 그를 도울 칠십 인의 장로를 뽑도록 하셨다.

여호와께서 모세에게 말씀하셨다. "너는 존경받는 백성의 지도자 칠십 명을 성막으로 소집하여 너와 함께 살게 하라. 내가 내려가 거기서 너와 말하고 너에게 있는 내 영을 그들에게 (은사로) 주어 그들이 너를 도와 백성에 대한 책임을 함께 지도록 하겠다. 그러면 너 혼자 (책임)질 필요가 없을 것이다(민 11:16~17). 괄호 안의 말들은 암스트롬(Ted W. Engstrom)의 해석이다. 그리고 그는 17절에서 주님이 이 사람들에게 하신 기름부음의 약속은 공식적인 새로운 자격으로 봉사하게 하기 위한 것이라고 주장한다.[24]

모세가 이스라엘 백성들을 이끌고 하나님의 약속의 땅으로 가는 동안 위의 경우에서 보는 것처럼 모세의 짐은 너무나 무거웠다. 그래서 모세는 장인의 충고와 하나님의 지시로 좀 더 효과적으로 그들을 이끌기 위해 모세의 짐을 덜어줄 사람들을 선택했다. 이것은 목회적 기술과 방법의 아주 훌륭한 예이다.

2) 예수

이 부분은 교회의 본질과 범위와 관계가 있다. 그의 제자들에 대한 예수의 선택은 분명한 목적이 있었다. "예수님은 열두 제자를 따로 뽑아 자기와 함께 있게 하시고 또 내보내어 전도도 하게 하시며"(막 3:14). 예수께서 제자들을 선택한 두 번째 이유에 주목할 필요가 있다. 그것은 하나님의 목적인 이 땅에서의 예수의 목회를 계속하는 것이다.

예수는 칠십 명을 더 선택했다. "그 후의 주님은 칠십 명의 제자를 따로 뽑아 둘씩 짝지어서 자기가 직접 갈 모든 도시와 마을로 멀리 보내시며 이렇게 말씀하셨다. 추수할 것은 많으나 일꾼이 적다. 그러니 주인에게 추수할 일꾼을 보내달라고 하여라"(눅 10:1~2). 칠십 인을 더 뽑으신 이유는 추수할 곡식이 많아서 일할 사람이 더 필요했기 때문이다. 이 경우에 우리는 그가 목회의 성취를 위해 제자들과 사람들을 더 뽑으신 일 뒤에 숨어 있는 그의 행정적 의도를 깨달을 수 있다.

3) 초대교회

초대교회 시대에 교회의 인원은 극적으로 늘어났다. 어떤 사람들은 12사도가 하는 목회가 제대로 되지 않는다고 불평했다. 그래서 열두 사도들이 모든 신자들을 불러 모으고 이렇게 말하였다. "우리가 구제하느라고 하나님의 말씀 전하는 일을 소홀히 하는 것은 바람직하지 못합니다. 형제들이여, 그러므로 여러분 가운데 성령과 지혜가 충만하여 칭찬받는 사람 일곱 명을 뽑으십시오. 그러면 우리가 그들에게 이 일을 맡기겠습니다. 그리고 우리는 기도하고 말씀 전하는 일에만 힘쓰도록 합시다."(행 6:2~4)

이것이 집사들을 선택하게 된 이유이다. 그러나 이들 일곱 집사의 역할에 특별히 새로운 것이 있는가? 암스트롬에 의하면 이 질문에 대한 답은 '아니오'이다. 왜냐하면 기능의 분리는 그 일을 직무로 만들기 때문이다.[25] 집사의 선택 이전에는 가난한 사람들을 돌보고 먹을 것을 준비하는 일을 포함한 모든 일이 사도들에 의해서 수행되었다. 그러나 효과적인 목회를 위해서 사도들의 기능은 하나님의 말씀을 전하는 일과 무리를 돌보는 일로 분리되었다. 이것은 발전적인 행정의 과정이고 직무가 세분화되기 시작한 것을 의미한다. 동시에 이것은 세상에 복음을 선포하는 데 좀 더 효과적인 것이다.

4) 바울

고린도후서 8~9장에서 바울은 고린도 교인들에게 예루살렘 교회 교인들의 가난을 구제하기 위해서 헌금할 것을 강하게 주장한다. 성공적인 모금은 유대인과 이방인 그리스도인들을 형제애로 연결하는 것을 돕기 때문에 이 일의 성공은 바울의 목회에서 매우 중요한 것이었다. 리(Lee)에 따르면 고린도후서 8~9

장의 일을 통하여 우리는 솔선하면서 동시에 헌금액 증대의 동기와 지시를 제공하는 지도자로서의 바울의 역할을 추측할 수 있다. 바울은 미래를 예측하고 돌보며 전체적인 일을 계획했다. 바울은 적절한 때에 그의 편지와 함께 디도를 보냈다. 그는 자신이 고린도를 방문하기 전에 그들이 약속한 은사를 준비시킬 것을 계획했다(고후 9:5). "바울은 조직과 조정을 잘했다. 바울은 설교가, 교사, 그리고 복음 전도자였다. 그러나 그는 또한 교회와 무리 사이를 감독하기도 하였다."[26] 바울이 더 효과적인 목회를 위하여 행정적인 방법과 기술을 사용했다는 것은 명백하다. 인도, 계획, 조직, 조정 등의 모든 것은 행정 과정의 근본적인 요소이다.

고린도전서에는 행정적 결론을 이끌어내는 다른 좋은 예가 있다. 바울은 고린도 교회에 문제가 생겼음을 알고 편지를 보냈다. 교회의 문제는 교회 안에 분열(바울, 아볼로, 베드로 파, 그리스도 파)이 있고, 동료 그리스도인에 대한 소송, 우상에 바쳐진 음식을 먹는 것에 대한 질문, 그리고 교회 안의 질서에 관한 것이었다. 모든 문제는 당시의 다양한 지도자들 때문이었다. 그들은 하나님의 도구로서 사도로 부름 받은 사람들을 통하여 그들에게 전해진 복음의(하나님의 은사의) 본질을 오해하고 있었다. 그러므로 각 경우에 바울은 효과적으로 말했다. "각 지역 교회는 그리스도 안에서 주어진 전체 교회의 성격에 적합한 방식으로 움직여야 한다."[27] 동시에 바울은 특별한 행정적인 문제의 답변에 대해서 복음이 무엇인가, 그리고 교회는 어떠해야만 하는가에 대한 그들의 관심에 대해서만 적합하게 주어질 수 있다고 주장했다.[28]

3. 교회행정의 양극 원리

교회행정은 하나님, 교회 그리고 행정 간의 관계성 속에서 고려되어야 한다. 일반 행정에서는 하나님과 관련하여서는 생각지 않고 다만 조직과 기구에 대해서만 생각한다. 물론 우리는 교회를 조직 또는 기구로 다룰 수 있다. 그러나 하나님의 일하심이 없다면 교회는 이 세상에 존재할 수 없다. 이런 상황에서 린그렌은 하나님 중심, 사람 지향의 양극 원리로 교회행정에 접근할 것을 제안한다. 그는 설명하기를 양극과 음극이 연결되어야만 그 힘을 내는 건전지처럼, 교회행정은 교회의 선교의 근원과 생명으로서의 하나님을 아는 "하나님 중심"과 이 세상을 너무나 사랑하셔서 모든 사람이 그의 사랑을 알게 하기 위해 그의 아들을 보내신 하나님을 인식하는 "사람 지향"의 양극이 연결되어야 한다고 말한다.[29)]

그의 이러한 접근은 매우 중요하다. 왜냐하면 우리는 교회 안에서 하나님 중심 혹은 사람 중심으로 프로그램과 행정에 치우치는 것을 경험하기 때문이다. 그 결과로 우리는 프로그램 혹은 행정의 의미와 효과를 잃어버렸다. 그러므로 하나님 중심, 사람 지향의 이 양극 원리는 다음에 소개될 균형 있고 효과적인 교회행정의 기반이 된다.

이 부분은 린그렌(Alvin J. Lindgren)이 쓴 「*The Foundation for Purposeful Administration*」에 근거한다.[30)]

1) 교회행정은 하나님 중심적이다

교회의 본질과 범주를 생각해보면 교회는 분명 하나님의 것이다. 교회의 본질이 갖는 어떤 고유의 성질이 있다. 그것은 사람이 받아들여야만 하고 바꿀 수는 없는 성질이다. 역사적으로 교회가 하나님 중심적이 아닐 때 그것은 조직 중심적이 되었다. 이러한 일은 이미 중세시대에도 있었다. 오늘날 교회는 프로그램 중심 혹은 목회자 중심이 되려는 경향이 있다. 린그렌은 하나님 중심적인 교회행정을 위한 네 가지 요소를 제안한다.[31)]

첫째, 교회는 사람을 기쁘게 하기보다는 하나님을 기쁘시게 하기 위해 존재한다. 비록 교회가 항상 활동하고 있더라도 우리는 그것이 효과적이라고 말할 수 없다. 예를 들면, 설교가는 회중을 즐겁게 하고 기쁘게 하더라도 내용이 예언자적인 선포가 되지 못할 경우가 있다. 그 경우에 회중은 그 설교에 A학점을 주겠지만 하나님의 성적표에서는 F학점이다. 비록 사람들이 주일날 성소에 모여들거나 주중의 모임에 참석한다 하더라도 그것은 단지 활동적인 교회일 뿐이다. 그래서 린그렌은 "하나님 중심적인 행정에서는 사람들이 생동적으로 하나님과 관계를 가지는 것과 영적으로 그들을 강하게 하는 어떤 일이 일어나는가에 대한 관심이 출석통계나 위원회에 의한 깔끔한 프로그램의 실행보다 훨씬 더 중요하다."라고 주장한다.[32]

둘째, 교회행정에 대한 하나님 중심적인 접근에 있어서 주의 깊은 성경연구는 근본적인 것이다. 어떻게 교인들이 기독교의 신앙을 명백히 이해하고 그것에 대한 살아 있는 위임을 경험하는 데 동참할 수 있는가는 행정가의 가장 우선적인 관심들 중 하나이다. 교인들은 아마 목회자에 의한 성경연구, 단상에서의 생동감 넘치는 설교와 역동적인 예배, 기독교 교육, 기도와 친교 모임, 목양적 돌봄, 그리고 평신도 간증을 위해 잘 준비된 기회와 봉사를 통해서 여기에 동참할 수 있을 것이다.

셋째, 기본적으로 하나님과의 생동적인 관계를 수립해야 한다. 기독교 신앙의 의미는 하나님의 본질에 관한 지적인 이해를 가지는 것 그 이상이다. 그것은 하나님에 대한 개인적인 위탁과 개인적으로 그리스도를 주와 구원자로서 인정하는 것을 포함한다. 행정가로서의 목회자뿐 아니라 모든 회중에게 그리스도에 대한 개인적인 위임이 존재하는 것은 하나님 중심적인 교회행정에서 근본적인 것이다. 교회는 선교적이고 복음 전도적인 경험뿐 아니라 공적이고 또 개인적인 활력 있는 예배, 작은 친교 그룹, 계속적인 목양적 돌봄과 상담, 잘 준비된 봉사의 기회 등 많은 방법을 통해서 이 개인적인 위임을 수립하고 풍부하게 하여야 한다. 여기에 대해서 린그렌은 "그리스도인의 위임은 의미 있게 수립되고 보존되어야만 한다. 그리스도인의 위임은 시작은 있지만 끝은 없는 계속적인 경험으로 생각되어야만 한다."[33]라고 주장한다.

넷째, 선교와 복음 전도는 교회의 목적을 수행하는 것이다. 교회의 본질과 범주에서 보듯이, 교회는 하나님의 사랑을 모든 사람에게 전하기 위해서 하나님이 세우셨다. 선교와 복음 전도가 평신도 간증을 포함하고, 교회의 복음과 선교의 본질과 밀접한 관계가 있다는 것은 명백하다. 그는 "하나님 중심적인 교회행정은 교회를 포함한다."[34]라고 주장한다.

복음 전도의 새로운 경향은 통전적인 접근이다. 나이로비에서의 세계교회협의회(WCC) 5차 회의에서 교회의 선교의 윤곽을, 모든 교회는 모든 세계의 모든 사람에게 모든 복음을 가지고 간다는 구절로 표현했다.[35] 비록 통전적인 복음 전도에 대한 토론이 이 부분의 중심 주제는 아니더라도 모든 교회가 그의 선교에 참여해야만 한다는 것은 분명하다.

2) 교회행정은 사람 지향적이다

지금까지 교회는 하나님의 것이라는 사실을 살펴보았다. 동시에 교회는 사람을 위한 것이라는 사실도 살펴보았다. 교회에 대한 하나님의 목적은 사랑 안에서 계시를 말하고 행하게 하는 것이다. 나아가서 하나님은 사람에 대한 하나님의 사랑의 본질과 깊이를 우리에게 알게 하기 위하여 사람이 되셨다. 그리스도는 그의 가르침을 직접 기록하시지 않았지만, 그를 따르는 자들을 그의 증인으로 임명했다는 것은 매우 의미심장하다. 그는 오직 이 사람들을 통해서만이 하나님의 사랑의 의미가 그의 십자가를 통해서 나타나고 세상에 전해질 것이라는 것을 알고 있었다.

사람 지향적으로 접근하는 교회행정에서 교회의 중심적인 관심은 사람들이다. 이것은 교회생활에서 사람들에게 무슨 일이 일어나는가가 가장 중요하다는 의미이다. 그러므로 교회는 예배, 설교, 교육, 그룹 모임, 프로그램, 목양적 목회, 그리고 교회생활에서의 모든 다른 종류의 경험을 통하여 사람들에게 무슨 일이 일어나는지 관심을 가져야만 하다.

첫째, 프로그램과 행동은 그들의 적합한 관점 안에서 유지된다. 우선 이 원칙의 의미는 프로그램이 사람을 위해 있는 것이지 사람이 프로그램을 위해 있는 것은 아니라는 것이다. 더 중요한 것은 "프로그램에 무슨 일이 일어나는가?"가 아니라 "사람에게 무슨 일이 일어나는가?"이다. 교회가 프로그램을 계획하고 수행하는 유일한 이유는 그것으로 인해 사람들의 수준을 풍요하게 하도록 기여하는 것이다.

둘째, 사람 지향적 접근은 복음을 전달하는 방법으로서의 개인적인 관계성을 중요하게 강조한다. 린그렌은 복음의 핵심을 사랑이라고 이해했다. 이 사랑은 단지 인간에 의해서만 경험되며, 그 의미는 인간 상호 관계성 속에서 가장 잘 전달된다. 그래서 그는 "인간으로서의 목회자가 그의 행위(기능적인)나 말(문자적인)보다 더 중요하다."[36]라고 주장한다. 목회자들은 그들의 복음에 대한 해석을 그들이 가진 모든 관계성, 즉 개인적인 상담, 위원회나 그룹 모임, 예배의 설교, 사회적 접촉, 또는 모임에서 의장으로서의 기능 안에서 전달한다. 행정가는 교회의 모든 구성원을 목회자가 속해 있는 공동체에서 그들만의 문화와 공동체가 되도록 편입시키고 훈련시켜야만 한다. 왜냐하면 사람은 사랑을 전달하는 가장 효과적인 방법이기 때문이다. 이것이 교회가 세속 세계에 스며들 수 있는 실마리가 된다. 그러므로 그는 "아마 사회는 교회의 기구에 의해서가 아니라, 매일의 세속적, 사회적인 직장생활에서 그리스도인으로서 살아가는 교인들의 행위와 간증에 의해 구원될 것이다. 여기에서 실제로 세계를 변화시키는 결론이 만들어진다."라고 강조한다.[37]

셋째, 이 개념은 교회생활에서 목양적 돌봄과 상호 인간관계의 중요성을 부각시킨다. 인간 지향적인 교회행정의 개념에서 목양적 돌봄은 목회에 너무나 중요하다. 왜냐하면 그것을 통해서 목회자는 사람들과 일 대 일로 얼굴을 마주보는 관계를 가지기 때문이다. 이 관계성은 기독교의 신앙의 의미에 대한 해석의 흐름과 운동을 창조할 것이다. 이것은 사랑의 복음과도 관계된다. 목양적 돌봄의 중요한 경험을 통하여 목회자는 회중을 이해하게 되고, 그래서 사람들은 적절한 태도와 방법을 선택할 수 있다. 인간 지향적 행정을 수행하는 데는 훈련이 필요하다. 기독교 복음에 대한 바른 이해, 인격적 역동성에 대한 분명한 통찰, 목회자 자신의 장단점에 대한 자기 성찰, 그리고 사람을 다루는 데 대한 임상 경험을 가질 수 있어야 한다.

넷째, 그룹 모임에서의 속죄의 기회에 대한 기만함이다. 현명한 행정가는 사람들이 교회의 다양한 모임에 참여하는 것과 같은 사람들에게서 일어나는 일들에 항상 주의를 기울인다. 이 경계로 인해서 행정가는 교회생활에 더 효과적이고 풍부한 그룹 경험을 만들어내는 일을 할 수 있다. 다른 말로 하면 행정가는 교회의 프로그램과 그룹생활을 통하여 사람들에게 무슨 일이 일어나는지 관심을 가져야만 한다.

교회행정은 청지기직, 또한 하나님의 은사의 하나로 이해된다. 나아가서 행정은 목회를 좀 더 효과적으로 하기 위해 구약과 신약의 하나님의 사람들에 의해서 구체화되었다. 마지막 원칙 중의 하나는 린그렌에 의해 소개된 교회행정에 대한 하나님 중심적, 사람 지향적 접근(양극 원리)이다. 그의 원리는 행정가로서의 목회자에게뿐 아니라 교회행정의 어떤 체계에서도 중요한 전제이다.

3장 교회에서의 행정

제1절 일반적인 이해

리(Harris Lee)는 교회의 행정에 대해 다음과 같이 설명하고 있다.[1]

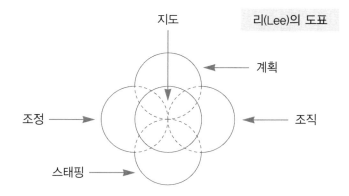

리(Lee)의 도표

지도

계획

조정

조직

스태핑

1. 지도하는 일(Leading)

행정의 총괄적인 기능은 바로 지도하는 일이다. 위의 그림에서 볼 수 있듯이 지도하는 일은 독립된 것이 아니라 계획하는 일, 조직하는 일, 인력 확보, 그리고 협력하는 일과 모든 면과 겹치는 부분이다. 사람들이 개인이나 그룹의 목표를 성취하도록 사람들에게 영향을 끼치는 기술이 지도하는 일이다.

2. 계획하는 일(Planning)

계획은 미래에 대한 방향을 설정하는 것으로 필요한 것에 대한 평가, 목표의 설정, 우선순위의 결정, 정책 실현 과정, 그리고 점검, 또는 평가를 포함한다.

3. 조직하는 일(Organizing)

조직하는 일은 계획을 이루기 위해서 그룹을 구성하고 거기에 책임과 권한을 부여하여 신뢰를 갖고 그 조직이나 사람으로 하여금 직무를 수행하게 하는 일이다. 건물로 비유하면 골격이 바로 조직이다. 여기에서 중요한 것은 책임 영역의 설정, 권위의 위임, 명백한 상호 관계성, 그리고 실시에 대한 책임을 다루는 것이다.

4. 인력 확보(Staffing)

인력 확보는 일을 위해서 능력 있는 사람을 선발하여 훈련시키고 그 사람에게 새로운 소양을 개발시키는 것이다. 다시 말해서 스태핑은 일이 요구하는 인원의 공급, 교육 그리고 기술 연마를 포함한다.

5. 협력하는 일(조정, Coordinating)

협력하는 일은 작업의 동시성과 조화, 그리고 일의 중복을 막아 작업 효과를 극대화하는 것이다. 교회 안에서 목회는 여러 분야에서 얽히고설켜 복잡한 문제가 야기할 때, 그것을 풀어서 교통정리하는 것이 조정하는 일이다.

제2절 행정의 실제적 단계

다른 행정에서와 마찬가지로 교회행정에서도 행정 책임자는 그가 가고자 하는 목적지를 알아야 할 뿐 아니라, 그곳에 가는 방법도 알아야 한다. 사람들이 공동 목표를 달성하려고 노력할 때마다 기구 조직의 절차가 필요하다. 그것은 모든 자원과 지도력을 동원해서 각기 그 목적 달성에 기여할 수 있도록 하기 위해서이다. 교회가 커지면 커질수록 문화적이고 사회적인 구조는 복잡해질 수밖에 없다. 그럴수록 교회행정가는 기본 목표 달성을 위해 모든 활동을 포괄적으로 조정하는 절차에 관해서 이해하고 있어야 한다. 이제 모든 자원과 활동을 조정하는 행정적인 절차를 검토해보기로 하자.

교회행정을 하는 사람들은 아래와 같은 많은 일, 즉 설교, 목회, 예배, 기독교교육, 온갖 종류의 모임, 당회의 결정, 프로그램과 그 위원회, 평신도의 증언(전도), 재정, 교회의 대외적인 사업, 지역사회 문제, 교회 안팎의 인간관계, 그 밖의 잡다한 일에 관여한다. 교회행정을 하는 사람은 이런 무수한 활동을 잘 연결시켜서 이런 활동이 서로 목적을 이루는 데 도움이 되도록 조성해간다.

이런 모든 절차를 행정 과정에 적용하는 데는 유의해야 할 점이 있다. 모든 아이디어와 방법을 채택하는 기준은 교회의 본질에 의해서 결정되고, 앞에서 논술한 바 있는 하나님 중심적이요 인간 지향적인 교회행정의 개념에 의해서 결정되어야 한다는 것이다.

학자들에 따라서 행정의 정의는 약간씩 다르지만, 의미는 같다. 최소한 행정은 이런 요소들을 포함한다.

1. 분명한 목표

목표란 지향하는 바를 나타내는 것으로 질적인 것을 말한다. 또한 목표란 교회가 도달할 수 있는 가장 높은 단계의 표현으로서 교회행정이 이룩하고자 하는 바람직한 미래의 상태를 의미한다.

폴 비트(Paul Vieth)는 목표를 "주어진 과정에서 얻기를 기대하는 결과의 설명"이라고 하였다. 그의 정의에서 목표는 이미 설정해둔 것, 성취의 가능성을 말한다. 하우지(W. Howse)는 "우리의 일에서 얻기를 원하는 단순한 설명이 목표이다. 목표란 우리가 노력하는 방향을 향해 나아가도록 하는 지속적인 표적이다. 그리고 목표란 우리가 그것 때문에 존재하고 그것을 위해 나아가는 본질적인 일들을 선택하도록 지시해준다."라고 하였다. 이에 대해 찰스 티디웰(Charles Tidwell)은 "교회가 그의 에너지를 추구하고 있는 궁극적 목적의 설명"이라고 목표를 정의하였다. 그런 의미에서 목표는 하나님께서 그 교회로 하여금 어떤 교회가 되기를 원하시는가 하는 것을 이해하는 방편이며, 성도 한 사람 한 사람이 그들이 누구이며 또 누구이기를 바라는가 하는 것을 그들의 행동을 통하여 동일화시키는 개념이다.[2]

그렇기 때문에 목표는 우선 개인적인 것이든 조직적인 것이든 목표와 목적이 행정의 기능을 통해서 발견되고 명백해져야 한다. 목표를 분명하게 하기 위해서는 교회의 본질과 사명을 언제나 분명하게 인식해야 한다. 뿐만 아니라 교회의 모든 문제를 모든 교인이 함께 인식하도록 해야 한다. 다시 말해서 한 집단의 중심 목적과 관련해서 정말 필요한 것이 무엇인지를 알아내야만 한다. 행정가로서 꼭 해야 할 일이 있다고 생각할 때마다 그의 우선적인 관심은 그 일이 정말 필요한 일인가를 평가하는 것이다. 즉 하나님 중심적이고 인간 지향적인 행정의 개념이 교회가 해야 할 일의 정당성을 측정하는 기준이 될 것이다. 현명한 행정가는 해야 할 일에 대한 예비적인 평가에서도 교회의 관심 있는 평신도 그룹을 참여시킬 것이다.

또한 행정은 혼자 하는 것이 아니라 더불어 하는 것임을 분명히 알아야 한다. 목표를 분명하게 하는 단계에서는 교회의 모든 문제를 교인들이 인식하고 있어야 한다. 이 단계에서 꼭 우리가 확인해야 할 것이 있는데, 그것은 목회자가 가지고 있는 목회철학과 목회원칙이 무엇인가를 교인들에게 분명히 알려주어야 한다는 것이다. "우리 목사님은 어떤 목회철학과 어떤 목회원칙을 가지고 목회하시는 분인가?"를 공유해야 한다. 그럴 때 참여가 일어나고 참여 속에서 변화가 일어난다.

목회자로서 예배, 설교, 기독교 교육, 친교, 목회를 통해서 기독교 신앙과 교회의 본질의 참 의미를 교인들 앞에서 분명하고 줄기차게 주장해온 사람은 많은 교인들이 교회의 구체적인 문제가 무엇인지를 쉽게 인식할 수 있다는 사실을 발견하게 된다. 어떤 구체적인 문제에 대해서든 교인들을 인식시키는 가장 건전한 방법은 교인 한 사람 한 사람의 신앙생활을 돈독하게 해주는 것이다. 결국 평신도에게 교회의 기본적인 문제가 무엇인지를 재빨리 이해시키려는 현명한 교회행정가는 자기 교회 교인의 신앙 상태에 대해서 꾸준한 관심을 가져야 한다.

2. 계획

행정 절차의 두 번째 단계는 모두가 인정하는 문제를 어떻게 해결할 것인지를 구체적으로 계획하는 것이다. 계획이란 경영의 기능이며 지도자의 중요한 과제 중 하나로서 조직체의 구성원들이 원하는 바의 미래를 창조하도록 돕는 일이다. 계획이란 미래에 초점을 둔다. 계획이란 '지금'에서 '미래의 어느 때'로 옮기려는 시도요, '현재의 상태'에서 '마땅히 되어야 할 상태'로 변화시키려는 의도이다. 즉, 계획이란 사람들로 하여금 그들의 가치관과 비전에 부합되는 미래를 창조하도록 허락하는 것이다.

그 계획이 잘 되기 위해서는 결국 소위원회의 손을 거치지 않을 수 없지만, 처음 단계에서는 가급적 많은 사람에게 기회를 주어 제안을 받는 것이 좋다. 교회는 제사장들의 공동체이기 때문에 모든 사람의 착상과 통찰력을 필요로 한다. 교회 전체의 사역을 위한 최선의 계획과 전략을 교인들 스스로 마련하도록 해야 한다.

최근에 와서 많은 교회들이 예산을 세우기 전에 프로그램을 계획하는 일에 전체 교인이 참여할 수 있는 기회를 부여하고 있다. 어떤 교회에서는 교회가 어떤 일을 해야 하는지를 묻는 설문지를 전 교인에게 보낸다. 또 다른 교회에서는 속회를 열어서 교인들로 하여금 교회 사역을 논의하고 그것을 개선할 방도를 찾아보게 하는 곳도 있다. 결국 그것들이 제안, 수집되어 위원회의 최종 결정에 뒷받침이 되고 있다. 이렇게 프로그램을 계획하는 과정에 교인을 가담시키는 일은 나중에 그런 프로그램을 위한 예산을 책정하고 후원을 요청할 때 보다 적극적인 지지와 후원을 받는 결과를 가져온다.

만일 교인들이 자기네 교회가 해야 할 일을 발견하는 데 동참했다면, 그 해결책을 강구하는 데서도 건설적인 제안을 하게 마련이다. 나아가서 그 계획을 수립하는 일에 가담한 사람들이 뒤에 그 일을 실천에 옮기는 데서도 남다른 관심을 가지고 협력을 아끼지 않을 것이다.

그리고 계획의 기능에는 정책, 프로그램, 우선순위, 절차의 선택과 그것을 성취하기 위한 자원과 방법의 발견이 포함된다. 성전을 건축하는 과정을 예로 들어보자. 첫 번째, 성전건축을 위한 계획을 할 때 먼저 정책수립 과정에서는 왜 성전을 건축해야 되는가, 언제부터 성전건축을 시작해야 하는가, 얼마 동안 성전을 지을 것인가, 어느 장소에다 성전을 지을 것인가 이런 토론의 과정이 바로 정책수립 단계에서 논의되어야 한다.

두 번째는 성전건축을 위한 프로그램이다. 예를 들어 기도회를 하고, 어떤 체험을 한 사람들의 간증을 듣고, 잘 지어진 교회를 방문하고, 성전건축 기금을 위한 바자회를 준비하고, 또는 선교회별로 간담회를 통해서 그들의 의견을 청취한다. 건축을 위한 신앙의 열심을 돋우기 위해서 부흥회를 한다. 이런 여러 가지가 바로 공동인식을 갖게 하기 위한 프로그램이다.

세 번째는 이러한 여러 가지 프로그램 가운데 어떤 것을 먼저 할 것인가라는 우선순위에 대한 논의가 필요하다. 먼저 강조하고 싶은 것은 성전건축에 대한 인식이다. 예를 들어 성전건축을 위해서는 마음에 먼저 성전을 지어야 된다는 이야기가 있다. 먼저 마음속에 성전건축에 대한 신앙적인 열망이 앞서야 된다는 의미이다.

네 번째는 진행과정이다. 여기서는 모든 진행상황에 대한 계획과 점검이 필요하다.

다섯 번째는 자원에 대한 것이다. 인적 자원은 전문지식이 있는 사람, 경험이 있는 사람, 신앙이 있는 사람인데, 이러한 것 중에서도 잊지 말아야 할 것은 전문지식이 있는 사람이다. 물적인 자원은 어떻게 동원할 것인가? 이런 것이 바로 자원을 결정한다.

여섯 번째, 자원 동원 방법 등 모든 분야에서 보충해야 할 구체적인 방법들을 세부적으로 마련하는 것이다.

3. 조직과 시행

행정의 세 번째 단계는 조직하는 일이다. 교인들로 하여금 수집한 사업계획을 추진케 하기 위해서 모든 활동을 통합하여 준비하도록 조직하는 일이다. '조직'이란 용어를 한마디로 정의하면, "이루어진 일을 획득하려는 사람들의 방법"이라고 할 수 있다.

훌륭한 조직은 다음과 같은 장점을 가지고 있다. 첫째, 일 부담을 분배한다. 둘째, 조직이 속한 곳에 책임의식을 부과한다. 셋째, 혼란을 감소시킨다. 넷째, 노력의 불필요한 중복을 피할 수 있게 해준다. 이와 같은 훌륭한 조직이 되기 위해서는 다음과 같은 일들이 준비되어야 한다. 첫째, 교회의 신학을 반영해주어야 한다. 둘째, 분명하게 설정된 목표들로 이끌어나가고 있어야 한다. 셋째, 가능한 한 거의 간소화되어 있어야 한다. 넷째, 유연성이 있어야 한다. 다섯째, 비슷한 일들을 함께 모아 그룹을 형성해야 한다. 여섯째, 권위와 책임 간에 조화를 이루어야 한다. 일곱째, 분명한 지침들을 설정해야 한다. 여덟째, 회중의 권위를 분명하게 밝혀주어야 한다.[3]

조직하는 단계에서 필요한 것은 그 사업계획에 관한 구체적인 지식과, 그 계획과 교회의 기본적인 목적과의 관계에 대한 충분한 이해이다. 조직의 실제적인 정도와 형태는 사업의 종류에 따라 차이가 아주 클 수 있다. 가령 친교 그룹을 조직하는 것과 교회 교육관 건축을 위해서 건축위원회를 조직하는 것과는 전혀 다른 성격의 것이다.

그리고 조직의 행정적 기능을 통하여 사람들은 서로를 조정하고 목표를 성취하기 위하여 체계의 자원을 투입한다. 이 기능은 일의 내용을 기술하고, 관계와 그에 따른 책임을 명백히 하며 권위를 위임한다. 그리고 적합한 사람을 선택하고 그들의 기술을 훈련, 개발한다. 마지막으로 이 기능은 다양한 다른 체계 또는 전체 조직 체계 간에 상호 연결을 제공한다.

조직과 시행에 대해서 좀 더 구체적으로 알아보자. 첫째는 업무분담이다. 사람이 많으면 업무분담을 해야 한다. 그 다음에는 관계와 책임의 한계를 분명히 해야 한다. 조직과 조직, 이 업무와 다른 업무의 관계, 책임의 한계 이런 것들을 분명히 해야 한다. 이 단계에서 임무와 권한을 부여한다. 책임을 할당하면서 권한을 부여해주지 않는 경우가 많이 있다. 흔히 있는 목회자들의 모순이기도 하다. 특별히 장로, 권사, 집사에게 책임을 묻는 경우는 많으면서 그 사람들이 일을 스스로 할 수 있는 권한을 주는 경우는 드물다. 책임을 묻기 위해서는 권한을 주어야 한다. 다음에는 조직을 구성한 다음 인원을 선정하여 그 일을 할 수 있도록 훈련을 시키는 것이다. 이 일을 이루기 위해서 필요한 기술을 개발하고, 그 다음에는 다른 조직과 전체 조직들과의 관계를 분명히 해야 한다. 마지막으로 이 단계에서 시행의 책임은 누구에게 있는가도 분명히 하고 넘어가야 한다.

이제 조직하는 일이 끝나면 그 사업계획을 실천에 옮길 단계에 이른 것이다. 실천에 옮기는 단계에서 행정 책임자의 중요한 역할은 이미 계획하고 조직한 사업 활동에 대한 반응을 촉진하는 일이다. 어떤 행정가는 프로그램을 맡은 사람에게 압력을 가하면서까지 좋은 결과를 가져오는 일에만 신경을 쓴다. 이것은 결코 바람직하지 못하다. 프로그램의 결과에만 초점을 맞추다가 그 일을 하는 사람들의 인간적인 성장에 대한 관심은 무시해 버리거나 등한시해 버릴 염려가 있기 때문이다.

4. 조정과 통제

조정과 통제 부분에서 점검해야 할 것은 계획과 조직에 의해서 잘 진행되고 있는가, 즉 업무추진이 잘 되고 있는가를 점검하는 것이다. 또 다른 조직과 갈등을 일으키지 않는가, 구성원들이 제 기능을 발휘하고 있는가를 점검하는 것이다. 마라톤 선수도 처음부터 끝까지 똑같은 속도로 한숨에 뛰지는 않는다. 그래서 선수는 경기 전 나름으로 계획을 세운다. 어느 지점까지는 어느 정도 스피드를 내고 어느 부분에서 어떻게 스피드를 낸다는 계획 속에서 달리는 것이다. 만약 이런 것이 없이 달린다면 결국은 실패하고 만다. 마찬가지로 지도자는 항상 이러한 것들이 정상적으로 잘 진행되고 있는가를 점검해야 한다.

따라서 다양한 조직 체계들이 계획을 일정하게 수행할 수 있도록 하기 위해서는 근본적으로 이 기능이 필요하다. 이 기능은 주변 체계와 전체 조직 체계의 목표와 계획을 성취하는 데 관계된 일의 측정과 수정을 포함한다.

5. 평가와 대화

행정 과정의 마지막 절차는 이루어진 일을 평가하는 것이다. 다만 토의 목적을 위해서 마지막 절차라고 했지만, 모든 과정은 다음의 표와 같이 서로 상호적인 관계로 이루어져야 한다. 지금까지 언급한 다른 행정 절차는 시기적인 순위에 따른 것이다. 그러나 평가만은 계속적인 절차이다. 그것은 행정 절차의 각 단계마다 이루어져야 할 것이다. 무엇을 생각하든지 그것이 교회의 선교적인 사명을 다하는 데 무슨 공헌을 할 수 있으며, 동시에 그것이 교회 주변 형편에 얼마나 가능성이 있는지를 고려하면서 평가해야 한다. 계획이 수립되고 그 계획 추진을 위해서 조직이 갖추어지면서 그 일에 종사하는 사람들에 의한 평가가 늘 계속되어야 한다. 교인들이 그 일에 동참하려고 하는지 안 하는지도 평가의 한 형태일 수 있다. 그러기 위해서는 먼저 의견을 모아 자유롭게 평가할 수 있는 분위기가 조성되어야 한다. 계획을 추진하면서 많은 사람들이 평가 과정에 참여하면 할수록 좋은 결과를 예측할 수 있다.

교회생활의 모든 국면에 관한 계속적인 평가는 행정을 맡은 사람의 근본적인 책임이다. 교회 개념의 분명한 이해와 그것에 근거한 하나님 중심적이요, 인간 지향적인 교회행정의 개념을 가지고서 어떤 제안이든지 그것이 타당한가의 여부를 측정할 수 있다. 또한 교회행정가는 교인들이 어떤 방법과 방편이 옳고 그른지를 판단할 수 있도록 도와주어야 한다. 그리고 보통 평가를 하면 적어도 세 그룹-첫 번째는 계획을 입안했던 사람, 두 번째는 계획을 실행했던 사람, 세 번째는 그 프로그램에 참여했던 사람들-이 참여해야 된다.

또한 행정 책임자가 알아야 할 것은 교인들이 참여하도록 동기를 부여하는 다른 하나의 중요한 요인은 분명하고 효과적인 의사소통이라는 점이다. 의사 소통을 잘못하거나 분명치 못하면 아무리 좋은 발상도 방해물이 될 수 있다. 의사소통에는 세 종류가 있는데, 그것은 '아래로', '위로', 그리고 '옆으로' 이다. 행정가는 자기의 지도를 받은 사람들에게 자기 메시지를 이해하고 받아들이도록 의사를 전달하지 않으면 안 된다. 마찬가지로 사업 일선에서 일하는 사람들로부터 행정가에게 오는 의사전달도 똑똑하고 분명하지 않으면 안 된다. 행정가는 잘 들어주는 사람이어야 한다. 행정가는 말을 잘해서 좋은 프로그램을 추진할 수 있어야 하며, 또한 경청함으로 계획을 추진해나갈 수 있는 사람이라야 한다. 또한 행동에 옮기도록 동기를 부여하는 데 교인 상호간의 폭넓은 대화를 통해서 의사가 전달되어야 한다. 특히 이 단계에서 평가와 대화의 기능은 이루어진 것을 확인하고, 계획의 다음 단계를 위한 정보를 교환하는 것이다. 아래의 도표는 위의 행정적 요소들의 상호 관계성을 표현한 것이다.

4장 교회관리

행정과 관리의 차이는 무엇인가? 영어로 하면 'Administration' 과 'Management' 이다. 어떤 경우는 행정이 관리보다 폭넓은 개념으로 쓰인다. 미국에서도 마찬가지다. 어떤 때에는 행정과 관리가 아무런 차이 없이 사용되는 경우도 있다. 그런데 한국에서의 개념은 어떠한가? 필자가 느끼는 것은 행정의 개념이 관리의 개념보다는 상위개념이며, 보다 폭넓은 개념이다.

제1절 교회 관리의 원리들

행정에 대한 기본 인식은 단순히 일을 이루기 위한 것이 아니라 사람들과 더불어 사람들을 위해 일하는 것이다. 이러한 전제 아래 여기에서는 교회 관리를 위한 원리를 일곱 가지 단계로 서술하고자 한다.[1]

1. 목표 설정(Setting Objectives)

목표가 없으면 방황하게 된다. 요즈음 출판된 목회에 대한 책을 보면 의도적인 목회(intentional ministry)란 용어를 많이 보게 된다. 의도적인 목회라는 표현은 목회가 의도와 방향을 가지고 나가야 된다는 것을 뜻한다.

목표는 세 가지 조건이 충족되어야 한다. 첫째, 목표는 글로 기록되어 (written) 문서화되어야 한다. 둘째, 누가 그 목표를 읽어도 똑같이 인식할 수 있 도록 분명해야(clarified) 한다. 셋째, 구성원들과 함께 토론하여 정한 목표여야 한다. 행정은 함께 일한다는 기본 인식에서 출발한다. 교회를 위해서 교인과 함께 만든 목표라면 교인 전체가 같은 인식을 가지고 목표를 이루어야 되기 때 문에 반드시 토론의 과정을 거친(debated) 목표여야 한다.

또한 목표는 다음 세 가지 성격이 충족되어야 한다. 첫째, 다다를 수 있는, 이 룰 수(reach) 있는 목표여야 하고, 둘째는 구성원이 알 수 있도록 가르칠 수(teach) 있어야 하며, 셋째는 만질 수(touch) 있는 구체적인 것이어야 한다. 이 목표에 포 함되는 방향(Direction), 목적(Goal)과 선교선언(Statement of Mission)이 있어야 한다.

2. 일체감(Unity)

목표 성취를 위해서는 조직의 구성원과 함께 일해야 한다. 다시 말해서 목 표 성취와 문제 해결을 위해서 관리자는 그것을 모든 사람에게 인식시키고 필 요한 그룹을 만들어서 같이 일해야 하는데, 이것이 일체감이다.

행정가로서 훌륭한 지도자는 필요한 일자리에 그 일에 맞는 사람을 배치할 수 있는 식견과 또 훈련시켜 그 분야에 배치하는 역량과 지도력을 갖춘 사람이 다. 서두에서 말한 것처럼 교회행정은 정원사와 마찬가지다. 그냥 깔려 있으면 아무것에도 쓸모없는 자연이지만 다듬고 가꾸면 아름다운 하나의 작품이 되듯 이, 교회지도자나 교회행정가가 교인들 개개인에의 자질을 갈고 닦아서 조화 있게 잘 배치해야 한다. 그것이 최고의 지도력인 것이다. 그러기 위해서는 다 듬을 줄 아는 지혜와 조화를 이룰 줄 아는 감각이 있어야 한다.

3. 단순 간결(Simplicity)

여기에서는 첫 번째는 과업(Tasks), 두 번째 할당된 임무(Assignment), 세 번째 책임의 위임들(Delegation of Responsibilities)이다. 교회 조직이 혼란스러우면 당연히 비효과적일 수밖에 없다. 조직이 가지고 있는 업무, 해야 할 일, 책임 등 이런 것들은 분명하게 이해할 수 있도록 단순 간결해야 된다.

4. 사람들(The People)

사람이 없으면 교회도 없다. 성경 말씀에 "두 사람 혹은 세 사람이 내 이름으로 모이는 곳에 내가 너희와 함께 하리라."는 말씀이 있다. 교회의 온 회중 – 목회자, 유급직원(staff), 교인들 –이 함께 일해야 한다. 함께 일한다는 것은 똑같이 일한다는 것이 아니다. 관리자가 부여한 책임을 다하는 것을 말하는 것이다.

지도자로서 목회자의 역할은 힘 있는 교회를 이루기 위해서 목회자와 유급직원들이 알맞은 훈련, 그리고 프로그램을 관리하고, 업무를 수행하는 이런 일들을 통해서 결과를 산출해내는 것이다.

5. 위임(Delegation)

목회자가 다른 사람들에게 권위를 위임하지 않으면 효과적으로 교회를 관리할 수 없다. 각 위원회의 기관, 부서의 책임을 묻기 위해서는 기관과 부서가 권위를 갖고 명령하고 결정하고 행동할 수 있는 권한을 위임받아야 한다. 목회자의 목회적인 승인이 없이는 아무것도 결정할 수 없는 위원회와 기관은 아무 일도 할 수 없다.

그러면 목회자가 위원회와 기관에게 많은 것을 위임하게 되면 어떻게 목회자가 관여할 수 있겠는가? 네 가지 방법이 있다.

첫째, 연초에 전반적인 목회 계획을 통해서 할 수 있도록 한다.

둘째, 자원(resource) 제공이다. 자원을 제공하고 방향을 제시하는 것이다. 예를 들어 해외선교위원회에서 해외선교사 파송에 대해 논의할 경우 해외선교사 파송에 대해서 1차적인 결정은 해외선교위원회에서 해야 한다. 그렇다면 해외

선교위원회가 해외선교사 파송에 대해서 전문적인 지식이 있는가? 그렇지 못하다. 그럴 때, 목회자가 그 위원회에서 결정할 수 있도록 자료를 주는 것이다.

셋째, 결정단계에서 자문에 응하고, 자문하지 않을 때에는 목회자가 문의한다. 그렇게 해서 결정의 방향을 유도해야 한다.

넷째, 최종결정에는 그냥 따르는 것이 좋다. 최종적으로 목회자의 마음에 만족하지 않은 결정이라도 그냥 따르는 것이 좋다. 왜냐하면 시행착오를 통해서 자기들의 문제와 한계도 알고 목회자의 중요성도 깨닫게 되기 때문이다. 그러므로 너무 조급하게 생각하지 말아야 한다.

6. 감독, 지휘(Supervision)

목회자는 위임한 사항을 감독, 지휘한다. 이는 위임해놓고 내버려두는 것이 아니다. 위임한 사람에게 부여된 임무가 계획된 시간과 일정에 따라 정확히 이뤄질 수 있도록 위임한 사항을 감독하고 지휘하는 것이다. 목표와 위임사항, 그리고 진행상황을 정확히 감독, 지휘하지 않으면 무능한 지도자가 될 수밖에 없다. 이러한 일을 계속적으로 추진할 수 있도록 해주는 것이 바로 감독하고 지휘하는 일이다

7. 통제(Control)

많은 목회자들이 안고 있는 문제 중의 하나는 너무 많은 사람, 너무 많은 직원, 너무 많은 기관과 부서를 감독하고 지휘하려고 한다는 점이다. 어떤 것은 교회 공식 기구에서, 어떤 것은 교회의 기본적인 성격에서, 어떤 것은 교회 목회자의 기술과 역량에 의해서, 어떤 것은 전결사항으로 처리해야 하는데, 모든 것을 자기 혼자서 처리하려다 보니 비능률적이고 상호 협조가 잘 이루어지지 않는 것이다.

예를 들면 각 선교회의 활동에는 큰 범위에 대한 통합 조정이 필요하다. 작

은 것은 스스로 할 수 있도록 해야 한다. 한 선교회가 단독으로 활동하면 규모나 질적인 면에서 작은 일밖에 할 수 없지만, 똑같은 성격의 일을 취합하면 큰일을 할 수 있으므로 그런 것을 통합, 조정하는 것이 지도력이다. 이것이 모세의 방법이요, 성서적인 방법이다.

제2절 효과적인 행정을 위한 기본적인 기술들

여기서는 티드웰(Tidwell)의 「교회행정-목회를 위한 효과적인 지도력」에 나타난 행정의 기본적인 기술들을 정리해본다.[2]

지도자는 회중을 움직이고 회중은 지도자들에 의해서 움직인다. 집단은 그들이 바라는 방법과 기구들을 요구한다. 흔히 조직은 한 곳에 머물러 시간적으로, 공간적으로 정체해 있기를 원하지만, 지도자는 그가 속해 있는 조직이 적극적으로 활동하기를 요구한다. 성서에 이러한 상황에 알맞은 비유가 있다. "눈먼 사람이 눈먼 사람을 인도할 수 있느냐? 둘이 다 구덩이에 빠지지 않겠느냐?"(눅 6:39)

이 장에서 다루는 중요한 개념은 지도자의 중요성, 지도력의 기본적인 기술, 지도자의 능력의 근원 등이다.

1. 지도자의 중요성

지도자는 원래부터 지도자로 태어나는 것은 아니다. 다만 그들이 맡은 지위가 요구하는 지도자가 되어가는 것이다.

첫째, 지도력은 생각과 일(Thought & Work)을 요구한다. 물론 지도력을 타고나는 사람도 있지만, 지도자의 지도력은 대부분 우연히 생겨나는 것이 아니라 자신의 위치에서 열심히 생각하고 일할 때 생겨난다. 진정한 지도력은 대체로 의도적인 사고와 일의 결과로 나타난다.

둘째, 교회는 지도자와 지도력을 요구하고 있다. 교회에는 지도자와 지도력이 필요하다. 두 가지 모두 가치 있고 필요하다. 하나님은 그의 교회의 존재하심과 그의 능력과 원천들과 함께 그의 지도력을 약속하셨다. 그가 베푸신 자원(재원)은 인도(지도)할 인간이다. 이들 백성들 자체가 교회에 주신 그분의 선물이다. 그리고 그들이 심은 선물은 스스로의 선물로 나타난다.

셋째, 지도자들은 제자를 얻어야 한다. 그들의 위치(지위)에의 도달은 제자에 의해 동반되거나 곧 따라져야 한다. 지도자란 제자들을 둔 자이다. 이러한 단순한 사실을 피할 수 없다. 제자 없는 지도자는 없다. 그리고 지도력은 제자를 얻어내는 것이다. 확실히 모든 교회에서는 한 지도자에 의해 교회의 성도들이 격려를 받는다.

2. 지도력의 기본적인 기술

기술은 자기의 지식을 유효하게 사용하는 능력이다. 그것은 기술적인 진보숙달을 의미한다. 발전되거나 습득한 능력을 일으킨다. 그래서 훈련 교육이 지도자들에게 차이를 낳는다는 것은 자명하다. 누구에게나 발전시키거나 어떤 능력을 취득할 수 있는 지도자 기술이 있다.

1) 계획 수립(Planning)

계획 수립은 효과적인 지도력을 위한 가장 기초적이고 본질적인 기술이다. 계획 수립의 과정은 가정(assumption), 정보수집, 가능한 문제들을 정의하고 기술(describing)하는 단계를 거쳐 해결 방안을 모색하는 것이다. 계획 수립 단계에서는 지도자 자신의 활동 가능성과 모임이 요구하는 활동 사이에 균형을 유지해야 한다. 그리고 그 계획 수립 시에 다른 회원들과 더불어 일하는 방법을 배워야 한다.

예를 들어 수련회 계획을 수립할 경우 먼저 수련회에 대하여 머릿속에 가정한다. 그 다음은 이 가정한 것을 이루기 위해서 정보를 수집한다. 다른 교회 또는 여러 자료를 통해서 여러 가지 정보를 수집하고, 정보를 수집한 다음에는 발생 가능한 문제를 분석한다. 그런 정보를 수집해서 우리 교회에 도입했을 때 어떤 문제들이 생기겠는지 그 발생 가능한 문제를 분석하고, 그 다음이 해결을 위한 선택이다. 그 문제를 해결하기 위해서 우리가 어떤 것을 선택할 수 있는가? 그 다음 단계는 결정이다. 이때 미래에 대한 안목을 가지고 결정해야 한다.

2) 착수(Initiating)

계획이 수립되었으면 실행하는 기술이 필요하다. 행정가는 계획을 효과적으로 실행할 가장 최선의 방법을 결정하고 실행해야 한다. 이것은 준비된 계획을 차질 없이 시작하는 기술이다. 아무리 좋은 계획이라도 실제적으로 정확하게 이행되지 않으면 가치가 없다. 여기서 중요한 것은 누가 책임을 지고 일을 시작할 것인가이다.

3) 조성, 장려(Promotion)

계획이 좋으면 모든 사람이 지지하고, 그렇지 않으면 방해할 것이라는 생각은 오산이다. 계획을 실행하기 위해서는 촉진이 필요하다. 촉진이란 문자적으로 지위나 명예를 높이고 상승시키고 끌어올린다는 의미이다. 모든 영역에서 촉진이 필요한 것은 아니다. 그러나 목회자의 열정과 지지는 구성원의 그것과 밀접하게 연관되어 있다.

조성과 장려는 수립한 계획이 계속적으로 실행되도록 하는 역할을 감당한다. 다시 말해서 조성이란 높이고, 증진시키고, 향상시키는 것이다. 성장, 번영, 발전을 위하여 격려하고 장려하고 힘을 북돋아주는 것이다. 최고 상급 지도자는 반드시 이 기능을 잘해야 한다.

4) 조직(Organizing)

조직화는 살아 있는 기술이다. 조직을 구성하는 것은 보다 체계적으로 이끌어가는 길이다. 이러한 조직화는 교인 사이의 관계를 결정짓는 역할을 한다. 또한 공동 과제 또는 목적을 가진 사람들의 관계를 결정하는 역할을 한다. 가능한 한 조직 개편은 피해야 한다. 잦은 조직 개편은 사람들의 흥미를 감소시키고 생산성을 약화시킨다. 따라서 조직의 개편은 될 수 있으면 피하는 것이 좋다. 새로운 조직은 시험하여 전체의 조직으로서 역할을 할 것인가도 점검해야 한다. 지도자들은 사람들을 어떻게 효과적으로 묶을지에 대해서 지속적으로 연구해야 한다.

또한 일과 사람과의 관계형태를 결정하는 일이 바로 조직이다. 조직의 구상은 어떤 분야에서 필요로 하는 목적에 의해 좌우된다. 조직은 건물, 또는 가구와 같다. 건물을 다시 지으려면 얼마나 많은 시간과 에너지가 소모되는가? 마찬가지로 조직 구성을 다시 하는 일은 그만큼 힘이 드는 일이다. 그러므로 새로운 조직을 구상해서 확정하기 전에 반드시 점검해 보는 것이 좋다.

5) 위임(Delegating)

위임은 유효한 교회행정 지도자들이 잘 사용하는 기술이다. 위임은 다른 사람의 돌봄과 경영에 일을 맡기는 것이다. 좋은 위임은 임명을 받는 자의 능력을 배려하는 것이다. 일에 대한 책임을 위임할 때 사람의 능력에 맞도록 적절하게 배분해야 한다. 위임은 조직체 내에서 사람들 사이의 지위를 만들어준다. 따라서 위임받은 사람은 책임감을 갖게 되므로 지도자들에게 양도할 수 있는 모든 것을 넘겨주고 지켜보는 자세가 필요하다.

그러나 지도자가 마땅히 할 일들이 있음에도 불구하고, 그것마저 다른 사람에게 위임하면 지도자는 지도력을 잃게 된다. 지도자들이 종종 범하는 오류는 다른 사람들에게 일을 맡겨놓고 자신이 하면 더 잘할 것이라고 생각하는 것이다. 훌륭한 지도자는 일선에서 일하는 사람들이 일을 잘할 수 있도록 지원을 아끼지 않는다.

과제와 일과 역량을 고려해서 적절하게 사람을 잘 배치시키는 것이 가장 훌륭한 위임이다. 일을 위임할 때 반드시 고려해야 할 사항은 조직 속에서 그 사람이 가지고 있는 위치, 위임해야 될 지도력, 실시하기 전에 보다 심사숙고해서 발전시킬 점을 고려하는 것이다.

6) 방향 제시(Directing)

방향 제시는 효과적인 지도력의 필수 조건이다. 이것은 권위를 수행하는 도구 역할을 하며 사람들이 과연 무엇을 할 것인가를 제시해준다. 방향 제시는 사람들에게 지시받은 일에 대한 책임과 위치를 선정해주는 것이다. 훌륭한 방향 제시자의 조건은 제시자로서의 지식뿐 아니라 제시된 방향과 방식을 얼마만큼 잘 파악하느냐에 달려 있다. 제시는 강제적이기보다는 이해하기 쉽고도 명료해야 한다. 구두로만 방향을 제시하는 것은 상대방으로 하여금 거부감을 느끼게 하므로 그 효과를 저하시킨다.

7) 동기 부여(Motivating)

효과적으로 교회를 이끌어가기 위해서는 동기 부여의 기술이 필요하다. 보통 생각하는 개념처럼, 동기 부여란 우리가 얻고 싶어 하는 것을 얻기 위해서 다른 사람을 이용하는 것이 아니다. 동기는 사람이 행동을 하게 하기도 하고 반발심을 가져 거부감을 갖게도 만든다. 그리고 동기 부여는 한 개인이 그 안에서 자신의 행동을 스스로 조절할 수 있도록 풀어놓는 것이다. 이러한 것이 스스로를 자극할 때 이를 '내적 동기' 라고 한다. 반면에 이러한 자극이 외적 요인에 의해 일어날 때는 '외적 동기' 라고 말한다. 내적 동기 부여는 순수한 사람들이 많이 경험하게 되는데 종종 의식하지 못하는 사이에 내부에서 솟아나는 힘을 만들어낸다.

그리스도인의 동기 부여에 대한 충고

1. 자의식을 건전하고 실현성 있게 발전시켜라.
2. 자신의 정책을 수립하고 다시 신중하게 편성하라.
3. 정당한 원인을 정립하라.
4. 앞을 내다보며 꾸준히 실천하라.
5. 자신의 능력을 최대한 발휘하라.
6. 훌륭한 본보기를 만들기에 힘쓰라.
7. 사람들을 긍정적으로, 인간적으로 바라보라.
8. 다른 사람들의 일을 동등하게 도와주라.
9. 사람들이 좋은 직업을 갖길 원한다거나 일을 끝마치고 싶어 함을 생각하라.
10. 아주 중요한 회의라도 일반 사람들의 참여를 받아들여라.
11. 반대 상황을 항상 생각하라.
12. 당신이나 다른 사람들의 목적이 성취되도록 힘쓰라.
13. 사람들이 지닌 기대나 가치를 분명히 해주어라.
14. 개개인의 성장이나 작업성과에 관심을 표현해주라.
15. 당신도 열심히 일하고 상대방도 열심히 일하게 하라.

교회지도자가 단순히 사람들에게 일만 맡겨놓고 할 일을 다한 것으로 생각하면 안 된다. 훌륭한 교회지도자는 사람들이 자신의 능력을 최대한 발휘하도록 독려하고 일하는 장을 만들어준다. 이런 책임들이 그 모임의 필요와 그물처럼 엮일 때 비로소 지도자의 자질이 빛을 발하는 것이다. 이러한 일들은 복잡하고 위험하며 아주 개인적이지만, 교회지도자는 이러한 것들을 인식하고 현실성을 가져야 효과적으로 일을 할 수 있다.

8) 감독(Supervising)

감독에 관해서 지도자나 구성원 양측 모두 기피하는 증세를 나타내고 있지만 감독은 효과적인 기술 중의 하나이다. 감독(Supervisise)은 라틴어 "over"와 "to see," 즉 "주의 깊게 살펴보다"에서 연유했다. 같은 맥락에서 그리스어에서 온 "bishop"도 "over"와 "inspector" 즉 "감독자가 둘러본다"라는 뜻이다. 영어의 "vision"이나 "scope"도 이런 체계에서 나왔다. 기업이나 개인이 일할 때, 어떻게 일이 진행되고 있는가를 둘러보고 감독할 필요가 있다. 개개인은 물론 모든 사람은 이 과정을 반드시 거쳐야 한다.

그러나 이런 점을 인식하고 있다고는 해도 우리에게 몇 가지 문제점이 있다. 첫째, 우리 문화에서 보면 지휘하는 사람이 갖춰야 할 관리자로서의 중요한 기능을 배우지 못했다는 것이다. 둘째, 감독자는 아주 뛰어난 사람이어야만 자격이 있지, 그렇지 않으면 자격이 없다고 생각한다는 점이다. 그러나 감독은 뛰어난 관리적 능력을 발휘하는 것이라기보다는 봉사하는 활동의 한 부분으로 보아야 한다. 훌륭한 감독자는 관리를 받는 사람들이 자신들의 능력을 충분히 발휘할 수 있도록 적절하게 그리고 현명하게 도와주어야 한다. 속된 말로 감독자는 "꼬투리 잡는 사람"이 아니다. 감독자는 개개인이나 그 그룹이 개인적으로나 생산자로서 성공하도록 돕는 사람이다. 종종 감독받는 사람들이 감독자보다 일을 더 잘 수행하는 것을 볼 수 있는데 훌륭한 지도자는 이런 상황을 더 좋아한다. 감독은 풋볼에서 쿼터백과 같이 모든 것을 적절하게 조정하는 역할을 하는 것이다. 감독은 지도력의 필수 요소이고, 조정되고 토의되어야 하며, 많은 다른 기술을 필요로 한다. 따라서 훌륭한 교회지도자가 되려면 감독의 기술을 계속 발전시킬 필요가 있다.

감독이 해야 일을 몇 가지로 요약해 보면, 첫째, 역량 개발을 도와야 한다. 둘째, 사람 성장을 도와야 한다. 셋째, 자신의 일을 잘 하도록 업무추진을 도와야 한다. 넷째, 결정을 도와야 하는데, 기준과 과정을 알고, 합리적으로 결정하도록 돕는다. 다섯째, 조정하는 일이다.

9) 실행(Performing)

지도력에는 혼자 하는 일과 다른 사람들과 보조를 맞춰서 할 일이 있다. 일을 맡으면 열심히 시작해야 한다. 그것이 실행이다. 그러나 먼저 실행에 옮겨야 할지 아닐지를 결정해야 하고, 실행할 능력을 갖추어야 한다. 모든 일에 최대의 능력을 발휘할 수는 없다. 그래서 스스로 최선을 다하겠다는 사람들에게 적절한 일을 맡겨 잘 돌아가도록 실행에 옮겨야 한다. 신속함, 노력, 바른 자세, 수긍이 가는 지시는 훌륭한 실행의 표시이다. 훌륭한 교회지도자는 해야 할 일을 마칠 때까지 그들의 기술을 발전시켜야 한다.

10) 영향력 제공(Influencing)

영향력은 지도자에게 필수적이며 복잡하고 남용되기 쉬운 것이다. 어떤 사람들은 영향력을 정치에서와 같이 부정적인 일면을 지니고 있다고 생각하지만 꼭 그렇지는 않다. 여기에서의 영향력은 결정(determine)보다 더 나은 개념을 말한다. 지도자는 공권력이나 개인의 힘을 최대한 자제하여 한 사람의 책임에 대한 중요한 결정 사항에 영향을 주어야 한다.

교회는 그 자체의 생활이나 업무의 수행에 있어 중요한 사항에서는 목회자에게 영향력을 주어야 한다. 목회자는 교회에 미치는 공적이고 개인적인 힘의 영향을 존립시키고 최선을 다할 방법을 터득해야 한다. 또한 이러한 영향력을 남용하고 잘못 사용해서는 안 된다.

정보제공은 영향력을 가장 효과적으로 발휘하는 방법이다. 지도자는 자신이 제공한 정보로 인해 상황이 바뀔 수 있는 그런 책임 있는 정보를 제공해야 한다. 중요한 정보를 숨기는 것은 소극적 남용이다. 지도자는 교회가 좋은 결정을 내리는 데 영향을 끼치는 정보를 제공해주는 법을 배울 필요가 있다.

다시 말해서 영향이라는 말은 책임의 한계, 일의 범위에 대해 자기 범위 내에서 행사하도록 지도하는 것이다. 그러나 남에게 필요 없이 영향을 주는 것은 방지해야 한다.

11) 조정(Controlling)

교회지도자(혹은 임원회)는 조정 기능을 가져야 한다. 이런 기술은 지시, 인도, 제지, 절제를 포함하는데 이는 교회가 개인에 대해서 단독적으로 조정하는 것이 아니라, 각 지체들이 스스로를 통제하도록 도와야 한다. 우리가 지향해야 할 조정의 방향은 지도자의 성실성이나 능력 가운데서 구성원들의 신뢰를 얻는 것이다. 진실함은 다른 공적인 공동체에서보다 교회 안에서 더 큰 힘을 발휘한다. 적절한 때에 나오는 올바른 판단은 다른 곳에서 내려오는 지시보다 더 많은 힘을 발휘한다. 그러므로 조정의 기술에서 가장 강조할 것은 진실함이다.

12) 평가(Evaluating)

평가하는 것은 유능한 관리자가 사용하는 것을 깨우는 기술이다. 평가는 어떤 것의 가치나 유용성을 판단하는 것인데 교회에서의 평가에는 몇 가지 원칙이 있다.

첫째, 계획을 세운 사람들과 일을 행하는 사람들은 그 계획의 진행이나 완성 시의 어떤 평가에 다시 참가해야 한다.

둘째, 계획을 실행하기 전에 평가 기준을 세워야 한다.

셋째, 정확한 평가는 목표 달성에서 많은 비중을 차지하는 요인이다. 평가를 하되 양적/질적인 평가를 해야 한다.

넷째, 최대의 효과를 위한 시간 평가를 해야 한다. 지도자는 평가를 할 때 최고의 효과를 얻기 위해 가장 적합한 시기를 결정해야 한다.

다섯째, 과정이나 결과를 평가하되 사람은 평가하지 말아야 한다. 과정의 평가는 행동 체계, 훈련 과정 같은 수단이나 도구에 대한 평가가 되어야지 사람들에 대한 평가가 되어서는 안 된다.

여섯째, 객관적인 동시에 주관적으로 평가해야 한다. 객관적이고 주관적인 평가는 합법성을 지닌다. 객관적 접근에서는 통계를 평가 자료로 사용하는데 양을 평가할 때에 적절하다. 숫자와 통계는 객관적 평가의 가장 좋은 증거가 되기 때문이다. 주관적인 접근은 원칙적으로 한 개인에 달려 있으며, 특히 개인의 취향, 반작용, 의견 등에 영향을 받고 질을 평가하는 데 가장 유용하다.

일곱째, 평가할 때 서로 의논해야 한다. 평가의 가장 큰 이점은 과거의 중요성보다는 현재나 미래에 관련이 있다는 것이다. 현재로 볼 때 참여의 증대로 볼 수 있고, 미래적인 측면에서 앞으로의 일의 진행을 더 용이하게 수행해나갈 안목을 제공해준다. 현재나 미래의 이익은 문제점들을 발견하고 이에 따른 해결책을 적절한 시간에 토론할 때, 성공적으로 추구해나갈 수 있다.

13) 의사소통(Communicating)

의견을 주고받는 기술만큼 지도력에서 많은 부분을 차지하는 것도 없다. 의사소통은 사람과 사람이 서로의 의견과 생각을 주고받는 수단이다. 그런데 현대의 의사소통에는 몇 가지 문제가 있다. 예를 들면 이전보다 더 많은 기술, 즉 매체나 하드웨어, 소프트웨어나 다른 통신 수단들이 사람 사이에서 의사소통을 방해할 수도 있다는 것이다. 아무튼 교회는 사람들과 올바른 이해관계를 수립해야 하며, 교회지도자들은 의사소통을 중요한 문제로 인식해야만 한다.

의사소통에 대한 개인적 책임감 외에도 의사소통의 집합소가 교회에 마련되어야 한다. 의사소통은 교회행정부의 모든 부문에서 필수적이다. 목적을 순수하게 하고 객관적으로 결정하며 계획을 발전시키고 체계를 구상하며 사람이나 물질이나 재정적인 요인들을 집행하고 행정적 규제를 만들 만큼 중요한 것이므로 자유스럽고 폭넓은 의사소통이 가능한 장소가 마련되어야 한다. 의사소통은 계획, 시작, 조직, 위임, 지시, 동기부여, 감독, 수행, 영향력 제공, 조정 평가와 재연의 기술과 관련되어 있다. 효과적으로 지도력을 발휘하고 싶다면 이런 의사소통의 기술을 발전시켜야 한다.

14) 대사(Representing)

지도자는 위에서 언급한 모든 사항을 조직의 책임자 혹은 대표자로서 항상 명심하고 있어야 한다. 진정한 지도자라면 자신이 대사가 되겠다는 점을 명심해야 한다.

3. 지도자 능력의 원천

지도자로 하여금 일반 모든 행정부분을 감수하고 책임을 훌륭히 수행할 수 있도록 해 주는 요인들은 무엇일까? 아주 어려운 질문이며, 따라서 정답을 제시하기란 아마도 더 어려울 것이다. 이런 복잡한 문제에 너무 단순한 대답이 될 위험성을 무릅쓰고서라도 능력을 강화하는 몇 가지 요인들을 아래와 같이 정리해보았다. 각 사람에 맞게 해석하고 적용하기 바란다.

1) 능력(Capability)

능력은 천성, 건강한 신체, 호감이 가는 기본적인 외모와 기본적인 체력과 관계가 있다. 지도자의 자질을 갖추지 못한 사람에게는 오르기에 벅차거나 아예 오를 생각조차 하기 힘든 높은 산과도 같다. 하지만 이러 기본 요소를 가진 사람들 모두가 지도자가 되려는 것도 아니고, 노력하는 모든 이들이 효과를 보는 것도 아니다. 그러나 우선적으로 효과적인 출발은 그가 지도자로서의 능력을 가지고 있느냐 하는 것이다.

2) 신실한 조언(Faithful Commitment)

아무리 능력이 있다 하더라도 신실한 충고가 없다면, 실패하기 쉽다. 충고는 예수님이나 자기 자신, 가족이나 교회, 다른 많은 방면을 통해서 주어진다. 그러므로 지도자는 부지런히 지속적이고 끈기 있게 삶에 대해 연구를 해야 한다. 교회 일을 할 때 이런 충고들은 성직자에게 지도력을 가져다주고 능력을 배양시켜 준다.

3) 성실성(Integrity)

성실성은 자만심을 갖지 않게 한다. 지도자는 정직과 겸손, 확신을 가지고 있어야 한다. 지도자를 거부하고 멀리 떠난 사람이라 해도 지도자 자신의 성실이나 능력만 믿어준다면 곧 돌아올 것이다.

4) 장력(Tensile Strength)

물리학에서 힘을 서서히 주면 찢어지지 않고 물체의 충격에서 이길 수 있는 힘을 장력이라고 한다. 그러나 많은 지도자들은 심지어 교회 성직자들조차 이런 점차적 강도 강화를 무시해서 위험을 초래한다. 그렇다고 새신자들을 너무 약하고 느리게 이끌면 자기개발 속도가 느려지고, 신앙도 그만큼 작을 수밖에 없다. 그러므로 지도자는 어떤 대상에게 어느 정도의 장력을 강화시킬 것인가를 충분히 고려해야만 한다. 그러기 위해서 지도자는 주님의 노력과 인내를 회상하면서 생각할 수 있는 심사숙고할 시간이 필요하다.

5) 주(The Lord)

누가 우리가 부분적으로 알고 있는 어떤 거대한 문제에 대한 해답을 줄 수 있는가? 그 해답은 누구나 지녀야 하는 신앙과 연관된다. 우리의 도움을 예수님께 구한다는 것은 예나 지금이나 진리로 남아 있다. 우리는 다른 사람들, 즉 가족, 친구, 교회 내의 신자와 같은 사람들에게서 도움을 받기도 하지만, 그 근본은 주 예수 그리스도이시다. 시편 121편에서는 "내가 산을 향하여 눈을 들리라 나의 도움이 어디서 올꼬 천지를 지으신 여호와께로다."라고 하였다.

주님께서는 지도자에게 교회에서 할 수 있는 일들을 행하고 존속시키는 재능을 주셨다. 지도자는 어떤 대안을 착안하고 발전시키는 능력을 교회를 위해 써야 한다. 지도자는 신자들을 걱정하며 자신의 지도력을 다듬어야 한다. 지도자는 자신이 지닌 지도력을 항상 재정비해야 한다. 위에서 말한 방법은 기본 형태일 뿐이다. 그러나 무엇보다도 중요한 것은 신앙이다. 즉 주님만이 원천 중의 원천임을 알아야 한다.

5장 교회행정의 이론

제1절 조직이론과 교회행정

피터 러지(Peter Rudge)는 자신의 책 「목회와 관리」[1]에서 현대 교회의 대표적 조건이론을 5가지로 분류한다. 그것은 조직의 구조와 관리, 조직 속에서 구성원 서로간의 관계, 조직에 적합한 지도력의 형태 등에 의하여 다음과 같이 정리된다.[2]

이론 : 심볼	전통적조직 (Traditional) ◯	카리스마적조직 (Charismatic) △	관료적조직 (Classical) ▲	인간관계조직 (Human Relations)	계통조직 (Systems) 입력→ 변화 출력→
조직적이고 신학적인 용어	조직적으로는 세습적 신학적으로는 하나님의 백성	조직적으로는 직관적 신학적으로는 새로운 피조물	조직적으로는 고전적 신학적으로는 하나님의 건물	조직적으로는 민주적 신학적으로는 믿음의 교제	조직적으로는 유기적 신학적으로는 그리스도의 몸
조직의 개념	전통유지	직관추종	제도추종	그룹지도	계통조직채용
의사결정 과정	장로들이 관여	예고없이 자기마음대로 지도자가 선포	장(長)으로 부터 명령발표 의식적으로 합리적으로 계산적으로	그룹이 결정 비공식적으로 유동적으로	여건과 환경을 따라서 적절한 방안채택
행정가의 기능과 스타일	전통유지 현상유지 (Status quo) 부성적으로 제사장같이	개인적으로 인도 선지자적으로 영감적으로	하명으로 공격적으로 적극적으로 지도적으로	발표하고 참여하고 창조적이고 비지시적으로 감각적으로	목적분석 주의환경분석 변화시도 전문적으로 능동적으로

문제해결 스타일	안정과 현상을 위협하는 힘에 대하여 거부하고 무지함	도전적이고 호전적이고 논쟁적임	권위에 의한 순종 기존정책에 항거	타협으로 충돌 해결	종합적이며 창조적으로 문제에 접근
주위환경과 관계	현상 유지를 위한 외적 변화 거부	현상유지 거절 변화를 표명	투표로 통치로 환경의 긴장을 풀 결심	환경을 중시하고 존중함	변화하고 있는 환경을 고려하고 융통성 있게 상호 관계를 조정
사람에 대한 견해	사람은 현상 유지에서 보호되고 주도권을 잡지 못함	사람이 주동하고 방향을 제시하며 중재함	사람이 관리하고 지배함	사람들은 책임을 지고 방법을 찾음	사람 모두가 숙련되지 않아도 됨 효과적·능력적인 자가 있으면 됨
커뮤니케이션 양상	지도자가 유산으로	지도자가 주도하고 추종자는 순종	지도자가 방향을 제시하고 위에서부터 아래로	지도자는 개인에게 참여를 격려하고 기여하게 하며 그룹끼리 교제	모든 방향은 공개된 채널을 통하여 연결자를 통하여
목표들	일반적으로 규합되나 목표가 분명히 언급되지 않는다.	매우 명료하며 철학에 반영되며 지도자가 주도하는 대로	조직적이며 양적이다. 위에서부터 아래로 하명된다.	객관적이기 보다 주관적이며 토론을 통하여 목적과 목표를 세운다.	환경을 위한 심사숙고에서 결정적이고 단일적인 방안을 모색한다.

1. 계층 조직의 원리(전통적 이론)

이 계층 조직의 원리는 군대 조직 또는 가톨릭의 조직과 비슷하다. 이 원리에 의하면 리더십이 있는 지도자, 유능한 통솔자가 있어야 한다. 지도력이 없으면 그 조직은 유명무실해지고 오합지졸이 된다. 이 원리에서 조직의 구성원들 사이의 인간관계는 새로운 발단을 별로 일으키지 않고, 발전하려는 욕망도 갖게 하지 않으며, 창의적 일도 창출하지 못한다. 한마디로 전통 이론은 전통을 고수하는 것이다.

2. 카리스마적 지도자 이론

카리스마적 지도자 이론의 초점은 내면을 깊이 보는 직관력, 거시적으로 앞을 보는 상상력, 혹은 하나님의 소명에 둔다. 이 지도자는 메시지를 해석하고 선포하여 사람들로 하여금 현상유지를 거부하게 하며, 조직의 사명을 함께 추구해 나가도록 격려한다. 조직 안에 있는 사람들의 관계는 가치 있는 봉사를 수행할 수 있는 활동적이며, 능력이 있다. 전통적이고 고질적이며 허약한 교회에서 떠나고자 할 때, 이런 지도자를 갈망하고 그것으로 변화를 시도하는 교회가 많다. 이 카리스마적 지도자 이론에서 가장 중요한 것은 지도자 자신이다.

3. 인간관계 이론

교회나 조직체 안에서 보다 내적이고 인격적인 성장의 목표를 두고 경험하게 하고 실습하게 하는 조직이다. 인간관계 이론은 조직 안에서 그들 자신의 목표를 달성하려는 욕구, 개인의 성장, 개인의 목표를 최우선으로 한다. 또한 조직은 사람들을 위해 봉사하는 도구이다. 조직은 자신의 가치표현과 개인의 목표 달성을 경험할 수 있게 하는 수단이다. 따라서 인간관계 이론에서 지도자의 역할은 모든 사람이 마음을 열어 표현하고 민주적으로 참여하게 하는 분위기를 조성하는 것이다. 인간관계 이론은 개인이 우선시된다.

4. 고전이론

고전적, 관료적 이론에서는 조직의 목표가 최우선시된다. 구성은 조직의 봉사자, 즉 조직의 목표를 달성하는 데 도움을 주는 하나의 수단이다. 규칙 준수를 강요하며, 위에서 결정을 내려주어 통제를 지속시키는 일이 지도자의 역할이다.

5. 체계이론

고전 관료조직이나 인간관계조직의 중간형으로 보는 경우로서 특히 이 조직은 교회의 목표와 교인들의 목표를 동시에 중요시 하는 경우이다. 종합적이며 창조적으로 문제에 접근하는 조직이론이다. 목표 구명을 통해 동기부여가 가능하고 유효하다.

제2절 체계이론과 교회행정

체계이론은 1940년대부터 나오기 시작해서 1960년 이후에 교회행정 분야에서 두드러지게 관심을 끌고 있는 조직이론 중 하나이다. 근래 체계이론이 교회 관리에 어떻게 응용될 수 있을까 하는 문제가 실천신학 분야에서 많이 연구되어 왔고 또 많은 관심을 끌고 있다.

한국에서 체계이론은 1960년대에 「기독교사상」에 간략하게 소개된 후, 1980년대 후반에 들어서야 비로소 본격적으로 소개되었다. 여기에서는 체계이론에 대한 이해와 체계이론을 어떻게 목회에 응용하고 활용하여 목회를 활성화시킬 수 있는가에 관심을 두고 전개해 나가고자 한다.

1. 체계이론(Systems Theory)의 기본 구조

체계이론의 기본 구조는 에너지 입력(사람, 물질 등), 변형, 산출, 피드백의 반복이다. 변형의 과정은 조직의 본성, 특징, 목표(예를 들면 형태, 역할, 규범, 가치 등)인데 이런 요소들은 산출에 결정적인 영향을 미친다. 이 과정에서 커뮤니케이션, 영향력, 지도력, 갈등이 사람 사이의 업무로서 기능을 가진다. 체계조직의 모든 과정은 환경과 관련되어 있다. 이 체계이론은 상담학, 관리, 수학, 생물학, 사이버네틱스(Cybernetics), 복지학 등에 적용되어 활용되고 있다.

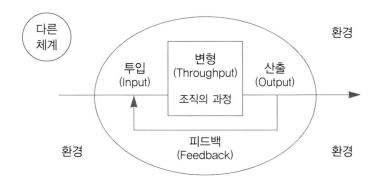

2. 체계이론의 공헌

체계이론이 조직적으로 교회에 공헌한 점은 다음과 같다.

첫째, 통계자료를 활용하지 않고도 문제를 분석하고 파악할 수 있는 정확한 진단학적 도구(diagnostic tools)를 제공했다.

둘째, 교회 및 교회 환경의 모든 요소를 정체화해서 모든 계획과정에 효율성을 증진시켰다.

셋째, 총체적인 안목을 제공했다.

넷째, 지도자나 그룹으로 하여금 선택적 행위의 여지가 있는 행동진로의 결과와 관련성을 정확하게 예측하게 하였다.

다섯째, 교회가 주변 환경 안에서 다른 체계와의 관계 속에 있는 스스로를 확인하게 함으로써 교회 자체에만 전적으로 관심을 두지 않게 했다.

여섯째, 교회의 주위환경, 목표, 그리고 특성 속에 있는 조건들에 의해 좌우되는 융통성 있는 지도력의 특성을 창출했다.

3. 체계이론의 입장에서 본 교회

1) 문제와 원인

모든 문제에는 원인이 있다. 한 가지 조건 때문에 여러 가지 문제가 생기기도 하지만 때로는 한 가지 문제가 여러 가지 복합된 조건 때문에 생기기도 한다. 만약 문제의 원인을 발견하여 제거하지 못한다면 언젠가는 문제들이 다시 발생하게 마련이다. 문제를 보다 효과적으로 해결하기 위해서는 하나의 체계로서 교회를 분석하는 것이 필요하다.

예를 들면, 어느 교회에 연말 재정 결산이 미달되어 회의를 할 경우에 어떻게 예산을 달성할까보다는 왜 결산이 미달되었는가를 먼저 찾아야 한다. 이는 마치 어떤 사람이 코피를 잘 흘리는 경우에 유능한 의사는 탈지면으로 코를 막

아주는 것으로 그치지 않고 원인을 발견하여 근본적인 치유를 하는 것과 같다.

이를테면 그 교회의 연말 재정이 부족하게 된 원인을 분석해보면 헌금에 대한 열심이 부족하고, 예산 사용목표가 불분명하며, 관리시설의 낭비가 많았고, 경제경기가 전체적으로 저조하였으며, 모든 목회에 교인들의 참여를 유발하지 못한 점 등이 있다. 이를 바탕으로 다음의 결과를 도출할 수 있다. 재정적자를 얼마 동안 줄이는 응급조치는 임시적이기 때문에, 근본 문제를 해결하기 위해 교회 선교, 교역에 평신도가 적극적으로 참여하게 하며, 적극적으로 장기계획으로 전환하는 것이다. 여기에서 체계이론의 응용이 필요한 것이다.

2) 조직의 체계이론

목회관리에서 교회 조직체계의 구성요소를 살펴보자.[3] 다음의 도표는 조직체계를 구성하는 요소와 관계를 나타내고 있다. 이 도표는 변형체계가 체계의 중심이라는 것을 나타내는데, 일반적으로 변형체계, 환경, 경계 등이 체계의 특징을 결정하는 데 가장 영향력 있는 요소이다.

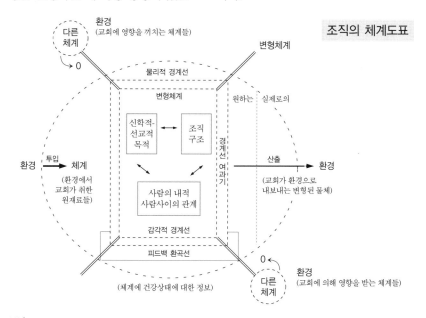

(1) 투입체계

교회가 존재하고 활동을 계속해나가기 위하여 외부로부터 받아들이는 원자재(raw material) 같은 것을 말한다. 구체적으로는 새신자, 재정, 고용된 사람들, 새로운 기술과 방법, 재료 등이다. 교회가 필요한 투입자재를 얻기 위한 방법에는 교인들을 일일이 찾아다니며 권유하는 일, 복음 전도 운동, 홍보, 축호 방문, 전도 등이 있다. 물론 변형체계가 체계이론의 중심이기는 하지만, 투입체계가 이루어지지 않으면 사역의 열매인 산출을 기대할 수 없다.

(2) 변형체계

투입체계를 통해 환경으로부터 원자재를 받아들여 산출체계를 위해 변형을 이루는 체계이론 가운데 가장 중심이 되는 것이 변형체계이다. 교회의 변형체계란 교회가 원자재(사람, 재정, 기술 등)를 원하는 결과(회심, 영생, 사회봉사, 훈련된 평신도등)로 변화시키고자 하는 수단의 총체이다.

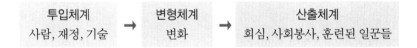

변형체계는 다음 세 가지 요소로 구성되는데 서로 역동적인 관계가 있다.

첫째, 신학적 · 선교적 목적이다. 교회 내의 모든 조직은 그 조직이 왜 존재하는지, 또는 무엇을 성취해야 하는지에 대해 분명히 해야 한다. 바꾸어 말하면, 교회는 교회의 정체성(identity)과 존재이유를 찾기 위해, 신학적 · 선교적 목적을 분명히 하여야 한다. 교회가 무엇이고 궁극적으로 이루어야 할 것이 무엇인가? 교회가 존재하는 가장 중요한 이유는 선교이다. 그러므로 모든 프로그램, 예산, 훈련 등 모든 교회의 사역을 선교에 초점을 맞추는 것은 당연하다.

둘째, 조직 구조이다. 교회가 신학적 선교적 목적을 성취하기 위해서는 조직이 필요하다(부서, 위원회, 기관 등). 조직 구조와 관련이 있는 문제들은 교회가 영향을 끼치고 있는 인적, 물리적, 영적 자원의 조화, 교회의 정치적 구조와 정책,

교회의 업무를 수렴하기 위해 사용하는 과정 등이다. 이는 조직의 활동, 프로그램, 원칙과도 관련이 있다.

셋째, 개인의 내적인 관계, 사람 사이의 관계이다. 인간관계의 다양한 형태는 조직 구조와 교회가 신학적 · 선교적 목적을 이루기 위해 만들어낸 목적을 좌우한다. 이 과정에서 인간관계의 형태는 협동 – 경쟁, 공동작업 – 갈등, 자아상 성취 – 자아상 상실, 개방 – 소외 등으로 나타난다. 그리고 변형체계에는 두 가지 기능이 있다. 하나는 교회 자체를 유지하기 위한 힘을 공급하고, 다른 하나는 변형된 자재를 교회가 환경에 영향을 주기 위하여 환경으로 내보내는 일이다.

(3) 산출체계

산출체계는 교회의 환경에 영향을 끼치기 위해 투입된 원자재(재정, 사람, 프로그램)가 변형 과정을 거쳐 변형된 자재로 내보내는 것이다.

산출체계를 지속시키는 성서적 근거는 "주라 그리하면 너희에게 줄 것이니 곧 후히 되어 누르고 흔들어 넘치도록 하여 너희에게 안겨 주리라 너희의 헤아리는 그 헤아림으로 너희도 헤아림을 도로 받을 것이니라."(눅 6:38)는 말씀이다. 흔히 교회가 자체의 유지 보존 및 생존에 어려움을 느껴 밖으로 내보내기를 어려워하지만, 교회는 사회에 영향을 주기도 하고 받기도 하는 곳이므로 영향을 주려면 산출체계를 통하여 많이 내보내야 한다.

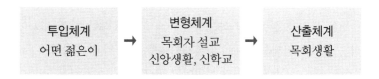

(4) 환경

교회는 진공상태에서 존재하는 것이 아니다. 사회적, 조직적, 정치적, 경제적 체계와 같이 끊임없는 상호작용, 의존, 변화 속에서 존재한다. 여기서 몇 가지 제기되는 문제들이 있다. 첫째, 환경은 점점 더 예상할 수 없을 정도로 급하게 변하고 있는데, 교회는 단순한 구조나 교회 내의 생활에만 관심을 쏟고 있다. 둘째, 사회의 삶의 형태, 가치관, 행동 유형 등이 예상할 수 없을 만큼 빠르게 변하면 교회에도 해결해야 할 새로운 문제가 계속적으로 생겨난다. 셋째, 교회는 환경에 영향을 주기도 하고 영향을 받기도 하므로 환경 변화에 민감하게 분석·대응해야 한다.

(5) 경계

경계의 기능은 체계의 정체성을 유지하는 것이다. 경계를 너무 개방하면 환경으로부터 너무 많은 요소가 투입되어 체계의 특성과 고유성을 잃게 된다. 반면에 경계를 너무 폐쇄하면 환경으로부터 투입되는 것이 없기 때문에 조직이 서서히 죽어가게 된다. 교회에는 두 가지 경계가 있다. 첫째, 물리적 경계로서 유형적 경계이다. 여기에는 유형적 시설, 건물, 비품, 소유지 경계선 등이 있다. 둘째, 감각적 경계로서 무형적 경계이다. 여기에는 전통, 신앙, 역사, 가치, 사회적 위치 등이 있다.

경계의 기능에서 여과 기능을 빼놓을 수 없다. 환경과 체계 사이에는 항상 여과 기능이 있어야 한다. 첫째, 체계가 원하는 원자재를 여과하는 일, 둘째, 체계가 들여오고 싶어하지 않는 원자재를 여과하는 일, 셋째, 전이된 자재를 체계 안에 간직하도록 도와주는 일, 넷째, 체계가 환경 부분에 영향을 끼치게 하기 위하여 변형된 자재를 내보내는 일에 도움을 주는 것이다.

(6) 피드백 환곡선

교회 프로그램을 통해 기대하는 것과 실제적인 것 사이에는 언제나 차이가 있게 마련이다. 교회의 선교목표와 관련된 교회의 실제 활동을 결정하기 위해서는 질적, 양적인 정보를 끊임없이 수집해야 한다. 여러 형식, 여러 계층(연령, 성별, 임원-비임원, 기관별, 스태프, 같은 지역에 있는 다른 교회 등)을 통하여 계획, 평가, 문제 해결을 위하여 정보를 수집하고, 분석하고, 해석하고, 이용해야 한다.

교회체계의 모델

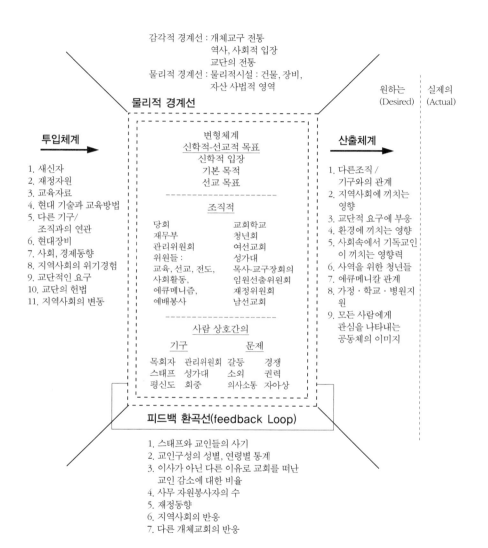

감각적 경계선 : 개체교구 전통
역사, 사회적 입장
교단의 전통
물리적 경계선 : 물리적시설 : 건물, 장비,
자산 사법적 영역

원하는   실제의
(Desired)   (Actual)

물리적 경계선

투입체계 →

1. 새신자
2. 재정자원
3. 교육자료
4. 현대 기술과 교육방법
5. 다른 기구/
조직과의 연관
6. 현대장비
7. 사회, 경제동향
8. 지역사회의 위기경험
9. 교단적인 요구
10. 교단의 헌법
11. 지역사회의 변동

변형체계
신학적-선교적 목표
신학적 입장
기본 목적
선교 목표

조직적

당회	교회학교
재무부	청년회
관리위원회	여선교회
위원들 :	성가대
교육, 선교, 전도,	목사교구장회의
사회활동,	임원선출위원회
에큐메니즘,	재정위원회
예배봉사	남선교회

사람 상호간의

기구		문제	
목회자	관리위원회	갈등	경쟁
스태프	성가대	소외	권력
평신도	회중	의사소통	자아상

산출체계 →

1. 다른조직 /
기구와의 관계
2. 지역사회에 끼치는
영향
3. 교단적 요구에 부응
4. 환경에 끼치는 영향
5. 사회속에서 기독교인
이 끼치는 영향력
6. 사역을 위한 청년들
7. 에큐메니칼 관계
8. 가정·학교·병원지
원
9. 모든 사람에게
관심을 나타내는
공동체의 이미지

피드백 환곡선(feedback Loop)

1. 스태프와 교인들의 사기
2. 교인구성의 성별, 연령별 통계
3. 이사가 아닌 다른 이유로 교회를 떠난
교인 감소에 대한 비율
4. 사무 자원봉사자의 수
5. 재정동향
6. 지역사회의 반응
7. 다른 개체교회의 반응

2부

교회행정의 실제

1장 현대 목회에서의 12가지 요소

캘라한(Kennon L. Callahan)은 그의 책 「성숙한 교회의 12가지 열쇠」(*Twelve Keys to an Effective Church*)에서 현대 목회에서의 12가지 주제를 다루고 있다. 그는 23년 동안 750여 개 교회의 장기 계획에 관여하면서 통계적인 경험을 가지고, 성공적인 교회들이 성숙하고 성장하는 12가지 요소들을 제시하고 있다.

캘라한은 그의 책에서 선교의 목표를 제1장에, 재정에 관한 것을 마지막 장에 배치하고 있다. 이것은 다분히 의도적인 것처럼 보인다. 즉 그는 돈이 없어서 선교를 못하는 것이 아니라 선교에 대한 의식을 먼저 가져야 한다고 말하고 싶은 것이다. 여기에서는 이러한 요소를 포함해 캘라한의 의견을 정리해보고자 한다.[1]

제1절 선교의 목표

선교의 목표는 한마디로 '특별하고 구체적'이어야 한다. 개체 교회는 특정한 사람들, 예를 들면 알코올 · 마약 중독자, 노약자, 장애자 등의 상처를 치유하고 그들에게 희망을 주는 일에 선교의 초점을 두어야 한다. 또한 선교 목표가 너무 많아서는 구체적이고 효율적인 선교를 행할 수 없다. 오히려 몇 가지로 집중하는 편이 현명하다.

선교는 교회 유지를 위한 사업보다 우선되어야 한다. 아니 교회의 모든 일에 우선한다. 우리는 교회를 평가할 때 그 교회가 얼마나 큰 교회인가보다는 얼마나 선교에 참여하는 교회인가를 평가의 기준으로 삼아야 한다. 큰(large) 교회보다는 선교적인 교회가 당연히 더 훌륭한(great) 교회이다. '위에서 아래로' 지시된 선교 계획으로는 효과적인 선교를 할 수 없다. 오히려 교인들 스스로에게 고통에 빠진 사람들을 돕고자 하는 억제할 수 없는 열망이 있을 때, 그리고 같은 열망을 가진 사람들 3~5인이 만나서 실제로 문제를 해결했을 때 그 교회의 선교는 성장할 수 있다.

대부분의 교회들이 가지고 있는 문제점은 선교의 목표를 더 많은 사람과 더 많은 돈을 얻는 데 둔다는 것이다. 하지만 올바른 선교는 오히려 그들의 고통과 슬픔에 참여하고 그들에게 희망을 주는 것이다. 그런 선교가 이루어질 때 사람들은 그 교회를 찾아오게 된다.

제2절 심방

캘라한은 목회자뿐 아니라 평신도의 심방도 포함시키고 있다. 캘라한에 따르면 출석 교인 200명 정도의 교회에서는 일주일에 평균 20회 정도의 교인 심방과 역시 20회 정도의 불신자 방문, 그리고 20회 정도의 환자 심방을 해야 한다. 캘라한은 주일 설교 시간 중 매 분당 한 시간씩 목회심방에 사용해야 한다고 주장한다. 예를 들어 20분 설교하는 목회자는 그 주에 20시간을 심방하는데 써야 한다는 것이다. 심방은 기존 교인과 새신자, 미등록 교인과 불신자 등 각 분야의 사람을 고르게 심방해야 하며, 목회자와 평신도의 심방도 적절한 균형을 이루어야 한다.

심방과 선교는 교회성장과 직접적인 연관이 있다. 하지만 심방은 그 사람을 교회 안에 끌어들이려고만 하는 것이 아니라 그들에게 실제적인 도움을 주는 것이어야 한다. 참고로 믿지 않는 사람을 심방해서 그 심방이 성공하려면 5~9 회 정도 심방해야 한다고 한다.

심방에는 주요 4단계가 있는데, 첫째, 심방할 사람을 선택하고 찾아나서는 일, 둘째, 심방 중 서로 나누고 돌보는 일, 셋째, 관계를 맺고 전도하는 일, 넷째, 구원하고 함께 일하는 단계이다. 이때 유의해야 할 점은 대화의 핵심을 그들의 고통과 희망에 두어야 한다는 것이다.

실제 심방에서 누구를 선택할 것인가의 기준은 다섯 가지가 있는데, 첫째, 교회의 선교 목표와 동일한 인간적 고통과 희망을 가진 가정, 둘째, 관계적 이웃, 셋째, 우리와 같거나 비슷한 사람, 넷째, 통행 방향의 형태, 다섯째, 평균 통행 시간이 그것이다. 이 다섯 가지를 고려하여 적어도 3가지 정도가 해당되는 사람이 좋다.

실제 심방에서는 첫째, 심방의 방향이나 내용, 한계 등의 처음 나누는 말, 둘째, 그것을 좀 더 분명히 하는 처음의 3분, 셋째, 서로간의 공동의 목표를 발견하고 나누는 단계, 넷째, 단순하고 직선적인 끝맺음(여기까지 20분 내외가 적당), 다섯째, 서로 다시 만나기를 원하는 기대감이 있는 작별의 5단계가 있다.

성공적인 심방 기술의 10가지 원리는 첫째, 심방의 핵심 목표를 하나부터 셋까지 결정, 둘째, 언제 떠날지 정확한 시간을 정함, 셋째, 초인종을 누르기 전에 기도, 넷째, 신뢰와 도움과 희망을 줄 수 있는 복장 착용, 다섯째, 초인종을 누를 때 비켜설 것, 여섯째, 자신으로부터가 아니라 그들과 더불어 시작할 것, 일곱째, 기능적인 것보다는 관계적인 문제에 중점을 둘 것, 여덟째, 정보를 얻기 위함보다는 관계의 시작이므로 상호 교통할 수 있는 방법을 쓸 것, 아홉째, 심방의 분위기가 상승할 때 떠날 것, 열째, 떠날 때는 구실을 말하지 말고 심방 받는 이들에게 중점을 둘 것 등이다.

성공적인 심방을 위한 핵심적인 능력으로는 첫째, 친교를 나누는 능력, 둘째, 특별한 인간의 고통과 희망을 돕고자 하는 열정, 셋째, 희망에 대한 확신과 미래에 대한 확고한 비전이 있다.

제3절 예배

믿지 않는 사람들이 교회에 와서 제일 먼저 접하게 되는 것이 바로 예배이다. 사람들이 예배에서 소속감과 일체감을 느낄 때 조화를 이루게 되고, 예배 의식이 감동을 주고 희망을 나누어줄 때 그 모임은 역동적이 된다. 조화롭고 역동적인 예배를 위해서는 다섯 가지 요소가 필요하다.

첫째, 교회와 예배의 전체 분위기 속에서 따뜻함과 사랑을 느낄 수 있어야 한다. 주차 관리인이나 영접·안내위원들이 이 부분에서 중요한 역할을 담당한다. 뿐만 아니라 새신자에게는 옆자리에 앉아 있는 사람들도 중요하다. 그래서 영접위원은 자주 바뀌는 것보다는 가능한 한 지속적인 것이 좋고, 안내위원은 비슷한 사람끼리 앉도록 배려할 줄 알아야 한다. 예배 인도자는 새신자를 염두에 둔 말씀과 진행 태도를 가져야 한다.

둘째, 음악의 역동성과 영감이 중요하다. 음악은 예배의 40%를 차지한다. 통일된 계획과 자연스러운 움직임, 균형 잡힌 설교와 음악, 그리고 음악 자체의 깊이와 질이 중요한 요소이다.

셋째, 설교는 본질상 사랑과 은혜가 중심이 되어야 한다. 쉽게 알아들을 수 있는 설교, 유머와 갈등, 본문과 현재 상황을 설명하는 설교, 고통과 고난 가운데서 도움과 희망을 주는 설교여야 한다.

넷째, 예배 의식 자체가 권위가 있고 감동을 주어야 한다. 그런 예배를 위해서는 예배 전체가 통일성을 갖고, 서로 연결되어 있으며, 세상을 향한 선교로 나아가는 움직임이 있어야 한다.

다섯째, 편안하게 앉을 수 있게 채워진 예배당이 중요하다. 불편할 정도로 밀집되어 있거나 비어 있는 예배당은 곤란하다. 이런 예배당은 증축이나 예배 횟수 조정, 신축 등을 고려해야 한다.

이상적인 예배를 위하여 목회자는 먼저 참 목자가 되어야 한다. 그 후 좋은 지도자, 좋은 설교가가 될 수 있다. 음악 담당자는 재능과 능력이 탁월한 사람이어야 한다. 예배의 출석과 교인 수, 재정 증가와는 직접적인 연관이 있음을 기억해야 한다.

제4절 의미 있는 관계 그룹들

사람들은 위원회가 아니라 공동체를 원한다. 교회 공동체는 활동 자체를 위한 것이 아니라 하나님 나라를 미리 경험하는 것이 목적이다. 따라서 사람들은 회의를 위한 위원회보다는 인생을 함께 살아나갈 사람을 찾을 수 있는 공동체를 원한다.

교회에 처음 나온 사람들이 예배의 의미를 느끼기 시작하면 다음으로 소속할 모임을 찾는다. 새신자에게 의미 있는 모임에 참여시켜 뿌리와 소속감을 심어주는 것이 중요하다. 교회의 장기 계획에는 이런 새로운 모임들에 참여시키는 것이 좋다. 새로운 모임이란 5년 이내가 되는 모임을 말하며, 교회는 새신자가 들어오는 형편을 고려하여 새로운 모임을 만들어야 한다. 새로운 모임의 성장 확률은 3분의 2 정도인데 실패할수록 계속해야 한다. 한 모임의 수명이 40년 정도라고 하면 그 모임의 결집력이 생기는 시간은 3년 정도가 필요하다. 일단 지도력이 안정되면 자주 바꾸지 않는 것이 좋다. 새 모임은 지리적인 이웃보다는 관계적인 이웃을 기준으로 하는 것이 좋다.

현대 교회는 프로그램이나 활동에 치중하여 사람에 대해서는 소홀히 하는 경향이 있다. 프로그램보다는 사람이 중요함을 인식해야 한다.

제5절 강력한 지도력 자원

강력한 지도력은 앞서 설명한 네 가지 요소, 즉 특별하고 구체적인 선교 목표와 목회자와 평신도의 심방, 조화를 이루는 역동적인 예배와 의미 있는 관계 모임들을 효과적으로 이룩하는 능력에서 생긴다.

교회의 성패는 지도력에서 좌우된다. 교회에서 지도자가 올바른 지도력을 갖추게 될 때, 미래는 현실로 다가온다. 그리고 달성된 미래는 하나님께서 예비하고 약속하신 미래를 향하여 나아가게 한다.

제6절 능률적인 구조와 분명하면서도 열린 결정 과정

어떤 결정에 따르기보다는 결정을 내리는 과정에 참여하는 것이 더 중요하다. 사람들은 자기가 결정 과정에 참여했을 때 그 결정에 더 잘 따른다. 지도자는 교회생활과 선교를 위한 방향을 제시하고 현명한 결정을 유도해내야 한다. 사소한 일보다는 중요한 우선순위에 의한 결정을 해야 한다. 중요하고 급한 문제는 1순위, 중요하지만 긴급하지 않은 문제는 2순위, 급하긴 하지만 중요하지 않은 문제는 3순위, 급하지도 중요하지도 않은 문제는 4순위가 된다. 공동체가 원하는 것보다는 필요한 것을 결정하도록 해야 한다.

결정 과정에는 되도록 모든 사람이 참여하도록 해야 한다. 그래야 주인 의식을 가진다. 그래서 결정 과정은 모든 사람에게 개방되어야 하고 모든 사람을 포용해야 한다. 효과적인 결정을 위해서는 공식적인 결정이 이루어지기 전에 비공식적인 대화의 자리에서 충분히 다루어져야 한다. 그러나 토론은 현명한 결정을 위한 과정일 뿐이므로, 지도자는 토론을 촉진하기보다는 결정 과정을 촉진시켜야 한다. 그러나 결정을 위한 과정도 중요하므로 결론과 과정 사이에 균형을 이루어야 한다. 결정 과정에서 생기는 갈등은 억제하기보다는 해결해야 한다. 상대방에 대한 신뢰와 존경과 성실한 태도가 갈등에 반응하는 올바른 방법이다.

효과적인 결정을 위해서는 사람들의 심리수준을 고려해야 한다. 갑자기 새로운 제안이 나올 때 사람들은 긴장한다. 그러므로 주요 안건은 갑자기 제안하기보다는 충분한 시간을 두고 다루어야 한다. 또 회의 내용은 미리 알려주는 것이 좋다. 회의는 정시에 시작하여 제안된 항목만을 다루고 정시에 마쳐야 한다. 회의가 길어지면 말다툼과 논쟁에 휘말리는 경우가 많다. 30분에서 1시간 혹은 1시간 30분 정도가 적당하다.

제7절 탁월한 몇 가지 프로그램과 활동

교회는 모든 사람에게 맞는 어떤 프로그램을 제공하기보다는 여러 계층의 사람에게 폭넓게 봉사하는 확실하고 뛰어나며 존경받을 두세 가지 프로그램이 있어야 한다. 교회의 프로그램에 대한 평가는 납득할 만큼 성실한 것이어야 한다. 교회이니까 미숙해도 된다는 생각은 곤란하다. 교회의 프로그램은 지역사회에 미치는 영향을 고려하여 지역사회에서 높은 평가를 받을 수 있어야 한다. 여러 계층과 여러 연령층에 중점을 두어서 점차 다양한 모임과 연령층을 폭넓게 수용할 수 있는 다차원적인 프로그램을 개발해야 한다. 프로그램의 지도자는 그 분야에서 전문적으로 훈련을 받았으며 또한 좋은 인간관계의 재능을 가진 사람이 좋다. 이런 프로그램은 구체적인 선교 목표 중의 하나와 직·간접적으로 연결하여 발전시키는 것이 좋다.

한 가지 주요 프로그램이 정착되면 다른 프로그램들도 탁월한 수준으로 발전하는 계기가 되며, 지역사회에서 다른 프로그램들도 우수할 것이라고 생각하게 된다. 프로그램 개발 계획이 정착되기 위해서는 적어도 4~5년의 기간이 필요하다. 1~2년 내에 승부를 내려는 생각은 위험하다. 또한 프로그램 자체에 너무 치중하면 교회가 선교기지로서의 역할을 할 틈이 없다. 교회의 본질을 분명히 인식하고 있어야 한다.

제8절 접근이 용이한 교회의 위치

교회는 장소 자체와 사람이 모두 접근하기 쉬워야 한다. 교회가 위치적으로 접근이 용이한가를 결정하는 세 가지 요소가 있다. 통행 방향의 형태와 평균 운행 시간, 그리고 장소가 보여주는 개방성이다. 통행 방향의 형태는 주요 교통 망 중의 하나이거나 평소 자주 가는 곳과 같은 방향인 것이 좋다. 평균 운행 시간은 일상생활에서 소비하는 시간과 교회 가는 시간이 비슷한 것이 좋다. 장소는 넓고 탁 트인 곳이 좋다. 장소 자체도 들어오고 나가는 것이 편해야 한다. 건물 출입구가 드나들기 쉬워야 하는데, 건물 현관에 특히 유의해야 하고 장애자를 위한 배려도 필요하다. 또 교회의 표시가 감추어져 있으면 사람들은 접근이 용이하지 않다는 거부감을 느끼게 된다.

사람들도 접근이 쉬워야 한다. 목회자의 개방적인 정책과 지도자들의 개방적이고 모두가 참여할 수 있는 회의 운영, 지도자와 교인들의 비공식적인 토의와 대화, 지역사회에 대한 목회자와 지도자들의 참여 정도가 인간적 접근의 용이성을 결정한다. 위치와 장소, 개방성에 있어서 접근이 어려운 교회라면, 이것을 극복하기 위해 목회자와 평신도의 심방을 개발해야 한다. 목회자와 평신도가 먼저 사람들의 일터와 가정으로 접근해가는 것이다. 또 지역사회의 구체적인 문제들에 대해 선교활동을 통해 응답함으로 교회가 지역사회와 가깝다는 것을 보여주어야 한다. 교회가 사람들에게 구체적인 도움을 주고 있다는 소문이 나면 그 소문이 곧 교회에 쉽게 접근하게 해준다.

제9절 높은 인식도

접근의 용이함과 인식도는 깊은 관련이 있다. 교회를 바라보는 시각에는 세 가지가 있다. 교회 터라는 물리적인 인식도와 지역사회의 인식도, 미디어를 통한 인식도이다. 물리적인 인식도를 위해서 교회는 사람들이 잘 볼 수 있는 곳에 위치하는 것이 좋다. 도로에서 인접한 약간 높은 지대가 적당할 것이다. 이런 물리적인 인식도가 낮을수록 지역사회의 인식도는 높아야 한다. 지역사회의 인식도는 목회자와 지도자가 지역사회에 얼마나 참여하는가하는 공적인 인식도와 비공식적인 경로를 통한 소문이라는 인식도에 의해 결정된다. 미디어는 높은 인식도를 가져올 수 있는 좋은 도구이다. 교회의 성실성과 대중과 관계있는 프로그램, 미디어 매체와의 상호 신뢰가 중요하다.

교회의 물리적인 인식도를 높이기 위해서는 해마다 한두 곳씩 관심이 가는 곳에 창조적인 변화를 주는 것이 좋다. 예를 들어 꽃밭에 꽃의 크기나 모양, 색깔을 해마다 바꿀 수 있다. 교회 안내판에 너무 많은 내용이 쓰여 있거나, 인접 도로의 통행 방향과 맞지 않고 너무 낮은 경우가 있다. 차를 타고 2~3초에 읽을 수 있을 정도로 핵심적인 사실만 간단하게 서술해야 한다. 모양이나 위치, 색깔, 글씨체에도 유의해야 한다. 그러나 무엇보다도 교회의 높은 인식도에 기여하는 것은 사람 자신이다.

제10절 적절한 주차 시설과 대지와 조경

주차장과 대지, 조경은 현대 사회에서 중요하다. 이것은 교인들의 교회 출석에 기여하는 직접적인 요소들이다. 주일 예배 시간에 몇 대의 차를 주차장과 인근에 주차할 수 있는지 파악해야 한다. 주차 공간과 사람의 평균 비율은 1:1.75에서 1:25(미국의 경우)가 좋다. 주차장 안내에 대한 표시와 주차요원을 적절히 배치해야 한다. 대지는 건물의 숫자와 규모, 주차 공간, 조경, 인근 부지의 매입 등을 고려하여 지혜롭게 정해야 한다. 특히 건물·주차장·조경과 관련하여 땅의 모양이나 배수로 등을 잘 고려해야 한다. 그리고 환영과 초청의 느낌과 개방성, 공간성을 느낄 수 있는 조경도 중요하다.

주차장 문제를 해결하기 위해서는 주차 감독관들을 잘 배치해야 하고, 예배 횟수를 조절할 수도 있다. 심방과 예배, 모임 활동을 강화하고 수입과 관계있는 투자를 하는 것도 고려할 수 있다.

제11절 적절한 공간과 시설

장기 계획에 의해 프로그램과 선교가 효과적으로 이루어지도록 적절한 공간과 시설을 배치해야 한다. 특히 애초에 작게 짓는 실수를 범하지 말아야 한다.

교회의 공간과 시설을 분석하는 데는 네 가지 기준이 있다. 첫째, 주된 용도와 최대한의 활용 가능성을 살피는 것이다. 시설 평면도와 한 주간 시설이 사용되는 현황을 조사하여 평균적으로 한 주간 동안의 공간과 시설의 주된 용도, 사람들이 주로 모이는 지역, 아직은 이용할 수 없는 공간의 잠재적인 활용 가능성, 공간과 시설을 최대한으로 이용할 수 있는 정도 등을 파악한다. 공간과 시설을 최대한 사용할 수 있게 하는 것이 중요하다. 둘째는 예배당, 친교실, 교회학교, 사무실, 주차장이 모두 균형을 이루어야 한다. 셋째, 교회 시설을 최대한 활용하기 위한 보수와 개선이다. 넷째, 특별히 고려해야 할 일들인데, 교회학교 교실의 크기, 친교실의 크기, 화장실의 규모, 유아원과 유치원의 공간과 디자인의 문제 등이다. 공간과 시설은 찾기 쉽고 이용하기 쉽게 배치해야 한다. 그러기 위해서는 교회에 낯선 사람을 초청하여 그들의 첫인상을 이야기하도록 하여 주기적으로 공간과 시설을 분석하는 것이 좋다.

건물과 성장은 밀접한 관계가 있다. 첫 번째 건물은 다음 건물의 모양을 결정하고, 첫 번째 건물의 크기와 형태는 교회가 봉사할 대상의 숫자를 결정하므로 두 번째 건물을 지을 능력을 결정하게 된다. 교회의 공간은 다양한 모임이 모두 사용할 수 있는 융통성을 늘 생각해야 한다. 교회는 공간의 비용 효과를 높여야 한다. 그래서 건축비용, 이자와 융자의 기본 상환금, 주간 동안 최대 이용치, 설비와 자연적인 보수비용, 예방적 유지를 위한 비용, 예상되는 건물 수명, 건물을 이용할 사람의 수, 건물이 가져올 새로운 수입 등을 고려해 분석해야 한다. 긴박한 일이 생긴 뒤에 보수하는 것보다는 예방을 위해 장기적인 유지 계획을 세우는 것이 비용을 절감하는 길이다. 교회 건축은 성장하고 난 다음에 건축하는 것이 아니라 성장하기 위한 건축이 바람직하다.

그러나 가정을 이루는 것은 집이 아니라 그 식구들인 것처럼, 교회다운 교회가 되기 위해서는 새로운 공간과 시설보다는 교인들의 역할이 더욱 중요하다.

제12절 견실한 재정 자원

무조건 돈을 쓰거나 절약하는 것이 아니라, 현명한 재정 투자를 통하여 선교의 효율성을 높이고 헌금이 실질적으로 늘어나게 하는 것이 중요하다. 교회는 청지기 직임을 다함으로 지역사회 내에서의 선교적인 봉사의 참여도를 높이고, 교회의 효율성을 극대화하여 교회 생활과 선교에 재정적으로 기여하는 가정 수를 늘려야 한다. 교회는 현재 수입을 분석하여 견실한 재정 자원이 있는지를 파악해야 한다. 현재 수입, 순수한 새 수입, 기금과 자산, 부채, 잠재적인 재정 자원 등이 현재 수입의 요소이다.

재정 자원을 개발하기 위해서 교회는 좋은 선교 프로그램을 제시할 수 있어야 한다. 사람들은 선교하는 데 돈을 내려고 하기 때문이다. 돈이 일을 따르지, 일이 돈을 따르지는 않는다. 좋은 프로그램이 있으면 사람들은 돈을 낸다. 또 사람들은 사람에게 투자한다. 성공적인 기금 조성은 일의 목적이나 이유, 프로그램보다 이웃과의 관계성 속에서 이루어진다. 또한 예산은 물가 상승률을 고려한 실제 구매 능력에 맞추어 편성되어야 하며, 적어도 4년 정도의 장기 계획이 있어야 효과적인 재정 경영을 할 수 있다.

그러나 우리는 효율적이고 성공적인 교회를 이루기 위해서 재정은 12번째 요소임을 기억해야 한다. 재정적 요소보다 더 중요한 것은 관계적 요소, 인적 요소이다.

캘라한은 각 장에서 12가지 요소에 대한 자기 교회 평가 도표를 제공하고, 그 점수에 따라서 현재를 평가하도록 한다. 그리고 결론 부분에서는 장기 계획을 위한 제안을 한다.[2]

장기 계획을 위한 원칙에는 4가지가 있다. 첫째는 신념과 능력이 커질수록 교회의 선교적 성취도도 커진다는 것이다. 둘째는 신장시키기 쉬운 능력을 먼저 신장시키는 것이다. 셋째는 너무 많은 것을 단번에 하지 말고 자연스러운 리듬을 타야 한다는 것이다. 넷째는 이미 잘 되어 있는 특성에 그것을 보완할 수 있는 새로운 능력을 덧붙이는 일, 즉 보완적 우선순위이다. 예를 들어 예배가 잘 되고 있는 교회에 심방을 덧붙이는 일 같은 것이다.

장기 계획에도 우선순위가 있다. 첫째는 우선순위가 분명해야 한다는 것이다. 우선권이 있는 일이 먼저 이루어져야 한다. 둘째, 일을 성취할 지도자와 일꾼들이 필요하다. 셋째는 인력과 재력을 비축하기 위해서 규모를 줄이거나 없앨 프로그램들을 결정한다. 넷째는 능률적인 구조와 효율적인 위원회이다.

캘라한은 전략적인 장기 계획은 과학이기보다는 예술이라고 결론을 맺는다. 여기에 제시한 12가지 특성은 교회와 지역사회에 따라 다를 수 있다. 단지 개체 교회의 선교를 증진시키는 데 도움이 되는 최소한의 기준일 뿐이다. 따라서 전략적 장기 계획은 지혜와 판단, 비전을 수반하는 예술이다.

2장 결정과 계획

제1절 결정

교회 안에서 평신도의 참여는 특별한 결정사항뿐만 아니라 일반적인 결정사항에 참여하는 사람들과 결정방식에 큰 영향을 준다. 만약 어떤 교회가 공동사역에 평신도를 효과적으로 참여하게 하려면 교회는 결정 과정에 주의를 기울어야 한다. 이것에 대한 몇 가지 이유는 다음과 같다.[1)]

첫째, 결정을 내린다는 것은 결정을 내리는 사람에게 그 조직이 어떤 모습이어야 하고, 어떤 것을 행하여야 하는지 결정할 수 있는 권한을 주는 것이기 때문이다. 중요한 결정을 하는 사람은 누구나 교인들을 위해서 결정 과정을 도식화해야 하며, 교회의 교인이 가지고 있는 요구 사항들뿐 아니라 능력도 파악해야 한다. 신학적으로 하나님의 백성이라고 주장하며 만인 제사장으로 활동하길 희망하는 교회는 교회 사역을 규정하는 일에 관해서 중요한 결정을 내리는 사람을 중시해야 한다. 평신도들이 결정하는 일에 함께 참여하는 것은 교회 사역이 곤경에 처했을 때 평신도들이 활약할 수 있는 권한을 부여하는 것이다.

둘째, 결정을 내리는 일은 교회의 통제부의 소관이기 때문이다. 결정을 내리는 사람은 어떤 프로그램과 어떤 활동들을 해야 하며, 어떤 사람들이 적합하지 않은지를 결정해야 한다. 통제는 인적, 재정적 자원을 확보하고, 분배하는 일과 관련하여 행사하여야 한다.

셋째, 교회 프로그램들이 실행되는 과정에서 비참가자들과 비지지자들로 인해 드러나는 많은 기능적인 문제들은 그 결정을 내리는 과정 안에서 문제의 근원을 발견하게 되기 때문이다. 반대는 불참, 적대감, 반발 등으로 나타나며 마침내 교회를 떠나게 된다. 그 근본 바탕에는 "결정을 내리는 과정에 왜 나를 참여시키지 않았는가?" 하는 불만이 있다.

1. 효과적인 결정 과정

캘라한은 「성숙한 교회의 12가지 열쇠」 중 여섯 번째의 중심적인 특징으로서 효과적인 결정 과정에 대해서 설명하고 있다. 여기서 그 내용을 간단히 설명해본다.[2]

먼저, 결정 과정이 확고하고 회중이 참여할 수 있어야 한다. 확고하며 열린 결정 과정은 능률적인 조직 구조에 기여하고, 능률적인 조직 구조는 그것을 촉진시킨다. 오히려 복잡한 조직 구조에서는 정책 결정 과정이 비능률적이다. 그리고 캘라한은 정책을 결정함에 있어 우선순위를 잘 고려하는 것이 효과적인 결정 방법이라고 강조한다.

그는 다음 세 가지를 주장한다.

첫째로, 가장 효율적인 결정 과정은 교회생활과 선교를 위하여 신중한 방향을 제시하고 현명한 결정을 유도한다.

둘째로, 사소한 일들보다는 중요한 일에 우선순위를 둘 때 견실하다고 말할 수 있다. 결정을 내릴 때 다음 네 가지의 우선순위가 고려되어야 한다.

1순위 – 중요하고 급한 문제

2순위 – 중요하지만 긴급하지 않은 문제

3순위 – 급하긴 하지만 중요하지 않은 문제

4순위 – 급하지도 중요하지도 않은 문제

셋째로, 개교회는 원하는 것보다는 필요한 것을 결정하는 데 중점을 두어야 한다.

끝으로, 성공적인 교회는 다음의 세 가지가 잘 이루어질 때 참여적인 결정 과정을 하게 되는데, 이 세 가지는 주인 의식, 개방성, 그리고 참여의 공식적인 장과 비공식적인 장 사이의 역동적인 관계이다.

교회가 능률적인 구조를 가지고 참여적인 정책 결정을 하는 한 교회는 선교하는 교회로서 확고한 사명을 향해 확신과 능력을 가지고 앞으로 나아가게 될 것이다.

2. 누가 결정하나

결정이라는 것은 권리와 함께 책임을 포함하는데, 그렇다면 "누가 결정하는가?"라는 물음은 교회의 행정에 있어서 매우 중요하다. 왜냐하면 이 물음에 어떤 답을 내리느냐에 따라서 그 교회의 유형이 결정되기 때문이다. 대부분의 교회 안에서는 일곱 가지 유형의 결정권자가 있다.[3]

1) 공식적인 지도자

공식적인 지도자가 결정을 내린다고 할 때, 교회의 공식적인 지도자는 누구인가? 우선 목회자라고 할 수 있다. 목회자는 공식적인 지도자이고, 또한 평신도 지도자도 공식적인 지도자가 될 수 있다. 이 공식적인 지도자는 목회자라든지, 혹은 평신도 지도자들에 의해서 결정이 되기도 하는데 투표할 경우에는 지도력을 발휘해서 의장이 위원회 혹은 부서를 통제할 수도 있다.

2) 비공식적인 지도자

목회자나 평신도 지도자가 실세가 아닌 경우이다. 목회자나 평신도 지도자가 아닌 다른 사람들이 영향을 미치는 경우에는 몇 가지가 있다. 첫 번째는 존경받는 인물이다. 좋은 의미로서의 원로이다. 두 번째는 두려워하는 사람, 세 번째는 전통, 네 번째는 재정 능력, 다섯 번째는 사회적인 지위, 여섯 번째는 전문가, 일곱 번째는 조작 기술이다. 예를 들면 전통에 의해서 결정되는 것들이 많이 있다. 어떤 경우인가? "우리 교회 100년의 역사 동안 그렇게 해본 적이 없습니다."라는 말을 들을 수 있다. 이런 것이 전통성이다. 그런 전통에 의해서 암암리에 교회의 많은 것들이 결정되는 예가 자주 있다. 이런 경우가 비공식적인 지도자에 의해서 결정되는 경우이다.

3) 하위 그룹의 파벌

이 경우는 그룹의 몇몇 사람들에 의해 결정되는 경우이다. 이 그룹은 공식적인 지도자들과 몇몇 추종자들로 구성된다. 어떤 조그만 그룹이 사전 모임을 가지고 먼저 담합하여 계약을 맺는다. 그래서 어떤 경우엔 중요한 결정을 하는데 있어서 많은 사람들이 결석해버리는 것이다. 어떤 경우에는 빨리 결정해야 하는데 시간을 끄는 경우도 있다. 이런 경우는 작은 그룹들의 공식적인 지도자나 그의 친구들이 혹은 그룹의 구성원들 사이의 제휴에 의해서 결정되기도 한다. 이런 경우는 교회에서 바람직한 모습이 아니다.

4) 그룹의 전 구성원

위원회나 혹은 조직의 구성원들이 실제적으로 결정을 내리는 자들이 된다. 다시 말해서 이것은 부서나 위원의 전원이 참여한 결정이다. 방법으로는 투표를 하는 방법과 여론을 수렴하는 방법이 있다. 결정을 내리면 그것이 그 조직의 모든 구성원의 결정으로 간주된다.

5) 교회 외부인들

교회 밖의 사람들에 의해서 결정된다는 것은 외부적인 입김에 의해서 결정되는 경우를 말한다. 예를 들어 교단의 정책적인 입장, 시(市)의 법령, 재정 형편, 주변의 변화(Changing Neighborhood) 등에 의해서 결정되는 경우이다.

6) 전통과 과거의 역사

교회가 쌓아온 전통으로서 변경시킬 수 없는 전통이 있는 경우이다. 예를 들면 예배 시간이나 교회의 위치에 대한 것들이다. 이 경우에 먼저 그 일을 처음 결정했던 전(前) 위원이나 이전에 결정된 전통에 의해 결정된다.

7) 결정할 사람이 아무도 없는 상태

결정을 보류하거나 결정을 거부하는 것도 하나의 결정이다. 이것은 조직이 결정을 내리는 데 자주 사용되는 형태이다.

위에서 보았던 것처럼 조직에서 실제적으로 누가 중요한 결정을 내리고 있는가에 대해서 인식하는 일은 매우 중요하다. 그때에만 비로소 "정당한 사람이나 조직이 결정을 내렸는가?" 하는 문제를 판단할 수 있기 때문이다. 사실상 결정에 대한 반발은 결정을 누가 내렸는가 하는 것뿐 아니라, 무엇이 결정되었는가에 의해서도 영향을 받는다. 예를 들면, 교인들은 의장이 결정에 압력을 넣었다거나, 목회자가 지나친 영향력을 행사했다거나, 어떤 파벌이 결정을 교묘하게 조정을 했다거나, 혹은 어떤 영향력 있는 교인이 결정을 내리는 조직을 조정했다거나, 어떤 외부적인 힘이 선택을 유보하게 했다거나, 과거의 전통에 사로잡혀 결정을 내렸을 때, 그리고 전체 위원회가 자신들에게 유익한 결정만을 내렸을 때 반발하거나 결정 사항과는 다르게 행동하게 된다. 문제의 심각성이 깊어지면 깊어질수록 문제의 귀결점은 "누가 실제적으로 그 결정을 내렸느냐"에 모아진다.

어떤 조직이라도 그 조직 내에서 실질적으로 결정을 내리는 사람을 인식하는 것이 중요하다. 이것은 보다 효과적인 외형상의 구조를 결정하기 전에, 누가 중요한 결정을 내릴 것인가 하는 것을 아는 일이 필수적임을 시사하는 것이다.[4)]

3. 어떻게 결정되나

1) 무결정에 의한 결정

무결정에 의한 결정[5)] 이라는 것은 세 가지 경우인데 첫 번째는 무관심이다. 어떤 결정을 해야 하는데 제안 설명에 대해서 듣지도 않고 반응하지도 않고 그리고 제안에 대해서 질문하지도 않는 경우이다. 왜냐하면 각자마다 자기의 제안(proposal)이 있기 때문이다. 이런 경우에는 상황에 따라 시간 관계상 마지막 제안이 의결될 수도 있다. 또 연기를 결정하므로 많은 부작용이 생겨날 수도 있다. 결정이 늦어지는 바람에 경제적으로 막대한 손실을 입는 경우도 있다. 이것은 바람직하지 못한 방법이다. 두 번째는 핵심에서 빗나간 논제이다. 질문을 하지만 의제에 벗어난, 또는 핵심에서 벗어난 질문만 하는 것이다. 세 번째는 곤란한 논제이다. 아주 혹독한 질문만 하는 경우이다. 이런 경우 분위기가 나빠지게 되며, 어떤 의미로는 위기의식, 경박한 질문, 격정적인 질문 등이 발생한다. 이 세 가지의 경우는 어떤 의미로는 바람직하지 않은 경우이다.

결정을 내리지 않기로 하는 전략은 결정을 내리는 시기에 결정을 내릴 수 없게 만드는 정당한 이유가 있다는 신중한 판단을 필요로 한다. 즉 논제가 분명하게 정해지지 않았을 때, 시기가 적절하지 않을 때, 조직이 그 논제를 다룰 수 있는 권한을 가지지 못했을 때 등은 어떠한 결정도 적절하지 않다는 사실에 대한 실례들이다.

2) 소수에 의한 결정

첫 번째, 상관의 권위에 의한 결정이다. 목회자, 혹은 부서의 책임자 한 사람에 의해 결정되는 경우이다. 어떤 경우에 소수에 의해서, 즉 상관 한 사람에 의해서 결정될 수 있는가? 세 가지 경우이다. 법이 허용하는 범위 안에서 전결하는 사항이나, 위험이 발생할 경우, 그리고 사소한 일인 경우이다. 예를 들어서, 소모품을 공급하는 경우, 방을 배열하는 경우 등의 사소한 일은 책임자, 부서장이 바로 결정할 수도 있다. 이런 결정은 지도자가 그 부서에 대해서 제일 잘 알고 있기 때문에 신속하고 효율적으로 결정할 수 있다. 그러나 문제는 그룹의 구성원 전체의 창의성을 활용할 수가 없다는 것이다.

두 번째는 한두 사람의 조작에 의해서 결정되는 경우이다. 신속한 결정 방법은 조직 안의 소수 사람들이 결정을 조정하는 것으로 가장 오래되고 자주 사용되는 방법 중 하나이다. 조직 안에서 한 사람이나 두 사람 혹은, 세 사람에 의해서 사용되는 기술이다. 그러나 그들이 내린 결정은 다수의 실질적인 동의 없이 시행되지 않는다. 이것은 은밀한 장소에서 의심하지 않는 조직의 구성원들을 표적으로 삼아 한 사람이나 두 사람에 의해서 자주 사용된다. 이런 방법은 결정을 내리는 방법으로 매우 자주 사용된다.[6] 그러나 실질적으로 실행할 수 있고 도움을 줄 수 있는 생산적인 결정 방법은 아니다.

3) 다수에 의한 결정

다수에 의한 결정에는 세 가지 방법이 있다.[7]

첫 번째는 투표에 의한 결정으로서 가장 일반적인 방법이다. 교회가 결정을 내리는 데 가장 일반적인 방법은 구성원들의 다수결에 의한 투표이다. 우리의 정치적 역사와 민주주의 문화는 이 방법을 가장 선호하도록 만들었다. 이것은 대다수 구성원들이 분명하게 결정을 내리는 가장 단순한 방법이다. 그러면 투표에 의한 결정은 어느 때에 적당하고 어느 때에 적당하지 않은가? 적당한 경우는 큰 규모의 그룹에서 광범위한 토론을 거친 경우에는 이 투표에 의한 방법이 타당하다. 적당치 않은 경우는 주인 의식, 소명감이 없는 구성원들이 있을 때이다.

두 번째는, 여론에 의한 결정이다. 여기서 말하는 여론은 내용에 대한 충분한 토론을 거친 여론이다. 의견 일치는 조직의 구성원들이 논제에 대해서 충분하게 토론하고 연구하며, 모든 구성원이 자신의 의견을 표현하고 다른 구성원들의 의견을 들으며, 그 논제에 관해서 모든 감정을 드러냄으로써 합의점에 도달하는 것이다. 그런 상황이 현실적으로 이루어졌을 때 그 교회는 최선으로 가능한 해결 방법에 도달했다고 동의하며, 모든 구성원은 그 결정을 지지할 것이다. 의견 일치는 개방적이고 협조적인 절충 과정이다. 그것은 모든 구성원이 여러 대안을 진지하게 모색하며, 그 상황에서 가장 최선의 해결 방법에 동의하는 것이다. 단점은 시간이 많이 걸린다는 것이다. 여기에 요구되는 조건에는 세 가지가 있는데, 쌍방 대화가 잘 되어야 한다는 것과, 상호 인간관계가 분명해야 한다는 것, 그리고 갈등을 잘 극복하는 기술이 필요하다. 여론에 의한 결정의 장점은 참여 의식을 높일 수 있다는 것이다.

세 번째는, 만장일치에 의한 결정이다. 교회가 결정을 내리는 데서 만장일치 동의는 쉽게 일어나지 않는다. 그러나 어떤 논제에 대해서 조직이 만장일치로 동의할 가능성을 배제해서는 안 된다. 완전하게 동의가 이루어지면 결정도 매우 빨라진다. 100%의 완전한 동의는 아픔이 없는 행복한 결정이다. 그러나 교회는 결정을 내리는 일의 한 모델로서 만장일치에 도달하기 위해서는 다양한 변화, 도전, 그리고 관용, 참여 등에서 낙심도 경험하게 된다. 아무튼 이 방법은 좋은 방법이지만 그만큼 어렵다.

4. 적당한 결정 과정의 선택

1) 정보 수집

정보 수집을 위해서는 세 가지를 중요시해야 한다.[8] 첫 번째는 과거에 어떤 결정 과정을 사용했는가? 다시 말해서 왜 옛날에는 그렇게 결정하지 않았는데 오늘은 그렇게 결정해야 되느냐 하는 것이다. 그래서 오늘의 결정 방법이 새로워졌다면 그 새로운 것에 대해 납득할 만한 이유가 있어야 한다. 두 번째는 과거에 사용한 결정 과정이 어떤 결과를 나타냈는가? 세 번째는 구성원들이 그 결과에 대해서 어떻게 생각하느냐에 대한 정보를 수집해야 한다.

2) 업무의 성격상 어떤 결정 방법이 타당한가

다양한 상황은 다양한 결정 방법을 요구한다. 어떤 것은 전문적인 결정이 필요할 때가 있다. 전문적인 기술과 지식을 요구하는 결정들, 예를 들면 "어떤 파이프 오르간을 선택해야 되며, 어떤 오디오를 구입해야 하는가?" 등은 그 일에 적격인 소수의 사람에게 위임할 필요가 있다. 그러나 정책적인 문제들, 즉 파이프 오르간이나 혹은 오디오 시스템을 소유할지의 여부를 결정하는 일 등은 대다수의 폭넓은 참여를 필요로 한다. 깊은 헌신과 감정이 개입하는 논제들, 예를 들어 다른 교회 교인들을 흡수하는 일, 교회를 크게 건축하는 일, 새로운 지역으로 이전하는 일 등은 주의 깊은 사고와 충분한 정보, 그리고 모든 교인이 감정을 솔직히 표현하고 모든 대안을 심사숙고할 수 있는 많은 기회를 제공한 후에 결정을 내리는 것이 좋다. 그러나 어떤 특정한 일들, 가령 모임의 구성을 위한 세부 항목, 필요한 정보를 얻는 것 등은 조직의 한 사람이나 작은 위원회에 위임되어야 하고 또 위임할 수 있다. 당면한 과업은 가장 적합한 결정 과정을 결정짓는다. 결국 정책의 결정은 광범위한 참여와 깊은 소명의식에서 이루어져야 한다.

3) 시간과 그룹의 규모가 결정 방법을 정하는 요소가 된다

급한 것일수록 적은 수가 결정해야 한다. 또 그룹의 규모가 클 때는 많은 사람들에 의해서 결정하는 것이 좋다. 제한된 시간과 중요한 논제는 결정할 때

투표로 할 것인지의 여부와 합의하는 방법으로 할 것인지의 여부를 결정하도록 요청한다. 합의에 의한 결정은 많은 시간을 소모하게 만든다. 그러나 아주 논쟁적이고 감정적인 항목들에 대한 충분한 토의 없이 결정을 강요하는 투표 방식은, 즉각적인 결정을 얻을 수는 있으나 장래에 더 큰 문제를 불러일으킬 수 있다. 시간적인 요인이나 그것에 함축된 의미는 적합한 의결 방법을 선택할 때 주의 깊게 고려해야 한다.

5. 결정 분석

결정 분석을 시도하도록 하는 어쩔 수 없는 다른 이유들도 있다. 단 한 가지 방법으로만 해결될 수 있는 문제는 거의 없다. 대부분의 문제들을 해결하기 위해서는 많은 대안책이 있어야 한다. 그래서 현명한 문제 해결자는 가장 효과적인 해결책에 대한 결론에 도달하자마자 문제의 원인에 대한 조속한 가정들을 산출한다. 그러므로 문제를 분석한 후에 몇 가지 가능한 의결의 방향을 확인하고 그중에서 가장 성공 확률이 높은 하나를 결정하기 위해 결정분석을 수행하는 일이 종종 필요하다. 해결책을 선별하기 위해 한 문제에 대한 결정 분석 모형을 이용하려면 아래와 같은 분석이 필요하다.[9]

1) 문제의 원인에 대한 규명

먼저 문제가 무엇인지를 규명해야 한다. 또한 문제의 원인이 무엇이고, 이 문제는 어떤 것과 관련되어 있는지도 규명해야 한다. 역사가 오랜 교회일수록 인적 구성이 상당히 복잡하다. 그래서 일이 옳고 그름에 대한 판단보다는, 누가 이 일을 찬성하느냐 반대하느냐에 신경을 쓸 때가 있다. 따라서 다음과 같은 질문을 통해서 문제의 원인을 규명해야 한다.

첫째, 우리는 어떻게 하면 문제의 해결책을 잘 서술할 수 있을까?

둘째, 이 문제의 가장 직접적인 원인은 무엇인가?

셋째, 제의 신학적–선교적, 조직적, 그리고 상호 인간적인 측면은 무엇인가

넷째, 체계의 어떠한 구성 요소 속에 이 문제가 놓여 있는가?

2) 목표

지도자는 비전이 분명해야 한다. 이 문제 분석, 결정 분석에 있어서도 이 일을 처리해서 궁극적으로 지도자가 성취하고자 목적이 무엇인가가 분명해야 한다. 이것에 대한 질문은 다음과 같다.

첫째, 이 문제를 해결하여 우리가 성취하고자 하는 것이 무엇인가?

둘째, 이 목표들을 달성하는 과정에서 부딪혀야 할 특수한 논쟁점은 무엇인가?

셋째, 이러한 논쟁점들이 해결된다면 우리는 그 문제가 해결되었다는 것을 어떻게 알 수 있는가?

넷째, 만일 모른다면, 문제 규명과 목표들에 대한 작업을 계속할 것인가?

다섯째, 만일 안다면, 분석을 시작하라.

3) 자원과 억압

문제가 해결되는 데 도움이 되는 것과 장애가 되는 것을 파악하는 것이다. 다시 말해서 목표를 성취하기에 유용한 시간은 언제이고, 어디서 그 일을 해결해야 하며, 누구를 만나서 그 일을 해결해야 하는가? 이러한 것들을 미리 잘 분석해야 한다.

첫째, 교회 체계의 구성 요소에 있어서 각 목표 달성에 자원으로 또는 억압으로 적용할 것은 어떤 것들인가?

둘째, 그 억압 요인은 어떻게 감소될 수 있는가?

셋째, 목표를 달성하기 위해 어떤 시기와 시설과 사람들이 유용한가?

넷째, 교회의 환경에 있어서 자원으로나 억압으로 작용할 것은 무엇인가?

4) 기준

문제 해결이 되었음을 어떻게 알 수 있는가? 문제가 해결되면 무엇이 달라질 것인가? 문제 해결, 목표 성취의 정도를 어떻게 측정할 수 있는가? 누구에 의해 수행되고 언제 결정되어야 하는가? 이런 것들이 바로 기준이 되어야 한다.

첫째, 우리는 언제 문제가 해결되었는지 어떻게 알 수 있는가? 무엇이 달라질 것인가?

둘째, 우리의 목표가 성취되고 문제가 해결된 정도를 어떻게 측정할 것인가?

셋째, 이 문제를 해결하기 위한 훌륭한 결정 수립의 필요조건은 무엇인가?

넷째, 언제 이러한 각 결정이 필요하며 또 누구에 의해 수행될 것인가?

5) 결정

문제 해결의 행동 과정이 결정이다. 결과가 어떻게 되리라고 보는가? 남이 이 결정에 대해서 어떻게 평가할 것인가? 이런 것들이 바로 '결정'의 부분에서 고려되어야 한다.

첫째, 문제를 가장 그럴듯하게 해결할 행동 과정은 무엇일까?

둘째, 이 결정의 결과는 어떠하리라고 보겠는가?

셋째, 우리는 우리의 문제 해결에 대한 노력을 어떻게 평가할 것인가?

6) 대안

어떤 문제를 해결함에 있어 반드시 그 문제가 자기의 뜻대로 되는 경우에만 있는 것이 아니다. 그렇지 않은 경우를 준비하여 지도자는 반드시 이것을 대신해서 쓸 수 있는 결정을 만들어 놓아야 한다. 만일 문제 해결을 위한 행동 과정이 만족스럽지 못하다고 판명된다면 그에 대한 대안들은 무엇인가?

7) 수행

　이런 계획이 실제로 수행되기 전에 그 계획에 대한 선택을 시인해야 할 사람이나 집단은 누구인가? 그 계획은 언제, 어떻게, 누구에 의해 수행되어야 하는가? 가능한 해결책을 결정하기 위하여 한 문제에 결정 분석 모형을 적용하는 것이, 단순한 문제일 경우에는 단지 몇 분밖에 걸리지 않을지도 모른다. 그렇지만 매우 복잡한 문제에 직면했을 때에는 여러 시간이나 여러 날이 걸릴 수도 있다.

결정분석 모형 – 문제 분석의 6단계

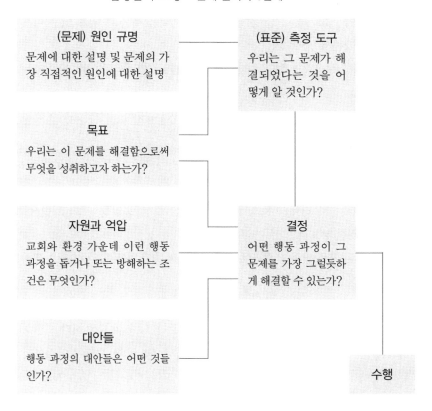

제2절 계획

교회 행정가가 해야 할 주된 업무 가운데 첫 번째 것은 계획이다. 계획은 행정 업무의 기초이다. 계획은 한 번 더 생각하게 하고 보다 일을 완벽하게 하는 뒷받침이 된다. 계획은 구상이다. 계획은 시작이다. 계획 업무는 무엇보다도 목적과 목표 설정을 포함하고 있으며 이 목적과 목표를 어떻게 성취시키느냐에 대한 지도를 그리는 일이다.

1. 계획의 필요성

먼저 아콜라(Lou Accola)를 통하여 교회가 계획을 세울 때 얻게 되는 여섯 가지 이점에 대해서 알아보자.[10]

첫째, 계획은 교회의 하나님 사업에 참여하기 위한 우리의 비전을 이루는 수단이다.

둘째, 계획은 우리가 사람들의 진정한 요구에 부응하는 방법으로 우리의 신념을 나타내도록 돕는다.

셋째, 계획은 정책 결정과 목회에 참여하는 데 대한 긍정적이고 낙관적이며 열정적인 형태를 창출한다.

넷째, 계획은 우리에게 센스와 비전에 대한 표현, 통일성, 그리고 헌신하고 참여하기 위한 상호적인 이유를 제공한다.

다섯째, 계획은 원하는 결과에 집중함으로써 교회의 사업과 선교에 대해 방향을 제시해 준다.

여섯째, 계획은 우리가 프로그램의 수단이 되고, 과거 지향적이 되는 대신에 사람 중심적이고, 미래 지향적이 되도록 도와준다. 많은 계획을 하다 보면 자기가 해놓은 계획에 스스로 규제를 당하는 경우가 있다. 그 계획이 어디까지 세밀해야 하고 어디까지는 융통성이 있어야 할지를 결정하는 것은 지도자로서 대단히 곤혹스러운 일이다. 어떤 경우는 계획을 세밀하게 잘 해놓았는데 상황이 바뀌어서 계획대로 해나가기가 어려운 때도 있다. 그러나 계획을 전혀 세우지 않는 것보다는 계획을 세워놓고 규제받는 쪽이 훨씬 더 효과적이다.

계획은 과거 지향적, 경험 중심적이 아니라, 미래 지향적이고 우리의 비전과 우리의 꿈을 실현 가능케 하기 때문에 중요하다. 교회와 관계없는 일이지만 일반 기업체에는 기획조정실이 있다. 그룹과 그룹, 회사와 회사 사이의 연결, 또는 어떤 공동의 비전을 가지고 묶어 나가는 곳으로 가장 뛰어나며, 가장 창의력이 있는 사람들이 모인 곳이 바로 기획조정실이다. 그만큼 기획은 한 회사의, 한 그룹의 미래를 결정하는, 사활을 좌우하는 매우 중요한 일이다.

2. 계획의 과정

1) 앨빈 린그렌과 노먼 샤우척의 방법

먼저 소개하고자 하는 것은 엘빈 린그렌(Lindgren Alvin)과 노만 샤우척(Norman Schawchuk)의 방법이다.[11] 이 논리의 실례를 들기 위해서 한 가지 비유를 들어보자.

당신이 호화스러운 여객선에 승선했다고 가정해보라. 여객선의 엔진은 이미 항구를 떠날 준비가 되어 있다. 당신이 해도실에 들어가 선장에게 여객선의 현재 위치와 다음 기항할 항과 마지막 목적지는 어디이며, 목적지에 도달하기 위해서 선장이 계획하고 있는 것에 관해서 도표로 보여줄 것을 요청했을 때, 선장이 "나는 정말로 그 일에 대해 아는 바가 없소! 나는 단지 이 배가 잘 항해하도록 관심을 가질 뿐이오."라고 대답했다면, 당신은 목적지에 선장이 도달할 수 있다고 확신할 수 있겠는가? 또한 당신은 그 배의 승객이 되기를 원하겠는가?

당신이 선장에 대해 정당한 기대감을 가졌듯이, 당신 교회의 미래 과정을 계획함에 있어서 똑같은 지성을 사용할 수는 없는가? 결코 실패하려고 계획하는 지도자는 없지만, 계획을 세우는 데 실패하는 지도자들은 많다. 그러나 불행하게도 그 결과는 양자가 똑같다.

　위에서 예를 든 선장의 이야기는 교회가 계획을 수립하는 과정에서 참고해야 하는 세 가지 중요한 점을 지적하고 있다. 즉 현재의 위치, 장래에 도달하기 위한 목적과 항로 등이다. 이것들을 목표 설정과 계획 수립의 과정을 예증하기 위해서 도식화하면 다음과 같다.

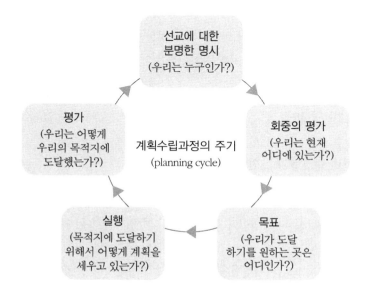

(1) 선교 설명-우리는 누구인가?(Who are We?)

　이 부분은 신학적인 과정을 말하는 것이다. "선교적인 가치와 의도하는 존재와 행동이 무엇인가?"라는 질문에 대답하는 과정이라고 하겠다. 이 과정에서는 특별한 활동을 결정하는 것이 아니라, 모든 선교 활동을 왜 해야 하는지의 목적을 확실히 하는 것이다. 목적 없는 계획은 성취되기가 어렵다. 성취되었다 하더라도 아무런 가치가 없는 것이다. 먼저 "우리가 누구인가?"라는 물음이 필요하다. 교회적으로 보면 선교에 대한 정의로서 교회가 무엇이며, 성도가 무엇인가에 대한 신학적인 과정이다.

　선교에 대한 분명한 명시는 목적에 대한 문제를 다루며, 부서가 자신의 환경과 가장 적합한 관계를 맺는 데 불분명해질 때마다, 혹은 회중이 부서의 미래에 대해서 진지하게 의문을 제기할 때마다 계획 수립의 범주 안에서 명확하고 의도적인 단계가 되어야 한다.

(2) 회중적인 평-우리가 지금 어디 있는가?(Where are we now?)

이 과정은 현재의 교회 프로그램과 주변 환경을 살펴보는 것이다. 지금 현재 우리의 상황(교회의 상황, 성도의 상황)이 어떠한가? 미래를 위한 계획에 중요한 자료가 된다. 여기서 분명히 알아야 할 것은 철저하게 현실을 바탕으로 계획을 세워야 한다는 것이다. 물론 그 계획으로 성취하고자 하는 목표는 미래에 있지만 현실이 우리의 바탕이어야 한다.

우리 교회가 가지고 있는 모든 장점 그것을 찾기 위해서는 기질, 프로그램, 독특한 분위기, 성향을 파악해야 한다. 우리 교회가 가지고 있는 기질이나 프로그램에 약점은 무엇인가? 우리 교회가 추가해야 될 프로그램, 우리 교회가 정말 바람직하게 만들어가야 할 기질은 무엇인가? 환경과 주변의 변화는 어떠한가? 이런 질문들이 현재 자기를 점검하는 것이다.

(3) 목표 설정-우리가 도달하기 원하는 곳은 어디인가?(Where do we want to be?)

목표 설정은 우리 교회가 미래에 어떤 모습이 되어야 하는가의 방향을 설정하는 것이다. 이것에 대한 근거는 신학적으로 정립된 교회가 무엇이며, 우리의 교회가 현재 어떤 형편에 있는가 하는 이 두 가지를 바탕으로 목표를 설정해야 한다. 다시 말해서 활동과 프로그램은 신학적 가치와 선교적 우선순위에 의해서 계획되어야 한다.

(4) 실행-목표에 도달하기 위해 해야 할 일은 무엇인가?(How do you plan to get there?)

좋은 계획을 발전시키기 위한 것으로 지도(map)에 해당하는 부분이다. 실행

부분에서는 다섯 가지가 중요하다. 첫 번째는 전략을 세워야 한다. 사람의 관심과 역량, 그리고 가능한 자원들을 참조해서 활동 계획을 세우는 것이다. 두 번째는 시간 계획을 세워야 한다. 언제 계획을 시작해서 언제 끝낼 것인가를 결정하는 일이다. 세 번째, 조직과 임무이다. 필요한 인력 확보와 임무를 부여하는 것이다. 네 번째는 자원 확보이다. 장비, 공간, 재정 등 필요한 것들을 확보해야 한다. 다섯 번째, 점검하는 것이다.

(5) 평가—목표에 얼마만큼 잘 도달했는가?(How close did we come to our destination?)

평가를 해야 할 두 가지 중요한 의도가 있다. 첫 번째 의도는 프로그램을 지속시켜야 되는가, 지속시키기 위해서 보완할 것은 없는가를 확인해보는 것이며, 두 번째 의도는 새로운 프로그램과 활동을 위한 점검이다. 평가는 계획 수립의 전체 과정을 통해서 이루어져야 한다. 또한 목회자와 평신도 지도자들뿐만 아니라 모든 교인들도 평가에 참여하도록 허용된 가운데 내려져야 한다.

그리고 다음과 같은 구체적인 평가가 있어야 한다.(평가 지침)

• **목표와 목적을 위한 평가**
첫째, 목표가 무엇인가?
둘째, 선교 목표와 일치하는가? 좋은 목표인가?
셋째, 분명하고 실현할 수 있는 목표인가?

• **프로그램과 활동을 위한 평가**
첫째, 프로그램이 선교적 목표와 일치했는가?
둘째, 프로그램을 통하여 얻으려 했던 것은 무엇인가?
셋째, 시간, 노력, 돈이 효과적으로 사용되었는가?
넷째, 긍정적, 부정적 부가요소는 무엇이었는가? 다시 말해서 프로그램이 계획하지 않은 결과를 만들어내지 않았는가?

• 문제 해결과 미래 계획을 위한 평가

첫째, 선교적 목표 성취를 위해 수정할 계획은 없는가?

둘째, 선교적 사명을 위해 새로운 목표나 필요한 프로그램은 없는가?

2) 리(Harris W. Lee)의 방법

계획의 개념은 신학적인 면과 실천적인 문제에 의해서 동기화되었다. 그리고 교회 안에서 그것을 채택하기 위하여 계획의 과정과 관리 이론으로 방향 지어진 것이다. 다음 내용은 계획의 과정에 있어서 그 단계의 요소들을 서술한 것이다.[12]

(1) 선교백서의 작성(Formate a mission statement)

때때로 목적의 진술이라고 부르는 선교 백서는 일반적으로 교회에서는 선교를 가리킨다. 이 진술은 마땅히 교회가 활동하는 모든 것을 포함하여야 한다. 게다가 수많은 자원의 근거인 세계와 상황을 고려해야 한다. 다음의 그림은 그것의 상황을 나타낸다.

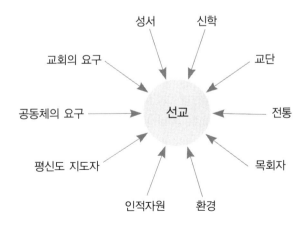

첫 번째 성서, 두 번째는 신학, 세 번째는 교단, 네 번째는 전통, 다섯 번째는 목회자, 여섯 번째는 환경, 일곱 번째는 인적 자원, 여덟 번째는 평신도 지도자, 아홉 번째는 공동체의 요구, 열 번째는 교회의 요구이다. 이런 선교백서는 총괄적이어야 한다. 즉 세계나 상황을 반영해야 한다.

(2) 통계 수집(Gather data)

통계의 두 가지 자원은 교회 자체와 교회가 위해서 봉사하는 지역사회의 통계이다. 다시 말해서 교회 자체와 지역사회에 대한 통계를 수집해야 한다. 여기서 고려해야 할 것은 통계학적 요소, 경제 정치적인 요소이며, 다른 교회의 위치와 강점을 고려해서 분석해야 된다.

(3) 요구들의 제시(Identify needs)

통계를 수집해서 분석한 다음, 교회와 지역사회의 욕구를 잘 밝혀내야 한다. 즉 교회 요구와 지역사회의 요구가 무엇인지 잘 밝혀내야 된다.

(4) 목표를 세움(Set goals)

교회의 욕구와 지역사회의 욕구를 해소하기 위해 애쓴다면 교회 내적 생활에 어떤 변화가 일어날 것인가? 즉 예배, 교육, 전도, 상담 등에서 어떤 일이 생길 것인가? 목표에 반영해야 할 내용에는 다음의 것이 있다.

첫째, 교회의 선교백서와 조화를 이룬다.

둘째, 성취 여부가 합리적으로 가능해야 한다.

셋째, 목표가 제시하고 있는 결과를 위해서 일한다는 것이 이해할 수 있는 것이어야 한다.

넷째, 완성을 위해 목표하는 통계치를 세분화한다.

다섯째, 돈이나 시간으로 평가된 비용 요건을 포함시킨다.

여섯째, 측정하고 평가할 수 있는 수단을 포함시킨다.

일곱째, "무엇무엇을 향한"이란 단어로 시작하여 활동적인 동사로 계속되게 한다.(예를 들면, 노력한다, 용기를 북돋운다 등의 단어는 사용하지 않는다.)

여덟째, 반드시 문서화한다.

(5) 전략 개발(Develop strategy)

계획이 세분화되었는가? 자세한 전략은 교회의 자원을 분배함으로써 가능하다. 세분화된 계획이 필요한 것이다.

(6) 계획 이행(Implement the plan)

계획에 의한 직원, 위원회, 그룹이 계획 수행을 담당해야 된다.

(7) 평가(Set time for evaluation)

평가는 조직적이고 계속적이어야 한다. 그 다음에는 상임 평가 위원회를 구성하여 조사하고 건의하게 한다. 이 계획에 가장 중요한 핵심은 앞을 내다보고 현재를 개혁하고 변화시키는 것이다.

3) 캘라한의 방법

(1) 효과적인 장기계획

캘라한은 장기 계획에 대해서 강조한다. 효율적인 장기 계획은 개교회들로 하여금 목표를 이루고 성공할 수 있도록 도와줄 것이다. 효과적인 장기 계획에는 교회가 앞으로 나아갈 수 있게 만드는 세 가지의 중요한 역동성(dynamics)이 포함된다. 첫째, 효과적인 장기 계획은 그 핵심에 있어서 분석적(diagnostic)이다. 둘째, 효과적인 장기 계획은 그 결정을 내리는 일에 있어서 전략적이다. 토론과 연구가 주요 결정에 필요한 선행 조건이다. 셋째, 효과적인 장기 계획은 책임적이면서도 용기를 주는 희망적인 일이다.

하나님의 약속은 우리로 하여금 사랑과 확신을 가지고 미래를 향하도록 이끄신다. 장기 계획에 대한 여기에서의 접근 방법, 곧 분석적인 역동성, 전략적인 역동성, 책임 있고 희망적인 역동성 등은 개교회의 뚜렷한 성장을 돕는 데서 가장 효과적일 것이다. 구체적인 내용을 살펴보자.[13]

• 장기계획은 분석적이어야 한다.(Long Range Planning Is Diagnostic)

분석적인 접근 방법은 선교를 위한 실제적이고 확고한 계획을 세우는 데 매우 중요하며, 개교회와 지역사회의 몇 가지 핵심적인 특징에 중점을 두고 있다. 계획에 대한 분석적인 접근 방법을 통해서 개교회는 실질적인 선교를 하는 교회의 중심적인 특징들과 그 지역사회 안에서 차지하는 분명한 역동성에 대하여 보다 신중한 평가를 내린다. 실질적으로 선교하는 교회의 특징과 사회적인 역동성은 모두 선교에 대한 계획을 세우는 데 결정적으로 중요하다.

분석적인 접근 방법에 있어서 신중히 고려해야 할 상관적인 특징은 다음과 같다.

첫째, 특수하고 구체적인 선교 목표 : 선교하는 교회는 두세 가지의 이러한 목표를 가지고 있는데, 거기에는 특별한 인간적인 고통과 희망을 지닌 사람들에 대한 선교를 위해서 교인들을 강력하게 조직화하는 것이 포함된다.

둘째, 목회자와 평신도의 심방 : 많은 교회가 교인을 잃고 있지만 선교하는 교회는 주간 단위로 믿지 않는 사람, 새로 온 사람, 구성 교인, 일반 교인 등을 계속해서 심방한다.

셋째, 역동적이면서도 일체감을 이루는 예배 : 주일예배에는 음악이나 설교가 경건하여야 하고 서로 일체감을 이루도록 계획되어야 하며 목회자와 평신도로 구성된 사랑이 넘치고 유능한 팀에 의해 집례되어야 한다.

넷째, 의미 있는 관계 그룹 : 대부분의 사람들은 공동체를 찾아서 교회로 나온다. 그러나 우리는 그들을 공동체 대신 위원회에 속하게 만든다. 선교하는 교회는 끊임없이, 또한 의도적으로 돌봄의 역할을 하는 새로운 그룹을 만드는데, 거기서 사람들은 뿌리를 찾고 소속감을 얻게 된다.

다섯째, 강력한 자원인 지도력 : 많은 교회는 교회 프로그램 내의 기능적인 공백을 메우기 위해 지도자를 훈련시킨다. 선교하는 교회는 그들의 지도자들을 훈련시켜 지역사회 내의 개개인이나 단체들과 관계를 맺고 그들을 돌보도록 한다.

여섯째, 능률적인 구조와 분명하면서도 열린 결정 과정 : 선교하는 교회들은 자신들의 능력과 희망과 목표에 기초하여 계획을 세운다. 이들은 다른 교회들에 비해서 자신들의 욕구나 문제에만 몰두하지 않는다. 이들은 능률적인 조직 구조를 갖고 있다.

분석적인 접근 방법에 있어서 진지하게 고려해야 할 기능적인 특징들은 다음과 같다.

일곱째, 몇 가지 탁월한 프로그램과 활동들 : 선교하는 교회는 프로그램보다는 사람이 사람을 끈다는 것을 잘 알고 있다. 일반적으로 이들은 사람들을 이용하기보다는 사람들에게 도움이 되는 정말로 훌륭한 두세 가지 프로그램을 갖고 있다.

여덟째, 접근의 용이함 : 대부분의 교통수단과 평균적인 통행 시간으로 접근이 용이한 물리적 위치와 지역사회에 쉽게 접근하는 지도자, 이 두 가지가 모두 중요하다.

아홉째, 높은 인식도 : 성공적으로 선교하는 교회들은 지역사회 안에서 믿는 사람들이나 믿지 않는 사람들이 지정학적으로나 또는 보이지 않는 정보망을 통해서나 잘 볼 수 있게 되어 있다.

열째, 적절한 주차시설과 대지의 조경 : 전국적인 통계상으로 평균 한 주차 공간에 교회에 참여하는 사람이 1.7명이다. 그 수치는 한 주차 공간 당 2.5명까지 높아지기도 한다.

열한째, 적절한 공간과 시설 : 대부분의 교회들은 인원보다 넓고 크게 짓기보다는 좁고 작게 짓기 때문에 성장을 제한하게 된다. 그들은 변경할 수 있는 구조보다는 고정된 건물을 짓는다. 선교하는 교회는 이 점이 첫 번째가 아니라 열한 번째로 중요한 특징이라는 것에 대한 명확한 관점을 가지고, 미래를 내다보고 건축해야 한다. 점차적으로 교회들이 에너지 문제와 빚에 대한 이자를 심각하게 여기고 있다.

열두째, 견실한 재정 자원 : 선교하는 교회는 사람들이 프로그램이나 목적이
나 문서보다는 사람을 위해서 돈을 쓴다는 것을 안다. 선교하는 교회는 재산을
위해서 투자하기보다는 사람들에게 투자하려 한다. 그들은 신실하고 고무적인
종의 직임을 감당하는 것이다.

효율적이고 성공적인 교회의 이러한 열두 가지 특징에 대하여 세 가지 근본
적인 원칙을 세우는 것이 중요하다.

첫째, 상관 관계적인 특징은 교회 내에서 만족의 원천이 된다.

둘째, 기능적인 특징은 제대로 이루어지지 못하면, 교회 내에서 불만족의 원
천이 된다.

셋째, 두 가지 그룹 사이에 직접적인 연관성은 없다.

• 장기 계획은 전략적이어야 한다.(Long Range Planning Is Strategic)

효율적이며 성공적인 교회들은 자신들이 현재 갖고 있는 기본적인 능력을
인식하고 이러한 능력을 단호한 방법으로 확장시키며 또한 능력을 추가해나간
다. 장기 계획에 있어서 가장 전략적인 세 가지 결정은 인정(claim), 확장(expand),
추가(add)라는 세 가지 중요 낱말에서 찾아볼 수 있다.

첫째, 능력을 인정하라(Claim Your Strengths). 성공적인 장기 계획에 있어서 첫
번째 전략적인 결정은 교회로 하여금 현재 소유하고 있는 중요한 능력들을 발
견하고 그것을 인정하도록 도와주는 것이다. 교회가 "현재 소유하고 있는" 능
력을 현실적으로 알고 강하게 긍정하는 것이 성공을 위해서는 결정적인 요인
이 된다. 실제적인 힘은 교회가 자신의 능력을 발견하고 그것을 인정할 때에
생긴다. 미래를 위한 능력은 우리의 약함과 결점에 초점을 맞추는 것이 아니라,
우리의 능력을 인정하는 데에서 발견할 수 있다.

성공적인 장기 계획은 교회가 자신의 능력을 인정하도록 돕는 데에서 시작
되는데, 그것은 장기 계획이 하나님과 더불어 시작되기 때문이다. 그러나 유감
스럽게도 대다수의 장기 계획은 교회의 요구와 약함, 실패와 부족에 초점을 맞
춤으로 시작된다. 많은 교회들이 잘못된 질문을 먼저 내세우고 있다. "우리의

요구가 무엇인가? 우리의 문제는 무엇인가?"

이렇게 시작되는 질문은 두 가지 이유에서 잘못된 것이다. 먼저, 그 질문은 하나님께서 이미 그 교회와 함께 하고 계신 것을 부인하고 있다. 다음, 그들의 중요 관심은 자기중심적이다. 그들은 하나님께서 우리에게 행하도록 명하시는 것보다 우리의 요구와 우리의 문제에 초점을 맞추고 있다.

그러므로 성공적인 장기 계획을 위한 전략적인 질문은 다음과 같다. 하나님께서 주셔서 현재 우리가 가지고 있는 근본적인 능력은 어떤 것인가? 하나님의 선교를 좀 더 효과적으로 하기 위해서 이런 능력을 어떻게 확장시킬 수 있겠는가? 하나님의 선교를 보다 성공적으로 수행하기 위해서는 어떤 근본적인 능력을 추구해야 하는가?

둘째, 능력을 확장시켜라(Expand Your Strengths). 교회가 능력을 인정하고 나서 이러한 능력을 확장시킬 새로운 방법을 결정하는 것이 전략적이다. 교회가 자신의 약점이 아닌 능력에 기초를 두는 것이 성공적인 장기 계획을 세우는 데 결정적으로 중요하다. 교회가 그 능력과 은사와 은혜와 달란트를 확장할 때, 교회의 선교는 보다 효율적이 된다. 그러나 교회가 약점에 사로잡혀 있을 때, 교회는 그 능력을 잃기 시작한다. 사용하지 않는 능력은 약해지고 부패한다.

교회는 능력을 다 발휘하여야 한다. 예를 들어서, 프로 축구에서 이긴 팀이 능력을 다 발휘했다는 것은 오른쪽 수비수, 오른쪽 공격수, 오른쪽 엔드, 오른쪽 하프백 등 모두가 오른쪽에서 최선을 다했다는 것, 즉 그 능력을 다 경주했다는 것이다. "오른쪽 수비수와 오른쪽 공격수, 오른쪽 엔드, 오른쪽 하프백"에 능력이 있는 많은 교회들이 왼쪽 구석에서 경기를 하는 데 너무나 많은 시간을 허비하고 있다. 그들은 왜 경기에서 '이기지' 못하는지 의아해 한다. 그들은 능력을 발휘하기보다는 약점을 발휘하고 있는 것이다.

성공적인 성인 성가대를 갖고 있는 교회는 어린이 성가대를 시작하는 것이 좋을 것이다. 청소년들을 위한 견실한 프로그램을 갖고 있는 교회는 여름학교 소프트볼 시합에 참가하는 것이 좋을 것이다. 성공적으로 병원 심방 목회를 하고 있는 교회는 앓고 있어서 집안에 갇혀 있는 사람들과 그들의 가족들에 대해서도 목회를 확대시키는 것이 좋을 것이다. 성공적인 교회들은 건설적이고 창조적인 방법으로 그들이 현재 소유하고 있는 근본적인 능력을 확장하고 있다.

전략적인 장기 계획은 자신의 능력을 인정할 때 가장 효과적으로 약점을 다룰 수 있다는 입장을 포함하고 있다.

셋째, 새로운 능력을 더하라(Add New Strengths). 한걸음 더 나아가 전략적인 장기 계획에는 교회가 이미 자리 잡고 있는 능력을 인정하고 또한 그와 맞먹는 어떠한 새로운 근본적인 능력을 더해야 할지를 결정하도록 돕는 것이 포함된다. 그런데 많은 교회들이 이 기본적인 원리를 잘못 이해하고 있다. 유감스럽게도 그들은 미래를 발전시키기 위해서 '틈을 메우는' 방법을 취하고 있다. 그들은 자신들의 약함에 초점을 두고 모든 결함을 메우고자 분주하게 돌아다닌다. 그들은 금년이나 내년에는 모든 결함이 채워지리라고 생각하며 너무 빨리, 너무 많은 것을 하고자 한다. 그래서 그들은 스스로 실패를 향해 일하기 시작한다. 그리고는 새로 발견한 결함 때문에 실패감에 사로잡히게 된다. 그 과정에서 그들은 자신의 능력을 바라볼 시야를 잃고, 시작할 때보다 더 나쁜 상황에서 일을 끝내게 된다.

• 장기 계획은 확실한 소망에 근거해야 한다.(Long Range Planning Responsibly Hopeful)

효과적인 장기 계획은 하나님께서 주신 소망에 근거하고 있는데, 그 소망은 확실하며 현실적이고, 격려해 주며 사랑을 주는 것이고, 신실하고 권능이 있다. 교회 내에서 장기 계획은 아브라함과 이삭과 야곱과 모세의 하나님께서 자기 백성을 위하여 예비해놓으신 미래를 향하여 그들을 이끄실 때, 현재의 광야를 거쳐서 낮에는 구름 기둥으로 밤에는 불기둥으로 그의 백성에 앞서서 나아가셨음을 중시한다. 또한 장기 계획은 빈 무덤과 부활 신앙 위에서 다시 사신 주님을 중요하게 여긴다.

소망 안에서 하나님을 의지하는 것은 고무적이고 소망스러운 일이며, 소심한 것이 아니라 치밀한 것이다. 너무나 많은 교회들이 '안전우선주의'로, '안일한' 방법으로 장기 계획을 세우고 있다. 하나님은 우리를 홍해 주변에 머무르도록 부르시지 않았다. 그분은 우리가 그를 따라 광야로 나아가도록 부르셨다. 그분은 우리 자신이 가장 창조적이며 건설적이며 사랑에 넘치는 존재가 되도록 만드는 사명을 우리에게 주셨다. 실제로 우리는 이 세상에서 좋은 목자가 되도록 부름을 받았다. 그것은 잃어버린 자들을 찾아나서는 것을 의미한다.

이렇게 하나님을 의지하는 것은 신앙심 깊고 효과적인 일이다. 장기 계획을 세우는 많은 위원들이 기도하지 않는 것이 의문스럽다. 그들은 문제와 요구들을 정리하여 긴 목록을 작성한다. 그러나 하나님께서 그들에게 주신 능력을 보지 못하고 있다. 그들은 "하나님께로 부름 받은 그리스도인"답기보다는 아마추어 사회학자처럼 미래를 위한 선택에 대하여 논의한다. 그러고는 왜 실패하는지 의아해 한다.

효과적인 장기 계획은 하나님께서 주신 소망에 근거한 것인데, 그 소망은 신실하고 능력이 있다. 하나님의 권능을 얻기 위해서 장기 계획 위원회는 순수하게 기도하여야 한다. "하나님께서는 우리가 무엇을 행하기를 원하시는 것인가?" 그리고 비록 우리의 비전이 앞으로 5년 내지 7년, 혹은 10년에 초점을 둔다 할지라도 우리의 눈은 시간의 수평선을 넘어서 다가올 미래에 하나님께서 우리를 위해 예비해두신 모든 것을 바라보아야 한다. 이 비전에 대한 확고하고도 견실한 믿음 안에 능력이 있는 것이다.

(2) 장기 계획의 원칙과 우선순위[14]

• 장기 계획의 원칙

①신념과 능력

계획의 초기 단계에 신념과 능력을 갖게 해줄 전략적인 장기 계획을 세우라. 이것은 앞으로의 결정적인 해에 어떤 능력이 확장되고 어떤 능력이 덧붙여질지에 관한 결정을 내리는 데 전략적으로 공헌하는 네 가지 원칙들 중 하나이다. 신념과 능력을 배양하면 선교의 성취도도 키워나갈 수 있을 것이다. 때때로, 계획의 초기 단계에는 즉각 이룰 수 있는 장기 계획을 세우는 것도 도움이 된다. 즉각적인 성과는 합리적이면서도 눈에 띄는 것이 되어야 한다. 이것은 특별히 자기비하로 인해 고통을 받는 교회들에게 도움이 된다.

그러나 이런 즉각적인 성취는 재빨리 끝내는 사업과 구분하는 것이 중요하다. 빨리 끝내버리는 사업은 급하지만 중요하지는 않은 우선순위에 초점이 있는 것이고, 즉각적인 성취는 중요하면서도 급박한 전략적 우선순위에 중점을 두는 것이다. 이처럼 적합한 시간 안에 정상적으로 이룩될 수 있도록 하는 것은 전략적 우선순위이며 그로 인해 교회의 만족도는 증진된다.

②먼저 신장시키라

전략적 장기 계획을 세우는 두 번째 원리는 신장시키기 쉬운 능력을 먼저 신장시키는 것이다. 물론 이 원리는 첫 번째 원리와 관련되어 있다. 이 원리는 부가적인 직관을 가지고 문제를 발전시켜 나가게 한다. 새로운 능력을 덧붙이는 것보다는 현재의 기본적인 능력을 신장시키는 것이 더 쉽다.

여기서 상기해야 할 중요한 점은 우리가 특정한 교회의 선교전략을 세울 때 신장시키기 쉬운 현재 능력들을 키우는 일에 중점을 둘 수 있다는 것이다. 이것을 다른 말로 하면 뛰기 전에 먼저 걸으라는 것이다. 같은 교회 내에서도 잘하지 못하는 것을 하기보다는 이미 잘 하고 있는 일을 좀 더 잘하는 것이 쉽다.

③자연스런 리듬

장기 계획을 수립하는 세 번째 원리는 기본적인 능력을 늘리고 덧붙이는 일에 자연스런 리듬을 타야 한다는 것이다. 개교회는 그 교회를 위해 분명하고도 가치 있는, 적절하고도 자연스런 리듬을 가지고 있다. 지혜롭게 장기 계획 위원회가 첫 해에는 어떤 특정한 능력을 신장시키고, 그 다음 해에는 다른 능력을 더하고, 셋째 해에는 두 가지 능력을 키우고, 넷째 해에도 또 다른 능력을 키우고, 다섯째 해에도 또 다른 능력을 키우자고 제안하는 것도 당연한 일이다.

기본적인 전제는 한 단위 기간에 너무나 과다한 짐을 지우지 말라는 것이다. 새로운 것을 더하는 것보다는 현재의 능력을 키우는 것이 쉽다. 그러므로 해마다 혹은 적어도 2년 이상 3년의 기간에 걸쳐 이러한 형태를 서로 교환하는 것이 알맞다. 일반적으로 범하기 쉬운 잘못은 너무 많은 것을 짧은 시간 내에 하려고 하는 것이다.

④보완적인 우선순위

네 번째 원리는 서로 다른 것을 강화하는 보완적 우선순위를 발전시키는 일이다. 최상의 장기 계획은 키우고자 하는 능력을 몇 개만 선택하고 거기에 보완적으로 조화를 이루도록 극소수를 택해 덧붙이는 것이다. 그러므로 전략을 세우는 연도가 지나가면서 신장되거나 새로 더해진 능력이 서로 강화되는 정도가 커지게 해야 한다.

- 장기 계획에서의 우선순위

우선순위를 약속하는 것은 계획에 힘을 공급하는 것이다. 장기 계획에서 의미 있는 성취를 위하여 그룹의 인적 자원과 재정 자원에 중점을 두고 활성화시키는 전략적 우선순위를 공포하는 것이 결정적인 역할을 한다. 전략적인 우선순위를 설정하는 것은 다음과 같은 내용을 내포하는데, 그것은 조직에 있어서 우선순위의 기능과 능력에 대한 다음의 네 가지 예증이다.

①우선순위로서의 우선순위

우선순위는 지도자들이 힘들여서 하는 일을 지혜롭게 하도록 도와준다. 지도자들이 우선순위를 "더 많은 업무"로만 여긴다면, 그들은 자기의 기능을 심각하게 인식하지 못한 것이다. 전략적 우선순위는 지도자가 하는 일에 대해서도 결정적인 중요성을 갖는다. 더욱이 전략적 우선순위는 개교회 안에 속한 모든 사람의 일을 알려주고 분명하게 한다. 그것은 몇 사람만이 전략적 우선순위를 이루기 위해서 직접 일하고 나머지 사람 모두는 '자기 자신의 일'만 계속하지 않도록 한다.

②지도자와 일꾼

대부분 교회들의 우선순위는 '꼭대기만 무거운' 상태이다. 다시 말하면 많은 우선순위를 가지고 있지만 지도자나 일꾼은 거의 없다는 것이다. 이러한 교회들은 실패할 수밖에 없는 계획을 세운 것이다. 일반적으로 말해서 우선순위의 범위를 지도자와 일꾼의 범위와 조화를 이루게 하는 것이 가장 좋다. 즉 전략적 우선순위를 성취할 수 있는 일꾼과 지도자에 상응하는 전략적 우선순위만을 세우라는 것이다.

③ 프로그램 축소

프로그램은 사람들을 위한 것이다. 사람들이 프로그램에 매이는 것이 아니다. 대부분의 교회들은 너무 많은 프로그램을 세운다. 효율적인 조직은 많은 프로그램을 가진 조직이라는 허황된 믿음이 우리나라 안에 널리 퍼져 있다. 효과적인 조직은 능력 있고 창의적인 방법으로 사람들을 돕는 조직이다. 프로그램은 사람들을 돕는 한 가지 방법일 뿐이다. 실제로 몇몇 프로그램만이 사람들을 돕는다고 말하는 것이 정확하다. 어떤 프로그램은 유익하기보다는 오히려 해가 될 수도 있다.

전략적 우선순위의 기능은 어떤 프로그램을 계속해나가고 어떤 프로그램을 수정하고 어떤 프로그램을 전적으로 없애버릴 것인가를 결정하는 "면도날"을 제공한다. 사실 전략적 우선순위의 기능은 교회의 길잡이가 되어서 어떤 프로그램을 적절하게 감소시킬 것인가를 책임감 있고 사려 깊게 알게 하는 것이다.

④능률적인 구조와 위원회의 일

우리는 종종 교회에 너무나 많은 위원회가 있고 너무나 많은 사람들이 위원회에 속해 있기 때문에 효과적으로 일을 하지 못하는 것을 본다. 조직적인 구조란 중간 정도 크기의 조직에서 그것이 효과적으로 기능을 발휘하도록 한다. 그런데 커다란 조직은 많은 사람들을 위원들로 만들고, 더 많은 위원회를 만들어서 중간 크기의 조직으로 운영할 수 있다고 생각하고 있다. 물론 둘 다 지혜롭지 못한 착상이다. 중간 크기의 조직 구조는 중간 크기의 조직으로 있을 때 최상으로 일할 수 있다.

전략적인 우선순위들은 한 조직이 목표를 이루기 위해 어떤 위원회들을 두어야 하는지를 결정하도록 해준다. 형식은 기능에 따르게 마련이다. 조직적인 구조는 주위의 다른 것들이 아닌 중심 목표들을 따라야 한다. 전략적 우선순위는 조직이 그 구조와 위원회에 대해 능률적인 접근 방법을 가질 수 있게 한다.

3장 인사 행정

제1절 인사 행정의 정의

조직의 구성원인 사람들이 가진 소질과 능력에 따라 훈련하고, 업무를 위임하여 적재적소에 배치하고 감독하는 것을 인사 행정이라고 한다. 인사 행정이 잘 되면 업무의 효율성이 극대화될 수 있지만, 반대로 인사 행정이 잘못되면 조직 자체가 흔들리게 된다.

교회의 인사 관리 역시 마찬가지다. 교회의 인적 자원을 최대한 개발함은 물론 그 자원을 동원하고 훈련시키며, 교회의 성장 에너지로 활용하는 것은 목회 성공의 관건이기도 하다. 예수 그리스도는 열두 제자를 선택하셨고, 사도들은 일곱 집사를 선택하였다. 그리고 교회는 시대마다 교회를 섬길 임원을 선택하여 그 사역을 맡겼다. 이것은 오늘날의 교회 역시 인사 개발과 그 관리의 효율적 운영에 의해 진보한다는 것을 의미한다.[1]

제2절 인사 행정의 원리

행정은 어디까지나 인간에 의해서 행해지는 것인 만큼 인간적 요소에 치중

하지 않을 수 없으며, 정실 인사로 문제를 해결할 수는 없는 것이다. 좋은 제도 방식의 개선 법률과 제재 수단의 정비만으로는 건전한 효과를 거둘 수 없다. 그러므로 효과적인 원리가 제시되어야 하는데, 몇 가지 원리를 소개하면 다음과 같다.[2]

1. 개발의 원리

필요한 업무를 위하여 그 일을 할 수 있는 사람을 발견해야 한다. 필요한 인적 자원을 얼마나 능동적으로 개발하느냐가 중요하다.

2. 양육의 원리

필요한 인재를 키워야 한다. 사람이 없다고 탓하기 전에 필요한 인재를 양성해야 한다.

3. 분업의 원리

사람의 능력은 유한하기 때문에 아무리 유능한 인재도 여러 종류의 업무를 동시에 맡으면 수행상 차질이 온다. 더욱이 한 사람이 일을 독점한다는 것은 비합리적이며 목표를 달성하는 데 저해 요소가 된다. 그러므로 각자의 재능에 맞게 분업화해야 한다. 실력과 재능에 따라 사람을 적재적소에 배치하는 일은 무엇보다 중요하다.

4. 공평의 원리

인사 행정은 공평하고, 동등한 위치에서 공개적으로 해야 한다. 그리스도의 영광과 교회의 부흥을 위해서라면 누구나 참여할 수 있는 기회를 부여함으로써 역량을 가지고 소신 있게 헌신할 수 있어야 한다.

5. 개방의 원리

교회의 모든 업무는 전체 교인에게 개방되어야 한다. 교회의 특수층이나 특정인이 모든 분야를 장악하는 것은 옳지 않다. 교회성장을 위해 필요하다면 각 분야에 모든 사람이 참여하여 자신들의 역량을 발휘할 수 있도록 해야 한다.

6. 기능의 원리

사람은 각기 받은 재능이 다르다. 그러므로 각기 재능에 적합한 업무를 담당하게 될 때 효율성 있는 수행이 이루어진다. 즉 기능에 맞는 인사 관리가 필요한 것이다.

7. 소명의 원리

문호가 개방되어 있다고 해도 무조건적으로 직분을 아무에게나 맡길 수는 없으며, 뛰어난 능력을 갖고 있다고 해서 그 이유만으로 직분을 맡길 수는 없다. 즉 직분에 대한 소명감이 없는 사람은 교회의 직분을 맡을 수 없다. 교회가 부여하는 모든 임무는 소명에 불타는 마음이 없이는 이루어질 수 없다.

8. 적응의 원리

자기가 맡은 일에 적응할 수 있어야 한다. 업무 담당자는 자신의 적성에 맞는 업무를 선택해야 하고, 행정가도 업무 담당자들에게 그들의 적성에 맞는 업무를 맡겨야 한다.

제3절 인사 행정의 기능

1. 교육 훈련

교회는 교육하는 곳이요 훈련하는 곳이다. 목회자가 나타나는 곳마다 교육이 있고 훈련이 있어야 한다. 교회의 본질과 사명, 교회의 목적과 목표를 가르치지 않으면 안 되는 곳이 교회이며, 교인은 교육받은 대로 살고 행하지 않으면 안 된다.

그러나 여기서 말하는 교육과 훈련은 목회적이고 경영적(經營的)인 것이 아니라, 행정적(行政的)인 교육과 훈련을 말한다. 지금까지 많은 교회들은 대중집회(大衆集會)를 통하여 교회의 교육과 훈련을 행하여 왔다. 그러나 근래에 이르러 지도자적 교육 훈련을 병행하는 곳이 많아졌다. 대중집회에서는 지도자적 교육 훈련이 구체적으로 되지 않는다. 지도자적 교육과 훈련 없이 목회나 목회자들이 모든 일을 하는 교회는 말썽 없이 교회의 외적인 성장을 이룰 수 있을지는 모르나, 교회의 본질적인 성장에는 거리가 먼 것을 모두가 의식하고 교회 내의 각 부서는 물론 제직분자들의 지도자적 교육 훈련을 강화하기에 이르렀다.

1) 교육 훈련의 목적

첫째, 그것을 통하여 성도의 신앙이 성숙하고 봉사가 활발해져서 교회에 생명력을 불어넣을 수 있기 때문이다.

둘째, 여러 부서의 일에 자신이 없는 사람에게 자신감을 가지고 의욕과 능력을 향상시킬 수 있게 하기 때문이다. 젊은 디모데가 많은 이단 사설과 핍박 속에서도 복음을 지킬 수 있었던 것은 바로 바울의 교육 때문이었다(딤후 1:7).

셋째, 교육과 훈련은 성도들로 하여금 자신을 절제하여 쳐서 복종하게 만든다. 어떤 성도가 자신의 주장과 교회의 입장이 일치하지 않을 때 모든 직분을 포기하는 것은 아직 교육과 훈련이 부족하기 때문이다. 그래서 많은 교회들이 성도들을 제자 훈련, 영성 훈련 등의 교육과 훈련을 통해 참된 그리스도인으로 양육하고 있는 것을 볼 수 있다.[3]

2) 직분자와 기관장의 교육과 훈련

• 직분자의 교육과 훈련

장로, 권사, 집사, 교사, 성가대원 등을 한 주간 또는 두 주간 동안 신앙인의 기본자세 교육과 교회에 직분을 맡아 봉사하는 청지기직의 교육 훈련을 다시 실시한다. 이렇게 할 때 신앙적인 면과 지성적인 통찰력과 인간적인 이해심과 창의력, 인격, 인내력 등이 성숙된다.

• 기관장 또는 감독자 훈련

교회 내의 부서나 기관에 책임을 맡은 사람에 대한 교육과 훈련을 말한다. 이들에게 인간관계 훈련과 관리 교육은 매우 중요한 일이다. 각 부서의 책임자가 훌륭한 지도력을 발휘할 수 있는 교육은 곧 교회의 활성화를 의미한다. 그런데 이런 교육 훈련은 교육만 한다고 다 되는 것은 아니다. 부장이면 부장으로서, 회장이면 회장으로서의 지시의 통찰력을 가질 수 없는 한, 그리고 신앙인으로서의 기본자세를 갖추지 않는 한, 아무리 사기를 앙양하고 의사 전달을 잘하고 사무 관리나 교사나 임원을 잘 지도한다고 하여도 본질적인 목적 달성에는 미흡한 것이 되고 만다. 우리가 행정적 지도자 훈련을 중시해야 하지만 거기에 인격적, 신앙적 지도자 교육을 기초로 하지 않고서는 교회행정이 성립될 수 없다는 점을 기억해야 한다.[4]

3) 평가 작업

실적 인사 행정의 특징은 곧 실적 평가이다. 그러나 교회에서 실적 평가는 조심해야 한다. 그것은 인간관계에 있어 조심해야 한다는 것이 아니라, 교회는 신앙(信仰)이라는 내적(內的)이며 불가시적(不可視的)인 면을 중시한다는 점 때문이다. 이를 만일 능력 본위나 실적 위주나 사무적으로 대한다면 영적(靈的) 문제에 큰 위협이 된다. 때로는 교회인지, 집단인지 구별하기 어려울 정도로 책임자에서 말단에 이르기까지 변질되고 변칙적일 때가 있다. 이를 분석 평가한 지도자는 행정력이나 지도력을 발휘하지 않으면 안 된다. 감정을 상하지 않게 지도하지 않으면 안 된다. 아울러 사적(私的)으로 또는 공적(公的)으로 평가 작업을 해야 한다.

그리고 행사 때마다 그 행사를 평가해야 한다. 행사의 목적과 목표가 있었으니까 실제로 어느 정도를 이루었는지 잘 안 된 점은 무엇이고, 의외의 일은 어떤 것인지, 특히, 누가, 언제, 어디서, 어떻게, 왜 그렇게 하였는지 일한 실적을 평가해야 한다. 그것이 곧 다른 일의 새로운 성취를 기약하기 때문이다. 정규적인 봉사활동이나 교육이나 예배 프로그램에 대해서도 항상 평가해야 한다. 각 부서나 기관에서 고질적인 문제는 무엇이며, 수술해야 할 일은 무엇인지, 그리고 치료해야 하고 회복되어야 할 일이 무엇인지를 파악하는 그런 평가가 있어야 한다. 그렇지 않으면, 교회 전체의 발전이나 개선은 힘들다. 왜냐하면 목회자 혼자서 개선이나 발전을 제시하는 경우가 되고 말기 때문이다.

평가는 진단(診斷)이나 다름없다. 물론, 오진이 많이 나올 수 있다. 그러나 직접 부서의 장이나 책임자가 현장에서 한 진단에는 다른 그 누구보다 구체적이며 실제적인 근거가 있다. 그럼에도 불구하고, 자체 평가가 안 되는 경우가 많다. 미루거나 문제가 생기지 않기를 바라는 무사안일주의나 소극적인 경향 때문이다. 목회자는 이런 현상을 언제나 직시하고 들여다볼 수 있는 지도자적인 소양을 가질 수 있도록 상부(上部) 지도자나 중간(中間) 지도자들을 교육해야 한다. 뿐만 아니라, 이에 대한 정보를 수집하고 평가를 하고 있어야 한다.[5]

2. 사기앙양(士氣昂揚)

1) 사기앙양의 중요성

사기란 "공동 목적을 달성하기 위하여 일단의 사람들을 시종일관 지속적으로 끌어당기는 능력"을 말한다. 즉, 사기는 직무를 수행하는 사람들과 집단의 심적 상태를 말한다.[6]

인사 행정에 있어서 사기앙양은 매우 중요한 비중을 차지한다. 사실상 사기는 찬성이나 동의 이상으로 열성 어린 헌신이며, 각자의 관심과 충성을 조화시켜 통일된 공통적인 사명과 교회의 일을 해나갈 수 있는 힘의 촉진제이다. 사기는 개인적, 집단적, 사회적 성격을 띠고 있다. 사기는 자발적인 봉사의 의욕을 말한다. 교회에 헌신적으로 임하는 심적 상태를 말한다. 그리고 보람을 느끼는 것을 말한다. 또한 사기는 교회의 공동 목적을 달성하는 데서 조직체로서의 심적 상태를 말한다. 개인적으로 불안하고 근심에 싸여 있으면, 집단적으로도 높은 사기를 유지할 수 없다. 그것 없이 교회가 공동적으로 어떤 일을 수행하기란 어렵다. 교회에 사기가 있어야 사회적 역할을 감당할 수 있다.

2) 사기앙양에 영향을 미치는 요인[7]

• 물질적 보수
일반 기관의 유급 직원이나 교회의 유급 직분자의 물질적 보수는 사기에 지대한 영향을 미친다. 때로는 물질적 보수가 인격이나 명성과 연계되어 있기도 하며, 나아가 생활의 안정과 사회의 안정을 가져오고 근무 의욕과 사업 의욕을 불어넣어 주기도 한다.

• 귀속감 또는 일체감
귀속감이란 인간이 가진 본능이다. 어떤 단체에 귀속되어 구성원들과 친교의 관계를 가지며 친밀감을 가지는 것이다. 귀속감과 일체감으로 자부심과 연대 의식, 그리고 충성심을 가지고 집단의 사기를 앙양한다. 특별히 교회는 개교회의 특수성 때문에 귀속감을 높여주는 경우가 많다.

• 안정감

안정감이란 개인의 가치가 조직을 통하여 인정받는 것을 의미한다. 개인의 봉사와 업무가 교회와 조직 구성원들로부터 인정받았다는 것은 사기에 중요한 요인이 되며, 좁게는 성도들이 목회자에게 인정받았다는 것만으로 사기에 영향을 미친다. 나아가 하나님께 인정받는다는 확신이 있으면 교회 봉사에 대한 사기는 더 높아진다.

• 일치감

교회의 각 부서는 경쟁 대상이 아니라 일치의 대상이다. 교회 내에서 부서 간의 경쟁 관계가 설립되어 있으면 동시에 일체감이 파괴되고 불신감도 커지게 된다. 교회의 부서간이나 개인 사이의 일치감이 조성되면 업무의 효과도 증진되고 보람도 커지며, 그럴 때 교회의 목표도 성취될 수 있다.

제4절 직원의 인사 행정

미국의 경우에는 인력에 대한 산출 자료가 많다. 예를 들면 교인이 500명일 경우, 교인들을 위해서 목회자는 몇 명이 필요하고 거기에 따른 음악 지도자, 평신도 또는 청소년 지도자, 비서 등은 몇 명이 필요한가를 합리적인 수치에 의해 자료를 제시한다.[8]

교회조직을 위한 가능성들

* 단위별 · 직책별 제안			
단위의 형태	150명 이하의 교회	150~399명의 교회	400~699명의 교회
스태프	담임목사 음악감독[1]	담임목사 음악감독[1] 비서[2] 수위[2] 피아노/오르간 반주자[1]	담임목사 음악 및 교육목사 비서 수위 피아노 반주자[1] 오르간 반주자[1]
집사	집사 (15가족 단위당 1명의 집사 : 최소 2명의 집사)	집사 (15가족 단위당 1명의 집사)	집사 (15가족 단위당 1명의 집사)
교회 사무원	의장(목사) 재정 관리자 사무원 회계담당자	의장(목사) 재정 관리자 사무원 회계담당자	의장(목사) 재정 관리자 사무원 회계담당자
기획위원회	직원공천 집사직 선교 전도	직원공천 토지 및 건물 청지기직 안내원 선교 예비학교[4] 전도	직원 공천 토지 및 건물 청지기직 인사과 선교 예비학교 교회역사 안내인 주일학교[4] 홍보 전도
사회봉사 프로그램	매체를 통한 봉사활동 감독	매체를 통한 봉사활동 감독(3명의 사역 자까지)	매체 담당 스태프 레크리에이션 담당 스태프
특별 목회 활동		중년층을 위한 목회	중년층을 위한 목회 독신자들을 위한 목회
조정 기구	기획위원회	기획위원회 여선교회 위원회 형제애 위원회	기획위원회 교회 훈련 위원회 음악 위원회 여선교회 연합 위원회 형제애 위원회 분할 조정 회의

성서 교육	일반 사무관, 각 연령별 조직	각 연령 구분을 위한 부문들	필요에 따른 보다 다양한 구분을 통한 부문들
교회 훈련	교회 훈련 감독 연령별 조직 지도자들[4]	구성원 훈련 그룹들과 각 연령 구분을 위한 부문들 교육 센터 새 신자 훈련	구성원 훈련 그룹들과 각 연령 구분을 위한 부문들 교육 센터 새 신자 훈련
여선교회 연합	여선교회 연합 감독 필요에 따른 연령별 조직	필요에 따른 연령별 조직	필요에 따른 연령별 조직
형제애 활동	형제애 활동 감독	세례 교인 기획위원회 핵심 대표	세례 교인 기획위원회 핵심 대표
음악목회	음악감독[5] 피아노 반주자 성가대	음악감독[5] 오르간 반주자 성가대 및 앙상블 연령별 성가대 (가능하다면)	연령별 성가대 필요에 따른 기악 합주단

* 단위별 · 직책별 제안		
단위의 형태	700~1,499명의 교회	1,500명 이상의 교회
스태프	담임목사 음악목사 교육목사 비서[3] 수위[3] 오르간 반주자[1] 피아노 반주자[1] 연령별 담당 목사들[3]	담임목사 부목사 음악목사 교육목사 교회 경영 관리자 레크리에이션 담당 목사 전도 담당 목사 연령별 담당 목사들 오르간 반주자·음악 감독 보 가정생활 담당 목사 비서[3] 수위[3] 식당 관리자 급식 직원[3]
집사	집사(15가족 단위 당 1명의 집사)	집사(15가족 단위 당 1명의 집사)
교회 사무원	의장(목사) 재정 관리자 사무원 회계담당자	의장(목사) 재정 관리자 사무원 회계담당자

기획위원회	직원공천 토지 및 건물 청지기직 인사과 선교 예비학교 급식 담당 교회역사 안내인 주일학교[4] 홍보 전도	직원공천 토지 및 건물 청지기직 인사과 선교 예비학교 급식 담당 교회역사 안내인 주일학교[4] 홍보 전도 필요하다면 여타의 위원회
사회봉사 프로그램	매체 담당 스태프 레크리에이션 담당 스태프	매체 담당 스태프 레크리에이션 담당 스태프
특별 목회 활동	노년층을 위한 목회 독신자들을 위한 목회	중년층을 위한 목회 독신자들을 위한 목회 세대 간의 이해를 위한 활동
조정 기구	기획위원회 교회 훈련 위원회 음악 위원회 여선교회 연합 위원회 형제애 위원회 분할 조정 회의	기획위원회 교회 훈련 위원회 음악 위원회 여선교회 연합 위원회 형제애 위원회 매체를 통한 봉사활동 위원회 분할 조정 회의
성서 교육	필요에 따른 보다 다양한 구분을 통한 부문들	필요에 따른 보다 다양한 구분을 통한 부문들
교회 훈련	구성원 훈련 그룹들과 각 연령 구분을 위한 부문들 교육 센터 새 신자 훈련	구성원 훈련 그룹들과 각 연령 구분을 위한 부문들 교육 센터 새 신자 훈련
여선교회 연합	필요에 따른 연령별 조직	필요에 따른 연령별 조직
형제애	세례 교인 기획위원회 핵심 대표	세례 교인 기획위원회 핵심 대표
음악목회	완전하게 개발된 음악목회	완전하게 개발된 음악목회

* 1. 자원봉사자 또는 시간제   2. 시간제   3. 필요에 따라서   4. 필요하다면
5. 이 사람은 프로그램의 지도자, 스태프의 구성원으로서 봉사한다.

1. 직책과 임무-임무, 자격, 기능과 책임[9]

1) 담임목사

(1) 주요 기능
목회자는 교회에 예수 그리스도의 복음을 선포하고, 성경을 가르치고, 목회지를 목양하고, 교회생활의 전 영역에서 행정적인 지도력을 제공하고, 고용된 직원의 관리자가 될 책임이 있다.

(2) 일상 업무
①예배를 계획하고 지휘한다. 설교를 준비하고 인도한다. 성찬과 여러 의식의 행사를 인도한다.

②교회와 공동체 속에서 구성원을 위해 목양하는 것과 증거를 위한 효과적인 프로그램을 가지고 이끌어간다.

③교우들과 전도 가능성 있는 사람들을 방문한다.

④상담 모임을 이끌며, 결혼식과 장례식을 집례한다.

⑤교회의 모든 프로그램을 계획하고 조직하고 지도하고 조정하고 평가함에 있어 회장으로 일한다.

⑥집사, 교회 사무원, 교회 위원회와 함께 일한다. 그들이 맡겨진 책무를 다 하도록 일을 시키며, 가정의 사역자로서 집사들을 훈련하고 이끈다.

⑦교회 사업을 위한 모임의 중재자가 된다.

⑧공동의 이익과 관심을 위한 종파의 지도자와의 연합과 연합사업에 협력한다. 교회가 종파간의 발전에 기여하게 하며, 교회를 사회의 일에 참여시킨다.

⑨고용된 교회 직원의 최고 관리자로서 일한다. 직원(staff)에게 할당된 일들을 지휘한다.

2) 교육목사

(1) 주요 기능

교육목사는 전체 교회의 교육적인 프로그램을 책임지고 있다. 이것은 교회가 전도하고 목표를 향해 나아가는 데 필요한 기독교육을 계획하고 지도하고 평가하는 임무를 포함한다.

(2) 일상 업무

①포괄적인 교회 교육을 위해 계획하고 지휘하고 평가하는 일을 이끈다.

②교육에 있어 뿌리와 같은 사람이며, 교회 프로그램 지도자들의 조언자가 된다. 또한 주일학교, 교회 여선교회, 청년회, 교회 도서관, 교회의 여가활동 등을 조직한다.

③교회의 위원회에 조언자가 되고 교육에서 뿌리 같은 자로 봉사한다.

④교회의 임명된 위원회와 더불어 일하고 자격자들을 훈련하고 참여시킨다.

⑤교회 출판물, 새로운 뉴스와 같은 정보와 공중적으로 중요한 것들을 조화하여 활용한다.

⑥캠프나 안식처, 다양한 연령층을 위한 스터디, 세미나와 같은 특별한 교육적이고 훈련할 수 있는 계획들을 작성한다.

⑦교회가 교육할 수 있는 것들과 할 수 있는 과정들을 제시하고 가장 적합한 것을 택한다.

⑧회중을 위해 요구되는 여러 일을 계획하고 지휘하고 평가하는 데 있어 담임목사를 돕는다.

⑨교회 모임을 지원한다.

⑩적절한 스태프들을 선정한다. 즉 나이에 적절한 사람, 레크리에이션 지도자, 교육담당자, 관리인 등.

⑪방법과 재료, 원칙, 진행, 조장 등의 지도를 하고 교육 프로그램과 관련된 행정을 지도한다.

3) 음악교육 목사

(1) 주요 기능
음악교육 목사는 교회의 교육과 음악의 발전과 진흥을 위해 일할 책임이 있다.

(2) 일상 업무
①계획된 과제를 기초로 이해하기 쉽도록 교육적이고 음악적인 계획을 세우고, 조정하고 지휘하고 평가하는 것을 지도한다.

②회원들을 감독한다.

③교회 회의의 한 회원으로서 봉사한다.

④교회 임원 위원회와 교회의 훈련과 협력하여 지원자의 명단을 작성하고 훈련시키도록 인도한다.

⑤범교회적인 방문 프로그램을 조직하고 지도한다.

⑥모든 찬양 예배를 계획하는 것으로 담임목회자를 돕는다. 결혼식, 장례식, 특별행사, 봉사, 그리고 교회와 연관된 다른 활동들을 요청받아 연주, 제공한다.

⑦모든 회원의 기록을 보관한다. 음악 서적, 자료, 양식, 음악교육, 기타, 다른 자료들을 보관한다.

⑧맡겨진 부분에서 교회를 위해 열성 있는 매개자로 봉사한다.

⑨선교 여행, 축제, 젊은이를 위한 캠프, 은신처와 같은 과제를 발전시킨다. 중년을 위한 활동을 계획한다.

⑩맡겨진 부서의 교회 문서를 편집한다.

⑪다양한 교회 위원회의 장들을 돕는다. 교회 위원회의 전(前) 위원들로서 봉사한다.

⑫맡겨진 부서의 목회 연간 프로그램 예산을 준비한다. 인준 받은 예산을 관리한다.

⑬음악 교육적인 방법, 자료, 촉진, 관리를 계속적으로 가르친다.

⑭성숙된 관심을 가지고 활동을 격려하는 위원회와 모임의 지도자들과 협력한다.

4) 사무장

(1) 주요 기능

교회 행정을 담당하는 자로서 재산관리, 재정 등을 돕는다. 재산과 돈을 관리하고, 사람을 관리하는 관리기술이 있어야 한다.

(2) 일상 업무

①교회의 목표 성취를 위해 스태프들과 함께 일한다.

②재정에 대한 효과적인 계획을 세우고 집행한다. 부기 절차를 발전시킨다.

③재정적인 정보를 준비한다.

④교회 사업과 법률에 전문가가 된다.

⑤교회의 기록에 관계된 스태프들을 유지한다.

⑥교회에 적합한 정책을 세우고 모든 교회의 재산과 설비를 사용함에 관심을 가진다.

⑦건축가, 계약자, 개축, 교회 건물의 설비에 있어 건축위원회를 지원한다.

⑧교회의 위원회를 지원한다.

⑨예산을 준비하고 유지하기 위해 위원회와 함께 일한다.

⑩모든 물질적인 재산을 고치고 유지하기 위해 지원한다.

⑪음식을 제공하는 일을 감독한다.

⑫사무실 인력을 감독한다.

⑬할당된 다른 의무를 행한다.

5) 청소년을 위한 목사/지도자

(1) 주요 기능

청소년의 일을 지도하는 자는 청소년 교육의 발전을 위해 조직된 교회의 프로그램을 지원하기 위한 교육 목사이다. 이는 책임을 맡은 영역들에 관한 정책, 계획, 활동에 관심을 가지는 스태프들과 논의한다.

(2) 일상 업무

①교회 프로그램을 조직하는 지도자와 계획하는 것, 행동하는 것, 청소년 교육목회를 발전시키는 것과 젊은 일꾼들을 세우는 일 등을 상의한다.

②교회의 훈련 프로그램에 적당한 관계성을 가지기 위해 청소년을 위한 특별한 훈련 계획을 세운다.

③모든 교회 프로그램의 조직에 있어 청소년 그룹에 의해 공급되고 간격을 두어야 할 프로그램의 재료들, 설비들의 사용에 대하여 조언한다.

④필요한 경우 봉사자인 도서관의 지도자 그리고 레크리에이션 지도자와 함께 일한다.

⑤청소년들을 위한 특별 프로그램(예를 들면 캠프 등)을 계획하고, 구성하는 데 도움을 준다.

⑥문제 청소년들을 심방하는 사람이나, 결석자와 낙심한 자를 방문하는 자를 지도한다.

⑦청소년 지도자나 교사들을 위한 프로그램을 개발하고, 청소년들의 지지를 받을 수 있는 프로그램을 개발하여 돌보는 계획을 수립한다.

6) 사무원(비서)

(1) 주요 기능

일반적인 사무실의 일, 목회자를 돕는 일, 비서의 일을 한다. 여기에서 비서의 일이라는 것은 약속, 예약, 공식적인 자료를 남기는 것, 항상 새로운 주소록을 잘 관리하는 것(교적부) 등이다. 자격으로는 비서적인 기술이 있어야 한다. 가능하면 비서 사무원은 교육 수준이 높고, 밝은 성격을 가진 자로 대화의 기술이 있어야 하며, 지시를 받아 수행할 수 있는 능력이 있어야 한다.

(2) 일상 업무
①교회의 각종 파일과 공식적인 자료들을 보관, 정리한다.

②주보를 비롯하여 우편물의 개봉 분류, 최근 교우 주소록, 생일 카드, 교우들의 기념일, 세례 점검 등을 한다.

③회의록에 대한 보관 관리와 통계표를 작성한다.

④전화 메시지, 목회자들의 회의 소집 연락, 목회자 지시사항 등을 전달한다.

7) 지휘자와 반주자

(1) 주요 기능
지휘자와 반주자는 교회의 연주자로서 예배를 돕고, 음악으로 목회를 돕는 음악 목회자로서의 책임이 있다.

(2) 일상 업무
①교회의 모든 예배-정규 예배와 특별 예배 모두-에서 연주한다.

②합창, 합주, 독주자로서 정규 및 특별 연습과 공연에서 봉사한다.

③음악 목사가 요청받아 허가를 내린 결혼식과 장례식에서 연주한다.

④찬양 예배, 합창 발표회, 특별한 음악 행사의 계획을 돕는다.

⑤교회의 오르간 연주자와 피아노 연주자의 기량을 향상시키기 위한 연습 과정을 작성하는 데 방향을 제시한다.

⑥정규적인 계획을 가지고 오르간 연습과 연주를 계속한다.

⑦음악 목사를 돕는다. 목사의 지시를 받아 편곡한다. 음악 목회 자료철, 도서와 장비 목록을 보관한다.

⑧맡겨진 성가대를 위해 교본을 준비하고 자료를 연구한다.

⑨다른 관련된 책임을 다한다.

8) 활동 목사/휴양 지도자(레크리에이션 담당 지도자)

(1) 주요 기능

활동 목사/휴양 지도자는 회중과 사회 공동체 내 다른 사람들을 위한 휴양 프로그램을 계획하고 활동하고 평가하는 것을 지도하는 목회적 책임이 있다.

(2) 일상 업무

①교회에서 이루어지는 휴양활동을 계획, 진행, 평가한다.

②휴양 중심자로서 교회의 활동을 조정하고 관리한다.

③교회의 임명 위원회와 신입 회원으로서 또는 교회의 휴양 프로그램을 위해 일하는 사람들의 명단을 작성한다.

④교회의 훈련 프로그램과 적절한 관계를 가지고 모든 지원자들을 훈련시킬 수 있도록 계획하고 진행한다.

⑤교회 위원회의 특별 회원으로서 봉사하고, 교회력과 강조점을 염두에 두고 휴양 활동을 진행한다.

⑥맡겨진 교회 조직에 있어 휴양 자료를 제공하고 또 고문으로서 봉사한다.

⑦휴양활동에 필요한 설비와 양식을 제공하여 교회를 인도한다.

⑧휴양 설비와 양식의 목록, 재고 목록, 관리, 수리, 보관을 감독한다.

⑨다른 교회와 모임이 가지고 있는 자료들을 받아들여 교회의 휴양활동을 계획하고 진행, 평가의 설명을 제공한다.

9) 재정 사무원

(1) 주요 기능
교회 재정 기록들을 간수하고 재정보고서를 작성한다.

(2) 일상 업무
①모든 교회 헌금을 받아서 계수하고 예금한다.

②재정 시스템에 따라서 모든 회계 업무의 수입 지출부를 제시한다.

③개인적인 회계를 위해서 개인 헌금 봉투에 매주마다 헌금 내역을 게시한다.

④재정위원회와 기획위원회와 교회운영위 모임을 위해서 달별, 연별 재정 보고서를 준비한다.

⑤월별 은행 거래 명세서를 준비한다.

⑥분기별과 연별 행정 보고서를 준비한다.

⑦인정될 때 모든 통장을 점검하고 합산한다. 그들의 예산 경비를 책임 있는 사람들에게 알린다.

⑧재정에 관련된 질문을 받고 답해준다. 영수증과 서신, 보고서 등의 자료를 관리한다.

⑨교회 정책과 일치하는 스태프진과 계획, 조직을 위한 점검표를 준비하여 발행한다.

⑩새신자들을 위한 편지와 서약 카드, 행정 서신을 배달한다.

(3) 특별 업무
①매년 행정감사를 위해 모든 형식과 자료를 요구하고 준비한다.

②일이 주어질 때 관계된 사무적인 일들을 돕는다.

10) 속기사

(1) 주요 기능

구술을 속기하고 일반적인 사무를 수행한다. 받아쓰기를 하며, 필요 시에 워드프로세서 장비를 사용한다.

(2) 일상 업무

①말을 받아쓰고 워드프로세서 장비를 사용한다.

②일반적인 사무를 수행한다. 각종 서류와 양식을 잘 관리하고 이러한 자료들을 기간별로 수집한다.

③재생을 위해 원고를 타이핑한다.

④방문자들을 맞이하여 약속을 조정하고 약속 일정표대로 움직인다.

⑤배달된 우편물을 받고 나누어준다.

⑥전화를 받는다.

(3) 특별 업무

①회보발송에 협조한다.

②일이 주어질 때 사무적인 일에 협조한다.

11) 타이피스트

(1) 주요 기능

사무 자료들과 기록들, 그리고 일정표를 간수하고, 청구서를 작성하고, 보고서들을 준비하고, 원고를 타이핑한다.

(2) 일상 업무

①사무 자료들과 프로그램 기록들과 일정표를 관리한다.

②청구서 양식들을 작성한다.

③보고서들을 준비한다.

④항상 하는 일상적인 타이핑을 하고 일상적인 편지를 작성한다.

⑤자동 수신인 성명 인쇄기에서 서신 명단을 고치고 기계를 조작한다.

⑥복사기를 조작한다.

(3) 특별 업무

①설교 테이프를 받아쓴다.

②전화 받고 접대하는 일로써 봉사한다.

③일이 맡겨졌을 때 사무적인 일에 협조한다.

12) 교회 식당 책임자

(1) 주요 기능

음식 봉사를 위해 부엌과 식당에서 돌아가는 일을 살펴본다.

(2) 일상 업무

①식단을 짠다. 일정표에 의한 식사와 간식을 위해, 그리고 행사를 위해서 음식물을 사고 요리하고 봉사한다.

②주어진 직원들을 관리하고 자원봉사자들에게 도움을 얻고 일을 지시한다. 좋은 음식 준비와 봉사를 위해 일하는 사람들을 교육한다.

③요리 기구와 접시, 유리컵과 그릇 등의 청결과 조리, 준비, 봉사, 냉장고 등 최고의 위생 상태를 유지한다. 지역 건강과 청결법 등을 이행하기 위해서 식당과 조리실 그리고 저장통과 그 밖의 모든 시설물을 깨끗하게 유지한다.

④비용과 운영에 관한 정확한 자료들을 간수한다.

⑤음식 공급의 물품명세서를 날짜별로 간수한다.

⑥필요 시에 부엌에 있는 기구들을 점검, 수선, 교체를 위해 정돈한다.

⑦모든 식사와 행사를 위해서 테이블과 식당 정리는 건물 관리 책임자와 함께 일한다.

⑧필요 시에 다른 음식 봉사가 있을 때 협조한다.

13) 관리인

(1) 주요 기능
관리인은 건물과 대지를 청결하게 유지하고 간단한 수리를 한다.

(2) 일상 업무
①일정에 따라서 바닥과 더러운 가구와 장비들을 청소하고, 닦고, 깨끗하게 하고, 광낸다. 일정에 따라 벽과 창문을 닦고, 카펫을 청소한다.

②휴게실과 화장실과 수건의 청결을 유지하고 쓰레기통을 비운다.

③필요 시에 청결 유지를 위해 지원과 장비들을 요청한다.

④일정에 따라서 냉 · 난방기를 조작한다.

⑤성찬용기를 준비한다.

⑥매일 건물을 열고 닫는다.

⑦풀을 베고, 나뭇가지를 단정하게 가꾸고, 교회 입구와 주변 그리고 주차장 소를 깨끗하게 유지한다.

⑧사무직원이나 관리 책임자와 함께 특별한 일을 위해서 점검한다.

⑨만찬이나 특별 행사나 그와 비슷한 경우에 가구나 테이블 의자들을 나른다.

(3) 특별 업무
①필요 시에 간단한 전자제품이나 배관 등의 장비들을 고친다.

②벽과 가구와 장비들을 도색한다.

③연락하는 일을 수행한다.

④일이 주어지면 다른 일들을 한다.

2. 지원서 양식[10]

(　　　　　　)교회

I.개인 소개		
이름 :	주소 :	전화번호 :
생년월일 :	결혼 상태 : 독신, 결혼, 이혼, 별거, 사별	

II.교육정도

최종학력 :	출신학교명 :	전공 :

III.고용경력 (* 최근까지 세 가지만)

① 사업장 이름 : 　　　　　　　　　고용주 이름 :
　사업장 주소 : 　　　　　　　　　고용 기간 :
　월급 : 　　　　　　　　　　　　담당 작업 :
　사직하게 된 이유 :

② 사업장 이름 : 　　　　　　　　　고용주 이름 :
　사업장 주소 : 　　　　　　　　　고용 기간 :
　월급 : 　　　　　　　　　　　　담당 작업 :
　사직하게 된 이유 :

③ 사업장 이름 : 　　　　　　　　　고용주 이름 :
　사업장 주소 : 　　　　　　　　　고용 기간 :
　월급 : 　　　　　　　　　　　　담당 작업 :
　사직하게 된 이유 :

IV. 작업 능력(* 경험이 있거나 교육을 받은 일에 체크하시오.)

① 타자 (분당　　타)　② 접수계원　　③ 워드프로세서　④ 작문 및 편집　⑤ 전사기
⑥ 관리 감독　　　　⑦ 사서　　　　⑧ 수위　　　　⑨ 복사기　　　　⑩ 자동주소 인쇄기

V.교회생활

직급 :	교회 명 :	활동 분야 :

VI.건강상태

일반적인 건강 정도 : 좋다, 괜찮은 편이다, 좋지 않다

청각 상태 :	시력 : 좌 -　　　　, 우 -
신체적 특이사항 :	최근 신체 종합 검사일 :

VII.추천인(* 단, 친척이나 전 고용주는 제외)

① 이름 : 　　　　　　　　　주소 :
　직업 : 　　　　　　　　　인지 기간

② 이름 : 　　　　　　　　　주소 :
　직업 : 　　　　　　　　　인지 기간

③ 이름 : 　　　　　　　　　주소 :
　직업 : 　　　　　　　　　인지 기간

VIII.기타사항 (* 어떤 특별한 재능을 포함하여 당신의 경험이나 당신이 교육받은 것들 중
**　　　　우리에게 알리기를 바라는 사항을 적으시오.)**

성명 : 　　　　　(인)

3. 추천인에게 보내는 질문서[11]

지원자의 이름 :	직책 :	
추천인의 이름 :	직장 :	전화번호 :

* 위 지원자가 귀하를 추천인으로 천거하였습니다.
아래의 질문에 진실하고도 확실하게 써서 보내주십시오.

① 귀하가 알고 있는 지원자의 능력에 대해서 써주십시오.

② 귀하는 지원자와 얼마 동안이나 알고 지냈습니까?

③ 지원자의 직책은 무엇이었고, 그(그녀)의 특기는 무엇입니까?

④ 지원자의 a.성취도, b.관리능력, c.일의 처리 능력, d.창의성에 대해서 평가해 주십시오.
　a.
　b.
　c.
　d.

⑤ 다른 이들과 협력을 잘 했습니까?

⑥ 좋지 않은 일의 습관을 가지고 있지는 않습니까? 만약 있다면 어떤 것입니까?

⑦ 일을 그만 두게 한 주변의 환경은 무엇이었습니까?

⑧ 지원자의 장점은 무엇입니까?(일반적인 것과 기술적인 것을 구분해서 써 주십시오.)

⑨ 지원자에게 부정적인 요소, 혹은 약점이 있습니까? 있다면 무엇입니까?

⑩ 기타 첨가하고 싶으신 내용을 써 주십시오.

추천인 성명 :　　　　　(인)

4. 인선위원회

교회 안에서 인력 자원 개발을 하고자 할 때 제일 먼저 밟아야 할 과정은 교회에서 필요한 인력을 측정하고, 그에 따른 인선 정책을 개발하는 "인선위원회"를 발족시키는 일이다. 인선위원회는 매년마다 그 구성원의 3분의 1씩 교체해야 한다. 여러 학자들은 인선위원회의 이상적인 구성원 수는 담임목사 외에 6명을 초과하지 않아야 한다고 말한다.

인선위원회는 인력을 적재적소에 배치하고, 지원한 후보자들을 인터뷰하며, 담임목사 이외의 유급 직원들의 자리에 자격이 있는 사람들을 임명하는 책임이 있다. 인선위원의 직무 연한은 3년이 가장 이상적이다.

인선위원으로서 갖추어야 할 자격은 행정적인 경험이 풍부해야 하고, 교회가 필요로 하는 것을 인지하고 있어야 하며, 피고용인을 양육하고 인내심이 있어야 하며, 사무 과정, 특별히 인선 행정에 대한 경험이 있어야 하고, 문제가 있는 사람을 다룰 때에는 지혜로우나 단호함이 있어야 한다.[12]

1) 인선위원회 책무

첫째, 이 위원회에서는 장차 필요한 인력을 측정해야만 한다.

둘째, 모든 피고용인들에 대한 개인 정보 파일을 만들어야 한다.

셋째, 현재 직무 중인 인력의 위치에 대한 직무 내용을 분석해야 한다.

넷째, 현재의 조직표와 인선 정책을 최고로 유지시키고, 또한 개선해야 한다.

다섯째, 후보자들과 인터뷰하고, 또한 임명하여 고용된 모든 인력을 적재적소에 배치해야 한다.

여섯째, 그들에게 책정된 봉급과 상여금을 교회에 알려야 한다.

일곱째, 모든 피고용인을 매년 평가해야 한다.

이처럼 인선위원회는 교회에서 매우 중요한 위치를 차지하고 있다. 그러므로 그 구성원들은 영적으로 성숙해야만 하고, 사람들이 무엇을 필요로 하는가에 민감해야 하며, 또한 기꺼이 인력 개발에 대한 지식을 충분히 숙지하고 있어야만 한다.

2) 인선 정책

그 규모에 상관없이 모든 교회는 "인선 정책"을 수립해야 한다. 규모가 작은 교회에서 그 정책은 내규(內規) 안에서 하나의 조항이 될 수 있다. 규모가 큰 교회는 인력의 생산성을 확증해주고, 조직적이고 법적인 문제를 피할 수 있는 인선 정책 백서를 개발하기를 원할 것이다.

다음에 서술할 내용은 중간 규모 정도의 교회에서 사용할 수 있는 인선 정책에 관한 것이다.

(1) 인선 정책에 대한 일반적인 정보

새로이 채용된 구성원들에게 제공될 정보는 인선위원회에 의해서 그들이 해야 할 직무, 그에 따른 봉급이 밝혀진 책자로 만들어야 한다. 그리고 모든 조건 사항은 이러한 인선 정책 속에서 수립되어야만 한다. 채용된 구성원이 이렇게 제공된 정보를 수용한다는 의사를 문서로 작성하여 인선위원회에 제출해야 한다. 또한 인선위원들이 사임하고자 할 때에는 인선위원회 사직서를 제출해야 한다.

(2) 유급 휴가

매년마다 휴가는 모든 피고용인을 위해서 정규적으로 정해야 한다. 사용하지 않은 휴가 기간은 그 다음 년도로 이월될 수 없으며, 또한 피고용인은 휴가 가지 않은 데에 대한 부차적인 수당을 받아야 할 것이다.

휴가는 다음의 정책에 따라서 할당된다.

1월 1일과 6월 16일 사이에 근무를 시작한 피고용인은 여섯 달 동안 연속적으로 근무한 이후에 한 주 휴가(5일 근무일)를 받는다.

1월 1일과 6월 16일 사이에 근무를 시작하고 한 해가 다 가기 전에 한 주(5일 근무일) 휴가를 다녀온 피고용인은 열두 달 동안 연속적으로 근무한 이후에 2주 (10일 근무일) 휴가를 받는다.

10년 동안 연속적으로 근무한 피고용인은 세 주(15일 근무일) 휴가를 받는다.

(3) 유급 휴직

다음의 사항은 매년 유급 휴직을 고려할 때 지킨다.

첫째, 휴직은 다음의 사유일 때 인정한다. 즉 개인적인 병환, 간호해주어야 할 직계 가족의 병환, 가족의 사망 등이다. 여기서 직계 가족은 부부, 자녀, 부모, 형제자매를 뜻한다.

둘째, 한 해의 근무를 완료했는가에 앞서서 근무한 달과 일수에 비례한다. 휴직은 10일 근무일을 초과해서는 안 된다.

셋째, 일 년 동안 연속적으로 근무한 이후에 2주일(10일 근무일) 휴직을 인정할 수 있다.

넷째, 5년 동안 연속적으로 근무한 이후에 4주일(20일 근무일) 휴직을 인정할 수 있다.

다섯째, 직계 가족의 사망으로 인한 휴직은 3일이다. 조부모, 백모, 숙모, 고모, 이모, 삼촌, 조카의 사망으로 인한 휴직은 하루이다. 사망한 사람이 혈통에 의한 친족이냐, 결혼에 의한 친족이냐에 따라 휴직이 인정된다.

여섯째, 만약 휴직의 연장이 인선위원회로부터 인정받은 것이 아니라면, 휴직일수만큼 월급이 공제된다.

일곱째, 휴직을 연장하고자 할 때에는 인선위원회에 신청해야 한다.

여덟째, 휴직은 점증적인 것이 아니며, 또한 고용 관계가 종료되었을 때 피고용인은 자신이 사용하지 않은 휴직기간에 대한 보상을 받지 못한다.

(4) 은퇴

첫째, 70세가 되면 은퇴하는 것은 모든 피고용인에게 적용된다.

둘째, 피고용인들은 봉급의 10%를 은퇴기금으로 적립해야 한다.

셋째, 피고용인들은 봉급을 받는 첫째 달부터 권리를 부여받는다.

넷째, 은퇴일에 총 은퇴 공제금에 의해 받게 될 퇴직금에 대한 모든 권리는 피고용인에 의해서 유지되며, 정년 은퇴일, 조기 명예 은퇴일이나 사망으로 인한 퇴직 때에는 퇴직금으로 수여된다.

다섯째, 교회의 재정위원회는 매년 예산이 책정될 때, 예정된 부가 예산에 대해서 인선위원회의 자문을 구해야 한다.

(5) 연구를 위한 휴가

스태프진의 목회자들에게는 매 5년마다 한 번씩 연구를 위한 휴가를 인정해 주어야 한다. 물론 교회에서 모든 비용을 부담해야 한다. 연구 기간을 제안하면 다음과 같다.

> 5년 동안 근무를 완료했을 때 : 두 달
> 10년 동안 근무를 완료했을 때 : 세 달
> 15년 동안 근무를 완료했을 때 : 네 달
> 20년 동안 근무를 완료했을 때 : 네 달

교회는 연구에 필요한 공간을 마련하는 데 필요한 비용, 식비, 사례, 회의 경비를 고려해야 한다.

3) 인터뷰

인터뷰는 주의를 요하는 기술이며, 개인적인 감성을 파악하는 수단이다. 숙련된 면담자들은 자세하고도 긴요한 질문을 할 준비를 해야 하며, 지원자로 하여금 많은 것을 말할 수 있게 해주어야 한다.

전체 인선위원회보다는 위원회 중 두세 사람이 면담한다. 왜냐하면 인선위원 모두가 면담할 경우, 지원자를 당황케 할 수 있기 때문이다. 그리고 나서 자격을 갖추었다고 판단되는 지원자는 나중에 다시 모든 인선위원과 면담해야 한다. 지원자의 기본적인 배경에 대한 정보는 지원자가 작성한 지원서 양식에서 얻을 수 있다. 인터뷰는 지원자의 태도를 평가하고, 개인적인 특성과 지원 동기를 상세히 조사하고, 영적인 성숙함을 발견하기 위한 것이다.

인터뷰에서 유용한 질문들을 미리 준비하는 것은 인터뷰를 보다 쉽게 만들어줄 것이다. 경직되지 않은 환경을 만들고, 보다 친밀하게 접근해나가는 것은 분위기를 더욱 부드럽게 만들어주며, 질문에 대해서 보다 진솔하게 응답할 수 있게 해준다.

(1) 인터뷰할 때의 질문들

첫째, 당신이 지원한 위치에서 관심을 가지고 있는 것은 무엇입니까?

둘째, 당신은 다양한 필요성들에 대책을 세우고, 교회에서 최고로 관심을 두고 있는 것을 해결하기 위해 필요한 모든 것을 해결할 수 있는 능력을 갖추었다고 믿습니까?

셋째, 그 밖에 지원서 양식에 빠진 것들 중 우리가 당신에 대해서 더 알아야 한다고 생각하는 것이 있습니까?

넷째, 우리에게 질문할 것이 있습니까?

다섯째, 만약 당신이 이 직무에 선택된다면 당신에 대한 우리의 기대를 이해하십니까? 당신은 그 직무에 필요한 책임 사항들을 아십니까?

여섯째, 만약 당신이 선택된다면 당신은 언제부터 우리와 함께 일하는 것이 좋다고 생각하십니까?

일곱째, 만약 당신이 선택된다면 당신이 이사할 때에 우리는 어떻게 도와야 합니까?

여덟째, 그리스도인으로서 당신은 어떤 일에 헌신하고 있습니까?

4장 목회 지도력

제1절 지도력의 위기

1. 급강하하는 지도자들의 신뢰도

「메가트렌드 2000」의 저자 존 네스빗은 오늘의 강대국들 곧 "G-7 국가들의 정치적 지도자들에게 대한 국민의 지지도는 20퍼센트 내지 30퍼센트까지 떨어졌다. 내가 세계를 여행할 때 모든 G-7 나라의 지도자들이 이러한 상황 속에 있음을 보았다."라고 말하였다. 보리스 옐친 러시아 대통령, 미국의 빌 클린턴 대통령 등이 똑같은 경우로 평가될 수 있을 것이다.

「이코노미스트」지 1993년 2월호는 "사장님들 내쫓기"라는 제목의 이목을 끄는 칼럼을 다시 실었다. 그 칼럼은 당시 미국 기업인들이 직면한 여러 가지 어려운 난제들을 서술하였다. 무척이나 어려운 경제 난관의 추세를 헤쳐나가던 GM, 아메리칸 익스프레스, IBM, 웨스팅하우스 등과 같은 최고수준급 기업들의 총수들이 그 자리에서 물러났다.

지도력의 위기는 정치나 사업계에 국한된 것만은 아니다. 그것은 사회의 모든 영역에서 점점 더 심각해지고 있다. 미국의 경우를 다시 들어보면, 1993년경 교육계에서 하버드, 예일, 시카고, 스탠퍼드, 버클리 등 우수 대학의 총장들이 물러나야 했다. 사실상 이들 모두는 하늘 높은 줄 모르고 치솟는 교육 자금을 조달해야 하는 압박에 굴복하고 만 것이다. 종교 지도자들도 예외는 아니다. 베이커(Jim Bakker)나 스와가트(Jimmy Swaggart) 등의 텔레비전 전도자와 연루된 스캔들은 교계에 엄청난 피해를 입혔다.

2. 지도력 위기의 원인

현재 지도자 위기의 주된 원인은 무엇일까? 물론 각 나라마다 특별한 사정에 따라 여러 가지 다른 원인이 있을 것이다. 산업화가 진척될수록 사람들의 재물에 대한 욕망이 끝없이 상승하여 부정부패가 모든 분야에서 편만해졌다. 그러나 위기의 진정한 원인은 지도자 자신들에게 있다는 사실에 대해 반박할 사람은 아무도 없을 것이다.

더욱이 성실성(integrity)의 상실은 오늘의 지도자들을 격하시켜 온 핵심 요소이다. 성실성 없이는 어떤 지도자도 신뢰도를 유지할 수가 없다. 책임에 대한 높은 도덕적 법전은 어떤 조직의 성장에도 본질적이다. 만약, 한 그룹의 우두머리 되는 사람이 천박하고 비윤리적인 사람으로 간주된다면 전체의 조직은 얼마 가지 않아 와해되어 버릴 것이다.

고대 그리스 초기 소크라테스는 "위대함에 대한 첫 번째 열쇠는 속과 겉이 같은 삶"이라고 말했다. 성실이란 건전한 도덕적 원리의 자질이다. 이러한 원리들은 자연에 의해서 인간에게 심어지는 것이 아니다. 보석의 아름다운 광택을 보려면 깎아내고 다듬어야 하듯 사람의 성실성도 끊임없는 노력을 통해서만 얻어질 수 있다. 성실성은 생활의 모든 영역에서 자기 부, 내적 신뢰, 냉혹하리만큼 정직하게 되려는 결단의 결과이다. 빌리 그레이엄 목사는 "성실성은 우리의 살아가는 방향을 붙잡고 있는 관건"이라고 말했다.

성실성은 모든 지도자 자질의 바탕이 되어야 한다. 그러나 그것만 가지고는 지도력이 발휘될 수 없다. 그러면 지도자가 그의 지도력을 발휘하는 데 필요한 중요한 자질들은 무엇인가?

3. 21세기 탁월한 지도력의 특징

제임스 쿠제스(James Kouzes)와 베리 포스너(Barry Posner)는 진정한 지도력의 핵심을 신뢰(credibility)라고 정의한다. 지금까지 세속적인 처세술이 강조되던 비즈니스계에 성경적 지도력에서나 언급될 것 같은 덕목을 강조하고 책으로 낼 정도로 세상은 변했다. 이들은 지금까지 자신들의 경험을 비추어 모범적인 지도력 관행과 구성원들의 기대수준에는 일정한 패턴이 있다고 밝혀내고 이러한 패턴 속에서 얻은 7가지 핵심적인 교훈을 정리했다. 다음의 내용은 「*Executive Excellence*」 2000년 8월호에 게재된 글에서 발췌했다.

1) 지도력의 기반은 신뢰이다

사람들은 다음의 네 가지 특성을 지닌 지도자를 원한다. 그것은 정직, 미래지향, 의욕고취, 능력이다. 우리는 지도자를 믿을 수 있기를 바란다. 신뢰가 없다면 지도자가 제시하는 비전도 의미가 없고 관계도 시들해진다. 메시지를 전달하는 사람을 믿지 못하는데 그 사람이 가져오는 메시지를 어떻게 믿을 수 있겠는가? 그렇다면 이러한 신뢰를 어떻게 회복할 수 있는가? 우선 지도자가 뚜렷한 가치관과 신념을 가지고 그것을 지킬 용기를 가져야 한다. 가치가 명확한 지도자일수록 목표 달성에 더욱 헌신한다. 자신이 누구이고 어떤 가치관과 신념을 가지고 있는지 먼저 확인하는 과정을 거쳐야 한다.

2) 누구나 지도자가 될 수 있다

지도력은 과감성, 선견력 등 정해진 특성의 조합이 아니라 과정(process)으로 보는 것이 타당하다. 지도력은 학습 가능하다. 누구나 지도자가 될 수 있다. 이러한 패러다임을 가지고 보게 되면 지금까지 모르고 지나쳤던 수많은 지도자들을 발견하게 될 것이다. 그렇다면 지도력의 프로세스는 무엇인가? 달성 가능하지만 노력하지 않으면 달성할 수 없는 도전적인 목표를 세우고 그 목표를 달성할 수 있도록 사람들의 능력을 개발하는 것이다. 이런 측면에서 지도력은 평범한 사람들이 자신과 다른 사람들로부터 최선을 이끌어내기 위해 일반적으로 사용할 수 있는 프로세스이다.

3) 지도자는 도전하는 사람이다

지도자는 주도적으로 일을 만들어낸다. 다른 사람들이 누군가가 나서서 해주기를 기다리고 있을 때 지도자는 자신이 주도적으로 보다 좋은 환경을 만들고 사람들의 삶의 질을 높이기 위한 활동을 시작한다. 긴급성을 가지고 행동에 옮기는 사람이 지도자이다. 지도자가 되고 싶다면 실행에 옮기라. 작은 성공에 초점을 맞추라. 작은 성공이 계속되면 자신감을 얻을 것이다.

4) 지도자는 미래에 초점을 맞춘다

진정한 지도자는 신뢰감만으로 이루어지지 않는다. 아름다운 미래의 그림을 그리는 능력이 있어야 한다. 그들은 다른 사람들이 보지 못하는 것을 본다. 평범함 저 너머에 있는, 남들이 불가능하다고 생각하는 무엇인가를 상상하고 꿈꾼다. 비전이 없이 이루어낼 수 있는 것은 거의 없다. 진정한 지도자는 미래에 대해서 생각하고 독서하고 공부하고 사색하는 데 시간을 투자한다. 또한 구성원들과 미래에 대해서 토의한다. 구성원 하나하나가 미래에 어떤 역할을 하게 될지 분명하게 이해하고 거기에 동참하도록 분명한 그림을 보여준다.

5) 지도자는 팀 플레이어(Team Player)이다

진정한 성취는 다른 많은 사람들의 적극적인 참여와 지원이 없이는 결코 얻을 수 없다. 지도력은 대화이지 독백이 아니다. 경쟁은 최상의 결과를 얻지 못한다. 상호협조의 근저에는 신뢰가 있다. 상호존중과 배려에 기초한 인간관계를 구축해야 한다. 진정한 지도자는 다른 사람의 자율성, 자신감, 효과성을 높이기 위해 자신의 힘을 스스로 구성원에게 나누어준다. 구성원들에게 지시하고 통제하기보다 그들에게 봉사하고 도움을 주는 것이 오늘날 지도자들이 명심해야 할 좌우명이다.

6) 당신의 삶 자체가 당신이 남길 유산이다

신뢰할 만한 사람은 언행일치의 사람이다. 지도자가 어떻게 살아가는가를 보고 사람들은 자신의 삶을 지도자에게 맡길지 여부를 결정한다. 유산을 남기기 원한다면 우선 자신이 말한 것을 반드시 실천하는 언행일치의 모범을 보여야 한다. 지도자는 자신이 소중하게 생각하는 가치와 자신의 신념을 명확하게 한 후에 자신의 행동을 그 신념에 일치시켜야 한다.

7) 관심과 배려가 지도력의 핵심이다

혼자서는 최고의 성과를 낼 수 없다. 다른 사람의 도움과 지원과 격려 없이, 신뢰의 표현 없이 뛰어난 성과를 내는 것은 불가능하다. 지도력의 핵심은 다른 사람에 대한 진정한 관심과 배려이다. 최고의 지도자는 구성원들에 대해서 사랑을 표현하고 따뜻함과 애정을 보여준다. 이제 고마움을 표현하고 인정하며 칭찬하고 긍정적인 피드백을 주는 것부터 실천함으로 21세기의 지도자로 헌신하라.

제2절 지도자와 지도력

캘라한의 지도자와 지도력에 관계된 요소들에 대해서 다음 여덟 가지를 생각해보려고 한다.[1]

1. 촉진자가 아닌 지도자

한 사람이 가지고 있는 잠재력과 모든 재능을 끄집어내어 최대한 발휘할 수 있도록 도와주는 사람이 바로 촉진자이다. 그리고 지도자란 효율적으로 지도하는 사람이다. 지도자를 촉진자로 생각하는 것이 도움이 되는 시대도 있었다. 물론 '촉진자'라는 말에 중점을 두는 경영 철학이 수많은 목회자와 핵심적인 역할을 하는 평신도들의 권위주의적인 지도력 형태를 극복하는 데 큰 공헌을 했다. 이 점에서는 촉진자 운동이 유익했다.

그러나 그 운동은 이제 시대가 지났다. 촉진자 개념이 비지시적인 상담기술 (non directive counselling technique)과 연결되어 있을 때 개교회는 역기능적인 지도력 때문에 고통을 겪었다. 많은 교회들에서 현재의 응답적이고 과정 중심적인 지도력 형태는 쇠퇴하고 죽어가는 교회가 되게 하는 데 커다란 영향을 미쳤다.

어떠한 형태의 지도력이든지 과정과 응답적인 사고 모두에 중점을 두는 것이 적절하다. 동시에 지도자는 실질적인 목표들을 신중하게 성취하도록 교회를 이끄는 것이 중요하다. 이것은 지도자가 반응에 민감해야 하는 동시에 활동적이어야 함을 의미한다. 이것은 지도자가 다른 사람들에게 그들의 의견과 비전을 나누게 할 뿐 아니라 지도자 스스로의 의견과 비전에 대한 견해도 나누는 것을 의미한다.

이것은 1950년대에 비지시적인 상담 기술과 관련된다. 지도자는 실질적인 목표들을 신중하게 성취하도록 이끌어가는 자이다. 그래서 1980년대 이후의 교회에는 촉진자가 필요한 것이 아니라 지도자가 필요하다고 주장하고 있다.

2. 생명력 있는 균형

건강한 교회는 균형 있는 생명력을 나타내는 강력한 지도력 자원을 가지게 될 것이다. 예를 들어서 축구팀을 생각해보자. 훌륭한 쿼터백(Quarterback)이라는 지도력이 필요하지만 모든 선수가 다 쿼터백이라면 그것은 비효율적일 것이다. 효율적으로 기능을 발휘하기 위해서는 가드(Guards)나 엔드(Ends), 태클(Tackles)과 같은 보완적인 기술을 가진 선수들이 균형을 이루어야 한다. 최우수 선수인 쿼터백과 삼류 선수인 가드, 엔드, 태클 등이 있는 팀을 상상해보라. 그 팀은 경기를 승리로 이끄는 사명을 다하지 못할 것이다.

따라서 지도자는 다음의 능력 면에서 균형이 잡혀 있어야 한다. 지원하는 능력, 분석하는 능력, 분별하는 능력, 관계하는 능력이다.

3. 목표의 수준

개교회가 가지고 있는 강력한 자원인 지도력 수준에 대한 분석은 지도자가 지향하며 일하고 있는 목표의 수준에 중점을 두어야 한다. 그러한 목표의 수준은 일반적으로 다음과 같은 기준이 충족된다면 매우 높다고 할 수 있다.

첫째, 목표가 명문화되어 있다.

둘째, 지도자가 목표에 대해 강한 소유 의식을 가지고 있다.

셋째, 목표가 독특하며 측정할 수 있는 것이다.

넷째, 목표가 현실적인 시간대에 있다.

다섯째, 목표가 구체적이고 성취할 수 있는 것이다.

여섯째, 목표가 서로 보완해주는 방법을 통해서 서로를 강화한다.

개교회가 세우고 있는 목표들의 질적인 면에 대한 이 여섯 가지 표준에 덧붙여서 목표를 적게 가질수록 강력한 지도력을 가지고 앞으로 추진해 나갈 수 있다는 점을 중시해야 한다. 목표가 너무 많으면 좋지 않다. 목표가 다양하면 실패감을 갖게 되고 또 실패를 자주 하게 되면 자신감을 잃기 쉽다.

4. 활동이 아니라 성취

교회는 활동을 많이 할수록 강력하지 못한 지도력을 가지며, 성취를 많이 할수록 보다 강력한 지도력을 가진다. 성취가 먼저인지 아니면 강력한 지도력이 먼저인지는 단언을 내리기 어렵다. 그러나 활동이 많을수록 그 교회는 지도력이 약해진다는 점은 분명하다. 물론 성취와 활동 사이에는 연관성이 있다. 또한 이 연관성은 활동이 성취를 향하여 이루어지고 있는지의 여부와 관계가 있다. 너무나 많은 교회들이 전략적으로 지향하고 있는 목표 혹은 성취와는 직접적으로 아무런 관계가 없는 활동들을 계획하고 후원하고 증진시키는 일을 하고 있다. 활동 자체를 목적으로 여겨서는 안 된다. 활동은 전략적인 목표를 성취하도록 이끌어주는 중대한 계기일 뿐이다.

사실 지도력이라는 것은 목표를 성취하기 위해 필요한 모든 힘이다. 그러므로 활동 속에서 열심히 일하는 것이 우리의 주안점이 아니고, 바로 성취하는 것이 지도자가 가져야 될 관심인 것이다.

5. 능력과 지속성의 조화

개교회가 탁월한 지도력과 그 지도력을 지속시키는 지속성을 성공적으로 합치시킬 때, 그 교회는 실질적인 지도력을 가지게 된다. 헌신을 제일 먼저 강조해서는 안 된다. 우선은 능력을 강조해야 하며, 그 다음이 일에 대한 애정, 그리고 헌신을 강조해야 한다. 너무나 많은 교회들이 누구에게 주된 지도력의 임무를 맡길까 생각할 때 먼저 누가 더 헌신적인가에 중점을 둔다. 그러나 누가 능력이 있는지에 그리고 누가 애정을 가지고 일하겠는지에 중점을 두어야 하며, 그리고 나서 어느 정도 헌신적인지에 중점을 두는 것이 중요하다.

더욱이 많은 교회들이 너무나 자주 지도력을 번갈아 바꾸기 때문에 능력 있는 지도자가 강력하게 지속적으로 일을 할 수가 없다. 지도자들이 3년만 지나면 지도자의 위치에서 벗어나기를 원한다는 일반적인 통례가 있다. 대부분의 교회에서 지도자의 위치를 제대로 이룩하는 데는 거의 3년이 걸리는데, 그렇게 되면 한 개인이 그 위치에서 기능적인 능력을 성취하게 되었을 때 그 자리를 벗어나는 것이 되고, 교회는 다시금 시작하지 않을 수 없게 되는 것이다.

정말 좋은 지도력은 능력도 있고, 또 능력을 연속적으로 행할 수 있는 끈기가 있어야 된다. 우리가 보통 설교할 때 그렇게 이야기를 자주 한다. 적어도 인간으로서 세상을 성공하려면 다음 세 가지 능력이 있어야 된다고 말이다. 첫 번째는 학문이 있어야 된다. 즉 학문에 대한 전문적인 지식이 있어야 된다. 두 번째는 그 지식에 대한 경험, 경력이 있어야 된다. 세 번째는 성실성이 있어야 된다.

보통 우리는 성경 인물로 베드로를 이야기한다. 그는 어릴 때부터 고기잡이를 했기 때문에 그만큼 경력도 있고, 그물질할 수 있는 성실성도 있었다. 그런데 사실 고기를 잡지는 못했다. 그럼에도 성실성이 얼마나 중요하다고 이야기하는가? 그런데 보편적인 우리의 개념과 캘라한의 개념 사이에는 다른 것이 있다. 우리의 경우는 헌신, 사랑, 능력의 순서로 본다면, 캘라한은 능력, 사랑, 헌신의 순서로 본다는 점이다. 이런 순서로 사람을 키우는 것이 더 효율적이라고 주장한다. 물론 헌신의 동기를 마련해준다는 것도 굉장히 어렵지만 헌신은 그래도 한순간에 될 수 있다. 그러나 능력은 한순간에 만들어지는 것이 아니기 때문이다.

또한 적어도 3년 정도 지나야 그 조직의 특성과 인적 자원과 목표를 파악하여 무엇인가 성취할 수 있는 목표를 세우고 이끌어나갈 수 있는 지도력이 생긴다. 캘라한은 너무 권위적인 사람에게는 임무를 맡기지 않는 것이 좋다고 말한다. 제일 불쌍한 사람들은 교회에 안 나오는 사람이 아니라, 교회에 다니면서 목회자의 신앙적인 지도를 받으려고 생각하지 않는 사람이다.

6. 1:15의 비율

교회가 강력한 지도력을 제대로 갖추고 있는지의 여부를 분석함에 있어서 평가를 하기 위한 여섯 번째 요소는 교회 안에 있는 능력 있는 지도자와 교인 수의 비율이다. 대체로 교회생활과 선교에 적극적으로 참여하는 교인 15명 당 한 명의 능력 있는 지도자의 비율로 보는 것이 적합하다. 이것은 그저 예배에 출석하는 모든 교인 15명에 지도자 한 명이라고 말하는 것이 아니다. 그런 것은 어리석은 개념이다. 왜냐하면 그 마을 밖에 살고 있는 사람, 주소가 불분명한 사람, 비활동적인 사람 등이 많이 있기 때문이다. "1:15의 비율"이라 함은 교회에서 상당히 활동적인 사람의 수에 대한 지도자의 비율로 생각하는 것이 적당하다.

7. 목회자와 스태프들의 강력한 지도력

주요 정책, 기획, 인사, 프로그램, 재정 목표, 결정 등을 주로 목회자들이 담당하고, 사소한 문제는 하위 지도자들에게 일임을 해야 한다. 예를 들어 목회자가 다음 수요일 저녁 식사 때 노란색 이름표를 놓을 것인가, 아니면 파란색 이름표를 놓을 것인가와 같은 사소한 문제까지 다루면 그 목회자는 강력한 지도력을 발휘하지 못한다. 의무적일지라도 사소한 문제에 중점을 두는 목회자와 스태프들은 강력한 지도력의 기술을 잃게 된다. 목회자는 강력한 지도력을 발휘하는 교회의 전략적인 우선순위의 일들을 다루는 주요 결정이나 주요 목표에 중점을 두어야 한다.

8. 인정과 보상

개교회가 강력한 지도력을 가지고 있는지의 여부를 평가하는 데 고려해야하는 여덟 번째 요소는 인정과 보상 제도이다. 인정과 보상이 긍정적인 강화책(強化策)으로 강조될수록 교회는 보다 강력한 지도력을 소유하게 된다. 반대로 인정과 보상 제도가 부정적인 강화책이라는 편견에 사로잡혀 있을수록 교회는 자기 열등의식과 신념의 부족 때문에 고통을 겪는 약한 지도자를 가지게 된다.

인정과 보상 제도를 통하여 사람들에게 그들이 무엇을 하지 않았는지를 자꾸 인식시켜 줄수록 교인들 간에는 적대감과 죄의식이 형성된다. 이 적대감과 죄의식은 사람들을 무력하게 만들고 진짜 지도력을 발휘할 수 있는 창의적이고 건설적인 능력을 나타내지 못하게 만든다. 긍정적인 보상과 인정 제도를 활용하는 교회는 효과적으로 지도력을 발휘할 수 있는, 지혜와 판단력, 비전, 창의성, 애정을 가지고 있는 지도자를 길러낸다. 결국 지도자는 남이 하는 일에 대해서 잘 인정해주고 또 보상도 해주어야 한다.

제3절 지도자의 형태

1. 결정하는 전략을 통한 분류

권위적(Authoritative) 지도자형

1. 가능한 정보를 스스로 사용하여 자신이 결정한다.
2. 협조자들에게 정보를 얻은 뒤에 자신이 결정한다.
3. 아이디어와 제안들을 제시하는 그룹으로서의 협조자들과 이슈에 대하여 나눈 후에 자신이 결정한다.
4. 동의하고 결정한 그룹으로서 협조자들과 이슈에 대하여 의논한 후 결정한다.
5. 개인이나 혹은 그룹과 결정을 협의한다.
4. 개인이나 혹은 그룹을 결정에 동의하도록 설득한다.
3. 지도자 자신이 여론 일치나 투표에 의한 결정을 위한 그룹의 일원이 된다.
2. 촉진자로서 봉사한다.
1. 개인이나 그룹이 결정하기를 기대한다.

협의하는(Participative) 지도자형

2. 권위적인 지도자에게서 타당한 점

첫 번째는 시간에 대한 제약 때문이다. 회의나 협의에 소요되는 시간이 많을 때, 위급한 경우, 끝없는 회의에 대한 싫증이 날 때이다.

두 번째는 전문적인 지식 때문이다. 예배, 교육, 커리큘럼 등 전문 분야에 대해서는 역시 권위 있는 지도자가 결정한다.

세 번째는 요구 기대 때문이다. 업무에 의한 기대가 규정되어 있기 때문이다. 즉 업무 규정상 이것은 누가 결정해야 한다는 것이다.

네 번째는 법적 결정의 시행은 많은 경우 무수한 작은 결정들이 요구된다.

3. 권위적인 지도자에 대한 부당한 점

첫째, 지배하려는 욕구가 있다.

둘째, 한 사람의 지식이나 전공에 대해서 너무 기대하게 된다.

4. 협의하는 지도자에게서 타당한 점

첫째, 성령은 전체 교회를 통하여 역사한다.

둘째, 다양한 정보를 얻을 수 있다.

셋째, 한 사람이 아니라 여러 사람의 은사와 전문가가 필요하다.

넷째, 여러 사람이 참여하여 관점이 넓고 분명한 시야를 갖게 해준다.

다섯째, 결정에 참여케 하는 것이 소명을 갖게 한다.

여섯째, 상황에 참여하여 결정에 동참케 하는 것이 회원을 견문 있고, 능력 있는 일꾼으로 발전하게 해줄 수 있다.

일곱째, 타인의 참여를 배제한 결정은 힘(효력)이 약화된다.

5. 협의하는 지도자에게서 부당한 점

첫째, 책임을 면하기 위하여 결정을 회피하는 경우에 부당하다.

둘째, 일을 쉽게 그리고 사람들을 편하고, 즐겁게 해주려는 경우에 부당하다.

셋째, 인정받고 좋아하게 하려는 그런 의도에서 협의하는 경우 부당하다.

제4절 종인가, 지도자인가?

구약 시대에 보면 하나님의 백성에게는 언제나 지도자가 있었다. 예를 들면 아브라함, 모세, 여호수아, 예레미야 등이다. 신약 시대에도 야고보, 요한, 베드로, 바울 등의 지도자가 있었다. 그렇다면 지도자란 어떤 스타일의 사람인가? 이 물음에 리(Hariss W. Lee)의 대답은 "지도자는 캠프를 쳐야 할 때 어떻게 당신을 높은 땅과 좋은 물이 있는 곳에 도달하게 해야 할지를 아는 사람이다."라고 하였다. 바꾸어 말하면 지도자는 목표를 분명하게 해야 하고 그룹이 그 목표에 적절한 때에 도달할 수 있도록 해야 함을 의미한다.[2]

1. 인문과학에서의 지도자의 역할

	높음 9 8 ↑ 7 6 사람에 대한 관심 5 4 ↓ 3 2 낮음 1	높은 인간관계와 낮은 업무	높은 업무와 높은 인간관계
		낮은 업무와 낮은 인간관계	높은 업무와 낮은 인간관계

1 2 3 4 5 6 7 8 9
낮음 ← 일에 대한 관심 → 높음

이 도표에서 보듯이 교회도 네 가지의 경우가 나타난다. 교회에서 역시 바람직한 것은 높은 인간관계와 높은 업무이다.

교회 지도자는 일과 인간관계 모두에 적절한 관심을 기울여야 한다. 교인들에 대한 관심에만 전적으로 집중할 수도 없고, 관계를 무시하고 일에만 중점을 둘 수도 없다.

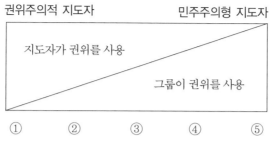

①의 위치 : 지도자가 결정하고 그 결정을 발표한다.

②의 위치 : 지도자가 상의하고 제안을 들은 후 결정을 내린다.

③의 위치 : 그룹이나 지도자가 같이 권위를 가지고 결정을 내린다.

④의 위치 : 그룹에서 시작하여 상의하고 결정을 내린다.

⑤의 위치 : 그룹이 결정을 내리고 그 결정을 발표한다.

2. 성서

성서는 목회자의 역할을 세 가지로 정의한다.

1) 제사장적인 역할

제사장적인 역할은 하나님과 인간 사이의 중재자로서 목자의 역할이다. 구약 시대에 제사장은 백성의 이익을 위해서 희생하며, 그 백성에게 하나님의 은총을 전했다. 대체로 이스라엘은 민족들 가운데 제사장적 기능을 가지고 있었다. 그 기능은 이사야 61장에 잘 나타나 있다. "가난한 자에게 기쁜 소식을 전하고, 상한 마음을 싸매어 주고, 포로에게 자유를 선포하고, 갇힌 사람에게 석방을 선언하고…모두 슬퍼하는 사람들을 위로하게 하였다."

예수님은 그의 공생애 초기에 이사야의 말을 인용하고 적용하면서 제사장적 역할을 강조하였다. "주의 영이 내게 내리셨다. 주께서 내게 기름을 부으셔서, 가난한 사람들에게 기쁜 소식을 전하게 하셨다. 주께서 나를 보내셔서, 포로 된 사람들에게 자유를, 눈 먼 사람들에게 다시 보게 함을 선포하고, 억눌린 사람들을 풀어 주고, 주의 은혜의 해를 선포하게 하셨다."(눅 4:18~19, 사 61:2)

제사장적인 역할에서, 교회 지도자는 그에게로 인도된 사람들을 돌보아주어야 한다. 즉 그들의 요구와 관심에 민감하게 개인적으로 숙지하면서 봐주어야 한다. 이와 같이 전통적인 지도력은 결과보다는 과정에 초점을 맞추고, 개인적인 요구와 필요가 그룹에 의해서 때때로 무시되기도 한다. 결국 목자는 양의 요구와 관심사에 민감해야 한다. 어떤 면에서는 사람의 편에서 하나님을 향하는 중재자이다. 집단보다는 개인을 돌보는 일이 우선이다.

2) 예언자적인 역할

예언자적 역할은 똑같은 중재자이지만 하나님으로부터 사람에게 향하는 중재자이다. 예언은 하나님의 뜻과 방법을 선포하고 정의를 요구하는 하나님의 음성이다. 비록 예수는 제사장적인 역할도 강조했지만, 예언자적 역할도 강조하였다. 올바른 말을 하며, 하나님의 뜻과 목적을 선언하고, 그의 백성의 삶의 변화를 강조하는 것이 예언자적 역할이다.

예언자적 역할은 분명히 변화된 지도력의 관계를 필요로 한다. 그를 따르는 자들과 그룹의 삶에 변화를 불러일으키는 것이다. 그러면 제사장적 역할과 예언자적 역할이 함께 유지될 수 있는가? 교회 지도자는 건전한 긴장 속에서 이 두 가지를 유지할 수 있는가? 예수는 이 두 가지를 행하였다. 교회 안에서 지도자는 이와 같이 노력해야 한다. 교회 지도자는 예언자적 역할이나 제사장적 역할을 서로 배타적으로 할 수 없다. 지도자는 이 두 가지를 포함해야만 한다. 제사장적 역할과 예언자적 역할은 동시에 공존해야 한다. 이 일은 쉬운 것이 아니다. 왜냐하면 서로 균형을 이루어야 하기 때문이다. 우리 주님의 사역은 교회 지도자에게 적어도 이 두 가지를 종합해야 한다는 모델이 되었다.

3) 종으로서의 역할

하나님으로부터 인간을 향하고 인간으로부터 하나님을 향하는 이런 제사장적인 역할과 예언자적인 역할을 통합시키기 위해서 예수께서 사용한 창의적인 역할이 종으로서의 역할이다. 종으로서의 역할이란 사람의 요구를 듣고 하나님의 뜻을 공경하는 것이다.

종으로서의 역할은 동시에 다음 두 가지 지도력을 유지해야 한다. 즉 업무와 관계이다. 게다가 종으로서의 이미지는 그들의 권위를 사용하면서 지도력을 안내하는 것이다. 신실한 스타일은 종으로서의 역할이다.

제5절 교회성장을 위한 지도력

다음의 내용은 피터 와그너의 「교회성장을 위한 지도력」에 나타난 목회자의 딜레마에 대해서 다룬다.[3]

1. 목회자의 두 가지 딜레마

1) 겸손한 동시에 강력해지는 것

성서적인 그리스도인은 누구나 성경을 통해서 교만하지 말라고 배운다. 실패 앞에는 언제나 교만이 있게 마련이다. "하나님이 교만한 자를 물리치시고 겸손한 자에게 은혜를 주신다 하였느니라"(약 4:6). 그리스도인은 자기 자신에 대하여 "마땅히 생각할 그 이상의 생각을 품지 말아야 한다"(롬 12:3). 겸손은 설교나 찬송에서 끊임없이 칭송되는 그리스도인의 미덕이다. 목회자들은 겸손을 가르치고 자신들의 생활에서 그것을 나타내고자 애쓴다.

그러나 힘이 겸손에 대하여 갖는 관계를 적절하게 이해하고 있는 목회자들은 거의 드물다. 힘과 겸손은 매우 반대되는 것 같이 보이지만 사실상 그렇지 않다. 예수께서도 "누구든지 자기를 높이는 자는 낮아지고 자기를 낮추는 자는 높아지리라."고 말씀하시며 이 점을 가능한 한 분명하게 밝히셨다. 위의 성경 구절에서 두 개의 능동형과 두 개의 수동형에 대하여 주목하라. 능동형은 우리의 의무를 보이고 있고, 수동형은 하나님의 응답을 나타내고 있다.

첫 번째 능동형은 "자신을 높이는 것"이다. 먼저 자기를 높이기란 인간적으로 볼 때 가능하다. 그러므로 많은 목사들이 "내가 당신의 목사이니까 당신은 나에게 순종해야만 합니다."라고 말할 것이다. 그러나 진정한 목회자의 권위는 스스로 나타내는 것이 아니라 하나님께서 주시는 것이다. 자신을 높이고자 하는 목회자는 하나님의 응답(수동형)이 그들을 "낮아지게 하는 것"임을 깨닫게 될 것이다.

두 번째 능동형은 "자신을 낮추는 것"이다. 마찬가지로 먼저 겸손해지기로 결심하는 것도 가능하다. 결국 겸손은 하나님의 은총으로 주어지는 성령의 열매라는 것을 알아야 하지만, 그럼에도 불구하고 낮아지는 것은 우리가 그렇게 하려고 결심해야만 한다.

2) 종이 되는 동시에 지도자가 되는 것

사도 요한과 야고보는 한때 자신을 높이고자 했다. 그들은 하늘나라에서 예수님의 좌·우편에 앉기를 원했다. 그때 예수께서는 지도력에 대한 가장 심오한 교훈을 모든 제자들에게 가르치셨다. 먼저 그들에게 지도자들은 권세를 부리는 이방인과 같이 되지 말라고 말씀하셨다(막 10:42). 섬기는 것과 처리하는 것 사이의 대조는 베드로전서 5장에서 다시 언급되었다. 이것은 나중에 자세히 살펴보고자 한다. 그러나 예수께서는 긍정적인 면에서 말씀하신다. "너희 중에 누구든지 크고자 하는 자는 너희를 섬기는 자가 되라"(막 10:43). 기독교의 지도력이란 세속적인 지도력과 비교해볼 때 종의 도리에 기초하고 있으며, 다른 방법으로는 이것을 얻을 수 없다.

지도자가 되기 원하는 것에는 잘못된 것이 없다고 예수께서 말씀하셨음에 주목하라. 또한 예수께서는 하나님의 나라에서 지도력은 강압이나 자기 과시를 통해서 오는 것이 아니라고 말씀하신다. 그것은 요구할 수 없는 것이며 얻어야 하는 것이다. 지도자에 대한 리트머스 시험이 지도자가 가져야 하는 것이라면, 추종자들은 따르기로 결심하기 전에 그 사람을 그들의 종으로서 인식해야 한다. 많은 목회자들이 그들이 종이라는 것을 나타내는 데 헌신하고 있지만 그것을 잘 해냄으로써 따르게 되는 결과, 즉 하나님께서 지도자로서 그들에게 주시는 찬양과 찬양에 따르는 권세를 잘 받아들이지 못한다. 예수께서는 손수 제자들의 발을 씻기셨지만 그의 공생애 동안 예수의 생각이나 제자들의 마음에서 누가 그들의 지도자인가에 대한 의심은 조금도 없었다.

그리스도인의 일에서는 종이 되는 것과 지도력은 서로 모순되는 것이 아니다. 그것은 합치되는 것이다.

2. 지도에 관한 이론들[4]

1) 권위적인 것과 협조적인 것

권위적인 지도력은 직접적인 지도력이라고도 불리며 낮은 집단을 제어하는 것으로서 그 특징을 찾을 수 있다. 협조적인 지도력은 간접적이며 높은 집단을 제어하는 것으로 특징지을 수 있다. 그것은 연속체이기 때문에 두 가지 극단 사이에는 수많은 관점이 있고 각 극단에 속한 지도자는 거의 찾을 수 없다. 환경에 따라서 권위적인 지도력이 교회 지도에 사용되는지 아니면 협조적인 형태가 사용되는지를 살펴보는 것이 도움이 된다. 권위적인 지도자는 사람들의 이익을 위해서보다는 권력에 대한 굶주림에 의해서 권력을 뽐내며 교묘한 술수를 쓸 수 있다. 협조적인 지도자는 너무 방임주의적이어서 전혀 지도자가 아니다. 그뿐 아니라 지도자가 없는 조직은 시들거나 죽어 없어질 수도 있다. 그러나 둘 다 좋을 수도 있다. 겸손과 종의 도에 대한 성서적인 요구는 연속체의 모든 점에 잘 맞을 수 있다.

2) 과업 지향적인 것과 사람 지향적인 것

과업 지향적인 지도자는 사람 앞에 일을 앞세운다. 사람 지향적인 지도자는 일 앞에 사람을 앞세운다. 교회에서는 극단적인 어떤 것도 이롭지 못하다. 왜 냐하면 일이나 사람이나 모두 중요하기 때문이다. 사람은 목적을 위한 단순한 수단으로서 취급되어서는 안 되며 목적이나 목표는 사람의 필요에 따라 설정 되어야 한다. 한편으로는, 사람들은 어떤 목적을 위하여 하나님의 나라로 불려 졌다. 이 목적이나 과업이 성취되지 못한다면 사람들도 충분하지 못하다. 그러 나 다음 장에서 다루겠지만 일반적으로 과업 지향적인 목회자는 교회를 성장 시키는 높은 잠재력을 갖고 있다.

3. 지도력에 대한 제약

대부분의 경우에 적어도 다섯 가지 중요한 요소가 있다. 그러나 각각의 요 소 안에서 강한 지도자와 약한 지도자를 발견할 것이다. 나는 당신에게 당신 자신의 삶의 여건을 이 다섯 가지 범주로 제약하여 강한 지도자가 되도록 노력 하라고 제안한다.[5]

1) 문화적 제약

인간으로서 우리 각자는 가치관과 행동 양식을 미리 결정하고 우리의 세계 관을 형성하는 특정한 문화의 한 부분이다. 세계에는 수천 가지의 문화가 있고 그 문화에 대한 수많은 작은 변형들이 있다. 각각의 문화적 상황은 지도자의 선택과 타당성에 대한 복잡한 제도이다. 각각의 문화 집단에 속한 사람들은 적 법한 지도자가 어떤 방식으로 행동하기를 기대하며 그런 종류의 행동에 그들이 순응하기를 기대한다. 그런 문화 안에 교회가 설립되었을 때 대개 효과적인 교회 지도 형태가 따르게 되는 양상은 그 문화에 의해서 결정된다.

2) 사회 경제적 제약

다양한 문화권 내에는, 특히 도시화되고 산업화된 사회에서는 여러 가지 다른 사회경제적 계층이 있다. 지도자의 직무도 계급에 따라 중요하게 달라진다.

3) 교단적인 제약

교단적인 틀 안에서 일하고 있는 목회자는 자동적으로 교단에서 세운 정책에 의해서 제약을 받는다. 그러나 그 정책의 경계선 안에 강한 지도자와 약한 지도자 모두를 포함하지 않는 교단은 없다고 생각한다.

4) 개체교회 회중의 제약

교단적인 제약 외에 목회자가 목회하고 있는 개체교회의 적어도 세 가지 특징이 지도 형태를 제한할 것이다. 첫째는 교회의 전통이다. 평신도가 교회를 운영하는 데 높은 가치를 두고 있는 교회라면 새로운 목회자가 이것을 바꿀 수 있는 가능성은 거의 없다. 둘째도 이와 연관된다. 오래된 교회일수록 교회의 전통은 더 바뀌지 않는 것 같다. 오랜 세월 동안 한 건물에서 모이고 있는 오래된 교회에서 목회자가 강한 지도력을 발휘하기란 힘들다.

목회자의 역할을 제한하는 개체교회의 세 번째 특징은 그 크기에 있다. 대개 큰 교회일수록 담임목사의 역할은 덜 결정적이다. 작은 교회일수록 담임목사의 역할은 더 결정적이다. 작은 교회일수록 목회자의 지도력은 덜 중요하다. 사실 어떤 작은 교회에서는 중요한 결정이 내려진 후에 목회자는 단지 그 소식을 들을 뿐이다. 이러한 결정은 전통적으로 임원 회의나 교인들의 회의에서 내려지는 것이 아니라 전화상으로나 커피를 들면서 이루어진다. 이러한 결정 과정을 고수하는 교회는 작은 교회로 그냥 남아 있기 십상이다. 성장하려면 큰 교회처럼 지도받기로 결정할 필요가 있다.

5) 개인적인 제약

목회자에게는 주어진 지도적 역할이 얼마나 강력한지에 대한 다섯 번째 제약은 매우 개인적인 것이다. 그것은 목회자 자신의 기질에 달려 있다. 어떤 목회자들은 실제 회중을 목회하지만 어떤 목회자들은 결코 스스로 회중에 대한 목회를 직접 하지 않는다. 이 요소는 목회에서 여자의 역할을 생각해 볼 때 매우 중요하다. 여성들은 담임자가 될 수 있는 비율이나 교인들이 허락하는 비율은 남자에 비하여 상대적으로 낮은 편이다. 이런 개인적인 습성은 어떤 경우에 변하기도 하지만 대개 목회자가 지녀야 할 필요가 있는 요소이다.

4. 지도력은 어디에서 오는가?

목회자의 강력한 지도력이 교회성장을 위해 중요하기 때문에 지금까지 많은 사람이 어떻게 나는 강한 지도자가 될 수 있을까를 질문하고 있다. 지도력에는 세 가지 주요한 원천이 있다. 지도력을 얻는 것, 깨닫는 것, 배우는 것이다.[6]

1) 지도력을 얻는 것

지도력이란 따르는 자들이 얼마나 되느냐가 문제이다. 라일 샬러(Lyle E. Schaller)라는 사람은 보통 4년 내지 5~6년이 지나야 그 지도력이 생산적인 열매를 맺기 시작한다고 주장한다.[7] 문제가 생기면 목회자를 바로 바꿔버리는 것이 아니라 문제를 해결할 수 있는 기간을 주어야 한다. 즉 목회자가 교인을 사랑하고 교인은 목회자를 신뢰하고 순종할 때 지도력이 얻어진다는 말이다.

2) 지도력은 분별하는 것

성장하고 있는 큰 교회를 연구해보면, 목회자들이 모두 두 가지의 영적 은사, 즉 믿음과 지도력을 갖고 있다는 것을 발견한다. 이것은 매우 밀접하게 연관되어 있다. 앞에서 교회의 미래에 대한 하나님의 목적에 맞추어 목표를 설정하고 이 목표를 완성시키기 위해 교인들로 하여금 기여하도록 하는 것이 지도력이라고 정의했다. 그러나 목회자가 무엇이 교회에 대한 하나님의 목적인지 어떻게 확실하게 알 수 있을까? 그것은 바로 믿음의 은사를 통해서이다. 믿음의 은사는 특별한 신념을 가지고 하나님의 사업의 미래에 대한 하나님의 뜻과 목적을 분별하도록 그리스도의 지체인 교인들에게 하나님께서 주신 특별한 능력이다.

목회자는 무엇이 교회에 대한 하나님의 목적인지를 분별해야 한다. 믿음의 은사를 통해서 하나님의 뜻과 목적을 분명히 분별하는 힘을 가져야 한다. 효과적인 목표 설정을 위해서는 믿음과 지도력이 조화를 이루어야 된다.

3) 지도력은 배우는 것

적절한 훈련을 통해서 강력한 지도자가 될 수 있다. 지도력의 은사를 통해 최대한의 잠재력까지도 개발해야 한다. 어떤 분야를 배우느냐에 따라서 그 분야의 지도자가 되기 때문이다.

제1절 갈등이란 무엇인가

1. 갈등의 어원

"갈등"이란 단어의 라틴 어원은 의미의 본질을 드러낸다. 원래 단어인 "Fligere"는 "때리는 행동"(to strike)을 뜻하였다. 이러한 어근은 "Inflict"라는 단어에서 발견되는데 그것은 어떤 사람의 어느 곳을 때리는 것을 의미하며, "Profligate"라는 단어에서도 발견되는데 그것은 문자적으로 "부딪히거나"(Strike Forward) 어떤 사람의 얼굴을 때리는 것을 의미한다. "Conflict"라는 단어는 "충돌하는 것"(Strike Together)을 의미하는데 그것은 우리의 정의 내리는 작업에서 근본적인 그러한 의미이다.

2. 갈등에 대한 일반적 이해

1) 갈등 발생에 대한 이해

어떤 사람들은 갈등에 대한 이론을 "제한된 자원들"(Limited Resources)에 근거하여 전개한다. 만일 하나의 상자만이 존재하는데, 그리고 어느 한 쪽만이 그 상자 속에 있는 무언가를 얻으려고 한다면, 바로 그곳에서 갈등이 유발될 수 있다. 이러한 갈등은 두 개의 중요한 요소를 내포하고 있다. 첫 번째로 거기에는 항상 두 쪽 편(파벌)이 차지하기를 원하는 하나의 상자 혹은 공간이 있다는 것이다. 그 상자는 그들이 차지하려고 경쟁하고 있는 것(물질적인 목표, 상승의 기회, 인정받음, 높은 지위, 세력, 다른 사람들의 주의집중)은 무엇이든지 나타낼 수 있다. 두 번째 요소는 각각의 편의 의도 혹은 목적이 있다는 것이다. 만일 어느 편도 그 공간 혹은 상자를 차지하려고 하지 않았다면 어떤 갈등도 있을 수 없다.

이처럼 갈등은 둘로 나뉘어 있는 물체가 동시에 같은 곳을 차지하려고 할 때 일어난다. 동시에 같은 곳에 들어가려고 시도하는 둘로 나뉘어 있는 물체는 싸울 것이고 또한 충돌할 것이다. 이러한 비유는 어느 한 집단의 싸우는 이유들을(goals) 발견하는 데 유용할 수 있다. 싸우는 이유들은 동시에 같은 집단을 차지할 수 없는 두 개의 의도 혹은 목표 때문이다. 혹은 로스 스태그너(Ross Stagner)가 말한 것처럼 갈등이란 "둘 혹은 그 이상의 인간이 양쪽 다에 의하지 아니하고 어떤 한 쪽 또는 다른 쪽에 의해서만 도달할 수 있다고 그들이 지각하는 (그러한) 목적들을 갈망하는 상태"이다.

그러므로 갈등이란 개인적인 의도와 목적, 그리고 공통의 장소를 추구함에서 동시에 둘 혹은 그 이상 개인이나 단체가 그것을 차지하려고 할 때 발생하는 것이라고 정의할 수 있을 것이다

2) 갈등의 종류

우리는 갈등의 종류를 다음과 같은 세 가지 경험의 범위 안에서 정리해볼 수 있다.

(1) 개인 내의 갈등(Intrapersonal Conflict)
개인 내의 갈등은 한 사람이 그 자신 안에 가지고 있는 갈등이다. 그것은 상

대방과 서로 싸우는 것과는 다른 느낌일 수 있으며, 그것은 그가 이러한 행동을 취할지, 취하지 않을 것인지를 결정하려 할 때 가지게 되는 갈등일 수 있다. 개인 내의 갈등은 어떤 이가 그 자신의 자아의 다른 부분들과 가지는 경합(Contest)이다.

(2) 대인관계 갈등(Interpersonal Conflict)

교회 안에서 종종 만나게 되는 또 다른 종류의 갈등은 대인관계 갈등이다. 우리는 대인관계 갈등이 사람들 사이의 차이점들과 관계있는 것으로 알고 있지만, 중요하게도 그것은 서로 관계되어 있지 않다. 이것은 주로 사람들에게서 그들의 상반된 점을 넘어서 어떤 사람이 다른 사람과 충돌하고 있는 데서 오는 갈등이다. 이러한 갈등은 어떤 사람이 행하는 것이나 그가 어느 논점에 관해 생각하는 것에 의해 생기지 않을 뿐 아니라, 그가 다른 사람에 관해 어떻게 느끼는지에 의해서도 발생되지 않는다. 이러한 형태의 갈등의 실례가 되는 것은 어떤 이가 단순히 다른 사람이 흑인이거나 늙었거나 성직자이거나 평신도이거나 혹은 그 다른 사람이 갑자기 그 어떤 이가 절대로 함께 하지 못하는 사람과 함께 있게 되는 그러한 상황들이다.

(3) 본질적 갈등(Substantive Conflict)

세 번째 종류의 갈등은 본질적이다. 본질적 갈등은 두 개인 사이에서 혹은 개인과 어떤 한 그룹 사이에서 또는 그룹들 사이에서 있을 수 있다. 본질적 갈등은 사실들과 의미들과 목적들 혹은 가치들에 관한(over) 갈등을 다룬다. 사람들 사이의 본질적 갈등은 갈등하고 있는 두 개인이 그들의 위치에서 다른 사람의 도움을 얻고자 할 때 교회의 생활에서 나타날 수 있다. 또한 그것은 단지 두 파벌 사이에서도 있을 수 있다. 본질적 갈등은 종종 그들 자신의 그룹과 지위에 대해 이권을 가진 그룹들 사이에서 존재한다.

3. 갈등에 대한 성서적 이해

1) 성서 안에서의 갈등

성서는 갈등의 기원이 어디에서부터 시작되었는지를 밝혀주고 있다. 노만 샤우척은 갈등의 시작을 창세기 3장에 기록된 아담과 하와의 타락 사건에서 찾는다. 그리고 요한계시록에 기록된 왕국의 도래로 말미암아 갈등이 종결되는 것으로 본다. 그가 말하는 바를 간략히 정리해보도록 하겠다.[1]

(1) 갈등의 시작 : 창세기 3장

갈등은 인간 역사의 매우 초기부터 있었다. 그 갈등은 하와가 뱀의 유혹을 넘어가 선악과를 따먹는 순간 발생하였다. 두 번째 갈등은 선악과를 따먹은 책임을 서로 회피하는 장면에서 나타난다. 이러한 성경의 이야기를 통해서 갈등의 특징들(Personalities)이 있음을 알게 된다. 죄가 행해졌고, 감정이 상하게 되었으며, 서로의 관계 속에서 긴장이 더해갔고, 그러한 상황 속에서 하나님이 친히 갈등에 개입하셨다는 것이다.

(2) 과정 속의 갈등

교회 내에서의 어떤 갈등들은 죄악된 행동, 예컨대 심문(inquisitions), 그에 따른 최대의 불상사를 야기하기도 한다. 혹은 악의에 찬 중상모략을 불러일으키는 갈등이 있을 수 있다. 반면에 교회 내의 어떤 갈등들은 사도행전 15장의 갈등처럼 하나님의 뜻을 분명히 이해하게 되고, 또 보다 효과적인 목회를 하게 되는 결과를 낳는다.

예수님도 갈등을 겪었다. 만약 예수님이 갈등 없이 이 세상에서 살 수 없었다면 우리도 갈등을 받아들이는 것이 나을 것이다. 즉 우리 역시 우리의 교회와 목회 속에서 갈등을 겪게 될 것이다. 갈등은 과정 속에 있는 교회의 정상적인 부분이다. 그렇지만 갈등은 그 자체로서 죄악된 것이 아니다. 갈등의 죄악성은 갈등에 대한 우리의 처신방법으로부터 오지, 우리 사이에서의 불화와 갈등으로부터 오지 않는다. 바울은 "화를 내더라도 죄는 짓지 말라."(엡 4:26)고 말씀하고 있지 않은가?

(3) 갈등의 종결

창세기 3장은 인간의 타락을 개략적으로 설명하고 있다. 그 이후로부터 성경은 인간이 하나님 및 다른 사람들과 깨진 관계 속에서 살고 있다고 묘사한다. 반면에, 요한계시록 21~22장에서는 갈등에 대한 궁극적인 극복을 나타내고 있다. 여기서는 새로운 왕국의 도래를 말하고 있다.

그러나 그 중간기에는, 즉 창세기 3장과 요한계시록 21, 22장 사이의 시기 동안에는 교회 밖에서뿐만 아니라 교회 안에서도 모든 인간관계를 파멸로 향하는 경향을 경험하게 될 것이다. 불화, 오해, 욕심이 있을 것이다. 그 가운데 일부는 갈등을 낳을 것이다. 또 어떤 것들은 갈등뿐만 아니라 죄악도 낳을 것이다.

2) 성서 안에서의 갈등의 양상

(1) 목회에 대한 하나님의 방향을 이해하기 위한 노력의 결과로서의 갈등

• 차별 대 통합(Segregation vs. Integration)

초대교회 당시 가장 큰 갈등이라고 한다면, 복음을 누구에게 전해야만 하는가 하는 문제에서 비롯된 갈등이라고 할 수 있다. 당시의 성도들은 복음이 이방인들에게 전파되는 것에 대해 쉽게 용납할 수가 없었다. 이것은 당시 지도자들에게 갈등을 불러일으키는 소지가 되었다. 그러나 이 문제는 하나님께서 간섭하셔서 잘 해결될 수가 있었다. 그 사건이 바로 베드로가 고넬료를 찾아간 사건이다.

• 구원과 교인됨에 요구되는 필수조건들(행 15:1~35)

여기에는 바울 및 바나바와 일단의 다른 초대 복음전도자들 사이의 갈등이 기록되어 있다. 다시금 이방인들에 관한 문제가 제기되었다. "복음을 이방인들과 함께 나누어야 하는가?"라고 하는 사도행전 11장의 문제와는 반대로 여기서의 문제는 이방 기독교인들이 어떠한 조건에서 구원과 교회 내에서의 위치가 부여되어야 하는가였다. 사도들은 그 문제를 해결하기 위하여 예루살렘 공의회를 소집하였다. 그러나 격렬한 논쟁 속에서 하나님은 그들과 함께하셨고 그들의 사역을 축복하셨다.(행 15:2~3)

(2) 사람들 사이의 의견차이의 결과로 나타나는 갈등

• 바울과 바나바(행 15:36~41)

예루살렘 공의회가 끝난 후 위대한 두 선교사들은 다음 선교지를 계획하기 시작했으며 결국 마가의 문제를 놓고서 첨예하게 대립했다. 그 둘 모두 이 문제에 대해서는 다소 완강하였다. 바나바는 마가를 데리고 가기로 결심하였다. 바울은 마가를 데리고 가지 말자고 주장하였다. 논쟁이 심화되어 그들은 서로 헤어지게 되었다. 이 이야기가 우리에게 들려준 바에 따르면 바울과 바나바가 마가를 데리고 가는 문제에 대해 하나님의 의도가 무엇인지를 발견하고자 노력하였음을 별로 알 수 없다. 각각은 자기 나름의 결심을 했던 것이다.

• 바울을 추종한 고린도 교인들과 아볼로를 추종한 고린도 교인들(고전 1:10, 3:4, 4:6)

고린도 교인들이 분열되어 있었다. 어떤 사람들은 바울이 더 능력 있는 지도자라고 생각하였고, 또 다른 어떤 사람들은 아볼로가 더 능력 있다고 생각하였다. 그들 사이의 불화는 커다란 갈등을 야기하였다. 하나님은 이러한 불화 때문에 그들을 저버렸는가? 그렇지 않다. 바울은 하나님이 여전히 그곳에 계신다고 주장하였다. 그들과 함께 생활하시고 그들 안에 거하신다고 주장하였다(고전 3:16~17). 바울은 하나님이 그들의 사소한 불화를 기뻐하지 않으신다는 사실을 명백히 밝혔지만(18~20), 그 이유 때문에 하나님이 그들을 떠나지는 않으셨다는 점도 똑같이 분명하게 밝혔다.(고전 3:22~23)

3) 죄악된 동기의 결과로서의 갈등

(1) 다윗과 우리야(삼하 11장)

다윗은 그의 생애에 있어서 성적인 쾌락에 대한 욕망이 하나님께 신실함으로 행하고자 하는 그의 바람을 압도하던 짧은 기간이 있었다. 한 가지 죄악 된 동기는 다른 동기로 이끌게 된다. 그리하여 곧 다윗은 우리야와 갈등관계에 빠지게 되었다. 마침내 그는 자신의 체면을 유지하기 위하여 죽음을 음모하게 되었다.(삼하 11:8~15)

(2) 예수님과 예루살렘 성전의 환전상들(마 21:12~16)

하나님의 기도하는 집을 사사로운 이익의 장소로 변질시킨 사람들이 죄악된 행동을 한 결과, 예수님은 이 갈등을 주도하셨다.

제2절 갈등의 단계와 순환[2)]

1. 갈등의 단계

1) 제1단계-갈등의 발전(Tension Development)

모든 갈등은 관계상의 단순한 갈등으로 시작한다. 갈등은 어떤 사람이 관계 내에서 자유의 상실감을 경험하고 있음을 알려주는 것이다. 그리고 이 자유의 상실감은 갈등상황을 위한 무대를 제공한다.

갈등의 해결은 이 단계에서 가장 효과적으로 처리된다. 왜냐하면 관계자들에게 거의 혹은 전적으로 아무런 해를 끼치고 있지 않기 때문이다. 불행하게도 이 단계에서 갈등이 처리되는 경우는 그리 많지 않다. 왜냐하면 문제가 그다지 중요해 보이지 않는다는 이유로 갈등이 있음을 말하는 것에 당혹스러워하지 않기 때문이다. 만약 갈등이 공개적으로 허용되지도 또 처리되지도 않는다면 곧 혼란이 시작될 것이다. 왜냐하면 사람들은 자기들에게 맡겨진 일을 수행하기 위하여 서로 더 이상 의지할 수 없다고 느끼기 때문이다. 게다가 새로운 상황 속에서는 그들의 올바른 역할과 자신이 그들에게 분명하지 않게 된다. 조화와 생산성은 사라지고 역할 딜레마에 빠지게 되어, 시간과 정력을 소모하기 시작한다.

2) 제2단계-역할 딜레마(Role Dilema)

갈등의 결과로 발전된 혼란은 다음과 같은 질문으로 일어난다. 나는 이 갈등이 일어나는 동안 무엇을 하고 있는가? 다른 사람은 무엇을 하고 있는가? 여기서 무슨 일이 일어나고 있는 것인가? 누구의 책임인가?

전과는 달리 사람들은 서로 이야기를 나누어야 한다. 또 갈등의 문제점들을 파악하고, 갈등을 야기한 변화들을 확인하며, 문제가 더 악화되기 전에 새로운 헌신을 재다짐하는 새로운 정보로써 이것을 이용해야 한다.

그러나 역설적이게도 갈등의 발전 단계 혹은 역할 딜레마의 단계에서 그 파괴적 영향에 대해 공개적으로 논의하고자 하는 사람 혹은 그룹이 별로 없다. 갈등의 발전 단계에서는 문제가 하찮게 보이기 때문에 테이블 위에 꺼내놓고 조사하기에는 당혹스러워하며, 반면에 역할 딜레마의 단계에서는 문제가 이미 대단히 위협적으로 보여서 더 이상 회피할 수 없게 된다. 이제 갈등은 의사소통이 무너지기 시작하고, 서로서로를 격렬하게 비난하는 지경으로까지 확대되었다. 이럼으로써 불공평한 처사에 따르는 행동이 시작된다.

3) 제3단계-부당한 처사의 수렴(Injustice Collecting)

이 단계는 첫 번째로 위험스러운 단계이다. 이제 사람들은 문제가 악화될 수밖에 없다고 확신하여 상대방을 비난하고 조만간 반드시 오고야 말 것이라고 생각하는 "전투"에 대비하기 시작한다. 그들은 나중에 "무기"(artillery)로 이용할 수 있는 부당한 처사들과 손해들을 수렴하기 시작한다. 부당한 처사의 수렴은 사람들이 "적"에게 집중하기보다는 문제에 집중할 수 있기 전에 소비되어야 하는 부정적 에너지를 만들어낸다.

이 단계는 사람들이 자신의 입장을 정당화하고, 상대편에 책임이 있다고 지적하기 시작하는 "비난"의 단계이다. 이 단계에서 사람들은 비난할 이유를 찾고, 또 자신들과 문제의 상대편 당사자 사이의 거리를 떼어놓을 이유를 찾는다. 이러한 거리감이 생기는 이유는 이 단계에서 사람들이 갈등의 문제에서 관심을 철회하고 상대편에 집중하기 시작하기 때문이다. 이제는 상대편이 문제이며, 이성은 물러나고 화를 내게 된다.

4) 제4단계-대립(Confrontation)

대립의 범위는 '분위기 쇄신'에서부터 노골적인 폭력에까지 이를 수 있다. 처리되지 않은 갈등 속에서 사람들은 서로가 대립한다. 잘 처리된 갈등 속에서는 먼저, 갈등을 야기한 문제들에 직면한다. 이것이 전투(fight) 혹은 접촉(contact)의 단계이다. 전선이 형성되고 갈등이 분출된다. "접촉"의 단계는 부당한 처사의 수렴이 얼마 동안 진행된 뒤에야 비로소 불가피하게 일어난다.

처리되지 않은 환경 혹은 형편없이 처리된 환경 속에서 대립은 흔히 상상했던 것보다 훨씬 더 심각하다. 또 문제를 해결하지도 못한다. 이제 사람들은 상대적으로 바람직하지 못한 일련의 대안들에 직면한다. 그들의 관계를 단절할 수 있고, 이전의 상황으로 돌아가려는 시도를 좌절시킬 수도 있으며, 혹은 새로운 일련의 기대와 헌신을 협상할 수도 있다. 그러나 그러한 현상은 항상 압력을 받으면서 이루어지게 마련인데, 왜냐하면 다른 실행 가능한 대안이 없다고 사람들이 느끼기 때문이다.

5) 제5단계-조정(Adjustment)

조정은 사람들이 대립을 종결시키기 위해 만드는 변화이다. 형편없이 처리된 대립 속에서 이루어진 조정은 회피, 이혼, 지배, 냉전과 같은 형태를 취하게 된다. 잘 처리된 대립 속에서 이루어진 조정은 재협상된 목표를(expectations), 그 목표들을 존중하는 자유롭게 이루어진 헌신의 형태를 취할 것이다.

2. 갈등의 순환

일단 시작되면 갈등은 5단계의 진행과정을 따르게 된다. 어떤 단체가 차지하는 시간의 길이는 매우 짧을 수도 있지만(몇 분간) 매우 길 수도 있다(몇 달). 그러나 어떤 단계도 생략되지 않는다. 갈등은 어떠한 단계에서도 통제될 수 있다. 만약 통제되지 않을 경우 다음 단계로 진행된다. 다음은 갈등이 어떻게 시작해서 어떤 다양한 단계를 거쳐 진행되는지를 보여주는 그림이다.

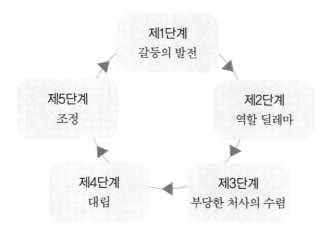

제3절 갈등의 기능

1. 능력 부여(Empowerment)

첫 번째로 갈등의 주요한 기능은 그것이 그룹의 삶에 활력과 능력을 준다는 것이다. 리처드 월튼(Rechard Walton)은 어떤 조직체 안의 위협 혹은 긴장 혹은 걱정의 양이 적을 때 "거기에는 위기에 대한 어떤 지각도, 행동을 위한 대안을 찾을 필요도, 회유적인 제안을 위한 자극도 있을 수 없다."는 것을 보임으로써 능력을 부여하는 성질을 가지고 있는 갈등의 현상에 대해 기술했다. 불만족에 대한 어떤 감각도 없이는, 살아가기 위한 또는 일들을 행하기 위한 더 나은 방법에 대한 비전도 없이는, 그리고 수고 없이는 어떤 활동을 하기에 아주 작은 기회만이 있을 뿐이다.

월튼은 계속해서 말하기를 위협의 단계가 더 높을 때, 이를테면 적당한 단계에 있을 때 "사람은 더 많은 정보를 찾고 통합하며 더 많은 대안을 고려하여 그 상황을 변화시키는 데 필요한 위기에 대한 더 높은 감각을 경험"한다. 이것은 한 사람이 준비해야 하는 그런 종류의 환경이다. 여기에서 사람은 도전을 받으며, 기술과 지식 그리고 일들을 지배하기 위해 그가 가지고 있는 다른 자원들을 무엇이든 수집해야 한다.

사람은 모든 생각이 도전받는, 그래서 단지 가장 좋은 생각이 유지되는 건강하게 경쟁적인 상태에 있다. 여기에서 조직체는 항상 죽어가고, 거의 가치가 없는 것은 무엇이나 이를 탈피하도록, 그리고 살아 있고 새로운 삶을 이끄는 것은 무엇이든지 인식되고 배양되고 지탱되도록 조직체가 가능한 한 능률적으로 일들을 행해야 한다는 것을 인식하고 있다. 건강한 정도의 긴장과 갈등을 가지고 있는 교회는 프로그램들과 계획들이 자극받는 그런 곳이며, 그러기에 그 교회의 사명에 있어서 가장 위대한 장점과 가치와 의미를 가지고 있는 그러한 프로그램과 계획들로 채워지게 된다. 실제로 의미심장한 도전 혹은 위협이 올 때 교회가 그 갈등을 잘 다룰 수 있도록(개인의 사소한 말다툼이나 비방이 아니라) 교회의 삶의 본질에 관하여 서로 도전을 주는 많은 경험을 가지는 곳이 교회이다. 갈등을 다루기 위해 교회가 세운 과정들의 바탕 위에서 그리고 그 난국을 타개해나갈 수 있을 것이라는 인식을 심어온 교회 역사의 바탕 위에서 교회는 창조적인 변화를 위해 그 갈등을 사용할 수 있다. 거의 갈등이 없었거나 전혀 갈등이 없다가 갑자기 그것에 직면한 그러한 교회들은 강하게 견디며 창조적으로 그 갈등을 다루는 능력을 거의 갖고 있지 못하다.

마지막으로 갈등의 수준이 그 시스템이 참을 수 있는 정도 이상인 상황들이 있다. 월튼의 말에 의하면 "매우 높은 정도의 위협에서 정보를 처리하고 대안을 수용하는 그 사람의 능력은 감소한다. 이것은 입장들의 경직과 반대자들과의 대립을 낳을 수 있다." 갈등을 다루는 데 서투른 표시는 적대자들이 싸움을 시작할 때 최근의 논점에 의하지 않고 "우리 편"에 대한 역사적인 열심에 의하여 싸우는 것에서 나타날 수 있다.

매우 높은 정도의 위협이 있는 곳에서 위협은 조직에 활기를 불어넣고 그 임무를 수행하기 위하여 도전하기보다는 경직화하고 조직에 충격을 낳는 경향이 있다. 그러나 우리는 조직에 주어진 위협의 수준은 상대적인 것이라는 사실에 대한 통찰을 잊어서는 안 된다. 건강한 갈등의 역사를 가지고 있는 교회에서 실로 그것을 약하게 하기 위해서는 극도의 위협이 필요할 것이다. 하지만 그러한 역사를 가지고 있지 않고, 보통 갈등을 감추고 피하는 교회는 만일 누군가 교회의 목적들 혹은 경과들에 관한 질문을 제기할 경우 교회가 (그동안) 실패해왔다고 신속하게 느낄지도 모른다.

보통 갈등을 감추는 교회는 그 목회자가 평신도 석에 평행하기보다는 오히려 성찬대의 각도에서 평신도 석을 움직였기 때문에 많은 수의 구성원들을 잃었다. 이러한 전에 없던 움직임의 충격은 매우 컸기에 교회는 분열되었다. 예배와 교회 모임에 참석하는 수가 줄어들었다.

분위기는 냉랭하고 비인간적이고 긴장되어 있다. 사람들은 서로를 믿지 않는다. 그리하여 몇몇 교회에서 하찮은 갈등으로 경험되어 왔을지도 모르는 그러한 것이 그것의 역사 때문에 압도적이고 파괴적인 것으로 다른 교회들에 경험될 수 있다. 갈등과 긴장의 정도가 아주 높은 곳에서는 창조적으로 그 문제를 다루는 방법을 찾는 대신에 고정된 방법에 몰두할 것이고 그 사람들은 완고하고 절차가 복잡하고 형식에 구애되는 경향을 갖는다. 그들은 조례들에 빠지고 그것들을 어느 쪽이든 적당하게 보이는 쪽에 의지하여 곤봉(cudgel)이나 피신처로 사용한다.

그때 개체 교회에서의 최적의 상황은 갈등의 부재, 그 교회가 무감각하고 창조성이 결핍되어 있는 상황이 아니며, 또한 그것은 사람들이 계속해서 언쟁하고 싸우고 공격하는 그러한 상황도 아니다. 오히려 갈등은 잘 활용되고 다루어지며 행동을 시작하는 사람들에게 활력과 동기를 주는 데 활용되고 그 교회와 공동체에서 정말로 관심하고 필요로 하는 것에 응답해야 한다.

2. 정체성의 수립(Establishing Identity)

갈등이 할 수 있는 두 번째 일은 그 그룹이 그것의 정체성과 한계선을 세우도록 돕는 것이다. 이것은 특히 그 그룹이 어떤 "외부인들"의 그룹과 갈등에 빠져 있을 때 참이다. 교회는 처음부터 갈등을 그것의 정체성을 수립하는 데 활용해왔다. "나와 함께 아니하는 자는 나를 반대하는 자요 나와 함께 모으지 아니하는 자는 헤치는 자니라"(마 12:30). 분명히 예수는 "집단 내"에 있는 이들과 "집단 외부"에 있는 자들 사이를 구별하는 데 갈등을 사용하고 있다.

논쟁은 사람들이 어느 편이든 선택을 하게 한다. 그리고 한 사람이 일단 어느 편이든 선택을 하게 되면 "그들과 우리를 구별하는 것은 무엇인가?" 하는 질문에 대답할 것을 요구받는다. 한 그룹을 다른 것과 구분하는 것은 어느 것이나 부분적으로 그들에게 그들의 정체성을 부여한다. 최근 교회의 분쟁에서 회중은 주일 오전에 드리는 예배의 종류를 그것이 전통적이든지 혹은 실험적이든지 넘치게(아주 많이) 경험하게 되었다. 약 1년 동안 이것은 강단에서 제직 모임에서 성가대 연습에서 그리고 교회 구성원들의 많은 다른 모임에서 논의되어 왔다. 그 논점이 이러한 대화들 속에서 이야기된 방식은 나이 든 구성원들이 전통적인 예배를 원하는 방식이요, 젊은 구성원들이 실험적인 예배를 원하는 방식이었다. 우리가 도움을 요청받을 때 우리가 가지고 있는 '사람들이 행할 수 있는 것들' 중의 하나는 그들이 전통주의자 혹은 실험론자들 중 어느 편에 있는지를 분명히 하는 것이다. 우리는 두 진영이 세대에 관하여서 매우 이질적이라는 것을 알게 되었다. 모든 갑작스러운 분열에서 양쪽 편은 그들을 나누는 것에 대한 새로운 이유들과 그들이 누구인지를 설명하는 새로운 방법을 발견해야 한다. 이처럼 새로운 이유들의 발견은 각 그룹이 (더 강한 사례를 만드는) 그들의 입장을 명확하게 하고 마침내 그 문제를 풀기 위한 더욱더 실제적인 대안들을 제공하는 것을 가능하게 한다.

3. 그룹 내의 통합(Unifying the Ingroup)

세 번째로 갈등의 분명한 기능은 그것이 그룹 내를 통합하는 경향이 있다는 것이다. 어떤 갈등의 상황에서 각 경쟁자는 그 자신의 그룹 안에 존재하는 차이들을 경시하는 경향이 있는데 그것은 그룹의 어떤 직무를 함에 있어서 더욱 효과적인 것이 된다. 그러나 거기에는 이에 대한 부정적인 측면이 있다. 그룹 내부는(ingroup) 전통적인 지도력의 형태들로 하여금 "가정 내부의" 다툼과 이 때에 누가 최고의 지도자가 될 것인지에 대한 소모적인 질문을 각오하기보다는 오히려 이를 억누르게 하는 경향이 있다. 그룹 내부는 또한 그 자신의 불충분한 부분은 너그럽게 보아주고 그것의 반대자(들)의 불충분한 부분만을 보려는 경향이 있다.

그러므로 교회가 어떤 논점에 관하여 분열되기 시작할 때 우리는 전체 조직체의 효과가 떨어지는 것을 통하여 다양한 파벌들이 팀을 이루어 정당하게 작용하려는 경향이 있음을 알게 된다. 남캘리포니아에 있는 한 교회는 오래된 목사관을 그들의 독점적인 모임 장소로 제공하였다. 그 젊은 사람들은 그 선물에 매우 기뻤고 그 거실 벽에 화려한 벽 그림을 그림으로써 그 건물이 그들의 소유임을 상징하는 것이 좋겠다고 결정했다. 그 건물에 더 많은 그림을 그릴 수 있겠는지 어떤지에 대한 뒤이은 싸움에서 그 젊은이들은 번영하는 효과적인 그룹이 되었고 그들의 "창조(적 행위)"에서 그릇된 것을 전혀 발견할 수 없었다. 반면 공식적인 그 교회의 부서들은 벽 그림을 성토하기 위해 함께 모였는데 그들은 그것에 대해 아무것도 좋은 것을 발견할 수 없었다. 이처럼 각각의 편을 도왔던 일시적인 분열은 그것이 교회에서 원했던 것과 지금까지 존재해오던 것보다 더 좋은 일하는 단위로 각각을 만들었던 것에 대하여 생각해볼 때 더욱 분명해진다. 우리가 그 교회에 초대되었을 때 우리는 교회가 이러한 갈등에서 오고 있었던 좋은 것들을 보도록 도울 수 있었을 뿐 아니라 그 분쟁을 다루는 전략들과 방책들을 개발하도록 도울 수 있었다.

4. 참을 수 없는 것을 견디는 기능(Bearing the Tolerable)

마지막으로 갈등은 우리가 다른 방법으로 참을 수 없는 환경을 참는 것이 가능하도록 수단을 제공한다. 갈등 그 자체는 하나의 구속이자 다른 방법으로 참을 수 없는 관용의 한계 내에서 우리가 가져올 수 있는 수단일 수 있다. 어느 특정한 교파에 있는 사람들의 그룹 가운데 하나는 동남아시아에서 일어난 전쟁에 대해 그들 교회가 침묵하고 있는 것에 격분했다. 만일 이 그룹이 그것의 교파에 맞서서 변화를 요구하고 이러한 논점에 대한 그들의 태도를 변화시키기 위해 교인들을 조직하는 노력이 불가능하다면 이 사람들은 교회를 떠날 수밖에 없을 것이다. 그들이 그들의 교파에 도전하고 부추기고 위협할 수 있었던 바로 그 사실은 그들이 거기에 머물면서 그 교파에 그들 공통의 삶의 다른 영역에서 그들 자신들의 협조를 제공하는 것을 의미한다.

제4절 갈등관리

1. 갈등처리의 본질적 요소

갈등의 처리는 간단하지 않지만 대부분의 사람들이 생각하는 것만큼 어렵지도 않다. 갈등처리의 본질적인 요소가 무엇인지 아는 것만으로 갈등을 처리하는 데 많은 도움을 얻을 수 있다.

노만 샤우척은 갈등처리의 본질적 요소로 다섯 가지를 말하고 있다.[3] 첫째, 갈등의 가장 초기 단계에서 갈등을 인식하고 알리는 것을 배우라. 둘째, 모든 사람으로 하여금 갈등 문제에 집중하게끔 하라. 셋째, 갈등처리를 위한 세 개의 P(허용-Permission, 잠재력-Potency, 보호-Protection)를 실천하라. 여기서 허용이란, "당사자들이 죄책감을 느끼지 않고서 의견이 불일치할 수 있도록 허용하는 것"을 뜻하며, 잠재력은 "서로서로 자신의 입장을 힘 있게, 또 명확하게 말할 수 있게끔 하는 것"을 뜻한다. 마지막으로 보호는 "서로가 쓸데없이 상처를 입지 않도록, 또 상대방에게 불필요하게 상처를 주지 않도록 방지하라." 넷째, 현재의 정책과 행동에 대한 대안을 제시함으로써 당사자들로 하여금 갈등의 상황에서 벗어날 수 있는 길을 볼 수 있게 하라. 다섯째, 모든 갈등을 해결될 수 있는 문제로 바꾸도록 하라. 그리고 모든 당사자들로 하여금 문제에 대한 해결책을 모색하는 데 관계시키라. 항상 다음을 기억하라.

2. 갈등처리의 단계

갈등을 효과적으로 처리하기 위해서는 어떠한 단계를 밟아야 할까? 노만 샤우척은 세 가지 단계를 밟을 것을 제안하고 있다.[4] 첫째, 갈등 문제에 관한 값있고도 유용한 정보를 만드는 단계. 둘째, 갈등 당사자들이 정보에 근거하여 자신의 행동에 대한 자유로운 선택, 정보를 들은 선택을 하도록 허용하는 단계. 셋째,

도달한 합의점들에 대해 개인적인 헌신을 하도록 동기를 유발하는 단계이다.

3. 갈등조정을 위한 필수 조건들

갈등조정은 많은 형태를 가질 수 있으며 다양한 접근 방법과 수단을 사용할 수 있다. 어떠한 접근 방식이 취해지든지 간에 갈등조정은 갈등 당사자들이 그들의 관계에서 파괴적인 행태들을 부수기 위하여 기꺼이 협력하게 되는 지점에까지 이를 수 있도록 일련의 필수적 조건들을 조성해야만 한다.[5]

성공적인 갈등조정은 다음과 같은 것이어야 한다.

첫째, 사람들이 자신의 개인적, 심리적 세력기반(power-base)을 개발하도록 도와야 한다. 주어진 관계나 상황 속에서 불안정하다든지 위협을 당하고 있는 사람은 갈등을 해결할 수 있는 방법에 대해 창조적으로 생각할 수 없다. "약하다"거나 "사면초가에 빠졌다"고 느끼는(feel trapped) 사람은 살아남을 것만 생각하게 된다. 선택은 "항복할 것인가, 싸울 것인가"밖에 없다. 그러나 성공적인 갈등조정은 "이 문제를 해결하기 위하여 우리 모두가 필요로 하는 정보를 만들어내는 데 나는 어떻게 도울 수 있는가?"라는 질문을 던지는 모든 사람들에게 달려 있다.

따라서 갈등조정에서 첫 번째 고려해야 할 사항은 "이쪽 당사자가 정보를 만들어내는 데 전적으로 참여하고, 해결책을 위해 협력하며, 계약을 체결할 수 있을 정도로 충분히 자신의 내부에서 또 그 상황 속에서 안정감을 느끼고 있는가?"라는 질문을 하는 것이다. 다시 말해서, "이 사람들이 자신들에 대해 보다 긍정적으로 생각하고, 또 갈등 문제들을 파악하며 그 해결책을 모색하는 데서 전적인 참여자라고 느끼도록 하는 데 내가 어떻게 도울 수 있는가?"라는 질문을 자신에게 던질 필요가 있다는 말이다.

둘째, 관계의 기반(relational base)을 개발하라. 건설적인 갈등처리를 위한 필수적 단계는 용납(acceptance)과 신뢰의 관계를 구축하는 것이다. 신뢰도가 높을 때 의사소통을 위한 어떠한 노력도 거의 성공한다. 신뢰도가 낮으면 의사소통은 왜곡되고 오해되는 경향이 있다.

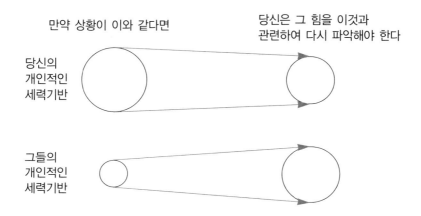

만약 상황이 이와 같다면   당신은 그 힘을 이것과
관련하여 다시 파악해야 한다

당신의
개인적인
세력기반

그들의
개인적인
세력기반

셋째, 건설적인 의사소통을 이루라. 모든 건설적인 갈등처리는 건전한 의사소통(communications)에 달려 있다. 갈등이 발생할 때마다 의사소통은 저하되는 경향이 있다. 또 의사소통이 저하되면 갈등은 약화된다.

넷째, 추측, 소문, 비난들을 걸러내라. 효과적이며 유용한 정보를 만들어내는 데서 중요한 한 측면은 갈등을 둘러싼 모든 추측, 소문, 그리고 비난을 씻어내는 것이다. 그리고 허구(fiction)와 사실(fact)을, 오류와 진실을 분리해내는 것이다.

다섯째, 문제해결과 의사결정을 위한 공동의 협력을 이루라. 의견이 일치하는 부분을 파악하게 되면 즉각적으로 희망이 찾아오고, 의견일치 부분들을 중심으로 협력하는 방안을 모색하는 힘을 부여받게 되며, 또 불일치의 부분들을 덜 위협적으로 보이게끔 만든다.

의견이 일치하는 부분(an overlap of agreement)을 만들기 위하여 당신은 당사자들의 진실된 관심과 목적을 충분하고도 폭넓게 설명해야 한다. 그리고 나서 당사자들이 그 의견일치부분에서 같이 일할 수 있게 하라. 이것은 갈등처리에 있어서 매우 중요한 부분이다.

목적에 도달하는 창조적인 접근방법을 탐구하기 위하여 의견일치부분 (overlap)에서 사람들이 함께 일할 때 더 높은 신뢰도와 의사소통이 이루어진다. 당사자들이 의견불일치부분을 대면하게 되고, 비록 차이점이 있는 가운데서도 서로를 지원할 수 있는 창조적인 접근 방법들을 발견하기 위하여 함께 일하게 되는 것은 새롭게 발견된 이 신뢰와 의사소통을 통해서 이루어진다.

여섯째, 계약을 체결하라(Establish a Covenant). 문제해결과 의사결정이 완성된 후에는 합의사항들을 수행하기 위하여 당사자들 간에 계약을 체결하는 것이 매우 중요하다. 가장 단순한 차원에서 이것은 합의사항들을 말로써 혹은 문서로 다시 반복하며, 각 당사자가 그 합의사항들을 수행하겠다고 다짐하게 하는 것을 뜻한다.

4. 갈등조정을 위한 문제 분석

1) 문제분석 : 문제해결의 과정

항상 변화하는 환경 속에서 교회는 하나님의 사업을 효과적으로 수행하기 위해 전보다 더 자주 그리고 더 빠른 의사결정을 요청받고 있다. 그 지역 환경에서의 변화는 교회에 영향을 끼친다. 변화는 종종 문제를 일으키고, 사려 깊게 준비된 계획과 부드럽게 진행되는 프로그램을 부적합한 오물더미로 귀속시킨다. 문제, 문제, 문제! 모든 교역자에게 필요한 하나의 도구는 문제발견, 문제규명, 문제해결을 위한 효과적인 방편들이다. 체계 이론적 문제해결의 접근방식은 대체로 오늘날 문제해결에 가장 효과적이고도 손쉽게 사용되는 유용한 도구이다. 문제해결체계의 구성요소들은 다음과 같다.

· 문제분석 : 문제와 문제의 원인을 확인하고 규정하는 일.
· 결정분석 : 문제 해결을 위해 가장 근사한 행동의 과정을 계획하는 일.
· 수행 : 행동계획을 실행하는 일.
· 평가 : 계획이 실행되는 정도를 측정하고 그것을 적당히 수정하는 일.

2) 문제분석의 모형

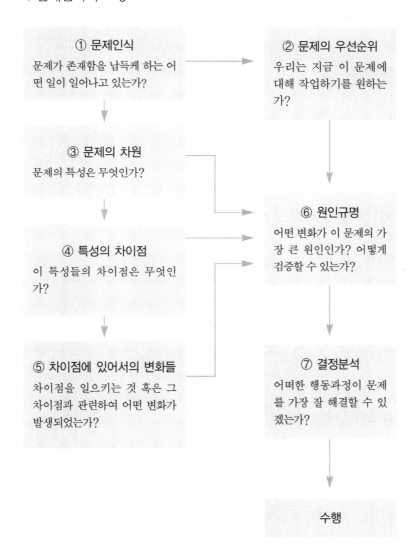

① 문제인식
문제가 존재함을 납득케 하는 어떤 일이 일어나고 있는가?

② 문제의 우선순위
우리는 지금 이 문제에 대해 작업하기를 원하는가?

③ 문제의 차원
문제의 특성은 무엇인가?

④ 특성의 차이점
이 특성들의 차이점은 무엇인가?

⑤ 차이점에 있어서의 변화들
차이점을 일으키는 것 혹은 그 차이점과 관련하여 어떤 변화가 발생되었는가?

⑥ 원인규명
어떤 변화가 이 문제의 가장 큰 원인인가? 어떻게 검증할 수 있는가?

⑦ 결정분석
어떠한 행동과정이 문제를 가장 잘 해결할 수 있겠는가?

수행

6장 목회 계획과 행정

제1절 목회 계획의 과정

실제적으로 목회 계획을 하는 데 있어서 세 가지를 염두에 두어야 한다.

1. 신학적인 배경

신학적인 배경은 적어도 다음 세 가지가 중요하다.

1) 교회에 대한 이해

신학적이고 성서적인 교회 전통에 대한 이해가 정리되어야 한다. 목회자가 이 부분에 대한 견해가 분명히 정리되지 않으면 목회 계획을 제대로 수립할 수가 없다. 왜냐하면 교회에 대한 이해에 따라서 목회 계획의 초점이 달라지기 때문이다.

2) 목회에 대한 이해

목회가 무엇인지에 대한 이해가 나름 분명해야 한다. 여기에 따라서도 얼마든지 목회 계획이 달라질 수 있다. 신학을 공부한 지 4~7년이 지났음에도 목회가 무엇인지 대답하지 못하는 경우가 많다.

3) 현장에 대한 이해

현장에 대한 인식에 따라서 목회 계획의 내용과 목회 계획의 우선순위가 얼마든지 바뀐다. 자기가 목회를 하고 있는 곳이 대도시인가, 중소 도시인가, 아니면 농촌인가 등에 따라 목회의 방향은 분명히 달라야 한다. 다시 말해서 상황을 분석한 후 어디에 목회의 초점을 두어야 하는지를 결정해야 한다.

2. 우선순위의 원칙

교회, 목회, 현장의 이해에서 나온 목회 계획이라도 어디에 우선순위를 두느냐에 따라서 다른 목회가 된다. 이것은 다분히 목회 철학과 관련이 있다. 예를 들면 교회 훈련, 성전 건축, 사회사업 등 어디에 우선순위를 두어야 하는가?

3. 실제적인 목회 계획

1) 교회력에 따른 목회 계획

보편적으로, 누구나 쉽게 선택하는 것이 교회력을 통한 목회 계획이다. 교회력을 사용하는 목적은 하나님 말씀에 근거한 복음을 우리의 실생활 속에 깊이 심어 열매를 맺게 하려는 것이다. 교회력은 강림절(혹은 대강절)부터 시작하여 성령강림절에서 끝난다. 우리나라에서는 1980년대부터 예배학자들의 의해 교회력이 소개되었다. 현대 다수의 목회자들은 교회력을 효과적으로 활용하고 있으나 아직도 교회력을 예배와 목회에 적용하지 않는 목회자도 적지 않다. 한국교회는 앞으로 '전통적인 교회력'에 한정할 것이 아니라 한국의 특별 절기와 기념 주일에 적합한 '토착적인 교회력'을 설정하여 활용해야 할 것이다.

2) 주제별 목회 계획

교육과 훈련을 시키는 방법에 있어서 주제별로 목회 계획을 세우는 것이다. 예를 들면 설교를 하더라도 교회력에 따른 설교보다는 주제별 설교를 통해서 하는 경우이다.

3) 통합적인 목회 계획

교회와 목회 그리고 상황에 대한 이해를 가진 뒤에 교회력에 따른 목회 계획을 추가하는 것이 가장 성숙한 교회이다. 자기의 근거를 살려가면서도 교회 나름의 조화를 이룰 수 있다면 바람직하다. 그러나 한 가지 잊지 말아야 할 것은 모든 계획이 타성에 의해서 세워지는 것이 아니라, 의도적으로 계획을 갖고 시행되어야 한다는 것이다.

제2절 목회 계획에 따른 예산 편성[1]

제1단계 : 목회 분석

목회 분석은 "어떤 사람들이 어떤 범위에서 교회의 일을 해야 하는가?"를 제시하는 것이다. 이 일은 목회자와 기획 위원회 그리고 각 부서에서 해야 한다.

다음 세 가지를 점검해야 한다.

①목회 현황은 어떤가?

②발전된 것이 있는가?

③고려해야 할 새로운 일들은 무엇인가?

금년도 지출된 예산과 관련한 목회 전반을 분석하여, 명년도 목회와 기본 지침이 마련되어야 한다.

제2단계 : 목회 계획 제안

①예산위원회 구성

- 예산위원회는 기획위원회에서 인선하거나 또는 담임자가 임명한다.
- 교회 전체를 파악할 수 있어야 한다.
- 교회가 나아가야 할 방향을 바르게 인식해야 한다.
- 교회 각 부서와 기관의 의견을 고르게 반영할 수 있어야 한다.
- 경험과 감각을 통해 장기적 안목이 있는 사람이어야 한다.

②예산위원회의 예산 편성 기본 지침 작성

③예산위원회와 담임자의 합동 회의

④예산위원회와 각 기관 부서가 만나서 상호 요구 사항에 대한 의견

⑤각 부서, 기관의 계획(Proposal) 작성

제3단계 : 목회 평가

①각 부서와 기관의 제안이 교회 목적에 부합하는가?

②각 부서와 기관의 제안이 교회의 목표를 이루는 데 도움이 되는가?

이 목회 평가 단계에서 점검해야 하는 것은 목회자의 목회 지침 사항과 각 부서, 각 기관의 제안과의 연속성, 그리고 어떻게 조화를 이루었는가를 반드시 점검해야 한다.

제4단계 : 예산 편성

①전년도 예산 편성과 결산을 참조해야 한다. 결산이 되지 않았을 때는 가정해서 한다.

②금년도 목회 지침, 각 부서 기관의 제안을 참조해야 한다. 여기에서는 여

러 부서의 안건을 토의한 후 우선순위를 결정해야 한다.

③항목별로 균형 있는 예산을 편성한다.

④목회 제안에 대한 구체적인 예산을 편성한다.

제5단계 : 예산 확정

①예산상에 모든 목회가 선명하게 부각되도록 해야 한다.

②각 부서장, 각 기관장이 편성된 예산에 대하여 토의를 한다.

③각 부서와 각 기관장의 의견을 조정한 후 예산 편성을 한다.

물론 예산을 확정하기 위해서는 청지기 위원장, 예산위원회 등을 직선으로 선출하여 그 일을 담당하게 한다.

제6단계 : 예산을 위한 증대 노력

①모든 교인이 분명히 알도록 해야 한다.

②청지기 주일에 명년도 예산 내용을 알고 작성하도록 한다.

미국에서는 청지기 주일을 매년 11월에 지키고 있다. 이 청지기 주일에는 교인들이 내년도에 헌금을 얼마씩 하기로 작정 헌금을 하는 날이다. 그래서 미국 사람들은 이사를 가도 청지기 주일에 작정한 헌금은 그 회계연도까지는 그 교회에 헌금한다.

제7단계 : 예산 경과보고

①예산 내용을 온 교인들이 알도록 분명히 제시한다.

②목회 계획에 대한 목표와 과정을 분명히 제시한다.

③청지기 주일을 통해 헌금을 작정하여 제출케 한다.

제8단계 : 예산 집행

다시 제1단계 목회 분석으로 시작한다.

목회자의 목회 계획에 따른 편성

제1단계 : 목회 분석	제2단계 : 목회계획 제안
1. 목회 현황은 어떤가? 2. 발전된 것이 있는가? 3. 고려해야 할 새로운 일들은 무엇인가?	1. 예산위원회 구성 2. 예산위원회의 예산 편성 기본지침 작성 3. 예산위원회와 담임자의 합동회의 4. 예산위원회와 각 기관 부서의 만남 5. 각 부서, 기관의 계획(Proposal) 작성

예산위원회

제3단계 : 목회평가	제4단계 : 예산편성	제5단계 : 예산확정
1. 각 부서와 기관의 제안이 교회 목적에 부합하는가? 2. 각 부서와 기관의 제안이 교회의 목표를 이루는 데 도움이 되는가?	1. 전년도 예산편성과 결산을 참조해야 된다. 2. 금년도 목회지침, 각 부서 기관의 제안을 참조해야 한다. 3. 항목별 균형 있는 예산을 편성한다. 4. 목회 제안에 대한 구체적인 예산을 편성한다.	1. 예산상 모든 목회가 선명하게 부각되도록 해야 한다. 2. 각 부서장, 각 기관장이 편성된 예산에 대하여 토의를 한다. 3. 각 부서와 각 기관장의 의견을 조정한 후 예산 편성을 한다.

청지기 위원회, 예산위원회, 교회 임원

제6단계 : 예산 증대를 위한 노력	제7단계 : 예산경과 보고	제8단계 : 예산집행
1. 모든 교인이 분명히 알도록 해야 한다. 2. 청지기 주일에 명년도 예산 내용을 알고 작성하도록 한다.	1. 예산내용을 온 교인들이 알도록 분명히 제시한다. 2. 목회계획에 대한 목표와 과정을 분명히 제시한다. 3. 청지기 주일을 통해 헌금을 작정하여 제출케 한다.	다시 제1단계 목회분석으로 시작한다.

제3절 프로그램 계획과 예산 편성 체계

1. 프로그램 계획과 예산 수립 체계(PPBS)[2]에 관한 설명[3]

PPBS란 기획(planning)을 바탕으로 실질적인 활동의 과정을 계획(programming)하여 이 일을 추진하기 위한 예산(Budgeting)을 배정하는 일련의 예산 편성 방법이다. 이는 일의 기획과 그것을 구체적으로 추진하기 위한 과정, 곧 프로그램을 설정하는 일에 중점을 둔다.

PPBS는 교회에서 선교의 방향과 프로그램을 결정하고 이것을 실현하는 데 교인들이 폭넓게 참여하도록 고안한 과정이다. 교인들의 폭넓은 참여를 유도하기 위한 노력으로 PPBS는 교회의 전체 체계를 통하여 자료를 수집하고, 조직하고, 분배하는 것에 역점을 둔다. 그럼으로써 교인들이나 프로그램 위원회가 교회와 교인들 개개인의 성장을 위한 목표를 설정하고 프로그램을 짜는 데 그것을 활용할 수 있도록 하는 과정이다.

2. PPBS의 목적

PPBS는 전체 교회와 교회의 하부체계들이 교회의 선교와 목적을 설정하고, 그 목적을 실현하기 위한 방법을 계획하고, 그 계획과 예산수립 과정을 연결시킬 수 있는 하나의 구조와 과정을 마련해주는 데 목적이 있다. 이렇게 함으로써 PPBS는 집단 간의 의사소통과 초점을 맞추게 될 것이다.

3. PPBS의 조직적인 구조들

1) 프로그램

특수한 목적을 지닌 교회 안에서 활동 혹은 책임을 맡은 부서들—예를 들면 교구목회위원회, 주일학교, 토지와 건물위원회 등등—은 그들의 목적을 달성하기 위한 계획을 짜고, 그 계획을 실천할 수 있는 예산을 세울 수 있다.

2) 계획

일련의 목표와 특수 목표는—이것을 이루기 위한 행동 계획과 함께—하나의 프로그램의 목적을 달성하기 위해서는 서로 연관성을 지녀야 한다.

3) 예산

특별한 목적과 목표, 전략에 따른 재원의 분배.

4) PPBS위원회

프로그램을 계획하는 그룹들의 계획 활동과 예산 수립 활동을 연결시키고, 계획하는 집단들과 재정위원회, 회중과의 대화를 촉진시킬 책임을 가진 집단이다.

5) 개인과 개인, 집단과 집단의 상호관계

PPBS는 목표를 분명히 하고 그에 따른 예산을 세우도록 격려함으로써 각 프로그램 위원회의 자아상과 효율성을 높여주는 데 목적이 있다. 또 PPBS는 회중과 프로그램 위원회가 계획 수립과 예산을 짜는 데 있어서 보다 중요한 역할을 하는 과정을 이용함으로써 프로그램과 행정적인 그룹들, 그리고 회중간의 대화, 신뢰, 협력을 증진시키려는 목적을 지니고 있다.

4. PPBS의 장단점

특별히 목회자에게서 PPBS 과정이 줄 수 있는 가장 중요한 이점은 전에는 한 사람에게만 이 요구가 밀어닥쳐서 기력을 쑥 빼게 만든 어려움에서 벗어날 수 있다는 것이다. PPBS 과정을 통해서 목회자는 회중과 함께 선교 목표를 분명히 세우는 데 함께 참여하고, 이상적인 목표를 세우며, 이 목표들을 성취하려는 과제를 위해 전체 교회의 자료를 수집할 수 있게 된다. 그러나 PPBS는 기획, 예산편성, 관리, 통제 모두를 다루는 행정 기술이기 때문에 행정 관리 수준이 낮은 경우에는 PPBS 도입이 어렵다. 행정에 관여하는 사람들의 인식도가 낮거나 분석 업무를 담당할 숙련된 직원이 부족하면 이 제도를 도입하기 힘들다.

5. PPBS 진행 과정

PPBS는 교회 전체 체계의 각 부문에서 프로그램을 구상하고, 계획을 세우고, 예산을 짜는 과정이다. 이 과정은 회중에게서 시작해서 프로그램위원회와 행정위원회를 거친 후 최종적인 승인을 위해 회중에게 돌아왔다가 실행을 위해 다시 프로그램위원회와 행정위원회로 되돌아온다. 아래의 모델은 PPBS의 과정을 시각화하는 데 도움을 줄 것이다.

이 모델은 개교회의 효과적인 프로그램을 발전시키기 위해 생각해야 할 중요한 점들을 지적해준다.

첫째, 효과적인 선교와 프로그램 전략은 얼렁뚱땅 넘기려는 자세로는 발전될 수 없고 합리적이고 연속적인 계획과정이 필요하다.

둘째, 교회의 선교 목적을 지원하기 위해서 특별한 계획과 프로그램에 필요한 재정 예산이 확보되어야 한다.

셋째, 교회의 모든 프로그램위원회는 연중계획과 예산을 준비해야 한다.

넷째, 위에서 살펴본 것들은 많은 사람과 위원회가 교회의 프로그램 작성과 예산편성 과정에 참여할 필요가 있음을 지적해주는 것이다. 이 일은 집단 상호

간의 조화와 수많은 대화를 필요로 하며 PPBS조정위원회의 임명을 통해 잘 수
행될 수 있을 것이다.

7장 교회 재정과 물적 자원의 관리

제1절 교회 재정의 관리

1. 재정 관리의 문제들

1) 책임의 문제

목회자와 재정 관리 실무자 사이에 책임 문제를 가지고 갈등을 일으키는 경우가 많다. 그러므로 목회자는 재무 관리, 재정 관리의 최종 책임자가 누구인가 하는 문제를 분명히 해둬야 한다. 많은 교회가 재무 관리로 인한 갈등 때문에 목회자의 위치까지도 흔들리는 경우가 있다. 목회자와 평신도, 담임목사와 재무부장 사이에 이 갈등관계를 청산하고 어떻게 해야 좋은 협력 관계를 유지할 수 있는지의 문제는 굉장히 중요하다.

작은 교회이든 큰 교회이든 예산을 집행하고 관리를 해야 되는데 이는 교회의 크기에 따라서 관리의 형태가 달라진다. 어떤 면에서는 교회 규모가 크면 클수록 너무 세세한 면까지 간섭하게 된다. 많은 목회자들이 재정을 잘 조정해야 교회 안에서 실제적인 지도력을 갖출 수 있다고 이야기한다. 재정 관리에 관한 한 담임자는 너무 세세한 것까지 간섭하는 것도 문제이지만 너무 방관하는 자세도 문제이다. 교회 재정은 실제적으로 교회의 모든 사업과 교인들의 신앙 형편과 직결되어 있기 때문에 상당히 세심하고 기술적으로 관리해야 한다.

2) 행정 절차의 문제

예산 규모가 많지 않을 때는 한눈에 다 볼 수 있으니까 문제가 없지만, 예산 규모가 큰 경우에는 최종 결재를 누가 하느냐는 굉장히 미묘한 문제이다. 최종 결재자가 담임자인 경우에는 상당한 지도력이 확보되었다고 볼 수 있다. 그러나 담임자가 부재 시에는 결재가 되지 않기 때문에 행정이 그만큼 경직되는 단점도 있다. 담임자가 최종 결재자가 아닌 경우, 매주 수입 보고서, 지출 보고서에 대한 정확한 보고 처리는 꼭 해야 한다.

예산대로만 집행되면 문제가 없는데, 문제는 교회 예산 외에 예산 항목이 변경되거나, 또 예산이 증액되어 그 예산을 집행해야 할 경우가 있다는 것이다. 일반 국가기관, 공공관서에서는 그럴 경우에 추가 경정 예산안을 편성해서 그 예산안에 의해서 진행을 하기 때문에 복잡하지는 않다. 그러나 교회의 경우 어떻게 타협적으로 이 예산을 운영할 것인가 하는 것은 담임목사의 지도력과 관련이 있다.

집행 후 사후 처리 문제도 중요하다. 각 부서가 다음 예산을 청구할 경우 반드시 먼저 지출한 예산에 대하여 보고(지출 내역과 영수증 사본 제출)를 하도록 해야 한다. 그리고 예산의 누수를 막기 위해서 과다한 지출과 남은 예산에 대한 처리도 분명히 해야 한다. 담임자는 수입과 지출의 결과는 언제나 교회의 현재의 정도와 연관이 있으므로 수시로 분석해서 목회에 참고해야 한다.

2. 재정 관리의 실제

1) 교회 재정의 개념

교회 유지와 사명을 감당하기 위해 필요한 돈이 교회 재정이다. 교회 존립, 유지 활동에 따르는 재물의 수입과 관리 사용에 관한 일체의 행정 작용이 바로 교회 재정이다. 교회가 교회답게 유지되기 위해서는 당연히 재정이 필요하다.

2) 교회 재정 관리의 원칙

· 예산 공개의 원칙 : 예산 심의, 결산의 모든 것이 공개되어야 한다.
· 예산 명료의 원칙 : 교인들이 교회 예산을 보고 이해할 수 있어야 한다.
· 예산 설정 결의의 원칙 : 일종의 법적인 절차를 잘 밟고 있는 경우가 예산 설정 결의의 원칙을 따르고 있는 것이다.
· 예산 엄밀의 원칙 : 예산과 결산이 일치되어야 한다.
· 예산 항목의 원칙 : 사용처가 명확해야 한다.
· 예산 단일의 원칙 : 수입과 지출이 일치해야 한다.
· 예산 완전의 원칙 : 모든 수입은 예산에 반영되어야 한다.

3) 교회의 재원과 경비

· 일반헌금 – 주일헌금, 십일조, 월정헌금, 감사헌금, 속회헌금 등.
· 절기헌금 – 성탄절, 부활절, 맥추감사, 추수감사헌금이다.
· 특별헌금 – 장학헌금, 선교헌금, 부흥회 헌금, 건축헌금 등.
· 기타헌금 – 이월금, 이자, 증여금, 차입금, 교회임대료 등.

4) 회계 업무

헌금 집계는 가능한 거룩하고 보이지 않는 곳에서 하는 것이 좋고, 수입과 지출은 반드시 절차에 의해서 해야 한다. 그리고 나름으로 사고 예방을 위해 현금 관리하는 사람, 통장 관리하는 사람, 도장 관리하는 사람, 또 장부 관리하는 사람을 분명하게 구분하여 관리하도록 해야 한다.

5) 예산 편성의 절차[1]

제1단계 - 목회자의 신년도 목회 계획서 작성
제2단계 - 당회의 각 기관 및 각 부서의 신년도 사업계획서 제출 및 예산 요
구서 작성제출
제3단계 - 목회자의 승인을 얻은 후 예산 요구서의 재정부 회부
제4단계 - 재정위원회(예산위원회)의 심의 및 통과
제5단계 - 교회 각 기관장 및 각 부서장의 통지 및 의견 조정
제6단계 - 재정위원회(예산위원회)의 재조정 및 목회자의 승인
제7단계 - 예산 당회에 재정위원장의 제출과 의견 수렴, 심의 및 통과
제8단계 - 임원회에서 심의 통과
제9단계 - 구역회에서 심의 통과
제10단계 - 예산집행

6) 예산 집행과 결산

예산 편성이 완벽하게 이루어졌다고 해서 교회 예산 행정이 성공적이라고
할 수는 없다. 편성된 예산이 계획대로 잘 집행되고 있으며, 결산을 통해 문제
점이 발생하지 않았는가 심의하는 것이 더 중요하다. 재정의 집행 과정이란 예
산 계획과 사업 추진에 따라서 재정을 지출하는 과정으로 이 과정에서도 분명
하게 계통을 따라 집행을 하여 예산 낭비를 막고 예산 지출의 명확성을 기하도
록 해야 한다. 참고적으로 집행 과정을 약술하면 다음과 같다.[2]
①지출 신청 : 실무자에 의한 사업 예산 신청을 산출 근거에 의해 내도록 한
다.
②지출 검토 : 부별 책임자의 검토 과정을 거친다. 부별 예산과 균형을 맞추

도록 하며 사업비 잔액을 확인하여야 한다.

③지출 승인 : 담임목사는 사업 계획과 예산 지출에 대한 승인을 한다.

④지출 결재 : 담임목사의 승인을 받은 예산에 대하여 지출 결재를 재정부장이 한다.

⑤현금 지출 : 회계 담당자는 지출 결산서에 의한 현금을 지불하되 모든 증빙서류를 필히 첨부시키도록 하여야 한다.

결산은 교회 예산 행정의 성적표라고 할 만큼 매우 중요하다. 1년 동안 일어난 수입과 지출 예산에 문제점이 발생하지 않았는가를 결산을 통해 확실하게 알 수 있기 때문이다. 이처럼 예산의 집행과 결산은 하나님의 뜻 가운데서 실행되어야 할 것이다.

7) 예산(회계) 감사제도

회계 감사란 재정 활동의 수입, 지출의 결산에 관한 사실을 확인 또는 검증하고, 그 결과를 보고하기 위하여 장부 기록과 증빙 서류를 체계적으로 검사하는 것이다.

(1) 감사의 목적

감사란 교회활동에 관해서 행해진 회계 행위 및 작성된 회계 기록의 정부(正否) 또는 적부(適否)를 검증함과 동시에 교회 재정에 관련된 모든 활동의 적부 및 효율성에 대해 검증함으로써 그것의 오류를 방지하고, 교회 회계에 대해서 교인들의 신뢰를 두텁게 하며, 아울러 교회활동의 진전에 이바지하는 것을 목적으로 한다.[3]

(2) 감사의 내용

감사의 내용을 간략하게 정리하면 다음과 같다.[4]

①현금 - 현금 감사 시에는 모든 현금의 금액과 그것의 소재 장소를 확인해야 한다.

②예금 - 예금처의 각 기관으로부터 예금 종류의 잔고 증명서를 발급받아서 예금 계정의 잔고 및 총계정 원장의 잔고를 대조한다.

③고정자산 - 고정자산은 과년도의 장부 관리가 정비되어 있다면 해당 감사 연도 중에 발생한 거래에 의한 각 자산의 증감을 고정 자산 대장이나 총계정 원장 혹은 재산 목록 부속 명세서에 의해 대조시키는 것이 중요한 검증 작업이 된다.

④미불금 - 미불금은 일정한 계약 조건에 따라서 해당 감사 연도 중에 발생한 비용에 대한 채무로서 계산하는 것이다.

⑤주일헌금 - 각 과목별로 예산과 실적에 대비하고 또한 전년도 실적과 당년도 실적에 대비해서 그것의 증감 상황에 문제가 있는지를 검토한다. 또한 헌금의 처리 방법에 주목하고, 공정 타당한 수속으로 정확하게 처리되어 있는지를 확인한다.

⑥개인 헌금 - 각 과목별로 예산과 실적을 대비해서 그것의 증감 상황에 문제점이 있는지를 검토한다. 그리고 개인 헌금 명세부의 기장 계산에 빠진 것이 없는지, 총계정 원장에 옮겨 쓰기에 과오가 없는지를 조사한다.

⑦소비 지출 - 현금 수입에서는 예산 초과가 바람직한데, 지출의 경우 예산 초과는 원칙적으로 인정되지 않는다. 그리고 지출 예산의 집행은 교회의 여러 활동이 소기의 성과를 올릴 수 있었는가를 분석하기 위해 필요하다.

(3) 감사 보고

교회 회계의 감사 보고서에는 일정한 감사 수속에 따라 교회의 여러 활동과 예산집행의 결과가 회계적으로 어떠한 실적을 올렸는가를 기록한다. 교회 재산의 상태가 어떻게 변화되고 현재 상황이 어떤가에 대해서 언급하는 것 외에 감사 실시 중에 알게 되었던 문제점 가운데 교인들에게 널리 알리는 편이 좋다고 생각되는 상황을 지적 혹은 논평하여 권고하는 과정도 포함된다.[5]

교회 예산과 회계에서의 감사는 어떤 문제점을 지적하고 책임을 추궁하는 일반적인 감사가 아니라 성도의 헌신으로 된 헌금을 하나님의 뜻 가운데 계획대로 사용했는가를 검증하는 것이다. 아직까지도 한국교회에서는 감사가 형식적이며 구태의연한 것으로 끝나는 경우가 많다. 무엇보다도 성과 위주의 감사가 아닌 하나님께 영광이 되며, 성도들에게 은혜를 끼치는 참다운 감사가 되어야 할 것이다.

8) 교회 예산 개발 문제

한국의 많은 교회들은 인사 행정이나 교육 행정에는 상당한 관심을 가지고 있지만 재정행정에 대해서는 별 관심이 없다. 그리고 단지 수입, 지출 등에 대해서만 신경을 쓸 뿐 재정의 부족 원인이 어디에 있는지에 대해서는 깊이 고려하고 있지 않다. 따라서 교회 예산의 개발을 위해서는 왜 재정이 부족한지의 원인을 알아야 한다.

(1) 궁핍의 원인[6]

첫째, 교세가 빈약한 경우이다(양적인 감소). 교인의 양적인 감소로 인하여 예산을 세운 것보다 헌금 액수가 갑작스럽게 줄어드는 경우이다. 대개 모든 교회는 성도의 양적 성장을 계산하여 재정적인 예산도 비례하여 세우기 때문이다.

둘째, 신앙과 교육이 부족하다. 청지기 교육이 잘 되지 않으면 교인들의 신앙과 봉사가 뜨거울지라도 헌금에 대해서 인색할 수 있다. 따라서 하나님의 것을 특별히 구별하여 드리도록 하는 선한 청지기적 교육이 요구된다.

셋째, 관심이 부족하다. 다시 말해서 교인들의 신앙적인 나태함이다. 재력가나 부자가 헌금을 많이 하는 것이 아니라 신앙이 깊고 하나님을 전적으로 믿는 신자가 헌금을 많이 한다.

넷째, 교회의 불화이다. 성도들이 교회를 신뢰하지 않으면 헌금도 그만큼 동결된다.

다섯째, 재정 관리의 소홀로 인함이다. 특히 교회 지도자가 재정 계획을 잘 못 세워서 부분적으로 헌금이 과다 지출되면 교회의 재정이 어렵게 될 수 있다.

여섯째, 갑작스런 사회의 혼란 현상이나, 경제 공황으로 경제적인 부분에서 성도들이 어려움을 당하면 헌금이 줄어들어 재정이 어렵게 된다.

(2) 교회 재정의 증대화

위에서 살펴본 재정 원인들을 분석해 볼 때 천재지변을 제외하고는 성도의 신앙과 깊은 연관성이 있음을 볼 수 있다. 그러므로 목회자와 교회 지도자들은 자신을 포함한 모든 성도들의 신앙이 그리스도 안에서 올바로 성장하도록 힘 써야 한다. 그런 과정 속에서 교세가 확장되는 것이다. 또한 교회 지도자는 헌금에 대하여 신앙 지도도 해야 한다. 가능하면 연말이나 연초에 거기에 따른 교육이 있어야 한다. 그리고 재정 관리에 있어서 신앙적, 효율적인 집행을 함으로써 교인들에게 불신을 조장하지 말아야 한다.

제2절 물적 자원 관리

1. 교회의 물적 자원 관리

수세기에 걸쳐 교회는 자신의 목적을 성취하는 데 유용하게 될, 꽤 많은 물리적 일들에서 위력을 갖게 되었다. 이 장에서 살펴볼 문제는 바로 이러한 물리적 일들을 행정 처리하는 것에 관한 문제이다. 물리적 자원이란 교회행정이 가지는 일들을 가리킨다. 중요성의 측면에서 볼 때 일이 사람 뒤에 온다. 일에 대한 적절한 행정 처리를 생각해본다면, 일 앞에 항상 사람을 두어야 한다.

찰스 티드웰은 물리적 자원의 범주를 크게 네 가지로 나누었다.[7]

1) 커리큘럼 자료

현대 교회는 거의 모두가 교회 교육과 성장 경험에 도움이 되는 다양한 종류와 형태의 커리큘럼을 가지고 있다. 개인 및 단체 목회 사역뿐 아니라 주일학교, 교회교육(훈련), 여선교회, 남선교회, 음악 목회사역에서는 배움과 헌신, 인도에 도움이 될 정기 간행물 등도 이에 속한다. 또한 여타 학습 보조물들과 공급품—필름, 영상 슬라이드, 오디오카세트, 레코드, 비디오카세트, 그 외 기타 항목들도 여기에 포함된다.

2) 교회 공급 항목

물리적 자원의 두 번째 범주는 교회 공급이다. 이 범주는 우선 기록 형태, 교육과 다른 프로그램에 쓸 미술용품, 종이, 분필, 지우개, 연필, 다른 잡다한 유사 항목들로서 교회에서 사용 가능한 항목들이다. 이런 것들은 별로 중요하게 생각되지 않는 경향이 있기에 때로 예산을 낭비하는 결과를 초래하기도 한다. 그러므로 일반적인 물품을 잘 관리하면 예산을 절감할 수도 있다.

좋은 관리에는 교회 물품에 대한 계획이 요구된다. 자원을 훌륭하게 관리하기 위해서 교회물품에 대한 주문, 확보, 분배, 사용, 저장, 지불방법 등을 계획하는 일은 중요하다. 교회의 많은 비품 항목을 지방, 혹은 도시 근교에 확보해둘 수 있다.

3) 교회자산 항목

세 번째 범주는 자산 범주이다. 즉 건물, 땅, 주차장 등인데, 이들 분야에 대한 행정 처리는 꽤 필요하다. 때로 이것에 너무 많은 시간과 정력을 소비하여 다른 사역 분야에 대한 목사의 능률을 위협할 수 있다.(교회 내 자산관리위원회 설치)

4) 장비와 설비 항목

물적 자원 중 마지막 범주는 장비와 설비이다. 여기에는 사무실 장비, 청중석 설비, 레크리에이션 장비, 어떤 수선 종목, 냉난방 장비, 탁상, 의자, 강대상, 음향 장비, 시청각 장비, 피아노, 주방 및 식당 장비 등이 여기에 속한다.

장비와 설비는 행정상의 필요에 따라 건물과 비슷하다. 누군가는 장비와 설비에 대해 계획을 세우고 확보해야 한다. 장비와 설비 중 일부는 건물과 함께 설치되어야 한다. 장비와 설비를 사용하는 데는 지침이 필요하다. 사용에 대한 비용을 지불해야 하며 얼마의 유지비가 필요하다.

2. 교회 건물 프로그램

앤더튼(T. Lee Anderton)의 저서 「*The Church Property Building Guidebook*」은 자산과 건물에 대해 고려해야 할 것들을 지적하고 있다.

1) Part 1

(1) 건물 프로그램의 세 가지 필수적 단계
필요들에 대한 인식 - 교회의 행동 - 위원회 임명 - 교회 건축부의 도움을 구함 - 안내 자료들

- 조사단계
필요한 조사들을 결정 - 공동체 조사 - 자산조사 - 건물조사 - 기존 건물들의 구조적 상황 체크 - 교회에 추천

- 계획단계
발전을 위한 자산 사용 - 자산 획득 - 프로그램 제도 - 시안적인 비용 제안 - 설

비들에 대한 비용 추산-건축가들의 모형화-건축가들의 모형화에 대한 검토-모형화에 대한 교회 건축부의 검토-비용 제안에 대한 검토-대안 고려-교회에 추천-프로젝트 설계-프로젝트 설계에 대한 검토

• 건축단계

설계도 작성-입찰 구성-입찰 제공-대부 상황을 구성하여 제공-프로젝트 구성-작업검사-건물 제공-최종검사-구성단계를 넘어선 단계 유지-재정적 처리

(2) 임원회 조직화

구성상의 조직 분류-필요한 위원회의 크기 결정-위원회 명칭을 결정하여 부름-큰 위원회 조직-조직위원회 구성- 위원회들 임명-위원장, 부위원장, 비서의 일 분담 설명-분과위원회와 직업단체 구성-위원회 조직을 단순화하기-구성조직을 최소화하기-위원회 선출-위원회 훈련

(3) 분과위원회와 이들의 기능

분과위원회를 구성하기 위한 공고- 교회성장- 자산 프로그램-설비들-재정-계획-건축-필요회원들-사무원들의 책임- 각 분과위원회의 목적-분과위원회의 관계구성-각 분과위원회의 작업

2) Part 2

(4) 교회 공동체에 대한 연구

환경적 조건들을 교회 계획과 부합시킴-언제 공동체에 대해 연구할 것인가-누가 연구할 것인가-필요자료 결정-정보 제공처-인구통계-경제상황-사회, 교육, 문화상황-도덕적 상황-종교 상황-물리적 특성-정보의 가시적 제시-방해물 차트-방침 차트-공동체 지도-공동체 연구조사의 가치-조사정보

양식

(5) 교회 프로그램의 필요한 공간

프로그램과 예배에 필요한 공간을 부합시킴-잠정적이고 결정적인 청중석-대기실-강대상-성가대석-성가대 연습실-악기들-청중석-예배당-기도실, 주일학교에 필요한 공간과 프로그램을 부합시킴-교회훈련-여선교회-남선교회-유치원, 평일의 교회, 탁아소-사무실-도서실-친교, 식당, 주방-레크리에이션 센터

(6) 육체적인 장애인들과 소외된 자들에 대한 제공

장애인들을 위해 계획을 짜라-주차, 보도, 경사로, 입구-장애자들을 위한 건물 설계-휠체어와 거주 영역-목발 사용자들의 영역-복도, 계단, 화장실, 교실

(7) 건축자를 선정하고 고용하고 함께 일함

언제 건축자를 고용할 것인가-건축자를 선정-임금결정-건축자의 봉사-서류들의 소유권-소유의 책임-관계

(8) 교회 부지와 주차 부지 계획

전체적 계획 개발-성장 패턴-관계와 규칙의 영향-지역구획 절차-필요한 주차-땅, 건물, 주차 공간에 대한 규칙들-자산을 효율적으로 이용-필요들과 가능성들을 실제적으로 관찰-용도에 따라 건물들을 설치-건물들과 부지들을 부합시킴-배포-부지와 이웃 유념-자동차 안전 편의기능과 외양의 개선-조경-조명-제도-채색-체크리스트

(9) 효과적인 공간 사용

필요 공간 프로그램들의 목록을 작성하라-영구적인 예배 공간 사용-일시

적 예배 공간 사용-영구적 교육 공간 사용-활동 공간 사용-친교와 레크리에
이션에는 외부 공간 사용

(10) 훌륭한 디자인으로 신·구 건물의 개선
디자인은 기능과 외양을 의미-기존 건물을 평가-신건물 계획-전문적 도
움-건물들을 기능적으로 만들기-마스터플랜-타건물과 부지의 관계-프로그
램과 구성-공간과 배열-유연성과 변화-출입과 복도통로-안전-안락함과 편
의 유지-건물을 매력적으로 만들기-예술 원칙들 사용-종합적 건물군-창문,
문, 입구-내부설계-청중석 공간-교육 공간, 복도-그 외의 다른 공간-스타일,
전통, 디자인

(11) 낮은 유지비가 들도록 설계, 조직적 가치감소를 인식
유지비가 적게 들도록 건축-재료 선별-예방 유지-검토와 계획-부지들의
관리

(12) 건물에 대한 재정, 격상, 유지
새 건물에 대한 재정-전체 건물 예산을 고려-어떻게 건물 자본을 늘릴 건인
가-건물자본 캠페인을 어떻게 벌일 것인가-어디서 캠페인에 필요한 도움을
얻을 것인가-대부 형태들-차용금액 출처-연계들을 만들어내기-어떻게 대부
를 요청하고 얻어낼 것인가-기존 공간유지에 필요한 재정

(13) 건물 프로그램을 조성
조성 기회-적극적으로 지지, 원조, 격려하는 자들-조성에 대한 매체-특별
프로그램 제안, 부지 헌정, 부지 분할, 초석 놓기-헌정일의 프로그램, 새 제단,
교육관, 오르간, 기념비들-지속적 조성

3) Part 3

(14) 에너지 문제
미국에서의 에너지 정세-에너지 위기와 교회-감소된 역동성의 암시-도덕적, 청지기직의 암시-교회 건물 암시

(15) 기존 건물의 에너지 관리
에너지 운용, 프로젝트를 시작-에너지 회계 감사-평가와 수행-건물 사용조사-에너지 절약 체크리스트-요약

(16) 새 건물들에 대한 효율적 에너지 설교
최대한의 사용을 위한 최소한의 공간을 설계하라-최소한의 열 손실이나 획득을 설계하라-효율적 조명을 설계하라. 즉 효율적 기계 시스템 설계-요약

(17) 태양열 에너지
외인의 태양열 에너지 체계-직접 획득 방법-간접 획득 방법-온실 방법-적극적 태양열 에너지 체계-공기 태양열 에너지 체계-복합 태양열 에너지 체계-요약

8 장

행정을 통한 목회 점검

제1절 목회 점검을 위한 문서 자료들

1. 업무 분석에 의한 목회 점검[1]

자신이 한 주 동안, 또는 한 달 동안 어느 분야에 얼마만한 시간을 투입하는 가를 보면 현재 하고 있는 목회가 무엇을 중심으로 이루어졌는지를 분석할 수 있다.

다음의 빈칸을 채워 보시오.
① 목회 사역을 위하여 일주일에 몇 시간을 투입하는가? (   )
② 목회 사역을 위하여 일주일에 몇 일을 투입하는가? (   )
③ 휴가를 위하여 얼마만큼의 시간을 투입하는가? (   )

다음에 언급한 업무들을 우선순위에 따라 분석하시오.(*표 한 것은 절대적으로 필요한 것이며, 아래의 것은 단지 부분적인 목록이다.)

업무 분석	총 시간	우선순위
1. * 예배 성경 읽기( ) 설교준비 및 작성( ) 주보작성 및 인쇄( ) 기타( )		
2. 프로그램 성서연구( ) 임원훈련( ) 각부 활동( ) 교육 프로그램( ) 세미나( ) 기타( )		
3. 부서와 위원회 활동 임원회( ) 교육부( ) 새신자부( ) 재무부( ) 관리부( ) 사회부( ) 선교부( ) 예배위원회( ) 음악부( ) 기타( )		
4. * 상담 결혼( ) 결혼 전 상담( ) 개인상담( ) 가정상담( ) 비신자상담 ( ) 범죄자상담( ) 정신질환자상담( ) 마약, 알코올 중독 상담( ) 기타( )		
5. * 심방 환자 심방( ) 낙심자 심방( ) 외출 불가능자 심방( ) 새 신자 심방( ) 노인 심방( ) 장례 후 유가족 심방( ) 정기 심방( ) 기 타( )		.
6. * 사무처리 전화( ) 편지회신( ) 인쇄( ) 서류정리( ) 목회계획( ) 접대( ) 기 타( )		
7. 사회활동 시민권리( ) 정치참여( ) 환경오염( ) 지역사회( ) 기타( )		
8. 공적인 일에의 참여 강의( ) 세미나( ) 원고작성( ) 매스컴 참여( ) 지역사회모임( ) 기타( )		
9. * 목회적인 기능 결혼( ) 장례( ) 세례( ) 기타( )		

10. 교단사업 지방사업( ) 연회본부( ) 교역자모임( ) 기타( )		
11. 개인적인 성장 기도 명상( ) 집필( ) 강의수업 세미나( ) 교역자 연구모임( ) 강의( ) 기타( )		
12. 기타 가정에서 전화 받기( ) 초청에 응하는 일( ) 가족과 함께( ) 기 타( )		

※ 이 가운데 월 1회 있는 일들은 4로 나누면 주간 당 시간으로 환산할 수 있다.

2. 목회자의 일과에 의한 분석[2]

1) 월요일

• 오전

① 주일에 있었던 교회 전반적인 일의 점검

② 다음 주간에 있을 행사 및 회의

③ 주간 캘린더 점검

④ 우편물 목록 작성-주간에 발송해야 될 우편물(주보, 생일 카드 포함)

⑤ 주간에 해야 할 심방 등의 계획 작성

⑥ 다음 주 설교 제목과 필요한 참고 자료 준비

⑦ 자기 성장을 위한 명상 및 독서

• 오후

심방

2) 화요일-휴무

목회자 휴무는 화요일로 하는 것이 좋다. 왜냐하면 주일이 지나고 월요일에 처리해야 할 일들이 많기 때문이다. 월요일에 휴무할 경우 놓치게 되는 경우가 너무나 많다. 위의 월요일 업무를 참조하면 월요일의 중요성을 실감할 것이다.

3) 수요일 : 온전히 공부하는 날

①설교 초안
②예배 및 주보 준비
③교재 준비
④신문 등을 통한 목회와 상담 정보에 관한 독서
⑤월간 위원회 및 각 부별 회의에 대한 준비
⑥수요예배 준비 및 예배
⑦상담예약

4) 목요일

• 오전
①설교와 관련된 독서
②전화심방
③강의 및 세미나 준비
④설교에 대한 교안작성

• 오후
심방

5) 금요일

• 오전

설교 구성과 예화 준비 및 관련된 독서

• 오후

심방

6) 토요일

①설교 작성
②휴식

3. 건강한 교회를 위한 점검표[3]

다음의 칸을 체크해 보라. 다음 칸에 많은 것이 체크된다면 당신의 교회는 살아 있지 않고 성장이 멈춘 교회일 수 있다.

1) 기본적인 기능들

1. 주일예배	
2. 기타예배(저녁예배와 특별예배 포함)	
3. 교회학교 조직	

2) 위원회(부서들)

1. 임원회 구성과 운영은 적절히 되고 있는가?	
2. 예배부의 기능(정기예배와 특별예배 기획)은?	
3. 재정부의 수입 지출에 대한 결산과 예산 책정은?	

4. 교육부의 정책수립과 회의는?	
5. 사회부의 활동은?	
6. 교회 재산관리는 철저한가?	
7. 새신자 관리는 어떤가?	
8. 영접안내 위원회는?	
9. 차량운영위원회는?	
10. 미화위원회는?	
11. 친교위원회는?	
12. 음악위원회는?	
13. 인사, 공천위원회(기획위원회)는?	
14. 선교부(심방위원회 포함)는?	
15. 기타	

3) 기관들

1. 남선교회	
2. 청 · 장년회	
3. 여선교회	
4. 성가대	
5. 부부모임	
6. 독신자모임	
7. 교회학교 각 기관	
8. 기타	

4) 직원들

1. 목사	
2. 부목사	
3. 전도사	
4. 지휘자	
5. 반주자	
6. 관리집사	
7. 사무원, 회계, 서기	

8. 기사	
9. 기타	

5) 목회에 관계된 일들

1. 직원의 근무 시간?	
2. 전화관리(수신자)는?	
3. 연구하기에 적절한 준비가 되어 있나?	
4. 상담도서(특히 결혼상담)는?	
5. 교회 행정에 대한 도서는?	
6. 목회에 관련된 전문 도서 및 신문은?	
7. 교회 지도자와 정기적인 만남은?	
8. 인근 지역의 지도와 새신자 현황에 대한 표기는?	
9. 교회 전체 상황에 대한 도표, 이름표는?	
10. 정기적 심방(목회 심방은)? (주 시간)	
11. 새신자에게 정기적으로 주택을 개방하는가?	
12. 결석자 관리는?	
13. 낙심자 관리는?	
14. 지역 목회자 회의, 지방 목회자 회의 출석은?	
15. 긴급예배에 대한 준비는?	
16. 설교 작성에 대한 준비는?	
17. 개인의 사회생활은?	
18. 개인성장을 위한 강의, 세미나 참여는?	
19. 업무지침, 업무분담은?	
20. 프로그램 기획, 위원회 안건에 대한 정기적인 작성 및 점검은?	
21. 기타	

6) 목회자의 목회계약에 관한 것

1. 생활비, 급료는 적절한가?	
2. 은급기금	

3. 주택문제	
4. 차량문제	
5. 건강관리	
6. 보험관계	
7. 휴가문제	
8. 특별한 날의 휴무	
9. 목회자 임의의 구제비	
10. 기타	

7) 시설

1. 본당(예배당)은 적절한가?	
2. 교육관	
3. 유아원	
4. 다목적실	
5. 주방시설	
6. 주차장	
7. 사무실	
8. 운동장	
9. 목사집무실	
10. 교회건물의 외부장식	
11. 목회자 주택문제	
12. 체육관 시설	

8) 기타

1. 새신자를 위한 안내서	
2. 정기적인 뉴스레터	
3. 병원시방을 위한 심방카드, 기도카드	
4. 주보 표지	
5. 교회 안내판	

6. 교회 안내를 하는 일	
7. 인쇄(복사) 시설	
8. 우편 발송	
9. 숙박시설, 공공시설, 기관(피아노, 미술학원 등)	
10. 기타	

제2절 교회 행정 과정을 도구로 삼는 목회 점검

1. 분명한 목표

1. 교인들은 교회 존재 의의를 분명히 인식하고 있는가?	
2. 장, 단기적인 교회 목표는 무엇인가?	
3. 교회의 각 조직에 대한 목표는 분명히 인식되고 있는가?	
4. 담임자의 목회철학, 목회에 대한 소신은 무엇인가?	

2. 계획

1. 계획과 관련된 정책은 어떤 것인가?	
2. 프로그램의 기획은 어떻게 되었는가?	
3. 계획들의 우선순위는 정해져 있는가?	
4. 프로그램과 실천계획의 진행 과정은 어떠한가?	
5. 프로그램의 실천계획을 위한 자원들(인적, 물적)은?	
6. 프로그램과 실천계획을 위하여 어떤 방법들을 선택할 것인가?	

3. 조직과 시행

1. 정책, 프로그램, 실천계획을 위한 조직의 형편은 어떠한가?	
2. 업무분담은 잘 되어 있는가?	
3. 조직 간의 관계와 책임의 한계는 분명한가?	
4. 인원선정은 잘 되어 있는가?	

5. 권위 부여는 잘 되어 있는가?	
6. 프로그램의 목표 성취를 위한 훈련과 기술 개발은 잘 되어 있는가?	
7. 조직 내의 관계와 책임의 한계는 어떠한가?	

4. 통제와 조정

1. 목표와 목적과 관련하여 과정은 제대로 진행되었는가?	
2. 다른 조직과의 관계는 정상적인가?	
3. 업무분담에서 오는 갈등은 없는가?	
4. 평가와 피드백(Feed back)이 투입 체계로 환원되었는가?	

5. 평가와 전달

1. 목적, 목표에 비추어 평가는 잘 되었는가?	
2. 목적, 목표에 비추어 전달은 잘 되었는가?	

제3절 체계이론의 요소를 도구로 하는 목회점검[4]

1. 투입체계(Input System)

1. 새신자	
2. 예산	
3. 현대적인 장비	
4. 현대적인 기술(방법)	
5. 주변 환경의 변화	
6. 교단의 요구	
7. 사회경제적인 성향	
8. 새로운 신앙적인 경향 (예 : 제자 운동, 총동원전도폭발, 각종 성경연구 등)	

2. 변형체계(Transforming System)

1. 신학적 - 선교적인 목표가 분명한가?	
2. 교회의 조직이 실제적이고 효율적인가?	
3. 교회의 목표를 성취하기 위한 조직은 잘 되어있나?	
4. 목회자와 직원, 목회자와 임원 간, 각 기관과의 관계는?	
5. 각 분야의 프로그램, 실시 계획 등은 어떠한가?	
6. 각 분야의 프로그램, 실시 계획, 진행 과정은 어떠한가?	
7. 각 분야별 정책, 프로그램, 실시 계획 등은 서로 연관성이 있는가?	

3. 산출 체계(Output System)

1. 성도의 삶이 성숙해 가는가?	
2. 지역사회에 어떠한 영향을 주고 있는가?	
3. 교단의 요구에 대하여 어떻게 협조했는가?	
4. 교회가 사회에 영향을 주었는가? 또는 받았는가?	
5. 지역사회 학교/병원/고아원/양로원 등을 어떻게 도왔는가?	
6. 젊은이가 목회에 대하여 매력을 느끼고 있는가?	
7. 우리의 도움을 필요로 하는 이웃에게 관심을 보였는가?	
8. 사회적 관심-노동문제, 학생 문제, 통일 문제 등에 대하여 어떻게 응답하고 있는가?	

4. 환경(Environment)

1. 주변 환경의 요구나 문제(issue)에 대하여 관심을 가지고 있는가?	
2. 주변 환경의 요구나 문제에 대하여 어떻게 응답하였는가?	
3. 주변 환경에 영향을 주고 / 영향을 받는 길은 무엇인가?	
4. 주변 환경의 문제와 교회가 공동으로 성취하여야 할 것이 있는가?	
5. 주변 환경의 문제와 교회가 상반된 문제의식(갈등)이 있는가?	

5. 경계(Boundary)

1. 교회 건물, 장비, 대지 관계 등이 분명한가?	
2. 지역의 전통, 역사, 사회의 태도(social stance)는 어떠한가?	
3. 교회 전통은 어떠한가?	
4. 교회와 지역사회 사이에 끼지 못할 벽은 없는가?	

6. 피드백 환곡선(Feedback Loop)

1. 적당한 피드백 환곡선이 있는가?	
2. 계층, 성별, 나이, 교회 내, 교회 밖을 망라한 피드백 환곡선이 있는 가?	
3. 피드백의 기준(criteria)이 있는가?	
4. 교회와 지역사회 사이에 끼지 못할 벽은 없는가?	

9장 목회자의 자기 관리

행복하고 건강한 목회의 세 가지 비결을 점검해 보자.

첫째, 동료이다. 자기를 사랑하는 배우자(mate), 좋은 동반자가 있어야 된다.

둘째, 소명의식(calling)이다. 언제나 도전을 가지고 응답해야 될 소명이 분명해야 된다.

셋째, 격려자가 있어야 된다. 다시 말해서 용기를 주는 사람이다. 당신을 만나면 얼굴이 밝아지는 다섯 명의 친구가 있는가?

목회란 주는 것이다. 그러나 주기 위해선 먼저 받아야 한다. 기도로, 성령으로, 다른 신자들과의 교제로 받아야 한다.[1]

제1절 결혼과 가정의 삶의 주기

"당신의 결혼과 가정생활을 풍요롭게 하라."는 말이 있다. 또한 디모데전서 3장 5절에 "자기 가정도 다스릴 줄 모르는 사람이 어떻게 하나님의 교회를 돌볼 수 있겠는가"라는 말씀이 있다. 목회함에 있어서 가정 관리와 교회 관리는 밀접한 관계가 있다는 것을 지적하는 것이다. 다음에는 삶의 주기를 여러 가지 표현으로 이야기하고 있다[2].

①영원히 행복한 가정(The 'happily-ever-after' family) : 신혼 초기의 가정이다. "삶이란 무지개와 장미와 만남의 낭만적인 환상이다."라는 표현이 있듯이 상호 이해와 보완 성장의 기회로 삼아야 하는 시기이다.

②결과를 만드는 만남의 가정(The 'making-ends-meet' family) : 맞벌이 부부의 경우이다. 주로 미국의 경우를 말하고 있지만 오늘날 우리 사회에서도 점점 적용되고 있다. 이 시기에는 경제, 시간 관리, 가족 문제 등에 대한 상호 약속이 필요하다.

③기쁨의 꾸러미 가정(The 'bundle of joy' family) : 아이를 낳아 양육하는 시기이다. 어린이를 개성 있는 인격자로 대하고, 적당한 양육 스타일을 정한다. 건전한 부모가 되기 위해서는 부부의 역할이 중요하다.

④세계를 확장하는 가정(The 'expanding world' family) : 부부가 직장생활에서 뿌리를 내리는 일과 아이가 성장하는 일 사이의 시기이다. 아이 중심 때문에 가정의 기본인 부부 중심이 약화되는 시기이다.

⑤이탈하는 가정(The 'breaking-away' family) : 자녀가 십대로 성장하면서 부모와 갈등하는 시기이다. 가족 간의 갈등을 인정하고, 십대들이 보다 책임적 결단을 하도록 훈련시켜 주고, 친구에게 너무 빠지지 않게 하고, 보호와 자유를 동시에 누릴 수 있는 융통성을 주어야 한다. 부부 중심으로 가정의 관심이 바뀌는 시기에 대비해야 한다.

⑥앞치마 끈을 푸는 가정(The 'untying-the-apron-strings' family) : 아이들이 자기 세계를 가지기 시작하므로 새롭게 활기를 띠는 시기이다.

⑦빈 둥지 가정(The 'empty-nest' family) : 자녀들보다 부부관계에 더 관심을 가지는 시기이다.

⑧삼대의 가정(The 'three-generation' family) : 세 세대가 (시간적으로) 함께 사는 시기이다. 다시 말해서 조부모가 되는 시기이다. 이 단계는 사위, 며느리를 맞이하는 시기이며 완전히 자녀를 돕는 시기이다.

제2절 목회자의 스트레스

"스트레스"는 생의 위협을 느꼈을 때 그것에 대처하기 위한 반응으로서 육체적이고 정신적인 긴장을 의미한다. 그 긴장이 정신적인 것은 뒷머리 부분에 그리고 육체적인 것은 목덜미, 어깨, 허리 등에 온다. 그러나 일반적으로 정신적이고 육체적인 긴장을 따로 구분하기는 어렵다. 서로 관련이 있고 거의가 동시적이기 때문이다.

1. 스트레스의 원인

교인들과의 인간적이고 이념적인 갈등이 30%, 좌절감과 과로, 성취감 결여에서 오는 것이 18%, 교인들 사이의 갈등과 교회의 재정적 어려움 등이 19%로 스트레스의 3분의 2 정도가 교회의 일과 관련이 있으며, 나머지 3분의 1은 가족 간의 문제와 경제 문제, 이웃과의 문제에서 오는 스트레스이다.

보통 세 번의 위기를 맞이한다는 주장이 있다. 목사안수를 받은 지 3~4년이 첫 위기이다. 그리고 8~9년 사이에 다시 한 번 겪은 후에 50세 전후로 위기를 맞이한다. 이때는 신체적인 약화로 겪는 위기의 경우가 많다.

2. 스트레스 이해

스트레스의 기본적인 원인은 크게 세 가지이다.[3]

첫째, 삶의 투쟁의 위협(mortal combat)으로 생기는 경우이다. 원초적인 스트레스로서 어떤 변화에 직면해서 그것이 삶에 위협이 될 경우 우리 몸에서 자동적으로 반응이 나타나는 스트레스이다. 이 경우 심장이 점점 빨리 뛰고 혈압이 오른다. 소화 기능이 둔해지고 다른 여러 가지 변화가 생긴다.

둘째, 생존의 위협(threat to survival)이다. 먹을 것을 얻는 문제와 관계되는 스트레스이다. 이 경우 굶주림을 채워야만 해결된다.

셋째, 죽음에 대한 위협이다. 인간이 본능적으로 종교를 요청하는 것은 바로 이런 것 때문이다. 적어도 기독교 신앙은 이상에 언급한 세 가지 기본 유형의 스트레스를 완전히 없앨 수는 없다 해도 그런 것을 견딜 수 있는 힘을 제공하고 있다.

이런 원인을 갖고 있는 스트레스는 다음과 같은 질병을 동반한다. 심장병, 심장마비, 협심증, 편두통과 소화기 기관으로는 궤양, 대장염, 변비, 설사 등의 경우이다. 성인병인 당뇨병과 피부병, 암, 요통, 두통, 중풍 등도 있다.

3. 스트레스의 해소

첫째, 신체를 건강히 해야 한다. 규칙적인 운동과 식사 조절을 통해서 해소하는 방법이다.

둘째, 스트레스에 대한 자기 반응을 달리하여 심리요법을 쓴다. 심리 분석을 통한 자아(ego)의 강화로 민감한 반응을 피하는 것이다. 예를 들면 어려운 일을 당할 때, '그럴 수도 있지', '시간이 해결해주겠지' 하는 생각을 갖는 것이다. 그러나 이 방법이 일반화되기까지는 시간이 필요하다.

셋째, 약물을 이용한 스트레스 해소가 있다. 그러나 약에 의존하면 습관적이 되기 쉽다. 이 경우에는 반드시 의사의 지시를 받아야 한다.

넷째, 여러 사람들과 함께 집단적으로(encounter group) 운동하는 것이다. 이 방법은 비교적 건강한 사람들끼리의 스트레스 해소 방안이다. 감수성 훈련, 인간관계 훈련 등이 있다.

다섯째, 명상을 한다. 요가, 초월적 명상(Transcendental Meditation), 자기 최면, 자기 집중 등의 방법으로 각자 체질과 환경에 맞게 이용해야 한다. 그러나 지금까지 개발된 해소 방법 가운데 가장 과학적이고 의학적으로 장려하는 방법은 생물학적인 임상치료이다. 여러 종류의 기구와 시설, 그리고 방법이 개발되고 있다. 여러 가지 방법으로는 뇌신경의 알파, 베타, 감마, 델타 등의 뇌 주파를 조절해서 스트레스를 처리하는 방법이다.[4]

권장하고 싶은 방법은 물론 적당한 운동과 식사 조절에 의한 체력 유지 방법이다. 큰 소리로 기도하거나 설교하는 것도 스트레스 해결과 관계가 있으나 가급적이면 조용하고 깊은 명상이 더욱 바람직한 방법이다. 스트레스는 신앙적인 차원이 아니라 순수한 인간적인 차원에서 기인된다. 다른 말로 하면 인간적인 면을 적절하게 처리하면서 살면 된다. 그것을 부인하거나 부정한다고 스트레스 없이 살 수 있는 것이 아니다. 오히려 그것을 그대로 인정하면서 하나님의 창조 질서 안에서의 온전함을 회복하는 길이 해결의 통로가 될 것이다. 이런 인간의 온전함을 회복하는 데 신앙이 중요한 역할을 한다.

4. 스트레스의 예방

①환경을 바꾸는 방법 : 교회와 교인을 바꾸어 보는 방법으로 목회자가 떠나는 방법이 있고, 교회 자체의 구조와 조직을 변경시키는 방법이 있다.

②자신을 바꿔가는 방법 : 자기 나름으로 직업을 개발하고 잠재력을 개발하는 것이다. 자기 갱신을 해야 한다는 말이다.

③동료끼리 돕는 방법 : 가까운 동료들 간에 서로 도움을 주고받는 주기적인 모임을 통해서 해결하는 방법이다. 이런 동료와의 그룹은 스트레스의 예방에도 도움이 되지만 그 치료에도 큰 힘이 된다.

5. 가족 스트레스 문제의 해결

자녀들은 학교 문제, 성격 문제, 그리고 부모에 대한 기대 때문에 스트레스를 받기도 한다. 자녀이든 부모이든 가족 간에 스트레스가 생겼을 때는 다음과 같은 해결 방법이 있다.[5]

첫째, 말하라. 속에만 두고 있지 말고 말을 해야 한다.

둘째, 떠나라. 잠깐 동안 그 일로부터 떠나는 것이다.

셋째, 운동을 하라. 운동에 대해서는 물심양면으로 투자할 필요가 있다.

우리가 스트레스를 많이 받는다는 이야기는 일반적으로 말하는 스트레스라는 이야기도 되지만, 어떻게 보면 그것은 하나님과의 관계가 시원하고 명쾌하게 잘 정리가 안 된다는 이야기이기도 하다.

스트레스 테스트 표

지난 과거를 돌이켜 보십시오. 당신의 삶에 얼마나 많은 일들이 일어났습니까? 아래의 표에 그 일들을 표시해 보십시오.[6]

번호	사건	점수	표시란
1	배우자의 죽음(Death of spouse)	100	
2	이혼(Divorce)	73	
3	부부의 별거(Marital separation)	65	
4	감옥살이(Jail term)	63	
5	가까운 가족의 죽음(Death of close family member)	63	
6	개인적인 사고나 질병(Personal injury or illness)	53	
7	결혼(Marriage)	50	
8	해고(Fired from work)	47	
9	부부의 화해(Marital reconciliation)	45	
10	퇴직(Retirement)	45	
11	가족의 건강 상태의 변화(Change in family member's health)	44	
12	임신(Pregnancy)	40	
13	성생활의 곤란(Sex difficulties)	39	
14	가족의 증가(Addition to family)	39	
15	사업의 재조정(Business readjustment)	39	
16	재정적 여건의 변화(Change in financial status)	38	
17	친한 친구의 죽음(Death of close friend)	37	
18	부부 싸움 횟수의 변화(Change in number of marital arguments)	35	
19	천만 원 이상 저당 잡히거나 대부(Mortgage or loan over 10,000,000 Won)	31	
20	저당권 혹은 대부권의 상실(Foreclosure of mortgage or loan)	30	

21	일의 책임의 변화(Change in work responsibilities)	29	
22	자녀의 출가(Son or daughter leaving home)	29	
23	친척과의 불화(Trouble with in-laws)	29	
24	현저한 개인적 성취(Outstanding personal achievement)	28	
25	배우자가 일을 시작함(Spouse begins or starts work)	26	
26	입학 혹은 졸업(starting or finishing school)	26	
27	생활 조건의 변화(Change in living conditions)	25	
28	개인적인 습관의 교정(Revision of personal habit)	24	
29	상사와의 불화(Trouble with boss)	23	
30	근로 시간 및 조건의 변화(Change in work hours, conditions)	20	
31	거주지의 변화(Change in residence)	20	
32	전학(Change in schools)	20	
33	오락 습관의 변화(Change in recreational habits)	19	
34	교회 활동의 변화(Change in church activities)	19	
35	사회 활동의 변화(Change in social activities)	18	
36	천만 원 이하의 저당 혹은 대부(Mortgage or loan under 10,000,000 Won)	18	
37	잠버릇의 변화(Change in sleeping habits)	16	
38	가족 모임 수의 변화(Change in number of family gatherings)	15	
39	먹는 습관의 변화(Change in eating habits)	15	
40	방학, 휴가(Vacation)	13	
41	크리스마스 절기(Christmas season)	12	
42	사소한 법규 위반(Minor violation of the law)	11	
합계		1,431	

당신의 점수를 모두 더하라(물론 사건이 일어난 횟수만큼 점수를 곱하여 더한다). 당신의 점수는 다음과 같이 이해하면 된다. 총 점수가 150점 이하이면 당신이 앞으로 2년 간 병에 걸릴 확률은 37%이고, 150~300점이면 51%, 300점 이상이면 건강에 문제가 있을 확률이 80%이다. 이런 측정을 해보는 것은 당신의 스트레스 수준을 다루는 데 도움을 줄 수 있다.

제3절 탈진 주기

1. 탈진의 단계[7]

제1단계는 열중(enthusiasm)이다. 새로운 일, 관계, 도전에 열광적으로 몰두한다. 지나친 투자를 한 것이다.

제2단계는 침체(stagnation)이다. 몰두한 그 일에 침체를 느낀다.

제3단계는 좌절(frustration)이다. 방해, 좌절, 무력감, 피곤하고 비관적이다.

제4단계는 무관심(apathy)이다. 모든 일이 귀찮게 느껴진다.

2. 극복하는 방법[8]

첫째, 일의 한계를 잘 설정해야 한다. 일의 한계라는 것은 개인의 일과 교회의 일, 자신의 것과 다른 사람의 것, 일하는 것과 쉬는 것(또는 운동하는 것), 가능한 것과 기대로 끝나는 것을 분명하게 구별하는 것을 말한다.

둘째, 청취해야 한다. 말하는 것보다는 자꾸 들어야 한다.

셋째, 채워야 한다. 채우는 방법은 네 가지이다. 하나님과의 관계, 가족의 격려, 연장 교육, 격려하는 분위기이다.

넷째, 건전한 가치관을 공급받아야 한다. 좋은 친구, 영적 재활력, 건전한 유머, 정상적인 운동, 때로는 의료적인 도움도 받아야 한다.

제4절 목회자의 자기 개발(직업개발)

직업 개발은 쉽게 말해서 한 사람이 평생토록 한 직업에 종사하면서 그 일을 자신 있게 해낼 뿐만 아니라, 그 일을 통해서 보람을 느낄 수 있도록 스스로를 개발시켜 가는 과정을 말한다.[9]

1. 직업 개발의 의미부여(의의)

목회자로서 직업 개발의 과정을 밟는다는 것은 목회자의 직업적인 기능만 효과적으로 발휘할 수 있도록 공부하는 것을 의미하지 않는다. 직업과 관련된 다른 차원의 여건을 아울러 개선하고 개발하지 않으면 안 된다. 그런 의미에서 사람이 직업에 종사하면서 다음 6가지의 복합적인 의의를 찾을 수 있어야 한다.

첫째 요소는 직업 자체를 수행해 가는 데 따르는 제반 여건이다. 취미, 성향, 체질에 맞는가?

둘째, 가정생활이다. 가족 간의 관계에서도 보람을 느끼며 의의를 찾을 수 있어야 한다.

셋째, 종교적인 면이다. 직업으로 하는 일이 신앙으로 정당화될 수 있는가? 즉 자기가 하는 일에 대한 신앙적인 이해가 있어야 한다.

넷째, 사회생활과의 관계이다. 목회라는 것은 지역사회에서도 존경받고 용납되는 일이다. 만약 자기가 하는 일이 사회적으로 아무런 관계가 없는 일이라면 견디기가 어려울 것이다.

다섯째, 취미의 개발이다. 여가 이용으로 운동과 창작활동 등의 취미 생활을 하지 않고서는 직업 그 자체에 의의를 가질 수 없다.

마지막으로 중요한 요소는 가족 이외의 다른 사람과 친밀한 관계를 맺는 일이다. 동료 목회자나 기타 사람들과 친숙한 관계를 맺어야 한다.

2. 직업 개발의 단계

목회의 시작에서부터 은퇴까지를 일직선으로 보고 그 기간을 몇 개의 중요한 단계로 구분해서 각 단계의 개발을 꾀해야 한다.

1) 초년기(20대 후반에서 30대 후반)

· 목회의 시작부터 목회에 대해 어느 정도 파악될 때까지의 기간이다.

- 신학 이론과 더불어 새로운 목회의 기술을 습득하며, 신학과 현장의 갈등을 느끼는 시기이다.
- 이 시기는 동료, 선배 동역자의 격려가 필요한 시기이다.
- 목회자로서의 자기 개념을 찾기 위한 훈련이 필요한 시기이다.

2) 중년기(40대 목회자)

- 육체적 심리적인 변화가 생기며, 스트레스와 불안의 시기이다.
- 갱년기로서 배우자 이외의 이성에 관한 관심이 생긴다.
- 무엇인가 업적을 남기려는 초조감이 생긴다.
- 안주하고 싶은 마음이 강해진다.
- 이 시기에는 새로운 목표를 세우고 창조적으로 도전해야 한다.

3) 은퇴 준비기(50대 후반부터)

- 신체적으로는 기억력과 체력이 쇠퇴한다.
- 당면한 문제(은퇴 후의 경제, 주택 문제)에 대한 위기의식이 생긴다.
- 체력과 시간이 허락하는 한 취미 활동을 하는 것이 좋다.

제5절 목회자의 계속교육(繼續敎育)

인간 스스로의 자기 갱신을 위한 자주적인 평생 교육을 목회자라는 직업과 소명을 가진 이들에게 적용하는 것이 목회자의 계속교육이다.[10]

1. 필요성

몇 가지 대표적인 요소를 살펴보면 다음과 같다.

첫째, 급격한 사회 변화를 들 수 있다. 이런 변화 속에서 보다 효과적인 목회를 하기 위해서는 계속교육이 결정적으로 요청된다.

둘째, 지식의 폭발이다. 늘 새로워지는 지식과 정보를 습득하지 않고는 오늘날 효과적인 목회를 할 수가 없다. 목회자에게 계속교육이 필요한 시대적 요청은 신학의 변화도 들 수 있다. 신학 자체의 변화라기보다는 신학의 강조점의 변화라고 할 수 있다. 예를 들면 선교를 강조하는 교회에 대한 새로운 이해 등이 있을 것이다.

셋째, 목회의 지식 습득이다. 다시 말해서 목회의 기능화 또는 전문화를 들수 있다. 다원 사회 구조는 다원화 목회를 요청하고 다원화 목회는 전문화를 위해서나 그때마다 특유의 목회 현장의 적응을 위해서 계속교육이 필요하다.

2. 과제

목회자의 요청에 따른 계속교육의 내용을 포괄적으로 크게 나누어 세 가지로 설명할 수 있을 것이다.

첫째, 학문적 지식의 습득이다. 급변하는 시대에 신학적 표현이나 강조점도 변천하는 것이 당연하다. 그런 의미에서 목회에 필요한 여러 분야의 것을 포괄적으로 습득하는 것이 우선적으로 생각되어야 하겠고, 여력이 있다면 어느 한 분야에 대한 전문적인 지식을 쌓는 것도 여러 가지로 도움이 될 것이다.

둘째, 새로운 목회 능력의 습득이다. 여기서 말하는 능력은 인간으로서 자유롭고 완전하게 기능을 발휘할 수 있는 능력, 자기가 필요로 하는 지식이 무엇인지를 알고 추구할 수 있는 능력, 자기 임무를 잘 수행할 수 있는 능력이다.

3. 방법

계속교육의 방법으로서 제일 먼저 생각해 볼 수 있는 것은 목회자 자신의 주체적 교육이다. 자기 스스로 자기에게 필요한 것이 무엇인지를 분별하여 그것을 스스로 노력하여 추구하는 방법이다. 제일 쉬운 방법이 개인 독서이다.

둘째는 목회 현장 중심의 교육을 생각할 수 있다.

셋째는 신학 교육기관을 통한 교육을 들 수 있다.

제6절 목회자의 자기 관리[11]

1. 목회의 이상적인 시간표[12]

시간	주일	시간	월	화	수	목	금	토
4:30	기상		기상					
5:00	새벽기도회		새벽 기도회					
5:30	명상 설교 점검		명상, 독서, 취미, 건강					
7:30	아침식사		아침 식사					
8:30								
9:00	주일학교		자유 시간		성서 연구 설교 준비			주일 준비
10:30								
11:00	대예배							
12:30	점심식사		점심 식사					
1:30	교회 모임 및 활동	2:30 5:00	자유 시간		목회 상담			주일 준비
					심방			
					가족과의 시간			
6:00	저녁 식사		저녁 식사					
7:00	예배를 위한 명상		가족과의 시간		기도회 및 교인과의 친교	교인과의 시간	교회활동 (토요 집회)	
8:00	저녁 예배							
9:00	가족과의 시간		가정 예배					
10:30	취침		취침					

2. 목회자에게 우선적인 일의 순위

첫째, 개인적 명상과 경건의 시간이 무엇보다도 필요하다. 목회자 자신이 하나님과 가까워지고 또 하나님의 말씀과 친밀해야 한다.

둘째, 교인들의 위기에 민첩하게 대응해야 한다. 위기 시에는 즉시 행동에 옮겨야 한다. 이런 일에 우선적으로 할애할 마음 준비가 되어 있어야 한다.

셋째, 설교와 예배 준비는 무엇보다도 중요하다. 아무리 바쁘더라도 이 일은 철저하게 해야 한다.

넷째, 사무적, 행정적 일은 그때그때 처리하여 필요한 일은 재빨리 조치하도록 한다. 즉시 처리하면 5분도 안 걸릴 일을 미뤄두면 나중에 1시간을 할애해야 할 경우가 있다.

다섯째, 독서하고 연구하는 시간도 필요하다. 인간적인 성숙과 목회자로서의 성장을 가져오는 시간이다.

여섯째, 가족과 지내는 시간이다. 가정 예배와 같이 정기적으로 만나는 것이 좋다.

일곱째, 자기 건강관리의 시간이다. 가벼운 산책이나 체조 등의 일과를 실천에 옮겨야 한다.

3. 시간에 여유가 있을 때 관심을 가져야 할 일들

첫째, 여러 종류의 모임에 참석한다. 그러나 중요하지 않은 것은 가릴 줄 알아야 한다.

둘째, 지역별 혹은 관심 있는 동역자들끼리 만남을 가지는 게 좋다.

셋째, 지역사회의 활동에 참여하는 일이다. 그러나 참여의 정도와 책임은 분수에 맞게 해야 한다.

넷째, 교회 주변의 일을 돌보는 것이다. 역시 적당히 신경 쓰는 것이 좋다.

다섯째, 창작 활동이다. 예를 들면 글을 써서 출판하는 일 등이 있다.

여섯째, 여행을 해서 견문을 넓히고 기분을 전환하는 일이다.

4. 제한해야 할 일들

첫째, 사회단체, 클럽 활동에 너무 많은 시간을 할애하지 말라.

둘째, 교인들이 '세상적인 일'이라고 생각하는 여러 가지 행동이나 활동은 되도록 삼가야 한다.

셋째, 운동 경기에 자주 참관하거나 참여해서는 안 된다.

넷째, 라디오나 텔레비전 앞에서 보내는 시간은 극히 제한하라.

다섯째, 신문, 잡지 읽는 데 너무 많은 시간을 보내지 말아야 한다.

5. 시간 절약의 비결

첫째, 무슨 일이든지 철저하게, 완벽하게 그리고 매듭을 분명히 하면 나중에 그 일 때문에 다시 시간을 소모하는 일이 없게 된다.

둘째, 조직적인 생활도 시간 절약의 비결이다. 서재나 문서함은 항상 정리해 두고, 약속과 시간 계획을 잘 짜도록 한다.

셋째, 책임 분담의 방법이다. 혼자서 다 하려 하지 말고 적당한 사람에게 적당한 일을 분담시킨다.

넷째, 비상사태를 예방하는 것도 중요한 시간 절약의 방편이다.

다섯째, 교인들이 스스로 문제를 해결할 수 있도록 훈련시키는 것도 좋은 방법이다. 목회자가 꼭 직접 개입해야 한다는 편견을 불식시켜야 한다.

제7절 목회자의 개인생활

목회자라는 직업의 독특성 때문에 인간적으로 생활의 제약을 받는 것이 많

이 있다. 이런 제약성에도 불구하고 인간적으로 구김이 없이 맡은 바 소임을
다하는 목회자들이 있는가 하면, 그와 반대로 그것 때문에 불행하게 된 이들도
적지 않다. 여기서는 이런 제약성을 일일이 들어 설명할 수는 없다. 다만 "오
늘"이라는 목회 상황이 목회자의 개인생활에 도전하는 몇 가지 문제점을 들어
그 대처 방안을 제안해보고자 한다.[13]

1. 영성 훈련

오늘의 물질문명과 그에 수반된 세속화의 경향은 영성 훈련의 위기를 초래
하였다. 어떤 이들은 오늘의 이런 현상을 "경건의 위기"라고 표현하고 있다. 현
대인들은 혼자 조용하게 기도함으로써 하나님과 교통하는 것을 불필요하게 생
각하거나 부끄럽게 생각하는 경향이 있다. 이런 경향 가운데 목회자들만은 안
그렇다고 말할 수가 없다. 물량 위주의 성공사상이 팽배해가는 목회현장에서
교인 수를 늘리고 교회 예산을 확보하는 데 급급하다 보면 하나님과의 단독 대
화의 시간이 줄어들게 마련이다. 오늘날 목회자들의 사생활을 살펴볼 때 그들
의 관심은 정말 해야 하는 일을 위해서라기보다는 별로 중요하지 않은 일들을
위해 시간과 정력을 더 쏟고 있는 형편이다. 직업적이고 의무적인 새벽기도회
나 입산기도의 기회를 제외하고 일상생활 속에서 일정한 시간과 장소를 성별
해서 매일 기도와 명상, 그리고 성서의 말씀을 통해서 하나님과의 대화를 끊임
없이 지속하는 목회자들이 얼마나 있는지 스스로 묻지 않을 수 없다.[14]

2. 학구생활

목회자의 영성 훈련 못지않게 중요한 것은 계획적인 학구생활이다. 오늘의
목회자들에게 이것이 문제가 되는 것도 목회의 비중에 대한 잘못된 견해 때문
이다. 주변 문화가 사업 위주의 환경이어서 그런 각도에서 목회의 성공과 실패
를 견주기 때문이다. 목회자에게는 유혹이 아닐 수 없다. 그래서 알게 모르게

많은 목회자들이 그런 경향으로 목회를 하고 있다. 말씀과 성례전의 선포와 집행이 목회자의 우선적인 관심사여야 하겠는데 교인들 개인의 경건을 돌보고 그들을 위한 축복기도를 해주어야 교회 출석도 많고 또 그래야 교회 예산도 늘어가기 때문에 자연히 목회의 비중이 그쪽으로만 지향하게 마련이다. 결국 목회자의 변두리 임무가 목회자의 본무가 되어버린 주객전도의 현상이 일어난 셈이다. 오늘날 세계 교회가 직면한 가장 큰 목회의 위기라고 할 수 있다.

이런 현실에서 목회자는 우선시되는 목회자의 기능을 원위치로 회복시킬 사명이 있음을 깨달아야 한다. 설교 준비할 시간이 없어서 적당히 때우는 식의 목회를 하거나 남의 꼴로 제 양을 먹이는 일은 아무리 다른 일을 잘한다고 해도 하나님 앞에서 정당화할 수 없음을 인식해야 한다. 이런 오늘날의 목회 상황에서 목회자가 용단을 내려야 할 일은 설교 준비를 위해 시간을 내는 일이다. 그러나 설교만을 준비한다는 것은 거의 불가능하다. 영성 훈련의 시간에 못지않게 계속 공부할 수 있는 학구생활이 보장되어야 한다. 그 시간에 성서 연구는 물론 신학 일반에 대한 보충 독서, 그 밖에 스스로의 교양과 교인들과의 대화와 자료 제공을 위한 정보를 확보하는 일을 게을리 해서는 안 된다. 말하자면 목회자가 지적인 성장을 위한 자기 학습의 시간을 만들어서 스스로를 지켜가는 훈련을 하는 것이 필요하다.

3. 개인적인 습관

목회자라는 직업 때문에 인간적으로 성격이 비뚤어지고 그릇된 습관을 어찌하지 못하고 사는 사람들이 많다. 전통적으로 이런 면에서 목회자가 인간적으로 받아온 유혹이 많은 것도 사실이지만 오늘이라는 목회 상황이 이런 경향에 부채질하는 경우도 없지 않다. 여기서는 그 몇 가지만을 열거하고 지나가기로 한다.

목회자에게 가장 보편적으로 찾아드는 습관적인 병은 "게으름 병"이다. 바쁘고 시간이 없고, 또 목회의 성격이 당장 업적이 드러나는 것도 아니고, 또 자기가 단독으로 책임져야 하는 경우가 많기 때문에 그런 틈바구니에서 적당히 게으름을 피울 수 있다. 한두 번 그런 일을 해보는 것은 누구나 다 빠져보는 함정이지만 이런 버릇이 습관이 되면 큰일이다. 하는 일이 세상의 직장처럼 맺고 끊을 수 없는 점이 있지만 스스로 시간표를 만들어서라도 이런 타성에 빠지지 않도록 항상 조심해야 한다. 시간표를 만들고 여러 가지 계획을 세워서 꾸준하게 추진해갈 수 있는 훈련이 필요하다.

모든 일에 완전해지려는 "완벽성"도 목회자가 흔히 받는 유혹이다. 목회자를 교인들이 "작은 하나님"처럼 생각하는데 목회자가 거짓말을 할 수야 없지 않느냐는 생각에서 모든 일에 완벽하려고 노력한다. 어떤 면에서는 좋은 점 같기도 하지만 자칫 잘못하면 위험한 길로 유도되기 쉽다. 그 위험한 길의 하나는 깊이 없는 "형식주의"이다. 요식만을 갖춰서라도 완벽한 것처럼 나타내야 할 경우가 불가피하기 때문이다. 다른 하나는 "이중적인 태도"이다. 형식주의와 비슷하지만 자기는 그렇게 완벽하지 못하면서도 불가피하게 그렇게 나타내야 하는 경우가 있기 때문에 결국 자기를 속이면서도 이중적인 태도를 갖지 않을 수 없게 된다.

이 밖에도 목회자는 "팔방미인" 노릇을 해야 하는 어려움도 있다. 그러다가 무엇 하나 특성이나 개성이 없이 오뚝이 같은 인생을 살 수밖에 없다. 모든 사람에게 친절해야 하는 직업이다 보니 주일날 예배를 보고 헤어지는 교인들에게 얼굴의 굳어진 주름살로서라도 "칠백 번의 미소"를 짓지 않을 수 없는 것이 목회자의 직업이다. 목회자는 이런 표피적인 직업적 수행의 철저함만으로는 보람을 느낄 수 없는 직업이다. 모 없이 둥그런 목회자 상을 찾는 목회 상황에서도 자기의 모를 찾고 자기의 개성을 키워갈 수 있어야 한다. 철저하게 직업적이면서도 철저하게 인간적일 수 있는 훈련이 필요하다.

4. 가정생활

우리 모든 인간에게서 가정은 일그러진 영혼의 안식처요 상실한 능력을 되

찾아주는 힘의 원천이다. 목회자에게도 예외가 아니다. 하나님으로부터 위임받은 양들을 돌보느라고 지치고 상처받은 목자가 인간적으로 쉼을 얻고 회생하는 곳은 곧 그의 가정이다. 그런데 예로부터 목회자의 가정은 목회자의 직업 때문에 희생을 당해왔다. 그 정도가 오늘날엔 더 심하다. 오늘날의 목회 상황이 목회자의 시간을 더욱 많이 요구하고 그의 정력을 거의 모두 탕진시켜 버리기 때문이다. 목회자의 가정에서도 남편을 필요로 하고 아버지를 필요로 한다. 이 요구가 충족되지 않을 때 가정은 가정 구실을 못하게 마련이다. 가족의 인간적인 욕구를 들어주지 못하는 가장이 남을 위해서 아무리 좋은 일을 한다고 해도 그것은 위선으로밖에 여겨지질 않는다. 그렇게 되면 목회는 자기의 가족에게서부터 실패를 하게 된다.

자기 가족을 보살피는 데서 좌절감을 갖는 목회자가 남을 위한 일에서 보람을 느낄 리가 없다. 교회일 때문에 가족에 대한 의무를 등한히 할 수밖에 없다고 하는 핑계는 하나님 앞에서도 정당화될 수 없다. "자기 가정도 다스릴 줄 모르는 사람이 어떻게 하나님의 교회를 돌볼 수 있는가?(딤전 3:5)" 자기 가정을 모른 체하면서도 깨끗한 마음으로 목회할 수 있는 목회자가 있다면 그는 무언가 잘못된 인간이다. 자기 가족도 목회자를 필요로 하고 있다. 그러나 목회자이기 이전에 인간으로서의 남편과 아버지를 더욱 필요로 한다는 것을 잊어서는 안 된다.

5. 취미, 여가, 사회 활동

목회자의 개인생활은 하나님, 교인, 가족의 관계에만 국한되는 것이 아니다. 그것은 오늘날 점차로 더욱 넓어지고 깊어지고 있다. 교회가 옛날처럼 세상과는 관계가 없는 수도원으로 남아 있지 않는 한 목회자도 결코 그 교회 속에만 갇혀 있을 수 없다. 오늘의 목회자에게는 날로 더욱 '사회 활동'의 가능성이 열린다. 지나치게 생각하면 목회자의 타락을 전제로 하는 말 같지만 오늘과 같이 발전해가는 사회에서는 새로운 복음 증거의 기회가 될 수도 있다. 문제는 어떤 사람들과 어느 정도 어울려야 하는가를 스스로 판단하는 일이 중요하다.

목회자는 으레 여가가 없는 직업을 가졌다고 생각한다. 그 직업의 특수성이긴 하지만 그래도 목회자에게도 '여가 활동'이 필요함을 인식시켜 주어야 한다. 주말에 중요한 활동을 하기 때문에 남들처럼 주말을 여가의 기간으로 생각할 수가 없다. 이런 점에서 목회자는 그 가족과의 사이에서 많은 갈등을 느낄 수밖에 없을 것이다. 학령기의 자녀들이 있는 경우에 극히 어렵기는 하겠지만 여가를 가끔 가족과 함께 보낼 수 있다면 아주 이상적인 경우가 될 것이다.

목회자의 이런 여가 활동 내지는 사회 활동과도 관계가 있는 것이지만 오늘을 살아가는 목회자에게 꼭 필요한 것은 '취미 활동'이다. 무엇 한 가지에 자신을 몰두시켜서 자신의 창의성을 유지하고 발전시킬 필요가 있다. 오늘과 같은 물질문명의 와중에서 인간도 기계화되어 간다. 목회자의 직업도 그런 면이 없지 않다. 자기가 무엇을 창조하면서 일한다기보다 남의 것을 모방하려는 태도가 많아져 간다. 자기의 꼴을 가지고 양을 먹이기보다는 캔에 든 기성 제품으로 목회하려고 한다. 어려운 책을 읽고 그 내용을 먹어서 소화하려는 노력보다는 누가 그것을 요리해놓은 비법을 찾고 있다. 이런 오늘의 문화의 병폐를 극복하기 위해서는 목회자로서도 창의성을 개발할 수 있는 취미활동이 필요하다.

지금까지 설명해온 이상적인 목회자의 개인생활은 한마디로 말해서 '훈련된 인간'을 전제로 한 것이다. 스스로가 어떻게 훈련되지 않고서는 모든 것이 불가능하다. 자신의 제한성을 늘 인식하면서, 목회를 혼자가 아니라 평신도와 함께 할 수 있어야 하고, 기계적인 만큼 철저하면서도 순수한 인간성을 상실하지 않는 목회자의 인간적인 생활을 유지하기 위해서는 피나는 자기 노력과 훈련이 필요하다. 이런 개인생활의 가능성이 많아질 때 천부적인 사명인 목회도 보람을 느끼는 일이 가능해질 것이다. 목회자는 인간적으로는 약하지만 위에서 은혜 주시는 하나님의 능력 안에서 모든 일이 가능하다.

10 장 부목회자론

제1절 부목회자의 영성관리

1. 목회자란 어떤 사람인가?

목사라는 명칭은 영어로 대략 여섯 가지이다. 즉 Pastor, Minister, Reverend, Clergyman, Preacher, 그리고 Bishop 등이 그것이다. 먼저 Pastor는 목회 (Pastoring)를 하면서 양떼들을 돌보는 사람을 의미하며, Minister는 라틴어에서 연원된 것으로서 음식을 제공하고 일상생활에 필요한 물건을 공급해주는 사역 자(Agent)와 봉사하는 헌신자를 의미했다. Reverend도 라틴어에서 연원했는데 그 신분으로 인하여 "자주 존경받는 사람"이라는 의미를 지니고 있으며, Clergy 는 헬라어 'κλῆρος'에서 연원했는데 본래의 의미는 제비 뽑힘(Lot)을 받아서 하나님의 천국사역을 위해 택함 받은 사람을 의미한다. 그리고 Preacher는 설 교하는 사람을 지칭하는 것으로서 하나님의 말씀을 사람 앞에서 외치는 설교 자를 의미하며, Bishop은 일반적으로 로마 가톨릭에서는 '주교'라고 하며 감리 교에서는 '감독'이라고 부른다.

그렇다면 성경은 이러한 목회자가 어떠해야 한다고 말씀하는가? 목회서신 에 나타난 바람직한 목회자상에 대해서 간략하게 살펴보도록 하겠다.[1]

1) 책망할 것이 없는 자(딤전 3:2, 딛 1:6~7)

책망할 것이 없는 자가 되어야 한다는 말은 "죄를 지고 법정에 잡혀 들어와서 재판을 받지 말라."이기도 하지만, 좀 더 폭넓은 의미로는 "최후 심판 때에 예수께 책망을 받아 지옥에 떨어지거나 면류관을 받지 못하는 심판의 대상자가 되지 말라."는 뜻이다.

2) 한 아내의 남편(딤전 3:2, 딛 1:6)

이 말씀은 목회자가 일생 동안 오직 한 아내만을 가져야 한다는 의미만이 아니다. 다만 가정의 순결성과 성결성을 강조한 말씀이다.

3) 절제(딤전 3:2)

육체적, 정신적 욕망의 영역에서 자기 통제를 잘하라는 의미가 있기도 하지만, 본래 의미는 항상 마음가짐과 판단력이 분명하여 자신을 통제할 줄 아는 인격적 요소를 지니고 있어야 한다는 의미이다.

4) 근신(딤전 3:2, 딛 1:8)

근신이란 말의 본래 의미는 사려 깊은 것(thoughtful), 그리고 자기 자신을 잘 통제하는 것을 뜻한다. 나아가 정직한 마음을 지닌다는 의미도 지니고 있다. 목사는 마음의 생각이 바르고 결코 비정상적인 사고방식을 지니지 않은 사람이다. 또한 목사는 그의 행동이 과다하게 경쟁적이지 않고 그의 본능을 잘 억제하는 인물임을 시사해주고 있다.

5) 아담하며(딤전 3:2)

외적으로 내적으로 의무감으로 가득 차 있고 심성이 항상 밝아야 한다는 의미로서 목사는 그의 생활, 정신적, 육체적 상태가 잘 다듬어져 있어야 한다.

6) 나그네 대접을 잘하며(딤전 3:2)

목사는 교회일로 오거나 구제를 요청하거나 도움을 필요로 하는 나그네가 오면 자신의 집이나 교인 댁에서 환대해야 한다.

7) 가르치기를 잘하며(딤전 3:2)

목사는 가르치는 능력과 기술에 있어서 하나님의 말씀을 잘 가르치는 교사의 직분을 충실히 감당해야 한다. 그러나 목사의 가르침의 많은 부분이 모범을 보이는 것에서 완성되며, 만일 그가 잘 가르치기를 원한다면 그는 좀 더 적합한 모델이 되려는 것부터 배워야 할 것이다.

8) 술 취하지 아니하며(딤전 3:3, 딛 1:7)

원어를 살펴보면 이 말씀이 "술 근처에도 가지 말라."는 의미를 지니고 있음을 알 수 있다.

9) 구타하지 아니하며(딤전 3:3, 딛 1:7)

핍박이나 폭력을 가하거나 제공하지 않는 것을 뜻하는 말로서, 성급하게 손이나 혀로 사람을 향하여 때리거나 내뱉는 난폭한 행위를 하지 않는다는 것을 의미한다.

10) 관용하며(딤전 3:3, 딤후 2:24)

이 말씀은 죄인이 죄 지은 것을 벌하지 않고 용서해주고 책망하지 않는 것을 뜻하는 말이다.

11) 다투지 아니하며(딤전 3:3, 딤후 2:24)

목사는 싸움이라는 것이 지체 중에서 싸우는 정욕으로 말미암아 연원된 것이기 때문에 이것을 멀리하면서 동시에 믿음의 도를 지키기 위해서는 힘써 싸워야 한다.

12) 돈을 사랑치 아니하며(딤전 3:3, 딛 1:7)

은을 사랑하지 않는다는 말로써, 목사는 물질에 탐닉하거나 좌우되지 말아야 한다.

13) 자기 집을 잘 다스려 자녀들로 모든 단정함으로 순종케 하는 자가 되어야 한다(딤전 3:4)

목사의 가정은 교인들의 가정의 모델이 되어야 하며, 호머 캔트(H. Kent)의 말대로 목사관은 지상에 있는 자그마한 천국이 되어야 한다.

14) 외인에게서도 선한 증거를 얻은 자여야 한다(딤전 3:7)

목사는 예수 그리스도를 믿지 않는 불신자로부터도 선한 증거를 받아야만 한다.

15) 제 고집대로 하지 말아야 한다(딛 1:7)

다른 사람의 말을 듣기를 거절하고 자기의 견해만을 고집하는 교만한 상태에 놓이지 않음을 의미하는 말로서, 목사는 자신의 생각이나 판단을 "절대기준"으로 알지 말아야 한다.

16) 급히 분내지 아니해야 한다(딛 1:7)

잘못된 판단과 실수로 인하여 타인을 해치지 말아야 한다. 야고보 사도는 사람마다 듣기는 속히 하고 말하기는 더디 하며 성내기도 더디 하라고 말씀했다.

17) 더러운 이(利)를 탐하지 아니해야 한다(딛 1:7)

"수치스럽게 돈을 벌지 말라."는 의미이다.

18) 선을 좋아해야 한다(딛 1:8)

선한 사람을 좋아한다는 의미이며 좋은 사람을 따르기를 좋아하거나 모방하기를 사랑한다는 의미로서 예수 그리스도를 본받는 사람이 목사이다.

19) 의로워야 한다(딛 1:8)

이 말씀 속에는 도덕적 의, 의무적 의, 하나님을 따르는 의, 사람의 의무로서의 의, 그리고 믿음으로 인한 의 등의 신학적인 의미가 담겨 있다.

20) 거룩해야 한다(딛 1:8)

거룩해야 한다는 것은 하나님의 도를 지키는 데 자신의 몸을 드린다는 의미이다.

2. 목회자로서의 거룩한 삶

목회자의 삶은 단순히 목회 사역의 한 단면에 불과한 게 아니라 그 이상이라 할 수 있다. 이런 면에서 볼 때, 목회자가 어떻게 자신의 삶을 거룩한 삶으로 만들어갈 수 있는지를 살펴보는 것은 대단히 중요하다.

호라티우스 보나(Horatius Bonar, 1808~89 : 19세기의 저명한 스코틀랜드 복음 전도자이자, 찬송가 작시자)는 그의 책 「영혼을 인도하는 이들에게 주는 글」에서 거룩한 삶을 살아야 할 목회자에 대한 지침을 소개해주고 있다.[2]

1) 하나님과 동행하라

하나님과 동행한다는 것은 아주 평범한 진리이지만 그것을 행동으로 옮기면 굉장히 놀라운 빛을 발하는 진리로 변한다. 정열적이고, 경건하며, 성공적 사역을 한 것으로 유명한 존 베리지(John Berridge)에 대해 누군가 이런 말을 한 적이 있다. "그는 사역 후기에 하나님과 친밀한 교제를 나누는 데 주력했는데, 그에게서 하나님과의 친교는 곧 먹고 마시는 양식이요 생전 자리를 뜨고 싶지 않을 만큼 진수성찬이 차려져 있는 잔칫상이었다."

2) 설교보다 설교자 자신을 연구하라

"그들이 그처럼 성공적인 사역을 할 수 있었던 비결은 무엇인가? 우리는 왜 그들처럼 성공적인 사역을 하지 못하는 것인가?"라고 묻는 사람들이 있는데, 당신들 가운데 그런 사람들이 있다면 자신이 하는 설교보다 자기 자신을 먼저 돌아보아야 함을 기억해야 한다. 조지 휘트필드나 존 베리지나 조나단 에드워즈 같은 사람들의 설교를 연구해서 그 양식을 흉내 낼 수는 있겠지만, 사실 우리가 주로 연구해야 할 대상은 바로 그 사람들 자신이다. 우리의 사역이 그들 사역처럼 능력 있고 성공적인 사역이 되기 원한다면, 우리는 단순히 그들이 한 일보다 그들의 정신을 본받아야 한다.

3) 신실해야만 사역에 성공한다

하나님과 동행하며 맡겨진 일을 신실하게 수행할 때 반드시 성공하게 되어 있다. 그러므로 우리가 하는 사역의 성공 여부는 우리 자신의 거룩한 삶, 일관성 있는 성품, 천국의 향내를 풍기는 언행에 달려 있다 해도 과언이 아니다.

목회자는 남에게 손해도 입히지 않지만 그렇다고 해서 그리스도의 모습을 분명히 나타내지도 않는 그런 삶을 살아서는 안 된다. 사람들은 우리의 삶을 보고 그리스도로부터 멀어질 수도 있고, 그리스도께 가까이 다가올 수도 있다. 즉, 우리의 삶이 사람들의 영혼을 구할 수도 있고, 파멸시킬 수도 있는 것이다. 그러므로 자신의 영성을 키우고 거룩한 삶을 살아야 한다는 우리의 소명이 얼마나 큰 소명인지 모른다. 이 소명을 이루기 위해 우리는 최선을 다해야 한다.

3. 목회자의 자아성찰의 내용과 이유

목회자의 자아 성찰과 목회 자세에 관한 위대한 고전이라고 할 수 있는 리처드 백스터의 「참 목자상」(*The Reformed Pastor*, 생명의말씀사)에는 목회자의 자아성찰의 내용과 이유에 대해 구체적으로 제시해주고 있다.[3]

1) 자아성찰의 내용

첫째, 구원의 은혜의 역사가 자신의 영혼 안에서 온전히 이루어지고 있는지 보라. 다른 사람들에겐 멸망당하지 말라고 경고하면서 자신은 멸망당하는 일이 없도록 조심해야 한다. 많은 설교자들이 청중들에게는 지옥에 빠지지 않도록 주의에 주의를 기울이라고 수백 번 촉구하지만, 자신들은 지금 지옥에 빠져 있다. 다른 사람들에게는 구원의 길을 제공하고도 자신은 그 길을 거부하는 자들을 하나님께서 구원해 주시겠는가?

그러므로 먼저 자기 자신을 돌아보아야 한다. 청중들에게 어떤 사람이 되라고 가르치기 전에 자신이 먼저 그런 사람이 되고, 그들에게 믿으라고 권하는 바를 자신이 먼저 믿고, 그들에게 받아들이도록 권하는 구주를 자신이 먼저 진심으로 받아들여야 한다.

둘째, 자신이 은혜의 상태에 있음에 만족하지 말고, 그 은혜가 활기차고 열정적으로 활동하고 있는지 보라. 우리는 자신이 은혜의 상태에 있음에 만족하지 말고, 더욱 조심하여 우리 안에 은혜가 활기차고 생기 있게 역사하고 있는지 살피며, 자신이 준비한 설교를 다른 사람 앞에서 외치기 전에 자신에게 먼저 전할 수 있어야 한다.

목회자는 회중 앞에 나서기 전에 마음에 특별한 아픔을 감수해야 한다. 마음이 냉랭하다면, 어떻게 청중들의 마음을 따뜻하게 할 수 있겠는가? 그러므로 이런 경우엔 특별히 하나님께 나아가서 목숨을 걸고 매달리라. 정신을 일깨우는 책을 읽고, 전해야 할 말씀에 관해 깊이 묵상하라. 양들의 영혼이 필요로 하는 바를 충족시키기 위해, 열정을 가지고 주님의 집에 들어가라. 이런 식으로 우리 안에 은혜의 생활을 유지하여, 강단 위에서 외쳐지는 우리의 모든 설교 안에 그 은혜가 드러나게 해야 한다.

셋째, 행동이 자신의 가르침과 배치되지 않는지 보라. 설교와 생활에 괴리가 있는 목회자들은 참으로 큰 오류를 범하고 있는 것이다. 목회자들 중에는 설교는 무척 조심스레 하면서 그 삶은 부주의하게 사는 사람들이 참 많다. 이런 사람들의 경우 설교를 매우 세심하고 정확하게 준비하기 때문에, 설교는 흠잡을데가 거의 없다. 그러나 일단 실천의 문제로 오면 상황이 달라진다. 설교는 정확하게 하려고 애쓰면서 삶은 정확하게 살려고 하지 않는다.

우리가 설교뿐 아니라 행동에도 매우 조심해야 할 이유가 있다. 우리가 진정 그리스도의 종이라면, 언어로뿐 아니라 행위로도 그를 섬겨야 한다. 행위를 통해서도 축복을 받는 자가 되어야 한다.

넷째, 다른 사람의 죄는 지적하면서 자신은 혹시 그런 죄에 빠져 있지 않은

지 보라. 말로는 죄를 굴복시키고 실제로는 죄에 굴복당하는 일이 없도록 주의해야 한다. 다른 사람에게는 죄를 물리치라고 말하면서, 자신은 죄에 넘어가 그 노예가 되지 않도록 주의하라.

다섯째, 자신의 사역에 필요한 자격 요건을 갖추는 것을 꺼리지는 않는지 보라. 우리처럼 중대한 책임을 맡고 있는 사람은 그야말로 엄격한 자격을 갖추고 있어야 한다. 우리 일의 각 부분은 그야말로 고도의 숙련된 기술을 요구한다. 그리고 그것들 하나하나가 매우 중요하다. 하나님께서는 우리에게 "부지런하여 게으르지 말고 열심을 품고 주를 섬기라"(롬 12:11)고 명하셨다. 우리가 양들에게 부지런할 것을 가르치듯이, 우리 역시 부지런해야 마땅하다.

2) 자아 성찰의 이유

리처드 백스터는 목회자가 자아 성찰을 해야 하는 이유에 대해서 8가지로 말한다.[4]

첫째, 나에게도 다른 사람들처럼 잃거나 얻을 천국이 있다. 설교를 잘하면 다른 사람들을 성공적으로 구원할지 모르나, 자신의 생활과 영혼의 성결함을 얻을 수는 없다. 설교를 통한 다른 사람의 구원은 물론 가능하지만 그다지 자주 있는 일은 아니다. 더욱이 이를 통해 우리들 자신이 구원을 얻기는 불가능하다. 거룩한 직업이 거룩하지 못한 인간을 구원할 수는 없다.

둘째, 나에게도 다른 사람들처럼 타락한 본성이 있다. 우리에게도 다른 사람과 마찬가지로 타락한 본성과 죄악된 성향이 있기 때문에 자기 자신을 성찰해야 한다. 죄를 비난하는 설교를 아무리 많이 한다 해도, 죄는 여전히 우리 안에 거하고 있다. 목회자들도 여느 사람과 마찬가지로 아담의 자손이면서 동시에 그리스도의 은혜를 거스르는 죄인들이다.

셋째, 나는 다른 사람들보다 더 큰 유혹에 노출되어 있다. 목회자일수록 더 큰 유혹에 노출되어 있다. 마귀는 우리를 특별히 주목하고 있다. 마귀는 아주 은밀하게 우리에게 접근하여 끊임없이 유혹하고 사정없이 공격을 가한다. 우리가 아무리 지혜롭고 학식이 있다 할지라도, 마귀에게 넘어가지 않도록 항상 조심해야 한다.

넷째, 나를 지켜보는 눈이 많으며, 나의 실족을 목도할 사람이 많다. 우리가 교회의 등불로 자처하는 만큼, 뭇사람의 시선이 우리에게 집중될 것을 염두에 두어야 한다. 다른 사람들은 아무도 몰래 죄를 지을 수 있다 할지라도, 우리는 할 수 없다. 우리는 많은 눈들이 우리를 보고 있으며 우리의 잘못에 대해 지적해줄 준비가 되어 있다는 데 대해 감사해야 한다. 왜냐하면 이러한 사실을 바로 아는 것만으로도 우리는 죄를 멀리할 수 있기 때문이다. 우리는 늘 환하게 공개된 장소에 있다는 사실을 잊어서는 안 된다.

다섯째, 나의 죄는 다른 사람의 죄보다 훨씬 더 큰 진노를 불러올 것이다. 자신을 살펴야 하는 또 다른 이유는 우리의 죄가 다른 사람들의 죄보다 훨씬 더 큰 진노를 불러오기 때문이다. 다른 사람이 죄를 지으면 그다지 문제가 안 되어도, 큰 영향력을 가진 사람이 죄를 저지르면 심각한 문제가 야기된다.

여섯째, 목회와 같은 큰일을 하려면 다른 사람보다 더 큰 은혜가 필요하다. 자신을 살펴야 하는 이유는 우리가 하는 일이 다른 사람의 일보다 더 큰 은사를 필요로 하기 때문이다. 작은 은사와 은총을 지닌 사람은 인생을 사는 동안 그다지 큰 시험을 당하지 않는다. 작은 힘을 가진 사람은 작은 사역을 하고 가벼운 짐을 지면 된다.

일곱째, 나의 행동에 따라 그리스도의 명예가 좌우된다. 자신을 살펴야 하는 이유는 주님의 명예와 그의 거룩한 진리와 도리의 명예가 다른 누구보다 더 우리에 의해 좌우되기 때문이다. 우리는 주님께 더 많은 봉사를 할 수 있는 위치에 있는 만큼, 주님께 다른 사람들보다 더 많은 손해를 끼칠 수도 있다. 하나님께 가까이 서 있는 사람일수록, 그의 술수가 하나님께 더 큰 불명예를 가져온다.

여덟째, 내 수고의 성공 여부는 나 자신을 살피는 데 달려 있다. 자신을 살펴야 하는 마지막 이유는 우리가 행하는 모든 수고의 성패가 이에 달려 있기 때문이다. 하나님께서는 그의 큰일을 성취하시기 위해 사람들을 도구로 들어 쓰시는데, 이를 위해 먼저 저들이 그 일에 적합하도록 훈련을 시키신다.

제2절 담임자와의 관계 형성

1. 기초적인 지식

담임자와 관계를 잘 맺기 위해서는 아주 기초적인 지식을 갖추어야 한다. 그 기초적인 지식이란 담임자와 부교역자 간에 분명한 '선' 이 있음을 기억하는 것이다.[5] 담임자와 부교역자 사이에는 넘지 못할 선이 있다. 이 선을 어떻게 조율해 나가느냐 하는 문제가 담임자와의 관계를 결정짓는다.

1) 선을 찾아라

분명한 선이 있음을 인식하는 것은 대단히 중요하다. 그것을 빨리 찾을수록 유리하다. 선은 부목사의 책임을 한정지어 준다. 즉, 어떤 일을 하기 원하는지, 어떤 행동 권한이 주어졌는지, 한계를 벗어나는 일은 무엇인지를 정해준다. 담임목사의 의견을 묻지 않고 결정할 수 있는 일이 무엇인지, 동의가 필요한 일은 무엇인지, 아예 손도 대지 말아야 하는 일은 무엇인지 확실히 알고 있는가? 이것을 알아내는 것이 중요한다.

하지만 이것은 매우 어려운 일이다. 왜냐하면 부교역자로서 특정한 책임을 맡고 있기는 하지만, 자신의 역할이 상당 부분 담임목사의 특징과 성향, 그리고 담임자의 필요 및 조직의 현재 상황에 근거해 달라지기 때문이다.

담임자와의 선을 찾는 데 도움이 되는 사항은 다음의 질문들이다.

담임자의 장점과 약점 및 그것을 보완해줄 당신의 능력에 대해 분명히 아는가? 담임자의 사고 과정을 이해하고 있는가? 담임자로부터 얼마나 많이 신뢰를 받고 있는지 아는가?

2) 선을 침범하지 말라

사역을 하다보면 아무리 넘지 말아야 할 선이 있다는 사실을 알더라도 때때로 그것을 넘는 일이 발생하게 된다. 선을 넘는다는 것은 대단히 위험한 일이다. 왜냐하면 선을 침범함으로써 담임자와의 관계에서 어려움이 발생될 뿐만 아니라 신뢰가 무너지기 때문이다. 만약 우발적으로 선을 침범하였을 경우, 예를 들어 담임자의 지시 없이 새로운 프로그램을 시작했다거나 어떠한 일을 결정해서 추진했을 경우 담임자와의 관계가 긍정적이라면 사과하거나 해명하는 것으로 끝날 수 있지만, 그렇지 않을 경우 부교역자의 권한이 줄어드는 결과를 초래할 수 있다.

3) 선이 변경될 수 있음을 기억하라

사역을 하다보면, 부교역자들은 자기들의 책임과 권위의 범위를 확대하고 싶어 한다. 이런 경우 스스로에게 던져볼 만한 질문이 있다. "나는 현재의 책임에 탁월한가?"라는 질문이다. 만약 현재의 책임에 탁월하다면 담임자는 기꺼이 책임과 권위의 범위를 확대해주겠지만, 그렇지 않을 경우에는 허락되지 않을 것이다.

선의 변경을 원할 때는 언제든지 담임자와 신뢰를 갖고 의사소통을 하는 게 필수적이다. 담임자는 부교역자의 동기를 신뢰해야 하며, 부교역자는 담임자가 부교역자와 사역을 위해 최선의 해법을 찾으리라는 것을 믿어야 한다.

2. 담임자와의 비전 공유

부교역자로 청빙을 받아 한 교회를 섬기게 될 때, 담임자와의 관계는 매우 중요하다. 담임자와 동일한 비전을 가지고 있을 경우 별 문제가 없겠지만, 그렇지 않을 경우 그곳에서 부교역자로 사역한다는 것은 대단히 어려운 일이다. 그러므로 다음의 두 가지를 꼭 실천하는 것이 좋다.[6]

1) 담임자와 함께 꿈을 꾸라

담임자와 비전을 함께 공유하는 일은 매우 중요하다. 담임자와 비전을 공유하지 못할 경우 목회자로서의 사역 자체에 대한 회의를 품게 될 수 있기 때문이다. 일단 부목회자로 사역을 시작했다면, 담임자와 함께 꿈을 꾸라. 이는 얼마든지 가능한 일이며, 매우 지혜로운 일이다. 그러기 위해서는 담임자의 비전을 진정으로 이해하는 것이 선행되어야 한다. 때로는 담임자의 지도자의 비전이 분명하고 주의 깊게 표현된다.

비전의 명료성을 점검하는 최선의 방법은 자신에게 다음과 같은 질문들을 던지는 것이다. "우리 조직이 이 비전을 추구하는 것을 돕기 위해 내가 해야 할 일을 이해하고 있는가? 그 비전 및 그것이 함축하는 바를 다른 사람에게 설명할 수 있는가?" 당신이 담임자의 꿈을 분명하게 이해하고 있지 않다면, 이해하기 위한 시간과 방법을 찾도록 해야 한다. 일단 담임자의 비전을 이해하게 되면, 부교역자는 자기의 열정과 은사가 담임자의 비전과 완벽하게 만나는 기회들을 찾기 시작할 것이다.

2) 담임자의 비전을 지지하라

자신의 꿈과 담임자의 꿈이 일치하지 않는 듯 느껴지는 시기나 분야에 있어서도 부교역자라면 여전히 지지하는 조언자 역할을 해야 한다. 만일 부교역자가 듣고 이해하고 행동하는 법을 안다면, 비전을 실행하는 방법을 담임자에게 조언해줄 수 있다.

가장 중요한 경청 방법은 담임자의 비전을 분명하게 듣는 것이다. 그러기 위해서는 담임자가 개인적으로나 공적으로 이야기를 할 때 인내하며 주의를 기울여야 한다. 만일 공적인 메시지가 비전을 적절하게 전달하지 못할 경우, 부교역자는 개인적으로 설명을 구하는 시간을 별도로 가져야 한다. 또 부교역자는 담임자의 말이 다른 사람들에게 어떻게 전달되고 있는지를 그에게 알려줄 특별한 위치에 있다. 부교역자는 담임자보다 사람들의 생각을 더 잘 읽을 수 있기 때문이다. 훌륭한 부교역자는 비전이 회중에게 어떻게 영향을 미치는지를 알고 있으며, 필요한 변화에 대해 사람들이 지지하고 이해하는지 여부를 감지할 수 있다. 이러한 이해력이 있는 부교역자는 중요한 교량 역할을 할 수 있다.

부교역자들은 조직과 관련한 이러한 세부 사항들을 명확히 규정함으로써 담임자를 지지해야 한다. 특히 담임자에게 크고 광범위한 비전들이 주어졌다면 더욱 그러하다. 담임목사는 흔히 비전을 제시하지만 부교역자는 세부적인 일들을 실행한다. 이런 관계의 장점은 그 두 기능이 서로를 보완하여 교회가 성장하도록 돕는다. 담임목사는 하나님의 지시를 감지하고 그것을 말로 표현하며 회중의 반응을 촉진시키는 반면, 부교역자는 비전이 실제로 성취되도록 하기 위해 세세한 사실 수치들, 구성원들, 재정 및 사역 프로그램들을 주시한다.

제3절 성도들과의 관계 형성

부교역자는 성도들과의 관계를 잘 형성해야 한다. 목회자로서의 부교역자는 목자의 심정을 가지고 성도들을 보살펴야 하지만, 동시에 담임자의 의중을 잘 파악하고 성도들에게 접근해야 한다. 성도들을 대함에 있어서 담임자의 목회방침과 어긋난 방법으로 대하는 것은 옳지 않다. 왜냐하면 성도들이 혼란스러워할 수도 있기 때문이다. 그러므로 성도들을 대함에 있어서 부교역자는 담임자의 목회철학 및 목회성향, 그리고 이제까지 담임자가 어떻게 성도들을 만나왔는지를 잘 파악하여 성도들을 대하는 지혜가 필요하다. 이러한 전제를 가지고 성도들과 관계를 맺을 때, 부교역자는 자기에게 맡겨진 사역을 잘 감당할 수 있게 된다.

특별히 부교역자들은 교회에서 진행되는 실무를 직접 관할하게 된다. 그리고 이러한 실무를 성도들과 하게 된다. 실무를 진행함에 있어서 부교역자들은 성도들과 어떻게 관계를 맺어나가야 하는가?

1. 양질의 사람에게 집중하라

우선적으로 재능과 능력, 은사를 가지고 당신의 비전에 영속적인 가치를 부여해줄 사람들에게 초점을 맞추어야 한다. 기억해야 할 것은, 이것은 어디까지나 사역 초기에 해야 할 일이라는 사실이다.

2. 슈퍼스타에게 현혹되지 말아야 한다

처음 사역지에 발을 들여놓으면, 열심 있는 사람들만 눈에 띄게 된다. 분명 이들은 교회의 충성된 일꾼들이기는 하지만, 분명한 목회철학을 가지고 있지 않음으로 해서 이들의 말에 좌지우지된다면 크나큰 손해를 보게 된다.

3. 손쉽게 일하는 사람을 피해야 한다

앞에서 언급한 것과 연계해서 말할 수 있겠는데, 일을 하다보면 협조적인 사람들하고만 일을 하게 되는 경우가 발생한다. 그도 그럴 것이 대부분의 교회에서는 일꾼이 턱없이 부족하다. 그렇다 보니, 빠른 시간 내에 성과를 달성할 수 있는 사람들과 일하려고 하는 경향이 있는데, 그렇게 해서는 안 된다. 부교역자들은 새로운 사람들을 발굴하여 일꾼을 세우는 데 힘을 기울여야 한다. 중간 지도자를 만드는 것은 담임자의 몫만이 아니다. 부교역자의 경우 등록한 지 약 1년 정도 된 성도들을 대상으로 일꾼을 선발하고 훈련시키며 자신의 사역 내로 끌어들여 담임목사의 목회철학과 목회방침을 알게 하고, 점진적인 훈련을 통해서 담임목사로부터 직접 훈련을 받을 수 있도록 안내해야 한다.

4. 내 편을 만들지 않도록 해야 한다

이미 언급된 내용이기는 하지만, 부교역자로서 가장 주의해야 할 부분이 바로 이 부분이다. 부교역자는 절대로 자기편을 만들려고 해서는 안 된다. 성도들은 어디까지나 담임목사의 양이라는 사실을 기억해야 한다. 혹여나 담임목사에게 상처를 입어 방황하는 성도가 있을 경우, 부교역자는 그러한 사실을 담임목사에게 알리고 중간에서 담임목사에 대한 오해를 풀게 하고, 담임목사를 적극 지지함으로써 가급적 빠른 시일 내에 상처를 치유할 수 있도록 도와주고, 담임목사와 화해할 수 있는 분위기를 만들어주어야 한다. 이렇게 함으로써 부교역자는 담임목사의 신뢰를 얻을 수 있다.

5. 특정 사람들하고만 가깝게 지내는 모습을 보이지 말아야 한다

사역을 하다보면, 가깝게 지내는 사람이 생길 수밖에 없다. 그러나 이 과정에서 절대로 감정이 겉으로 드러나지 않도록 애써야 한다. 만약 몇몇 소수의 사람들만 신뢰하고 그들에게 호감을 보인다면 목회자로서의 권위를 상실하게 된다. 목회자는 싫건 좋건 간에 모든 성도들을 골고루 사랑하고 품어주어야 할 책임이 있는 사람이다.

6. 원로를 무시하지 말아야 한다

젊은 부교역자들이 가장 많이 범하는 실수가 원로들에 대한 대우이다. 왜냐하면 원로들을 어떻게 대우해야 하는지에 대한 경험이 많지 않기 때문이다. 특별히 사역을 하는 도중 원로들이 소외되는 경우들이 종종 발생하게 되는데, 가급적이면 원로들이 소외되지 않도록 주의를 기울일 필요가 있다. 원로들은 아주 사소한 것에도 쉽게 상심한다. 원로들을 적절히 대우해주면 사역에 많은 도움이 될 뿐만 아니라, 든든한 힘이 된다. 아무리 고리타분하고 시대감각이 뒤떨어져 있더라도 그분들의 주장과 경륜을 무시해서는 안 된다.

물론, 이 부분은 부교역자들과는 직접 연관이 없을지 모르지만, 사실 담임목사를 모시는 입장에 있기 때문에 담임목사가 이 부분에서 실수하지 않도록 보조할 책임이 있다. 명절이나 특별한 절기 때에는 원로들에게 인사를 드리거나 카드를 보내드린다거나 직접 찾아가서 인사를 할 수 있어야 한다.

7. 사역지를 떠나게 될 경우 뒷마무리를 잘해야 한다

부교역자인 경우 언젠가는 사역지를 떠나게 되어 있다. 이럴 경우 그 동안 함께 일해오던 성도들에게 감사의 표현을 해야겠지만, 사역지를 떠난 이후로는 가급적 연락을 하지 않고 지내는 것이 좋다. 특별히 후임자에 대한 언급이 나올 경우에는 언급을 피하는 것이 좋다. 후임자에 대해 실망했거나 신앙생활에 어려움이 발생했을 경우, 반드시 담임목사와 논의할 수 있도록 안내해주는 것이 좋다. 아무리 사이가 좋다 하더라도, 그리고 성도들이 당신들에게 허심탄회하게 이야기 해온다 하더라도 언급을 회피하는 것이 도리이다. 단지 이럴 경우에는 중간자적인 입장에서 기도해주는 것이 가장 효과적이다. 시간이 지나면 해결될 수 있는 문제이기 때문이다.

제4절 부목회자 간의 팀워크

1. 부목회자들 사이에서 겪게 되는 갈등의 원인

1) 목회관의 차이에서 오는 갈등

목회자마다 목회에 대한 생각이 다르다. 모두들 하나님의 영광을 위해, 하나님의 나라를 실현하기 위해, 예수 그리스도를 증거하기 위해서 목회를 하겠다고 결심했지만, 그것을 이루어나가는 방식이 다 다른 것이다. 어떤 목회자는 수도원적 목회를 지향하는가 하면, 어떤 목회자는 교회성장에 초점을 둔다. 어떤 목회자는 인권에 더 많은 관심을 가지고 있는가 하면, 어떤 목회자는 복음의 순수성만을 지켜야 한다고 생각한다. 어떤 목회자는 일 중심적인 목회를 하는가 하면, 어떤 목회자는 관계 중심의 목회를 한다. 또 어떤 목회자는 대형교회를 이끌어가는 데 적합한 지도력을 가지고 있는가 하면, 어떤 목회자는 대형교회보다는 소형교회를 지향하고 거기서 목회의 의미와 본질을 찾는 사람이 있다.

재미난 사실은 목회에 대한 이러한 각기 다른 생각을 가지고 있는 목회자들이 대형 교회의 부교역자로 한 곳에서 시무할 수도 있다는 사실이다. 이럴 경우 목회에 대한 생각이 달라 갈등을 겪는 경우가 많다.

2) 담당하고 있는 사역을 수행하면서 겪게 되는 갈등

아마도 부교역자들 사이에서 겪게 되는 갈등 중 상당 부분이 여기에 해당될 것이다. 부교역자가 여럿이 있는 교회에서 사역하다 보면, 당연히 각자에게 부여된 책임 부서 혹은 교구가 있게 마련이다. 교구를 맡을 수도 있고 교육부를 맡을 수도 있으며, 교육부에서도 파트가 다를 수 있다. 교구도 마찬가지다. 교구가 하나인 경우에는 안 그렇겠지만 여러 교구가 있는 교회에서도 한 교구를 담당하는 목회자로 사역을 하게 될 경우가 있다. 이런 경우 교구 및 교회학교의 한 파트를 맡아 일을 수행하다 보면, 목회자에게는 자신이 맡은 교구 및 부서가 성장했으면 하는 욕심이 생기게 마련이다. 다른 목회자가 맡은 교구 및 부서는 성장하는데 내가 맡은 부서는 정체현상을 보인다면 거기서부터 오는 긴장감은 이만저만이 아니다. 물론 이러한 긴장감은 다른 목회자를 동료가 아닌 경쟁자로 보게 만들고, 은연중에 상대방이 맡고 있는 일에 작은 문제점이라도 발생했으면 하는 마음을 가지게 된다.

3) 능력 차에서 오는 갈등

선배로 있는 것이 좋을까? 후배로 있는 것이 좋을까? 어떤 사람들은 선배로 있는 것이 훨씬 낫지 않느냐고 하지만, 사실 선배로 있다는 것은 많은 부담이 된다. 왜냐하면 선배로서 능력도 겸비해야 하는 동시에, 후배들을 잘 이끌어야 하는 막중한 책임이 있기 때문이다. 반면에 후배로 있을 때에는 이런 생각을 하지 않아도 된다. 그냥 지시를 받는 대로 하면 되기 때문이다. 책임도 본인이 지지 않아도 되는 경우가 많다. 시키는 것만 해야 하는 것이 가끔은 기분이 언짢을 수도 있지만, 속은 그때가 편하다. 더욱이 후배 중에 능력이 많은 후배와 동역할 경우 선배로서 자리매김을 한다는 것은 이만저만 어려운 일이 아니다. 후배가 자기보다 낫다는 생각을 가지게 될 경우 선배는 후배를 견제할 수도 있다.

2. 팀워크의 중요성과 유능한 팀에 대한 정의

팀을 구성함에 있어서 가장 중요한 요소는 무엇이라고 생각하는가? 진정한 팀이 되기 위해서는 무엇보다도 팀원들이 갈등과 신뢰, 상호 의존, 노고를 포함하는 위험을 무릅쓰고자 하는 자세이다. 이러한 자세가 있지 않는 한 진정한 팀은 이루어지지 않는다.

어떠한 팀이 유능한 팀일까? 유능한 팀이란 똑같은 성향과 사고방식을 가진 사람들의 집합체가 아니라, 다양성을 인정해주는 팀이다. 느헤미야 3장에는 느헤미야가 팀워크를 얼마나 중요시했는지를 알게 해주는 말씀이 있다. 느헤미야 3장은, 느헤미야가 성벽을 재건함에 있어서 역할을 분담하였다. 여기에는 예루살렘 성벽 재건에 참여한 75명 이상의 사람과 15개 이상의 직업이 등장한다. 이스라엘 백성들은 이 모든 일을 질서 있게 조화를 이루면서 협력하여 이 위대한 역사를 이루었다. 하나님께서 기뻐하시고 하나님께서 원하시는 공동체의 일은 혼자 할 수 없다.

또 한 군데, 느헤미야의 행적을 살펴보면 그는 성벽을 중건해내고자 예루살렘에 왔으며, 오로지 그것에 자신의 모든 노력을 집중하고 있는 모습이 역력히 드러난다. 그래서인지 자칫하면 성벽을 중건해내는 일이 그가 마음에 품은 전부라고 생각할 수도 있다. 그러나 그런 생각은 얼마 가지 않아 빗나간 오해라는 것을 발견하게 된다. 물론 느헤미야가 성벽을 중건하기 위해 예루살렘에 왔고 그 일을 성공적으로 해낸 것은 사실이지만, 우리는 그 성벽을 중수하는 것이 그가 마음에 품은 전부였던 것이 아니라는 사실에 더욱 주목해야 한다. 그는 성벽을 중건하기를 원했지만 더 나아가 조국의 중건이라는 훨씬 더 중요한 목표를 마음에 간직하고 있었다. 그는 조국의 중건은 백성이 영적으로 새롭게 될 때 가능하다는 것을 알았다. 영적 갱신을 통한 조국의 중건, 그것이 느헤미야의 큰 목표였다. 성벽 중건의 전술이라면 신앙의 회복은 그에게 전략이 되었다.

1차 목표였던 성벽을 성공적으로 완수한 느헤미야는 백성들의 탄탄한 신뢰를 얻게 되었다. 이를 바탕으로 내친 김에 신앙을 회복하는 일도 앞장서서 처리한다면 명실 공히 제정일치적인 권력을 구가할 수 있었다. 그러나 느헤미야는 과감히 한 걸음 물러서는 지혜를 보이고 있다. 느헤미야는 그 일을 자기가 하는 것보다 이스라엘의 영적 지도자인 학사 에스라가 이끄는 것이 옳다고 판단하고 운동의 주도권을 에스라에게 넘긴다. 영적인 부흥과 갱신이 하나님의 뜻임을 깨달았던 느헤미야는 그 큰 목표를 위해 에스라의 도움을 청했던 것이다. 느헤미야는 요즘의 기준으로 말하면 평신도였다. 그에 비해 에스라는 토라에 기초한 신앙개혁을 통해서 신앙공동체의 얼을 추스르고자 한 목회자에 가까웠다고 말할 수 있다. 그러므로 느헤미야의 개혁은 에스라의 신앙운동을 담는 그릇이었으며, 에스라의 신앙운동은 느헤미야의 개혁을 떠받치는 신앙적 주초가 되었다.

이것이 연결이다. 또한 팀워크이다. 참된 지도력은 함께 일할 때 형성된다. 내가 일하는 것이 아니라 우리가 일하는 분위기를 만들고 모두에게 함께 나아가야 할 방향을 제시하는 것이 바른 지도자의 모습이다. 함께 일할 때 서로가 서로에게 격려가 되고 의지가 되고 힘이 되어주며 이런 과정을 통해 시너지 효과(Synergy Effect)를 경험하게 된다. 시너지 효과라는 것은 전체가 부분의 합보다 더 큰 결과를 가져오는 것을 뜻하는데, 이를 위해 지도자는 필요한 자리에 필요한 사람이 일할 수 있도록 도와야 한다. 이러한 일을 할 수 있는 사람은 팀워크가 무엇인지 안다. 자신이 모든 일을 떠맡는 것이 아니라 필요한 자리에 필요한 사람이 일할 수 있도록 도와야 하는 것이다. 혼자서 모든 일을 다 감당해낼 때보다 적재적소에 연결된 일꾼들이 있다면 생각보다 훨씬 큰 목표를 이루어 낼 수 있다. 한 사람, 한 사람의 능력을 모두 합한 것보다 더 큰 결과를 얻어낼 수 있도록 돕는 연결의 사역은 이러한 의미에서 시너지 효과를 창출하는 통로가 된다고 할 수 있다.

팀 사역이 이루어지기 위해서는 다음과 같은 기본 요소를 갖추어야 한다.

1) 목적을 같이 한다

목표로 하고 있는 팀의 공통적인 목표(Common goals)에 대하여 뜻을 같이 해야 한다. 그리고 그 공동의 목표를 달성하기 위하여 기능을 나누고, 헌신을 나누고, 비전도 나누고, 그리고 정보도 나누면서 하나의 몸을 구성해야 한다.

2) 독립과 책임, 상호의존의 조화

팀 사역에서는 독립성과 책임성, 그리고 상호 의존성이 있다. 서로의 독립적인 능력 발휘와 자기가 맡은 분야에 대해 책임을 다하고, 그리고 서로의 약점과 강점을 보완해나가는 상호의존성이 긴밀하게 잘 이뤄져야 한다. 팀 사역을 한다고 하면서 여전히 담임목사가 전체를 주관하고 팀원들의 창조성을 무시하면 아무런 의미가 없다. 교회 부흥과 선교와 기타 모든 기독교 사역은 팀 사역이 잘될 때에 그 효과가 극대화된다.

3) 사랑과 은혜로 하나가 되어야 한다

팀원들은 몇 개의 지체들이 모여 하나의 몸이 된 것이다. 몸을 각 지체들이 서로 아끼고 사랑하고 위해주듯, 팀원들은 서로의 희로애락을 같이하고 위로하고 격려해줌으로 '하나님의 몸 됨'을 체험하는 것이 중요하다. 실패하거나 좀 부족할 때도 서로 감싸주고 도와주어야 한다. 이와 같은 사랑과 은혜로운 분위기가 팀에 정착됐을 때 그 팀의 사역은 성공할 가능성이 높다. 팀의 최고 책임자는 팀 사역을 성급히 시작하려고 하지 말고 팀의 멤버들이 하나가 되는 일에 먼저 힘써야 한다.

4) 비전을 나눈다

팀원들이 자주 모여 팀 사역의 목표를 확고히 다져가는 과정에서 비전이 명백해지면 팀원들 간의 각기 자기들이 보는 비전을 서로 나눈다.

5) 지도자를 양성한다

처음에 일개 팀이 성공적으로 잘 발전되어 나갈 때 지도자는 다음 지도자의 출연을 기대하면서 잠재력이 있고 책임감과 사명감이 있는 후계자를 지명하여 후계자를 준비시켜야 한다.

6) 영적 재창조의 기회를 가진다

팀원들이 더욱 하나로 결속하고 또 여러 가지 중요한 업무를 적절히 분담하여 일을 더 강력하게 추진하기 위해서는 특별 모임이 필요하다. 한 달에 한 번이나 몇 달에 한 번씩이라도 반드시 적당한 곳에서 휴식이나 영적 재충전을 해야 한다. 팀원들은 그때에 모든 기능을 더욱 새롭게 재창조할 수 있다.

3. 팀 사역이 가져다주는 유익

팀 사역은 어떠한 유익을 가져다주는가? 에드 영 목사는 「*Creative Leader*」라는 책에서 팀 사역이 가져다주는 유익에 대해서 다음과 같이 말한 바 있다.[7]

1) 당신을 당신 되게 한다

우리는 모두 정교한 예술품이다. 모두 독창적이다. 모두 혁신적이다. 팀 사역은 이 진리를 더 깊이 깨닫게 해준다. 부교역자들은 자신만의 독창적 소프트웨어가 다른 사람들과 어떤 차이가 있는지 분별할 수 있을 것이다. 또 모두가 자신의 창조적 사역에 나름 독특한 기여를 한다는 점을 깨달을 것이다. 즉 어떻게 하면 최선의 존재가 될 수 있는지 가르쳐 줄 것이다.

2) 신선한 발상이 가능하다

창조적인 천재들과 동역하게 되면 부교역자의 설교와 지도력은 추진력이라는 날개를 달고, 더 높은 수준의 혁신과 결실의 단계에 이르게 된다. 이들은 언제나 새로운 아이디어에 자극을 주고, 지나치면 절제할 수 있게 해준다.

3) 스트레스를 덜어준다

팀 사역이 모든 문제를 해결해주는 것은 아니지만, 사역을 더 즐겁게 해주고 정서적, 영적 위험을 최소화시켜 주는 것은 확실하다. 혼자서 책임을 짊어지는 데서 오는 고독감만큼 나쁜 것은 없다. 역으로 동반자와 함께하는 여행의 흥분과 신선함만큼 유익한 것은 없다.

4) 창조성이 배가한다

팀 사역을 하다 보면, 서로의 의견을 나누는 가운데 창조성이 배가되는 경험을 하게 된다.

4. 팀워크를 향상시키기 위해 갖추어야 할 자질

팀워크가 잘 이루어지기 위해서는 팀원 개개인이 갖추어야 할 자질이 있다. 가장 기초적인 자질에는 어떠한 것들이 있는가? 앤드류 사이델(Andrew Seidel)은 다음과 같은 자질을 갖추게 될 때, 팀워크가 잘 이루어진다고 말하고 있다.[8]

1) 효과적인 의사소통 기술을 터득해야 한다

신뢰를 기초로 의사소통의 기술을 연마함으로써 의사소통은 강화된다. 다음은 효과적인 의사소통을 증진하기 위한 아홉 가지 기술이다.

첫째, 명확한 목적을 가지라. 효과적인 의사소통은 의사소통을 위한 분명한 목적에서 시작한다. 효과적으로 의사소통하기 전에 무엇을 전달하기를 원하는지 확실히 알아야 한다. 의사소통은 단순히 말을 하는 것이 아니다. 내가 말하고자 하는 것을 확실히 이해하기 전에는 다른 사람들에게 그 의사를 전달할 수 없다.

둘째, 성실한 자세로 말하라. 사람들은 대개 당신이 얼마만큼 그들 편에 서 있는지를 느끼는 정도에 따라 자신을 드러내는 정도도 달라질 것이다. 당신이 전달하고자 하는 메시지에 대해 느끼는 감정을 자유롭게 표현하라. 강하고 직접적인 표현이 필요할 때는 그렇게 하라. 그러나 은혜롭게 말하라. 당신의 목표는 '당신의 가슴에 있는 것을 있는 대로 쏟아놓는 것'이 아니라 상대방에게 최선의 유익을 끼치는 의사소통을 하는 것임을 기억하라.

셋째, 경청하라. '공감적 경청'의 기술을 연습하라. 적극적 경청이란 상대방의 메시지를 이해할 수 있도록 도움을 주는 방법으로, 말하는 사람에게 온전히 집중하고 심사숙고하는 태도로 그에게 반응하는 과정을 일컫는다. 공감적 경청은 당신이 상대방을 얼마나 존중하는지를 나타낸다.

공감적 경청의 중요한 요소들 중 몇 가지는 다음과 같다.

· 말하는 것을 멈추라. 당신이 당신의 생각을 표현하기 위한 의도로 계속

말을 하는 동안은 경청을 할 수 없다. 상대방을 응시하며 주의를 기울여 의사소통하라.

·상대방에게 질문이나 코멘트를 하면서 그가 좀 더 설명할 수 있도록 하라.

넷째, 의사소통의 다양한 수준을 인정하라. 의사소통에는 여러 수준이 있다는 것을 인식하라. 모든 의사소통에 깊이가 있어야 하는 것은 아니다. 표면적인 의사소통도 더 깊은 관계를 위한 기회를 제공하는 의미에서 가치가 있다. 각 관계는 그에 맞는 다양하고 적절한 깊이의 의사소통을 통해 진전된다. 그러나 교회 내 지도자들은 사역을 위해 지금까지의 수준보다 훨씬 더 깊은 의사소통을 할 필요가 있다.

다섯째, 계획하라. 의사소통을 계획하라. 가능한 한 충분하고 명확히 설명하도록 노력하라. 의사소통을 하는 가운데 당신이 전달하고자 하는 내용을 충분히 담을 수 있도록 말과 행동을 주의 깊게 선택하라. 다른 사람이 어떻게 생각할까를 고려하라.

여섯째, 신중하라. 재치를 발휘하라. 다른 사람들이 어떻게 반응할 것인지를 미리 생각하라. 그들의 필요, 스트레스, 소원, 두려움은 무엇인지 생각하라. 당신이 그들의 자리에 있다면 어떻게 반응할 것인지도 생각하라. 당신의 말을 듣는 사람에게 민감하게 다가갈 수 있는 방법으로 말하라.

일곱째, 당신이 필요하다고 생각하는 것보다 더 자주 의사소통하라. "가능한 한 과도하게 하라." 되풀이하고, 되새기고, 습관적이고, 지속적이 되라. 과도하게 의사를 전달하여 겪는 어려움보다, 너무 말을 하지 않아서 겪는 어려움이 낫다. 교회는 잦은 의사소통을 통하여 성장한다.

여덟째, 피드백할 수 있는 시스템을 개발하라. 피드백은 당신이 전달하고자 하는 메시지를 듣는 사람이 제대로 이해했는지를 판단하는 데 도움을 준다.

아홉째, 교회와 사역을 위한 의사소통 계획을 개발하라. 의사소통의 계획이 주는 유익은 의사전달 시에 실수를 피하도록 돕는다. 전달을 받아야 하는 사람들에게 일정하고 시의적절한 때에 정보를 제공하기 위해 계획을 세우라. 그러면 중요한 사람이나 그룹에게 의사 전달이 되지 않아 일어날 수 있는 상황을 피할 수 있을 뿐 아니라 그들의 지원도 잃지 않을 것이다.

2) 건설적인 갈등 해소법을 터득해야 한다

교회에서 갈등은 사실 매우 건전한 것일 수 있다. 종종 갈등은 사람들이 자신들의 전체, 변할 수 없는 입장, 그리고 사역에 관련한 전통적인 방법들을 분석할 수 있도록 한다. 또한 갈등은 부인되거나 숨겨져 있지만 여전히 다른 사람들에게 영향을 줄 수 있는 의견들과 감정들을 나누도록 동기를 부여한다. 갈등은 종종 의사소통을 증진시킨다. 이전에 없던 새로운 의사소통의 통로를 만들고 오랫동안 닫혀 있던 통로들을 열어준다. 갈등은 교회의 비전을 만들고 명확히 할 필요가 있음을 드러내는 계기가 된다.

3) 계속해서 개선되어야 한다

바람직한 팀은 개선하고 있을 때에 온전하다는 것을 자각한다. 인간의 성장이 주는 최고의 대가는 그가 거기서 얻는 것이 아니라, 그 결과로 그가 이루는 인격이다. 당신은 왜 성장하고자 하는지 자문해보라. 무엇을 얻기 위해서인가? 그렇다면 그것은 그릇된 동기이다. 당신이 보다 나은 사람이 되기 때문에 성장하려고 힘써야 한다.

4) 멤버 간에 서로 돌보아야 한다

바람직한 팀은 멤버 간에 서로의 성공을 위하여 관심을 가진다는 것이다. 그들은 서로 격려해준다.

5. 팀워크를 해치는 함정을 피하기 위한 실제적인 방법

마지막으로 팀워크를 해치는 여러 함정을 피하기 위한 실제적인 방법에 대해서 생각해 보도록 하겠다. 마이크 보넴과 로저 패터슨이 쓴 「부교역자의 비전과 지도력」에 다음과 같은 방안이 소개되어 있다.

1) 선별하라

모든 쟁점에 관해 반드시 비판이나 의견을 낼 필요는 없다. 당신의 타고난 성향이 비판적이라면 특히 그러하다. 당신이 확고한 업무 관계를 맺고 있지 않은 사람에 대해서는 특히 조심할 필요가 있다.

2) 긍정적이 되라

1대 2 원칙이 도움이 된다. 즉, 비평 하나마다 두 가지의 긍정적이고 격려가 되는 말을 하도록 하라. 격려가 당신의 자연적인 기질이 아니라면 더 더욱 이것을 일정한 습관이 되게 해야 한다.

3) 이타적이 되라

조직의 필요와 동역자들의 필요에 대해 생각하라. 당신의 권고가 언제나 당신에게 유익이 되지는 않는다는 것을 분명히 알아야 한다.

4) 신중하라

선택의 여지가 있다면 부정적인 논평은 따로 일 대 일로 만나서 하는 것이 좋다. 동료의 실수에 대해 전체 직원에게 말하기에 앞서 모든 사람 앞에 이것을 밝혀야 할 필요가 있는지 자문하도록 하라.

5) 건설적이 되라

논의를 할 때 "그러나 …"보다는 "그리고 …"라고 말하는 법을 배우라. 전자는 그 아이디어에 대해 이견이 있음을 나타내는 반면, 후자는 동료의 긍정적인 제안을 수긍하면서 거기에 덧붙이는 방법이 된다.

6) 참여적이 되라

팀은 책임을 떠넘길 대상이 아니다. 참여적이 되어야 위에서 말한 다른 모든 일을 당신이 행할 수 있다. 참여는 당신이 긴밀한 관계를 유지하게 함으로 당신의 칭찬과 비판이 올바로 해석되게 해준다.

11장

장 교회행정과 전산화

　현대사회의 구조를 바꿔놓으며 그 거센 물살을 늦추지 않는 '전산화'의 파도는 신비(Myth)로 싸여 있는 목회의 영역에까지 밀려왔다. 대부분의 교회는 원하든, 원하지 않든 간에 시대적 대세로서 사무실에 컴퓨터가 놓여 있다. 목회자들도 예외는 아니어서 한낱 기계의 차원을 넘어서 목회의 직·간접적인 일부분으로 컴퓨터와 인터넷을 인정하게 되었다. 단순한 전자계산기로부터 시작된 컴퓨터는 이젠 단순한 숫자의 계산만이 아니라 사람이 할 수 있는 모든 일에 개입하기 시작했고, 급기야는 '컴퓨터 없이 이 사회가 유지될 수 있을까?'라는 의문감마저 갖게 만드는 '절대영역'에까지 서게 되었다. 더 나아가 유비쿼터스의 시대를 살아가는 현대인들에게 컴퓨터는 없어서는 안 될 삶의 도구가 되었다.

　'유비쿼터스'(Ubiquitous)는 라틴어 'ubiquitas'를 어원으로 하는 영어의 형용사로 "동시에 어디에나 존재하는, 편재하는"이라는 사전적 의미를 가지고 있다. 가장 처음 '유비쿼터스'라는 말을 사용한 사람으로 미국의 마크 와이저를 생각하지만, 실제로는 1974년 네덜란드의 한 세미나에서 니콜라스 네그로폰테 MIT대 교수가 "우리는 유비쿼터스적이고 분산된 형태의 컴퓨터를 보게 될 것이다. 아마 컴퓨터라는 것이 장난감, 아이스박스, 자전거 등 가정 내 모든 물건과 공간에 존재하게 될 것이다."라고 언급하면서 지금의 "유비쿼터스 컴퓨팅" 철학에 대한 초석을 제안하였다.

이 유비쿼터스 개념을 컴퓨터와 연결시켜 본격적으로 연구하고 적용시킨 것은 미국의 제록스에서 근무하고 있던 마크 와이저(Mark Weiser)이다. 마크 와이저는 1988년 제록스의 팰러앨토연구소에서 일하면서 이전의 유비쿼터스 개념을 새로운 패러다임 이상의 수준으로 발전시켰다. 마크 와이저는 "유비쿼터스 컴퓨팅"이란 컴퓨터 패러다임의 제3의 물결로서, 네트워크 기반의 확장형 컴퓨팅 환경을 의미하며, 머지않아 수백 대의 컴퓨터가 한 명의 사람을 위해서 존재하는 유비쿼터스 시대, 즉 "언제 어디서나 컴퓨터에 엑세스할 수 있는 세계"가 도래할 것이라고 말했다.[1)]

이렇듯 단순히 컴퓨터가 책상 위에서 사용되는 사무기기가 아니라 삶의 전반에 걸쳐 작용하는 삶의 방편이 되었다. 유비쿼터스의 시대를 살아가는 목회자들과 성도들 사이에 교회의 행정은 어떤 위치를 가져야 할 것인가? 우리는 시각을 열고 더 깊은 것을 내다보아야 한다.

PC(Personal Computer)라고 불리는 탁상 위의 작은 컴퓨터를 보는 시각은 다양하다. 일부에서는 말세에 나타날 적그리스도의 상징으로서 컴퓨터를 두려운 눈으로 보는 이가 있는가 하면, 활용해야 한다는 당위성은 갖고 있지만 새로운 기계의 낯선 사용법 앞에 무기력하게 '컴맹'의 신세를 한탄하면서 원망의 눈으로 컴퓨터를 보는 이도 있다. 다행히도 전화기를 사용하는 것처럼 편리하게 컴퓨터를 사용하는 사람들에게는 컴퓨터가 무소불능의 위대한 물건으로 비춰지기도 한다.

이처럼 다양한 시작을 제공하는 컴퓨터가 목회행정을 논하는 이 책에까지 등장해야 할 이유는 충분히 있다. 앨빈 토플러의 말을 빌리지 않아도 현대 사회가 정보 중심의 사회로 이동되었음을 부인하는 사람은 없다. 특히 교회의 행정을 모든 사회 구성원과 정보를 통합하고 조합하여 만들어내는 '예술적인 행위'로까지 생각하게 될 때 교회 안에 존재하는 모든 정보와 자료, 자원들을 통합하고 운영하는 것이야말로 목회행정의 중요한 요소가 아닐 수 없다. 행정의 역할을 협의적(峽意的)으로 볼 때에 목회행정의 일부분으로서 '효율성'이나 '능률성'을 도외시할 수 없다. 사람들은 아직까지 이 두 가지 요구를 가장 만족스럽게 충족시켜주는 도구 가운데 아직 컴퓨터 외에 다른 것을 발명해내지 못했다.

전산화라는 시대적인 대세에 대해서 애써 외면하려는 목회자라면 이 장에 관심이 없을지도 모르겠다. 물론 전산화가 목회의 본질은 아니다. 하지만 행정가로서의 목회자라면 당연히 관심을 가져야 할 장이라 생각된다. 대부분의 목회자들이 교회 안에 들여놓은 컴퓨터를 단순히 업무를 원활하게 하는 도구로 사용하지 않을 것이다. 현대 사회에서 컴퓨터와 멀티미디어 그리고 인터넷이라는 정보의 바다는 더 이상 우리 사회와 교회에서 없어서는 안 될 도구가 되었기 때문이다. 과거 컴퓨터와 정보화라는 것이 일부 전문인에 의해서 운영되었다면, 현대는 모든 사람이 컴퓨터와 인터넷을 일상생활에서 개인적으로 활용하게 되었다.

이 책에서는 전산화라는 개념 안에 목회행정에 도움이 되는 사무자동화의 개념과 아울러 목회에 필요한 정보와 자료를 수집, 관리하는 면까지 전산화의 개념 안에 포함시켰다. 사무자동화(OA: Office Automation)는 일반회사나 관공서만의 문제가 아니다. 컴퓨터를 통해 효과적인 성도들의 관리와 업무의 간소화로 인한 목회적인 도움을 가볍게 볼 수 없을 뿐 아니라, 이미 활용하고 있는 교회에서는 필요 불가결한 요소인 것이다. 과거 중대형교회 이상에서 필요할 것이라 여겼던 사무자동화는 수적으로 작은 교회에서도 이미 필요 불가결한 사용 도구가 되었다. 그렇다면 이 필요 불가결한 사용 도구가 된 컴퓨터와 사무자동화를 목회적인 관점에서 어떻게 접목하고 목회 행정에 활용할 것인가?

제1절 전산화를 위한 기초

전산화(Computerization)라는 말의 뜻을 밝힌다면, 좁은 의미로 "컴퓨터로 일을 처리하는 것"이라고 할 수 있다. 하지만 넓은 의미로 본다면 "어떠한 일을 효과적으로 관리하고 처리하여 체계적으로 다루는 것"이라고 볼 수 있다. 여기서 '어떠한 일'이란 거의 모든 분야라 해도 과언이 아니다.

전산화는 이미 모든 사회에서 사용되고 있다. 음악과 미술, 문학 등을 다루는 예술 분야에서도 컴퓨터는 반드시 필요한 도구가 되었다. 예술을 하는 사람도 '전산화' 작업을 하고 있다. 컴퓨터를 이용한 그래픽이 아니면 복잡한 그림을 그릴 수 없는 것이 요즘의 추세이다. 음악을 하는 이들도 악보를 그리고, 편집하고 연주하는 일들이 모두 '전산화' 되었다. 글을 쓰는 이들은 손으로 글씨를 쓰기보다는 쉽게 오리고, 복사하고, 편집할 수 있는 컴퓨터의 기능을 이용하여 글을 쓰는 것으로 '전산화' 되었다.

이렇게 생각할 때에 목회에 적용시킬 수 있는 '전산화'의 영역은 상당히 유동성(flexibility)이 있다. 작게는 교인관리로 시작해서 넓게는 설교 자료의 수집과 더불어 목회에 필요한 모든 정보를 통합 관리하는 데까지 나아갈 수 있기 때문이다. 한 걸음 더 나아간다면 전 세계를 상대로 선교적인 목적으로도 이용 가능한 것이 오늘날의 컴퓨터 이용 현실이다.

이 장에서는 전산화를 이루는 가장 기본적인 전제로 컴퓨터의 기본 구조를 다루지는 않는다. 이미 그런 관점은 모두 설정되었기 때문이다. 이 장에서는 활용에 대한 부분을 집중적으로 다루고자 한다. 그렇지만 홍수와 같은 컴퓨터의 활용을 구체적으로 다시 한 번 점검할 필요는 있겠다. 일상생활화해 버린 부분을 확인함으로써 교회 행정에 수동적으로 대처하는 것이 아닌 능동적 도구가 될 수 있도록 도움을 주는 것이 목적이다. 단지 있기 때문에 사용하는 것이 아니라 필요에 의해서 능동적으로 사용해야 할 것이다.

현대 사회는 컴퓨터를 떼어놓고서는 생각할 수 없을 정도로 컴퓨터가 일상생활 속에 보편화되었다. 개인의 생활은 물론 기업, 단체 심지어는 교회에서도 컴퓨터의 활용은 반드시 필요한 도구가 되었다. 개개인의 생활에서는 컴퓨터 중독, 인터넷 중독이라는 병이 생길 정도로 급속하고 넓게 확장되었다. 기업은 웹상에서의 네트워크가 없으면 기업의 홍보와 운영에 어려움을 겪을 정도로 컴퓨터는 이제 생활과 일에 밀접하게 연관되어 있다. 전자우편(E-mail)과 홈페이지는 이제 생활 속에서 없어서는 안 될 정보 교류의 장이 되었고, 그 파괴력은 매우 크다.

교회 행정상 컴퓨터의 활용은 현대 교회에서 더 이상 언급이 필요하지 않을 정도로 보편화되어 있다. 교회 내의 행정 관리와 교회 홍보 그리고 교인관리에 이르기까지 컴퓨터를 활용할 수 있는 폭은 매우 넓다. 그렇다면 우리가 이 컴퓨터의 활용을 어떻게 목회와 목양에 적용할 수 있을까? 이 문제의 해결이 교회 전산화의 답이 될 수 있을 것이다.

그렇다면 교회 전산화란 무엇인가? 전산화라는 용어부터 정의할 필요가 있다. 사전적 의미로 전산(電算)이란 컴퓨터 혹은 전자계산기를 말한다. '화하다' [화:--]라는 말은 "~으로 어떤 현상이나 상태로 바뀌다"라는 뜻인데 다시 말하면 '교회 전산화' 란 교회가 컴퓨터로 관리되는 상태를 말하는 것이다. 교회가 컴퓨터로 관리된다고 하는 것은 수작업으로 진행되던 일들이 업무의 효율성을 높이기 위해 컴퓨터를 활용하여 관리하는 것이다. 현대 교회는 이미 행정 일의 대부분이 컴퓨터를 이용하고 있다. 효율성이다. 효율성을 극대화하는 것이 전산화이다. 효율성을 극대화하기 위해서 단지 컴퓨터를 사용하는 데 그치는 것이 아니라, 전문화된 프로그램을 통해서 교회 행정의 전반을 일원화하고 행정의 편리를 도모하는 것이다. 즉, 교회 전산화는 컴퓨터를 사용하여 교회의 행정을 관리하며, 교회 행정을 전문화/일원화하는 일이다."라고 정의할 수 있다.

제2절 전산화의 이용 범위

1. 자료관리(Database)

컴퓨터가 가장 잘 할 수 있는 것은 아마도 '자료관리' 일 것이다. 교회는 그 야말로 낱낱의 자료(Data)가 매일 산더미처럼 쌓이는 곳이다. 기본적으로는 각 교인의 교적부터 시작해서 도서자료, 각종 서류, 방대한 재정업무 등 많은 자료들이 모아지고 흩어진다. 이 모든 자료들을 머릿속에 기억해둔다는 것은 불가능하다. 설사 기억할 수 있다고 하여도 어디에 무엇이 있는가를 일일이 기억해낸다는 것도 불가능한 일이다.

또한 교회의 특성상 담임자의 교체나 사무원의 교체, 자료 관리자의 교체로 인하여 유실되는 '머릿속의 자료'로 인해 교회의 내적 손실 또한 적지 않다. 누구나 찾아볼 수 있을 뿐만 아니라, 가장 정확하게 빨리 찾아주도록 돕는 것이 바로 컴퓨터의 기능 가운데 하나인 데이터베이스(Database) 기능이다.

2. 교적관리

교회의 전산화라고 한다면 교적관리를 떠올릴 만큼 교적관리야말로 전산화의 기본이다. 일반적으로 교회에서 전통적으로 사용되던 교적부의 개념과 크게 다르지 않다.

우선 한 개인의 교적부를 살펴보면 다음과 같은 항목을 갖고 있을 것이다. 교적부에 나오는 것과 같이 이름, 성별, 생년월일, 주소, 전화번호 등 한 개 한 개의 항목을 일컬어 데이터베이스 용어로 '필드'(field)라고 부른다. 이러한 필드가 모여서 한 사람의 자료가 만들어지는데 그것을 '레코드'(record)라고 부른다. 한 사람에게 적게는 1개의 필드로 시작해서 많게는 50여 개 이상을 요구하는 필드가 존재한다. 이런 필드가 모여서 이루어진 레코드는 교회에 따라 많은 차이가 있겠으나, 큰 교회일 경우에 수천 개에 달한다. 이런 자료의 바다 속에서 한 개의 레코드를 찾는 것도 힘든 일이려니와 더욱 그 안에서 하나의 필드를 만족시키는 자료를 찾아내는 일은 엄청난 양의 시간과 노력을 희생해야 가능한 일이다.

가령, 전 교인 중에서 30세부터 35세까지 결혼한 여성들 가운데 ○○동에 사는 대졸 출신자들을 찾아낸다고 가정해보자. 이 일을 교적부로 처리하기 위해서는 일단 교적부 전체를 뒤져서 30세부터 35세에 해당되는 여성들을 골라낸 후, 그 자료를 가지고 또다시 결혼한 이들을 추려야 한다. 좀 줄어든 자료이지만 그 자료에서 다시 ○○동의 사람들을 골라낸 후 대졸자를 확인해야 한다.

만일 이런 작업이 몇 번만 있게 되면 모든 행정업무가 마비될 것이 분명하다. 하지만 개개인의 자료가 컴퓨터에 입력되어 있다면 간단히 명령어 한 줄로 이 모든 작업을 가능케 해준다.

나이 > 30 .and 나이 < 35 .and. 주소 = ○○동 .and. 학력 = 대졸

이 문장 하나면 컴퓨터의 기본적인 데이터베이스 기능을 활용하여 간단히 검색할 수 있다. 물론 대부분의 프로그램은 이 명령어를 메뉴 방식으로 제공하기 때문에 사용자가 굳이 모든 명령어를 외울 필요는 없다.

1) 교적관리 프로그램의 선택

교적관리를 전산화하기 위해서는 신중한 준비가 필요하다. 전산화가 중요한 일임에 틀림없지만 한번 잘못된 전산화는 고치기가 매우 어렵기 때문에 그 준비에 특별한 관심과 신중함이 필요한 것이다. 100명의 교인들을 입력한 교적관리 프로그램이 교회에서 요구하는 대로 업무를 처리해 주지 못할 때에 다른 프로그램으로 교체한다는 것은 기존에 입력되었던 모든 자료가 사장(死藏)됨을 의미하기 때문이다.

현재 수십 개의 교적관리 프로그램이 시중에 나와 있다. 교적 관리 프로그램은 1,000명 미만의 교회에는 무료로 제공하는 프로그램도 있고, 몇 백만 원을 호가하는 프로그램도 있다. 프로그램의 가격이 중요한 것이 아니라 앞서 말한 것처럼 어떤 관점으로 다가서고 어떻게 운영하는가에 따라 프로그램의 효과는 달라진다.

이 책에서는 기존에 나와 있는 교적관리 프로그램의 특성과 장단점을 말할 수 없겠다. 상업적으로 판매되는 프로그램에 대해서 이곳에서 말한다는 것은 무리가 있기 때문이다. 하지만 몇 가지 교적전산화 프로그램을 선정하기에 앞서 전제되어야 할 것을 제시해 봄으로써 교적관리를 위한 프로그램 선정에 대해서 대략적인 정보를 제시하겠다.

(1) 교회 실정에 맞는 구조를 갖고 있는가

전산화한다는 말의 의미에는 어느 정도 '획일성'과 '통일성' 그리고 틀(form)에 구속된다는 부정적인 의미를 가지고 있다. 다른 말로 바꾸면 만들어진 프로그램에 교회구조를 짜 맞출 것인가, 아니면 교회 구조에 맞게 프로그램을 맞출 것인가라는 고민에 빠지지 않을 수 없다. 몇몇 교회에서는 기존의 프로그램을 사용하기보다는 자체적으로 프로그램을 작성해서 사용하고 있다. 이 방법이야말로 가장 효과적이고 확실한 방법이 될 것이다. 언제든지 교회행정구조의 변경에 따라 프로그램을 변환시키고 수정할 수 있기 때문이다. 하지만 대다수 교회의 경우에는 기존에 만들어진 프로그램 중에서 하나를 선택해서 쓸 수밖에 없다.

최근 들어서는 각 교단에 맞도록 항목의 명칭이나 출력형태에 구별을 둔 제품들이 나오고 있다. 또한 자유롭게 사용자가 항목의 이름을 결정해서 사용할 수 있도록 여유를 둔 제품도 많이 나오고 있다. 대부분의 프로그램이 시범사용(Demo)용 프로그램을 공급하여 얼마간 사용하다가 마음에 들면 구입할 수 있도록 배려해주고 있기 때문에 프로그램을 선정하기에 앞서서 사용하고자 하는 프로그램과 교회의 행정구조가 잘 조화되는지를 확인할 수 있다.

가장 먼저 교회 실정과 부딪히는 것은 항목(Field)의 이름이다. 예를 든다면 감리교일 경우 속회라는 용어를 사용하고 기타 교단에서는 구역예배라는 이름을 사용한다. 안수집사, 권찰, 속장, 침례 등의 명칭은 모두 교단마다 달리 쓰고 있는 항목인 것이다. 또한 지금은 개교회별로 속회나 지역 구역, 혹은 교구를 각각 특색 있는 이름으로 특징을 지어 부르는 경우가 많기 때문에 이를 잘 구별해야 한다.

비싸고 기능이 많은 프로그램이라고 해서 그것이 꼭 좋은 프로그램은 아니다. 너무 많은 기능으로 인해서 외면당한 프로그램은 수없이 찾아볼 수 있다. 가장 사용하기 좋은 환경을 제공하는가를 판단해 봐야 하겠다. 시각적으로 만족할 수 있어야 하고 교적관리를 통해서 얻어내야 할 출력의 종류와 양식들도 미리 점검해서 도입해야 할 것이다.

(2) 원하는 대로 검색이 가능한가

앞에서 잠시 말한 대로 교회의 행정전산화를 통해서 가장 덕을 보는 것이 바로 빠르고 정확한 검색이다. 무엇인가를 찾아낸다는 것은 몇 가지 조건을 갖고 있다. 가장 일반적인 조건이라면 데이터베이스에서 사용하는 언어로 'and', 'or', 'not', '=', '<', '≧' 등의 조화로 원하는 조건을 주어 찾아낼 수 있다. 예를 든다면 남선교회 회원, 또는 청장년회 회원(or 조건) 중 성서연구반을 졸업한 사람 가운데(and 조건) 집사('=' 조건)만 찾아내는데, 교회학교 교사는 제외하고 (not 조건) 검색한다고 해보자. 이런 검색조건은 수시로 교회 안에서 생겨날 수 있는 상황임에도 불구하고 일부 프로그램의 경우 'and'만 검색하도록 메뉴 구조가 되어 있는 것도 있고, 'not' 검색을 지원하지 않는 것도 있다.

프로그램을 선정할 때에는 교회에서 검색할 모든 조건을 가정해서 검색해 본 뒤 만족할 만한 결과를 주는 프로그램을 선정하도록 해야 한다.

(3) 원하는 대로 출력이 가능한가?

정말 훌륭한 프로그램은 마지막 출력에서 그 진가를 발휘한다. 대부분 프로그램이 화면의 구성에는 깔끔하고도 시각적으로 아름다운 그래픽 환경을 제공하면서도 신경을 쓰지 못하는 부분이 출력 부분이다. 입력된 교인들의 자료가 한눈에 들어보기 쉽도록 일목요연하게 정리되어 출력되는가를 확인해야 한다. 또한 다양한 형태로 사용자가 직접 출력양식을 결정할 수 있도록 배려되어 있는 프로그램인가를 알아본 후 결정해야 후회가 없다. 예를 들면 감리교단의 경우 매년마다 재정보고서, 교인상황 등에 대해서 정확한 양식에 따라 출력을 해주는지를 판단해 보아야 한다.

(4) 항목(Field)의 선정

얼마나 올바르게 항목을 정하느냐가 전산화 이후의 모든 틀을 규정하기 때문에 항목의 선정이 매우 중요하다. 항목의 이름은 모든 사람들이 보아서 납득할 만한 객관적인 이름이어야 한다. 중요한 것은 교회 실정에 맞는 항목이 선정되도록 너무 많은 입력 항목이 요구되면 더욱 자세한 정보를 유출해 낼 수 있지만 입력에 너무 많은 시간이 빼앗기게 되고, 입력을 요구하는 항목을 다 채우지 못했을 경우 출력해 내는 결과물에 오차가 생길 것이 분명하다. 가급적이면 절제된 항목으로 모두 채우는 것이 가장 효과적인 방법이다.

한 예로 '학력'이라는 항목이 있다고 가정할 때에 전체 교우들의 자료가 입력되지 못했다면 교인들의 학력수준을 요구하는 결과물은 믿지 못할 결과물이 나올 것이고, 애써 입력한 절반의 항목은 공연한 노력이 되기 때문이다.

(5) 편리한 사용자 환경

좀 더 편리하고 빠르게 일을 처리하고자 하는 것이 전산화의 목적이기도 하다. 종이에 글을 쓰듯이 전혀 부담스럽지 않게 쓸 수 있는 프로그램이 가장 좋은 프로그램이다. 사용법이 까다롭고 쉽게 이해되지 않는 구조를 갖춘 프로그램은 많은 기능을 갖추고 있다 할지라도 결코 좋은 프로그램이 아니다.

(6) 향후 계속적인 서비스 지원

사회는 급속하게 변하고 있다. 가장 최신의 프로그램을 구입하여 사용한다 할지라도 시간이 지남에 따라 시대에 뒤떨어지는 것이 당연하다. 그래서 당연히 요구되는 것이 판올림(Version Up)이다. 특히 구입한 프로그램을 제작한 회사가 문을 닫든지 하면 참으로 곤란한 지경에 처한다. 또한 회사가 존립한다 할지라도 프로그램의 계속적인 향후 지원이 없을 경우에는 낭패를 당하게 될 것이다.

가령 현재 전화번호의 변화에 따른 변동이라든지, 우편번호의 변화라든지, 혹은 핸드폰과 전자우편(E-mail)을 통한 연락 방법의 변화 등과 밀접하게 관계되어 있는 교적 프로그램은 향후 어떻게 진화할지에 대한 시야가 열려 있어야 한다.

(7) 요람 관리

연말에 하는 요람작업을 수월하게 작업하고 보다 정확한 내용을 담을 수 있게 된다. 개 교회마다 작든 크든 연말에 교인 수첩 등 요람을 만들게 되는데 교적 프로그램을 통해서 쉽고 빠르게 작업할 수 있어 행정적 업무가 집중되는 연말의 작업을 수월하게 할 수 있다.

(8) 정확한 통계 및 교인 확인

교적 프로그램 안에 출석표와 연동하여서 교적 안에서 출석 상태를 확인할 수 있다. 이를 통해서 교인들의 신앙생활을 확인하고 후속 조치를 명확하게 할 수 있다. 또한 SMS(short message service)의 연동을 통해서 출결확인 즉시 후속관리가 진행될 수 있고, 교적과 연동된 전화로 바로 전화를 걸 수 있는 프로그램도 있다. 무엇보다도 정확한 예배 인원과 개교회가 요구하는 정확한 통계의 치를 확인할 수 있다. 대략적인 수치가 아닌 정확한 수치를 산출해냄으로 목회 행정에 큰 도움을 얻을 수 있다.

(9) 통계표의 정확성

감리교회의 경우 연말에 연회에 제출하는 통계표를 제출하게 되는데 여기에는 교회 안의 모든 내용이 담기게 된다. 이 통계표를 작성할 때 교적 프로그램을 이용하면 정확한 숫자가 나오게 되고 교인의 상황을 통계를 통해 모두 확인할 수 있다. 예를 들어 교인의 신앙상태와 학력 상태, 주거 지역 및 직업에 대한 데이터까지 통계로 볼 수 있기 때문에 교회의 향후 나아갈 방향과 전도의 방향까지 구체적으로 설정할 수 있는 효과를 보게 된다. 필요에 의해서 담당자는 주일 출결, 남녀 출결, 교구별 출결, 현재 교회의 구성비에 대한 통계, 지역에 대한 통계 등을 모두 그래프(엑셀 프로그램과 연동하여 그래프로 작업할 수 있음) 및 통계표로 확인할 수 있다.

(10) 교적 프로그램의 기대효과

교적 프로그램은 2가지 이상의 효과를 동시에 기대한다. 첫째로는 새 가족 관리이다. 교회에 등록하는 새 가족들이 어떻게 정착하고 어떻게 교회에서 성장하는가를 관망하면서 새 가족 정착에 관련된 행정적 조치를 취할 수 있다. 두 번째로는 기존 교인 가운데 장기 결석자나 낙심자에 대한 관리이다. 교적 프로그램에 있는 출결을 통해서 매주 교인들의 출결을 파악할 수 있고 이를 통해서 문제에 노출된 교인을 빨리 파악할 수 있게 된다.

3. 재정관리

목회행정의 전산화 가운데 빼놓을 수 없는 것이 재정 관리이다. 이 항목은 규모가 작은 교회에서는 별로 필요 없으리라 생각할 수 있다. 하지만 단순히 재정이 들어가고 나가고 하는 계산만이 재정관리 역할의 전부는 아니다. 때로는 재정에 관한 여러 가지 통계자료를 필요로 하는 때가 있다. 전체 예산 중에서 일부 헌금이 차지하는 비율이라든지, 계절에 따라 재정에 어떤 변화가 있는지에 대한 통계, 일 년 목표의 달성도와 부족분에 대한 자료 등을 원하는 대로 신속히 계산해내고 출력해낼 수 있다.

(1) 교적과의 연결(Link)

재정관리 프로그램의 장점 가운데 하나는 교적관리와의 효과적인 연결성이다. 가령 교적부에서 성도 ○○○를 검색해 낸 후에 그 사람에 대한 재정적인 자료가 함께 연결되어 출력될 수 있어야 한다는 것이다. 아울러 개인별 재정상황을 출력할 뿐 아니라 가족단위로 조사해야 할 경우 세대별로 묶어서 출력할 수 있어야 온전한 재정관리 프로그램이다. 거의 모든 목회행정관리 프로그램이 지원하고 있는 기능이기는 하지만, 편리성에서 뒤떨어지는 프로그램이 많기 때문에 이 부분은 꼭 세심하게 살펴보아야 한다.

(2) 각종 통계의 신속한 출력

앞에서 재정관리라 한다면 단순한 산술적인 계산의 차원을 뛰어넘는 것이어야 함을 말하였다. 단순한 계산을 넘어서야 한다는 말은 일정하게 입력된 수치를 여러 각도로 살펴보아 목회에 도움을 줄 수 있는 통계 자료가 나올 수 있어야 한다는 것이다. 재정관리 프로그램은 다시 한 번 밝혀두지만 계산만 하는 프로그램이어서는 안 된다. 전체 예산 가운데에서 각 헌금이 차지하는 비율, 월별 수입과 지출에 대한 일목요연한 통계 자료, 분기별 수입과 지출의 통계표 등이 그래프와 같은 시각적인 편의성으로 지원이 된다면 더할 나위 없이 좋겠다.

(3) 보안성

다른 자료와 달리 재정에 관한 자료는 변경되거나 삭제될 경우 심각한 문제를 초래할 수 있는 소중한 자료이다. 개중의 프로그램에는 차별적인 비밀번호를 부여해서 자료를 다루는 단계를 나눠놓아 보안을 유지하는 프로그램도 있다. 어떤 방법으로든지 재정 관리의 보안성에 대해서는 신중하게 생각해서 결정해야 할 것이다.

(4) 교회현실에 맞는 문서 출력

재정 관리는 특성상 반드시 문서로 출력시켜 보관해야 할 자료이다. 물론 기억장치에 저장해놓을 수도 있지만 이는 상당한 위험을 내포한다. 가장 좋은 것은 매주일 그 주일의 자료를 출력해서 책임자와 담당자의 확인을 받아 보관하는 것이다. 많은 프로그램들이 화면구성에는 신경을 많이 써서 깔끔하게 만들어내지만 최종적인 결과물인 프린터 출력물의 시각적인 면에 신경을 쓰지 않는 경향이 있다. 개교회의 실정에 맞는 바른 출력물이 원하는 대로 출력되는지에 대해서 한 번쯤은 짚어봐야 할 것이다.

4. 제자훈련(평생 훈련과정) 자료 관리

많은 교회에서 제자 훈련 및 성경 공부 과정을 진행한다. 그러나 그 자료를 체계적으로 관리하기는 힘들다. 문서화된 자료는 훼손의 위험도 높고 누가 어느 과목을 언제 이수했으며 교회가 요구하는 체계적인 교육과정을 이수했는지

알기 힘들다. 또한 담당 목회자가 바뀌면 행정적 내용도 바뀌게 되는데 이를 전산화하여 교적 프로그램과 연동하게 되면 모든 내용을 교적 프로그램에서 확인할 수 있게 된다. 강사와 강의내용과 더불어 교육 이수자들을 체계적으로 관리할 수 있으며, 담당자의 교체에도 체제의 변화 없이 바로 진행할 수 있다. 그것은 다시 말해 차후 평신도 지도자를 계획적으로 지도하며 양성할 수 있다.

5. 웹 교적관리와 홈페이지

웹 교적관리는 위에서 언급한 교적관리의 모든 프로그램을 웹에서 운영하는 것이다. 현재 작은 교회로부터 중대형교회에 이르기까지 필요에 의해 홈페이지를 만들어 운영하는 곳이 많다. 홈페이지는 교회를 홍보하는 방편과 더불어 교회 내 정보를 공유하는 유용한 도구가 될 수 있다. 이를 더 적극적으로 교회 행정에 개입시키고자 하는 것이 웹 교적관리이다. 홈페이지에 로그인해서 정보를 수정하면 이것이 교적과 연동되어서 교적의 변동 사항으로 기입되는 것이다. 또한 교회 내의 업무를 교회 밖에서 실시간으로 확인하고 진행할 수 있게 된다. 유비쿼터스의 개념을 교회 내 행정업무에 도입할 수 있는 것이다.

그러나 홈페이지는 필요에 의해 만들어지지 않고 유행을 좇아 만들게 되면 낭패를 보게 된다. 정확한 사용의 용처와 내용 그리고 만들고 유지할 수 있는 인력이 없다면 오히려 교회 안의 문제로 남게 된다. 그렇지만 홈페이지를 유용하게 이용하게 되면 교회 내외의 정보 교환과 관리에 유용하다.

교회 행정의 전산화는 이제 더 이상 언급할 가치가 없을 정도로 보편화해 있다. 그러나 위험한 것은 '남이 하니까 나도 한다.'는 식이다. 개교회의 부분별한 홈페이지 양산은 인터넷상에서 많은 공간의 낭비를 가져오고 효율적이지 못한 목회적 낭비가 될 수 있다. 목회의 관심은 사람에게 있어야 한다. 목회의 관점은 하나님의 관점이어야 한다. 사람을 더 원활하게 만나고 더 많은 사람과 관계할 수 있게 하는 것이 교회 전산화의 목적이 되어야 할 것이다. 유행이 아닌 필요에 의해서 진행된다면 교회 전산화는 목회 행정의 참 필요를 제공할 것이다.

교적 전산화를 위한 직업 분류표

대분류	소분류
가사	가사
건설	설계사, 중장비, 감리, 시공, 일용노무자
공무원	교육 공무원, 경찰 공무원, 시청 공무원, 도청 공무원, 교육 공무원, 법원 공무원, 검찰 공무원, 체신 공무원, 교정 공무원, 군무원 **지자체 공무원, 소방 공무원**
교육	유아교육, 초등교육, 중등교육, 고등교육, 교수 (임용고사와 그에 준한 시험을 필한 사람을 말함)
군인	부사관, 위관, 영관, 장군
금융, 보험	은행, 증권, 보험
기업인	개인기업, 공기업
기술/기능	의류수선, 세탁, 자동차 정비, 목공, **의료관련**, 전기, 전화, 도배, 사진 관련
노동	일용직
농축산업	농업, 축산, 임업, 특수 작물
무직	무직
부동산	부동산 중개업, 임대업
법률	판사, 검사, 변호사, 법무사
상업	도매, 소매, 의료기기, 스포츠, 유통업
서비스	이/미용, 피부 관리, 목욕업, 호텔, 숙박, 판매(백화점 등에서 판매인으로 일함), 간병인, 세차, **경비**
IT	컴퓨터 프로그램, 컴퓨터 판매, 방송통신, 멀티미디어, 광고, 인터넷
언론	방송, 신문, 프리랜서, 작가
운송	택시, 버스운전, 화물, 택배, 이삿짐
요식업	한식, 일식, 중식, 양식, 주방장, **종사자**
의료	의사, 약사, 간호사, 병리사, 물리치료사, 방사선사
전문직	회계사, 연구원, 세무사, 기타, **사회복지사**
예술	미술, 음악, 문학, 예능
정치	국회의원, 지방자치의원, 단체장, 정당인
종교	목회자, 기타종교인
학원	어린이집, 보습학원, 영어전문학원, 학원 강사, 어린이집 교사, 스포츠 강사, 전문 강사, **학습지 강사**
학생	미취학, 유치, 초등, 중등, 고등, 대학, 대학원
회사원	임원급, 평사원, 임시직

12장 결론 : 행정가로서의 목회자

제1절 행정가로서의 목회자 역할

목회자를 최고의 행정가로 보는 관점에 반대하는 사람들이 있다. 그들의 말에 따르면 목회자를 최고의 행정가로 보는 것은 꼭 거만한 보스(Boss) 같은 인상을 준다고 하지만 한편으로는 행정가로서의 목회자의 역할을 긍정적으로 보는 사람들도 있다.

1. 목회적 지시자

니버(H. R. Niebuhr)는 통합적 역할을 하는 행정가로서의 목회자를 긍정적으로 보고 있다. 설교와 예배 인도, 성례전을 집전하고 영혼을 돌보는 등의 다양한 업무의 방향을 지시하고 그것들을 통합하는 것이 행정가로서의 목회자인 것이다.

2. 오케스트라의 지휘자

연주가 시작되기 전의 소란함이 지휘자의 지휘에 따라 질서를 갖추면 음악

372 · 교회행정과 목회

이 되는 것처럼 목회자는 교회가 가지고 있는 에너지의 방향을 정하는 사람인 것이다.

3. 정원사

린그렌(Alvin J. Lindgren)은 목회자를 정원사에 비유한다. 정원사가 하는 일은 정원에 있는 모든 나무와 돌 등을 다듬고 가꾸어서 아름답게 꾸미는 것이다. 마찬가지로 목회자가 하는 일은 하나님께서 주신 사명을 이루기 위해 교회라 는 조직을 효율적으로 관리하는 일이다.

제2절 행정가로서의 목회자

행정가로서의 목회자는 다음과 같은 것이 준비되어야 한다.

첫째, 교회의 본질이 선교에 있다는 분명한 인식을 가지고 있어야 한다.

둘째, 행정의 자원은 교회의 예산과 목회자 자신의 지도력이며, 그 교회에 적합한 새로운 방법론을 방편으로서 제시할 수 있어야 한다.

셋째, 행정은 목회자 혼자 하는 것이 아니라 전체 교인이 같이, 그리고 한걸 음씩 나아가는 것이다. 평신도 훈련과 제자 훈련을 통해서 평신도들을 참여하 도록 해야 한다.

현대의 교회는 목회자에게 많은 전문성을 요구한다. 그중에서도 과거에는 소홀히 했으나 오늘날 그 중요성이 부각되는 것이 바로 행정가로서의 목회자 이다. 오늘날 목회 행정은 단순한 사무적인 일뿐 아니라 목회의 처음부터 끝까 지 모든 것을 포괄하고 있다. 물론 행정에 대하여 전문적으로 배우지 않은 많 은 선배들도 나름 목회를 훌륭히 해왔고, 또한 행정가로서의 역할도(자기가 인식 하고 있었는지는 모르지만) 분명히 해왔다. 그러나 현대 사회의 급격한 변화와 다 양한 대중의 욕구는 전문가로서의 목회자를 요구하고 있다. 이제 목회자는 행정 전문가가 되어야 한다. 행정을 모르는 목회자는 다양한 모습을 가진 회중을 상대로 목회하기가 점점 더 어려워질 것이다.

현대 목회가 중요하게 다루어야 하는 또 한 가지는 선교에 대한 것이다. 선교는 목회의 궁극적인 목표가 되어야 하고 선교하지 않는 교회는 이제 성장할 수 없다. 교회는 교회 유지적인 체질을 탈피하여 선교적인 체질로 전환될 필요가 있다. 그것이 쉽지만은 않은 이유는 기독교 역사의 대부분을 교회 유지적인 체질로 지내왔기 때문이다. 그러나 우리가 선교는 하나님의 명령임을 인식하고 있는 한 그러한 거듭나기를 해내야만 한다. 그러기 위해서는 선교에 대하여 새롭게 인식하고 목회자의 올바른 지도력을 통하여 교회의 체질을 개선해 나가야 한다.

마지막으로 현대 교회의 이러한 끝없는 요구 때문에 오늘날의 목회자들은 탈진하기 쉽다. 하나님의 일을 위하여 십자가를 지기로 헌신을 다짐한 사람들이지만, 십자가가 아닌 다른 일들로 지쳐버려서는 안 될 것이다. 따라서 오늘날의 목회자들은 철저한 자기 관리를 통하여 자기의 영성과 건강을 유지해나가야 할 것이다.

제1부 교회와 교회행정

◈ 제1차 자료 ◈

1) Alvin J. Lindgren & Norman Shawchurk, *Management for Your Church,* 「교역관리론」, 박은 규 역(서울:대한기독교서회, 1986).

2) Ronald W. Leigh, *Effective Christian Ministry*(Wheaton:Tyndale, 1981).

3) Ray S. Anderson, *Theological Foundations for Ministry*(Grand Rapids:Eerdmans).

4) Seward Hiltner, *Preface to Pastoral Theology,* 「목회신학원론」, 민경배 역(서울:대한기독교서회, 1985).

5) Thomas C. Oden, *Pastoral Theology*(San Francisco:Haper & Row Publisher, 1983), 「목회신학」, 이 기춘 역(서울:한국신학연구소, 1986).

6) David S. Schuller & Merton P. Strommen & Milo L. Brekke,(ed), *Ministry in American*(San Francisco:Harper & Row Publishers).

7) Arther Merrihe Adams, *Pastoral Administration*(Philadelphia:Westminster Press, 1964).

8) Lowell Russell Ditzen, *Handbook of Church Administration.*

9) A. J. Lindgren, *Foundation for Purposeful Church Administration*(Nashville:Abingdon Press, 1983).

10) Harris W. Lee, *Theology of Administration*(Minneapolis:Augsburg, 1981).

11) Thomas C. Oden, *Pastoral Theology*(San Francisco:Harper & Row, 1983).

12) Holck, Manfred Jr., *Clergy Desk Book*(Nashville:Abingdon Press, 1985).

13) Charles A. Tidwell, *Church Administration-Effective Leadership for Ministry* (Nashville:Broadman Press, 1985).

14) H. Richard Niebuhr, *The Purpose of the Church and Its Ministry*(New York:Harper & Row Publishers, 1977).

15) Urban T. Holmes Ⅲ, *Ministry and Imagination*(New York:Seabury Press, 1981).

16) 이주영, 「부목사학」(서울:성광문화사, 2002).

17) 제임즈 민즈, 「21세기에는 목회자가 변해야 교회도 변한다」(서울:나침반, 1997).

◈ 제2차 자료 ◈

1) John Deschner, *Preface to Practical Theology*(SMU:unpublished, 1981).

2) 감리교 교육국, 「감리교 임원지침」(서울:기독교대한감리회 교육국, 1984).

3) J. G. Davies(ed.), *The Westminster Dictionary of Worship*(Philadelphia:Westminster Press, 1976).

4) Tracy K. Jones, *Our Missio Today*(New York:World Outlook Press, 1963).

5) 김득중, 「무엇이 삶을 아름답게 하는가?」(서울:삼민사, 1983).

6) Eric G. Jay, *The Church*(Atlanta:John Knox Press, 1978).

7) Edward Schillebeeckx, *Ministry*(New York:Crossroads, 1982).

8) Ronald E. Osborn, *In Christ's Place*(St. Louis:Bethany Press, 1967).

9) Hans Küng, *The Church*(New York:Image Books, 1976).

10) 이기춘, 「한국적 목회신학의 탐구」(서울:감신대 출판부, 1989).

11) William A. Clebsch and Charles R. Jackle, *Pastoral Care in Historical Perspective*(New York:Jason Aronson Inc, 1975).

12) 박근원, 「현대실천신학의 동향과 한국교회」(신학사상, 1974), 6호.

13) 21세기 위원회, 「2020년의 한국과 세계」(서울:동아일보사, 1992).

14) 조지 바너, 「21세기 교회를 붙잡아라」, 탁영철 역 (서울:베다니출판사, 1993).

15) Peter F. Rudge, *Ministry & Management*(London:Tavistock, 1962; New York: Macmillan, 1962).

16) R. J. Arnot., *System Theory & Patoral Administration,* Christian Ministry Vol. 3, No. 5(September 1972).

17) Paul Hersey & K. H. Blanchard, *Management of Organizatio Behavior*(EngleWood Cliffs:Prentice-Hall, 1977).

18) Gerhard Kittel & Gerhard Friedrich(eds), *Theological Kictionary of the New Testament*(Grand Rapid:Eerdmans, 1970).

19) Ted W. Engstrom, *Your Gift of Administration*(Nashiville:Nelson, 1983).

20) Roger C. Bassham, *Mission Theology*(Pasadena:William Carey Library, 1979).

21) Rensis Likert, *New Patterns of Management*(New York:McGraw-Hill, 1961).

22) 박완신, 「교회행정론」(서울:기독교문사, 1991).

23) 심창근, 「교회행정에 관한 연구」(석사학위논문), 경희대학교 행정대학원(1986).

24) Ludwing von. Bertalanffy, *General System Theory*(New York:Braziller, 1968).

25) C. W. Brister, *Pastoral Care in the Church*(New York:Harper & Row Publishers, 1983).

26) Peter Schwartz, *Inevitable Surprises*(Gotham Books, 2003).

제2부 교회 행정의 실제

◈ 제1차 자료 ◈

1) Kennon L. Callahan, *Twelve Keys to an Effective Church*(San Francisco:Harper & Row, 1983), 「성숙한 교회의 12가지 열쇠」, 권오서 역(서울·풍만출판사, 1987).

2) Lindgren Alvin J. & Norman Schawchuk, *Let My People Go*(Nashville:Abingdon Press, 1977), 「내 백성을 보내라」, 권오서 역(서울·반석문화사, 1991).

3) Lindgren Alvin J. & Norman Schawchuk, *Management for Your Church*(Nashville: Abingdon Press, 1977), 「교역관리론」, 박은규 역(서울·대한기독교출판사, 1989).

4) Bruce P. Powers(ed.), *Church Administration Handbook*(Nashville:Broadman Press, 1985).

5) Arther M. Adams, *Effective Leadership for today's Church*(Philadelphia:Westminster Press, 1978).

6) Peter C. Wagner, *Leading Your Church to Grow*(Ventura:Regal Books, 1984), 「교회성장을 위한 지도력」, 김선도 역(서울·도서출판 광림, 1985).

7) Douglass G. Lewis, *Resolving Church Conflict*(San Francisco:Harper & Row, 1983).

8) Philip M. Larson, Jr., *Vital Church Management*(Atlanta:John Knox Press, 1977).

9) 박근원, 「오늘의 목사론」(대한기독교서회, 현대신서 99).

10) 호라티우스 보나, 「영혼을 인도하는 이들에게 주는 글」(서울·생명의말씀사, 2007).

11) 마이크 보넴 · 로저 패터슨, 「부목회자의 비전과 리더십」(서울·청림출판사, 2008).

◈ 제2차 자료 ◈

1) 선린출판부, DTP 교리강해연구, 제26권 목회 행정(서울·선린, 1994).

2) 손병호, 「교회행정학 원론」(서울·도서출판 그리인, 1990).

3) Speed b. Leas, *A Lay Person's Guide to Conflict Management*(Washington, DC: The Alvan Institute, INC. 1995).

4) Peter Drucker, *The Effective Executive*(New York:Harper & Row, 1966).

5) George R. Bach and Peter Wyden, *The Intimate Enemy*(New York:Avon Books, 1969).

6) Irwing L. Jains and Leon Hann, *Decsion Making: A Psychological Analysis of Conflict, and Commitment*(New York:Free Press, 1977).

7) 김영종, 「현대교회행정학」(서울:무림출판사, 1991).

8) 한국목회신학연구원, 「교회임원 훈련교재」(인천:임마누엘, 1991).

9) 감신대 출판부, 「예배갱신과 목회」(서울:감신대 출판부, 1991).

10) James D. Anderson & Ezra E. Jones, *The Management of Ministry*(San Francisco:Harper & Row, 1978).

11) Peter Drucker, *Management:Tasks, Practices, Responsibilites*(New York:Harper & Row Publishers, 1974).

12) Thomas Golden, *Developing Leader Effectiveness Training*(Wyden Books, 1977).

13) S. B. Bolter, *Four Year of PPBS*(Public Ad, Review, 1970.)

14) S. B. Leas, *Time Management*(Abingdon, 1978).

15) R. A. Mackenzie, *Managing Your Time*(Grand Rapids, 1974).

16) L. E. Shalle, & C. A. Tidwell, *Creative Church Administration*(Abingdon, 1975).

17) Don S. Browning(ed.), *Practical Theology*(San Francisco:Harper & Row, 1983).

18) Lowell Russell Ditzen, *The Minister's Desk Book*(New York:Paker, 1968).

19) Dulles, Avery, *Models of the Church*(New York:Image Books, 1978).

20) John C. Harris, *Stress, Power and Ministry*(Washington:Alban Ins, 1977).

21) Lyle E. Schaller, *Effective Church Planning*(Nashville:Abingdon Press, 1979).

22) ̶ ̶ ̶ ̶ ̶ ̶ ̶ ̶ ̶, *The Small Church is Different*(Nashville:Abingdon Press, 1977).

23) ̶ ̶ ̶ ̶ ̶ ̶ ̶ ̶ ̶ ̶, *The Multiple Staff and the Large Church*(Nashville:Abingdon Press, 1977).

제1부 교회와 교회행정

1장

1) 앨빈 린그렌 · 노먼 쇼처크(Alvin J. Lindgren & Norman Shawchurk), 「교역 관리론」, 박은규 역(서울:대한기독교출판사, 1986), 13-14.

2) *Ibid.*, 16-17.

3) *Ibid.*, 18-19.

4) H. Richard Niebuhr, *The Purpose of the Church and Its Ministry*(New York:Harper & Row Publishers, 1977), 18.

5) Alvin J. Lindgren, *Foundations for Purposeful Church Administration,* 「교회개발론」, 박근원 역(서울:대한기독교서회, 1979), 제3장(35-57)을 중심으로 요약 정리한 것임.

6) 고전 12:4-7, 엡 4:11-13의 내용을 참조하기 바람.

7) 물고기는 Ιχθύς 를 의미한다.
"Ἰησούς Χριστός Θεόυ υιός σότηρ"(예수 그리스도는 하나님의 아들이요 구세주이시다.)의 의미를 포함하고 있다.

8) Niebuhr, *The Purpose of the Church and It's Ministry*, 31.

9) John Deschner, *Preface to Practical Theology*(SMU:unpublished, 1981), 4-11.

10) 감리교 교육국, 「감리교 임원 지침」(서울:기독교대한감리회 교육국, 1984), 161.

11) John Deschner, *Preface to Practical Theology*, 9.

12) J. G. Davies(ed.), *The Westminster Dictionary of Worship*(Philadelphia: Westminster Press, 1976), 15.

13) *Ibid.*, 15.

14) Tracy K. Jones, *Our Missio Today*(New York:World Outlook Press, 1963), 112.

15) 김득중, 「무엇이 삶을 아름답게 하는가」(서울:삼민사, 1983), 227-229. 원 출처는 Theodore O. Wedel, "*The Mission of the Church to Those Outside Her Life*" 이다.

16) 기독교대한감리회 교육국, 「감리교 임원지침」, 181-182.

17) *Ibid.*, 28.

18) *Ibid.*, 29.

19) *Ibid.*, 30.

20) *Ibid.*, 31-32.

21) Eric G. Jay, *The Church*(Atlanta:John Knox Press, 1978), 368.

22) *Ibid.*, 369.

23) Edward Schillebeeckx, *Ministry*(New York:Crossroads, 1982), 11-29.

24) *Ibid.*, 39.

25) *Ibid.*, 47.

26) *Ibid.*, 54.

27) Ronald E. Osborn, *In Christ's Place*(St. Louis:Bethany Press, 1967), 213.

28) Hans Küng, *The Church*(New York:Image Books, 1976), 466.

29) Jay, 401.

30) Thomas C. Oden, *Pastoral Theology*(Haper & Row Publisher, San Francisco, 1983), 「목회신학」, 이기춘 역(서울:한국신학연구소, 1986), 56-57.

31) *Ibid.*, 57.

32) *Ibid.*, 62-63.

33) Alvin J. Lindgren & Norman Shawchurk, *Management for your Church*, 「교역관리론」, 박은규 역(서울:대한기독교서회, 1986), 18-19.

34) Niebuhr, *op. cit.*, 79-94.

35) Urban T. Holmes Ⅲ, *Ministry and Imagination*(New York:Seabury Press, 1981), 5.

36) Ronald W. Leigh, *Effective Christian Ministry*(Wheaton:Tyndale, 1981), 9-12.

37) Ray S. Anderson, *Theological Foundations for Ministry*(Grand Rapids: Eerdmans), 7-9.

38) *Ibid.*, 9-12.

39) Seward Hiltner, *Preface to Pastoral Theology*, 「목회신학원론」, 민경배 역(서울:대한기독교서회, 1985), 제3부(117-230)를 요약 정리한 것임.

40) *Ibid.*, 117-154.

41) *Ibid.*, 117.

42) *Ibid.*, 120-123.

43) 이기춘, 「한국적 목회신학의 탐구」(서울:감신대 출판부, 1989), 133-134.

44) *Ibid.*, 155-194.

45) S. Hiltner, *op.cit.*, 116.

46) *Ibid.*, 195-232.

47) 이기춘, 「한국적 목회신학의 탐구」, 137-139.

48) William A. Clebsch and Charles R. Jackle, *Pastoral Care in Historical Perspective*(New York:Jason Aronson Inc, 1975), 272-281.

49) *Ibid.*, 55.

50) *Ibid.*, 58.

51) *Ibid.*, 149-164.

52) Niebuhr, 79-88.

53) David S. Schuller & Merton P. Strommen & Milo L. Brekke(ed), *Ministry in American*(San Francisco:Harper & Row Publishers), 23-28.

54) 박근원, "현대실천신학의 동향과 한국교회," 「신학사상」, 1974. 6호, 542-550.

55) 박은규 역, 「교역관리론」, 52.

56) 원저 : Peter Schwartz, Inevitable Surprises(Gotham Books, 2003).
출처 : www.bookzip.co.kr에서 요약 번역한 것을 필자가 다시 요약 발췌하여 사용함.

57) 조지 바너, 「21세기 교회를 붙잡아라」, 탁영철 역(서울:베다니출판사, 1993), 31.

58) 제임즈 민즈, 「21세기에는 목회자가 변해야 교회도 변한다」(서울:나침반, 1997), 249-250.

59) *Ibid.*, 252-255.

2장

1) Peter F. Rudge, *Ministry & Management* (London:Tavistock, 1962), 4.

2) Arther Merrihe Adams, *Pastoral Administration*(Philadelphia:Westminster Press, 1964), 13.

3) Lowell Russell Ditzen, *Handbook of Church Administration*(New York:Macmillan, 1962), 2.

4) Robert Dale, "Managing Christian Institutions," in *Church Administration Handbook,* ed. Brcue P. Powers (Nashville:Broadman Press, 1985), 11.

5) R. J. Arnot, "System Theory & Patoral Administration," *Christian Ministry,* Vol. 3, No. 5(September 1972), 4.

6) Paul Hersey & K. H. Blanchard, *Management of Organizatio Behavior* (EngleWood Cliffs:Prentice-Hall, 1977), 3.

7) Arnott, 15

8) A. J. Lindgren, *Foundation for Purposeful Church Administration*(Nashville:Abingdon Press, 1983), 22.

9) *Ibid.,* 23.

10) Harris W. Lee, *Theology of Administration* (Minneapolis:Augsburg, 1981), 5.

11) 이런 점에서 볼 때 찰스 티드웰(Charles Tidwell)은 그의 책 「목회에서의 효율적 지도력으로서의 교회행정」(*Church Administration, Effective Leadershop in Ministry*)에서 다음과 같이 교회행정에 대한 정의를 내렸다. "교회행정은 교회가 교회되게 하고 교회가 교회의 일을 할 수 있게 갖추어 주는 지도력이다. 또한 행정이란 교회의 영적, 인적, 물리적, 재정적 자원을 이용하여 교회가 추구하는 목표와 교회의 영구한 목적을 수행해 나갈 수 있도록 교회지도자들에 의해 제공되는 안내이다. 교회행정이란 교회를 구성하는 하나님의 자녀들이 그들이 될 수 있고 할 수 있는(to become and to do) 그것을 하나님의 은혜로 될 수 있고 할 수 있도록 해주는 것이다."

12) Lee, 6-7.

13) Adams, 14.

14) *Ibid.,* 14.

15) Lindgren, 21.

16) 김정기, 「교회행정신론-인간경영·관리를 중심하여」(서울:성광문화사, 1992), 66ff.

17) 이 글은 필자의 D. Min. Project 제3장을 번역한 것이다.

18) 크랜, 305.

19) Thomas C. Oden, *Pastoral Theology*(San Francisco:Harper & Row, 1983), 80.

20) Gerhard Kittel & Gerhard Friedrich(eds), *Theological Kictionary of the New Testament*(Grand Rapid:Eardman, 1970), 1036, Quoted from Lee, 9-10.

21) Lee, 10.

22) *Ibid.,* 8.

23) *Ibid.,* 9.

24) Ted W. Engstrom, *Your Gift of Administration*(Nashiville:Nelson, 1983), 23.

25) *Ibid.,* 22.

26) Lee, 9.

27) Lindgren, 26.

28) *Ibid.,* 27.

29) *Ibid.,* 61.

30) *Ibid.,* 60-71.

31) "교회행정은 하나님 중심적"이라고 할 때 기억해야 할 것은 교회라는 공동체가 그리스도께서 세워주신 신성한 모임이지 사람들이 만든 사회단체가 아니라는 사실이다. 교회는 일반 회사가 아니며 기관이 아니다. 교회는 예수 그리스도를 구주(savior)로 믿는 자들의 모임이며, 예수 그리스도를 예배(worship)하는 자들의 가족(affinity)들의 동맹이며, 그리스도께서 세워주신 교회의 직분자들에 의하여 정해진 교회의 예식과 행정을 하는 그리스도의 신성한 몸이다.

32) *Ibid.*, 62.

33) *Ibid.*, 63.

34) *Ibid.*, 64.

35) Roger C. Bassham, *Mission Theology*
(Pasadena:William Carey Library, 1979), 99-
101.

36) Lindgren, 67.

37) *Ibid.*, 69-71.

3장

1) Harris W. Lee, *Theology of Administration*
(Minneapolis:Augsberg, 1981), 5-7.

2) 이성희, 「교회행정학」(서울:한국장로교출
판사, 1994), 94.

3) 찰스 A. 티드웰, 「교회행정을 위한 효과
적인 지도자론」(서울:쿰란출판사, 1996),
121-124.

4장

1) Holck, Manfred Jr., *Clergy Desk
Book*(Nashville:Abingdon Press, 1985), 14-
16.

2) Charles A. Tidwell, *Church Administration
-Effective Leadership for Ministry*
(Nashville:Broadman Press, 1985), 202-225.

5장

1) Peter Rudge, *Ministry and Management*
(London:Tavistock, 1968).

2) Alvin Lindgren, Norman Shawchuck, 「교
역관리론」, 박은규 역, 29-30 참조. 도표:
손병호의 「교회행정학 원론」(도서출판 유
앙게리온), 332-333에서 인용.

3) 이하 도표 및 내용은 앨빈 린그렌, 「교역
관리론」, 32-50 참조.

제2부 교회행정의 실제

1장

1) Kennon L. Callahan, *Twelve Keys to an
Effective Church*(San Francisco:Harper &
Row, 1983), 권오서 역, 「성숙한 교회의
12가지 열쇠」(서울:풍만출판사, 1987).

2) 구체적인 것은 제2장 계획 부분에서 다
룬다.

2장

1) Alvin J. Lindgren & Norman Schawchuk,
Let My People Go(Nashville:Abingdon Press,
1977), 권오서 역, 「내 백성을 보내라」(서
울:반석문화사, 1991), 57-58.

2) Kennon L. Callahan, *Twelve Keys to an
Effective Church*(San Francisco:Harper &
Row, 1983), 권오서 역, 「성숙한 교회의
12가지 열쇠」(서울:풍만출판사, 1987), 122-
125.

3) Alvin J. Lindgren & Norman Schawchuk,
「내 백성을 보내라」, 59-60.

4) *Ibid.*, 60-61.

5) *Ibid.*, 63-66.

6) *Ibid.*, 68-70.

7) *Ibid.*, 70-75.

8) *Ibid.*, 77-80.

9) Alvin J. Lindgren & Norman Schawchuk,
Management for Your Church(Nashville:
Abingdon Press, 1977), 「교역관리론」, 박은
규 역(서울:대한기독교출판사, 1989), 141-
144.

10) Harris W. Lee, *Theology of Administration*
(Minneapolis:Augsburg, 1981), 31.

11) Alvin J. Lindgren & Norman Schawchuk,

「내 백성을 보내라」, 90-112.

12) Harris W. Lee, *Theology of Administration,* 32-34.

13) Kennon L. Callahan, *Twelve Keys to an Effective Church*(San Francisco:Harper & Row, 1983), 권오서 역, 「성숙한 교회의 12가지 열쇠」(서울:풍만출판사, 1987), 19-34.

14) *Ibid.,* 206-217.

3장

1) 선린출판부, 「DTP 교리강해연구, 제26권 목회 행정」(서울:선린, 1994), 150.

2) *Ibid.,* 151-152.

3) *Ibid.,* 163.

4) 손병호, 「교회행정학 원론」(서울:도서출판 그리인, 1990), 373-374.

5) *Ibid.,* 374-375.

6) *Ibid.,* 375.

7) 「DTP 교리강해연구」, 163-164.

8) Powers, Bruce P.(ed.), *Church Administration Handbook*(Nashville: Broadman Press, 1985), 40-41.

9) *Ibid.,* 96-108.

10) *Ibid.,* 86-87.

11) *Ibid.,* 88.

12) *Ibid.,* 82-85.

4장

1) Kennon L. Callahan, 「성숙한 교회의 12가지 열쇠」, 104-109.

2) Harris W. Lee, *Theology of Administration,* 13-17.

3) C. Peter, Wagner, *Leading Your Church to Grow*(Ventura:Regal Books, 1984), 「교회성장을 위한 지도력」, 김선도 역(서울:도서

출판 광림, 1985), 92-95.

4) *Ibid.,* 109-111.

5) *Ibid.,* 101-109.

6) *Ibid.,* 114-118.

7) *Ibid.,* 114.

5장

1) 노만 샤우척, 「교회의 갈등과 목회」(서울:성지출판사, 1993), 13-16.

2) 노만 샤우척, 「교회의 갈등과 목회」(서울:기독교문사, 1993), 61-66.

3) *Ibid.,* 78-79.

4) *Ibid.,* 80-82.

5) *Ibid.,* 100-106.

6장

1) Bruce P. Powers(ed.), *Church Administration Handbook,* 156-164.

2) PPBS는 Program Planning과 Budgeting System의 머리글자이다.

3) Alvin J. Lindgren & Norman Schawchuk, 「교역관리론」, 88-97.

7장

1) 김영종, 「현대교회행정학」(서울:무림출판사, 1991), 191.

2) 한국목회신학연구원, 「교회임원 훈련교재」(인천:임마누엘, 1991), 64.

3) DTP 교리강해연구, 278.

4) *Ibid.,* 279-280.

5) *Ibid.,* 280.

6) *Ibid.,* 226-227.

7) 찰스 A. 티드웰, 「교회행정을 위한 효과적인 지도자론」, 박두헌 옮김, 156-173.

8장

1) Philip M. Larson, Jr., *Vital Church Management*(Atlanta:John Knox Press, 1977), 2-4.
2) *Ibid.*, 5-6.
3) *Ibid.*, 37-40.
4) 감신대 출판부, 「예배갱신과 목회」(서울: 감신대 출판부, 1991), 266-268.

9장

1) Bruce P. Powers(ed.), *Church Administration Handbook*, 285.
2) *Ibid.*, 286-288.
3) 박근원, 「오늘의 목사론」, 161-171.
4) *Ibid.*, 171-173.
5) Bruce P. Powers(ed.), *Church Administration Handbook*, 289-290.
6) *Ibid.*, 302-303.
7) *Ibid.*, 304.
8) *Ibid.*, 305.
9) 박근원, 「오늘의 목사론」, 107-117.
10) 박근원, 「오늘의 목사론」, 122-131.
11) 박근원, 「오늘의 목사론」, 148-160.
12) 박근원, 「오늘의 목사론」, 224.
13) 박근원, 「오늘의 목사론」, 175-185.
14) 이 부분에 대해서는 다음 장에서 구체적으로 살펴보도록 한다.

10장

1) 이주영, 「부목사학」(서울:성광문화사, 2002), 41이하.
2) 호라티우스 보나, 「영혼을 인도하는 이들에게 주는 글」(서울:생명의말씀사, 2007), 32이하.
3) 리처드 백스터, *The Reformed Pastor*, 「참 목자상」(서울:생명의말씀사, 2007), 35-62.
4) *Ibid.*, 63-84.
5) 마이크 보넴 · 로저 패터슨, 「부목회자의 비전과 리더십」(서울:청림출판사, 2008), 96-121.
6) 마이크 보넴 · 로저 패터슨, 「부교역자의 비전과 지도력」, 268-273.
7) 에드 영, *Creative Leader*(서울:국제제자훈련원, 2007), 204-208.
8) 앤드류 사이델, 「전방향 리더십」(서울:국제제자훈련원, 2005), 229-231.

11장

8) http://ko.wikipedia.org 에서 자료발췌